说不尽的盛唐

隋唐史二十讲

吴宗国 / 著

北京大学出版社
PEKING UNIVERSITY PRESS

图书在版编目(CIP)数据

说不尽的盛唐:隋唐史二十讲/吴宗国著.—北京:北京大学出版社,2020.3

(名师大讲堂系列)

ISBN 978-7-301-31146-2

Ⅰ.①说… Ⅱ.①吴… Ⅲ.①中国历史—研究—隋唐时代 Ⅳ.①K240.7

中国版本图书馆 CIP 数据核字(2020)第 013921 号

书 名	说不尽的盛唐——隋唐史二十讲 SHUOBUJIN DE SHENGTANG——SUI-TANG SHI ERSHI JIANG
著作责任者	吴宗国 著
责任编辑	张 晗
标准书号	ISBN 978-7-301-31146-2
出版发行	北京大学出版社
地 址	北京市海淀区成府路 205 号 100871
网 址	http://www.pup.cn 新浪微博:@北京大学出版社
电子邮箱	编辑部 wsz@pup.cn 总编室 zpup@pup.cn
电 话	邮购部 010-62752015 发行部 010-62750672 编辑部 010-62767315
印 刷 者	三河市北燕印装有限公司
经 销 者	新华书店
	650 毫米×980 毫米 16 开本 27.5 印张 410 千字 2020 年 3 月第 1 版 2025 年 1 月第 7 次印刷
定 价	88.00 元

未经许可,不得以任何方式复制或抄袭本书之部分或全部内容。
版权所有,侵权必究
举报电话:010-62752024 电子邮箱:fd@pup.cn
图书如有印装质量问题,请与出版部联系,电话:010-62756370

目录 Contents

01 绪论：怎样理解隋唐史？ / 001
 一、隋唐的历史特点 / 001
 二、隋唐的遗产 / 005
 三、影响理解唐代历史的几个问题 / 010

上篇 隋唐的历史进程

02 历史的新篇章——隋朝的建立 / 017
 一、隋朝创建者杨坚的家世背景 / 017
 二、隋取代北周 / 019
 三、隋王朝各项制度的建立 / 024
 四、统一南北 / 031
 五、隋王朝的政策走向 / 033

03 大业春秋 / 034
 一、杨广其人 / 034
 二、对政治制度继续进行改革 / 036
 三、进一步巩固和发展统一多民族国家 / 041
 四、关于隋炀帝的评价 / 048

04 贞观之治 / 051
 一、山东豪杰轰轰烈烈地登上了政治舞台 / 052
 二、"此皆魏徵之力也"——贞观之治的形成 / 063

三、贞观君臣论治——贞观初年的统治思想 / 073
四、贞观之治的魅力到底在哪里? / 089
五、天可汗 / 093

05 走向盛唐 / 099
一、关陇贵族统治的结束 / 099
二、"开边服远"和"富贵宁人" / 106
三、一代女皇 / 113

06 开元、天宝时期 / 139
一、武则天给唐玄宗留下了什么? / 139
二、不平凡的开元 / 144
三、政策、制度和法令的调整 / 147
四、繁荣下的潜流 / 148
五、安史之乱 / 161

07 从中兴到衰亡 / 164
一、唐朝后期的藩镇割据和元和中兴 / 164
二、科举、门第与牛李党争 / 172
三、漫话唐朝的衰亡:失所以安人之道 / 184

中篇 隋唐制度

08 关于隋唐政治制度史研究 / 191
一、关于政治制度史研究 / 191
二、政治制度的不断调整是经济社会持续发展的前提 / 192
三、研究的重点是处于变动过程中实际运行的政治制度 / 193
四、关于文献材料与真实的政治制度 / 193
五、研究唐代政治制度的有关文献 / 196

09 三省体制的形成和唐朝初年的政治制度 / 200
一、三省体制的建立 / 200
二、唐朝初年的政治制度 / 206
三、保证政府机构正常运转的一整套制度 / 224
四、唐朝初年政治制度的特点 / 228

10 唐朝政治制度的发展变化 / 231
一、唐朝前期政治制度的变化 / 231
二、唐朝后期政治制度的演变 / 242

11 隋唐军事制度的发展 / 247
一、隋和唐朝初年的军事制度 / 247
二、骑兵的发展 / 251
三、节度使制度和募兵制度的确立 / 253

12 隋唐时期的法律制度 / 257
一、隋和唐朝初年的法律制度 / 257
二、唐代法律体系的变化 / 263

13 隋唐时期的选官制度 / 268
一、隋朝九品中正制的废除和新选人标准的确立 / 268
二、唐朝对官员素质的要求 / 269
三、唐朝的选官制度 / 273
四、官员选拔中逐步出现的几个问题 / 282

14 唐代科举制度 / 287
一、科举制度的产生 / 287
二、唐代科举制度 / 291
三、科举对唐代社会发展的影响 / 299

下篇　经济与文化

15　盛唐气象——引领东亚的灿烂文化 / 315
　　一、唐朝初年对传统文化的继承 / 316
　　二、理论上的自觉与创新：唐代经学与史学 / 318
　　三、开放与包容，发展与创新：唐代佛教的中国化 / 327
　　四、从庙堂到世俗，从融合到创新：文学艺术 / 331
　　五、引领东亚：汉字文化圈的形成 / 346

16　科学技术对造就盛唐的意义 / 350
　　一、冶铁技术的提高和以耕犁为中心的农具的革新 / 350
　　二、生产中的广泛应用，进一步推动了数学的发展 / 354
　　三、医药学的总结、传承和开拓发展 / 355

17　唐代农业的发展 / 361
　　一、唐朝初年经济的恢复 / 361
　　二、由发展走向繁荣——开元、天宝盛世 / 367
　　三、从战时困难财政到两个赋税系统的形成 / 378
　　四、农业发展的新格局 / 383

18　唐代的手工业、商业和城市 / 385
　　一、唐代的手工业 / 385
　　二、唐代的城市和商业 / 393
　　三、货币和金融 / 402
　　四、交通的发达 / 405

19　从沙漠走向海洋：唐代对外贸易的新局面 / 408
　　一、一段不为人知的重要史实 / 408
　　二、从陆上丝绸之路到海上丝绸之路 / 409
　　三、从丝绸之路到陶瓷之路 / 411

四、唐代海上丝绸之路几个值得注意的问题　/ 413

20　结语：关于隋唐史学习和研究的几个问题　/ 416
　　一、要注意隋唐的时代特点及其在中国古代历史
　　　　发展中的地位　/ 416
　　二、关于阅读历史文献和学术论著　/ 422
　　三、研究中几个需要注意的问题　/ 426

后　记　/ 433

01 绪论：怎样理解隋唐史？

一、隋唐的历史特点

隋唐时期上承南北朝，下启辽宋金元，在中国古代历史发展上，起着承先启后的作用。

隋唐正处在南北朝到唐宋社会变迁的历史转折，是中国古代一个重要的社会转型时期。旧的社会阶层和集团山东士族、江南士族已经衰落了，新的社会阶层正在兴起。

隋朝虽然短暂，但它不仅结束了东晋以来二百多年的分裂局面，重新统一了全国，并对南北文化进行了整合，在政治制度上也进行了重大改革。隋朝还给后代留下了一条贯通南北的大运河。

唐朝是中国古代历史上最辉煌的朝代之一，历来被视为中国古代的黄金盛世。它有着空前繁荣的经济、绚丽多彩的文化、富有进取精神的统治集团和一个强有力的政府，出现了贞观之治和开元之治两个历史上有名的治世。无论在政治上还是在经济上，都蒸蒸日上，充满了活力。盛唐在中国历史上更是一个有着无穷魅力，充满浪漫、激情的时期。

1. 隋末唐初是一个英雄的时代

隋末唐初，为了争取生存，为了推翻暴隋，为了建立一个新的王朝，为了统一全国，从农民到各路英雄好汉，都投入了战斗。他们浴血奋战，谱写了一部震撼人心的英雄交响曲。他们的英雄业绩吸引了各个时代的民间艺人和文人墨客，纷纷运用各种文艺形式来表现这个时代。唐末杜光庭的《虬髯客传》拉开了用小说形式描绘和歌颂这个英雄时代的序幕。在这部充满神秘色彩、豪气满怀的作品中，虬髯客和红拂纯粹是小说人物，但是李世民、李靖、侯君集都是创建唐朝的英雄。杨素也是在隋朝统一南北中发挥了重要作用的人物。宋人则采用说书讲史的方式，讲述唐初的兴废争战。元末明初著名小说家罗贯中创作了《隋唐两朝志传》。清朝康熙年间褚人获根据明代人改订的《隋唐志传》编写成《隋唐演义》，乾隆年间又出现了《说唐》。其中的程咬金、徐茂公都是出自民间的草根英雄人物。《隋唐演义》和《说唐》这两部书把更多的人带进了这个英雄时代。

《隋唐演义》的故事还被一些剧种改编为戏剧。京剧剧目中的《秦琼卖马》《三家店》等、秦腔剧目中的《四平山》《望儿楼》等，都出自《隋唐演义》或《说唐演义》。当今以隋末唐初英雄人物为题材的电视剧也是一部接着一部。

这些情况说明，不论是唐人，还是后人，都把隋末唐初视为一个英雄的时代。如果从历史的角度来看，山东豪杰应是这个英雄时代的代表。

2. 唐代是一个可以梦想的时代

唐代也是一个可以梦想的时代，是一个充满希望的时代，是一个人们可以有追求的时代。唐朝前期还处在由南北朝到唐宋的社会变迁转折时期，豪强士族已经衰落，新的社会阶层正在兴起。社会结构的变化和门阀等级的打破，以及相应的政治体制、思想和文化的巨大变化，为社会经济的快速发展创造了条件，给各阶层的人民带来了希望。唐代经济又处在一个高速发展的阶段，加上政府适应这种变化而采取了多项措施，这就给人们提供了各种机遇。从个人来说，首先是是否做好了各种准备工作，有没有能力去实现你的梦想。其次是能不能把握好时机，能不能准确地抓住时机。只要能抓住这种机遇，加上个人的努力，即使是普通的百姓也有可能脱颖而出。这种机遇不止限于某些特定的人群，而是各种不同出身、不同文化的人，只要有才能、有抱负，只要能够抓住机遇，就有可能得到发展。如果你不想，自然什么都没有；同样如果你没有一定的才能作为基础，即使抓住了这个机会，也没法去实现。

3. 唐朝是一个开放的时代

南北朝以来随着豪强士族的衰落，不论是自耕小农，还是租种地主土地的农民，都获得了"良民"（"良人"）身份，社会各个领域从法律上来说，对他们都是开放的。

唐朝思想比较开放，没有独尊儒家。唐朝社会生活也比较开放，这从当时妇女的服饰就可以看出来。不仅如此，妇女的活动空间也扩大了，杜甫《丽人行》中所描写的"三月三日天气新，长安水边多丽人"，尽管写的是杨家姐妹，但即使是贵族妇女能这样抛头露面于公众场所，在后代也是不可想象的。这种开放也是和唐代处在社会变迁的转折时期和民族大融合有密切关系。

唐代妇女冲破了三从四德，并且提出了新的四德。唐太宗一纸鼓励寡妇再嫁的诏令打破了"未嫁从父，既嫁从夫，夫死从子"①的"三从"。唐代寡妇可以再嫁，离婚的妇女可以改嫁，没有后来那么多的束缚。两唐书《列女传》中记载的，守节者有之，但更多的是孝义，不像后来史书中相应部分记载的主要是守节。在《曹氏墓志》这篇父亲为女儿所写墓志中明确写道："又见汝事宗尊以孝，执蠲吉以勤，施黼黻以功，奉娣姒以敬。弘此四德，睦彼六亲，可谓规范妇仪，昭宣壶阃矣。"②"四德"已从过去的"妇德、妇言、妇容、妇功"逐步演变为"孝、勤、功、敬"，从过去以妇女作为男性附庸的四德变成规范妇女作为家庭成员的义务的四德。

对外开放，这是大家都熟知的。

---

① 《仪礼·丧服·子夏传》。
② 胡戟、荣新江主编：《大唐西市博物馆藏墓志》中册二八三《曹氏墓志》，北京大学出版社，2012年。

长安西市可以看作是对外开放的一个缩影。这里聚集了各国各地区的商人，其中中亚与波斯（今伊朗）、大食（今阿拉伯）的"胡商"最多。唐人的笔记小说有大量与西市和胡商有关的故事。胡姬与酒家也是一道特殊的风景线。

扬州和广州这两个海上交通口岸，在唐代对外开放中具有特别重要的地位。许多外国人从这里进入大唐。扬州聚集的波斯、大食商人达数千人，日本的遣唐使也都是从这里入唐。唐朝在这里迎接海洋上的来客，并从这里走向海洋，走向新罗，走向日本，走向东南亚和南亚，走向遥远的波斯湾，走向非洲西海岸，走向更加广阔的世界。

唐代文化既善于继承，又能够兼收并蓄。西域传来的印度、中亚、西亚文明以及通过南海传来的南亚文明，在宗教、艺术、器用乃至习俗等方面，对隋唐文化产生了深远的影响。中外、胡汉文化的交流汇聚，才形成了绚丽多彩的唐代文明。

4. 唐朝是我国统一多民族国家进一步发展的时代

唐朝在中国统一多民族国家发展的历史上是一个重要的时期。

东晋、南北朝时期在中国北方出现了历史上空前的民族大融合。民族融合带来新的活力，与南北朝隋唐时期的社会变迁相结合，使唐朝得以在中国历史上大放异彩。而社会变迁所带来的社会转型，更使中唐到宋朝的社会面貌和社会生活发生了巨大的变化。

隋唐统一以后还面临着与以往完全不同的民族发展格局。秦汉统一以后，面临的主要是北方和西北的民族，而且是游牧民族。而唐朝建立以后，这种情况就有了很大的改变。唐朝北边的突厥也没有逃脱汉魏以来匈奴和鲜卑的命运，最后陷于消亡。但是东北的契丹和靺鞨、北方的回纥、青藏高原的吐蕃和西南的南诏却走上了和早先草原民族完全不同的发展道路，他们先后摆脱了长期停滞的原始的状态，建立了自己的政权。民族政权的建立和发展，标志这些民族开始走向更高的社会发展阶段，并且打破了孤立发展状态，扩大了活动空间。他们在与汉族和其他民族的交往中提高了自己的经济和文化水平，并且越来越成为国家政治生活中活跃的因素。我国统一多民族国家的发展进入了一个新时期。

这个时期世界的形势也发生了很大的变化。

从隋朝建立到唐朝灭亡（581—907），也就是6世纪末到10世纪初，世界历史的一个突出特点就是亚洲各国的兴起和发展。特别是和唐邻近的一些国家，有的政治和经济有了很大的发展，正处在一个社会变革的时期；有的刚结束了长期分裂的状态，实现了统一；有的积极向外发展，建立了强大的帝国。

隋末唐初，朝鲜半岛上存在着高句丽、百济和新罗三个国家。675年，新罗统一了朝鲜半岛。

日本在646年进行了大化革新；710年迁都平城京（今奈良），开始了奈良时期（710—794）；794年迁都平安京（今京都），开始了平安时期（794—1192）。

南亚今印、巴、孟地区，当时还处于割据状态。7世纪戒日王统一了北印度。

西亚方面，波斯已进入萨珊王朝晚期，阿拉伯帝国正在兴起。7世纪初，穆罕默德创立伊斯兰教，统一了阿拉伯半岛。他的后继者在642年灭波斯、埃及。661—750年的倭马亚王朝建都大马士革，我国古代称之为白衣大食。

唐与亚洲各国建立了广泛的联系，并成为亚洲各国经济文化交流的中心。唐初重新开通了传统的丝绸之路，接着又开通了海上丝绸之路，也称作陶瓷之路。唐代商船横渡东海，直航波斯湾，并与非洲西海岸有商业往来。唐文化对周边国家产生了巨大的影响，并且形成了汉字文化圈，确立了东亚文化的特色。唐朝对世界文明的发展做出了重要的贡献。

二、隋唐的遗产

隋唐离我们很远，离我们也很近。因为隋唐，尤其是唐朝给我们留下了丰厚的历史文化遗存，留下了大量的遗迹、文物和文艺作品，留下了宝贵的历史经验和深刻的历史教训。这些都使我们深切地感受到它们的存在。但这些毕竟都是历史遗留下来的，因此还需要我们细细地加以体味。

说到隋朝，人们首先想到的是大运河和赵州桥。

而唐朝（618—907）留给我们的东西实在太多了。

我们可以回想一下，我们最早接触到的唐代的东西是什么？

"鹅鹅鹅，曲项向天歌。白毛浮绿水，红掌拨清波。"

"春眠不觉晓，处处闻啼鸟。夜来风雨声，花落知多少。"

"床前明月光，疑是地上霜。举头望明月，低头思故乡。"

"锄禾日当午，汗滴禾下土。谁知盘中餐，粒粒皆辛苦。"

骆宾王的《咏鹅》、孟浩然的《春晓》、李白的《静夜思》、李绅的《悯农》，这些唐诗是很多中国人牙牙学语时就接触到的中国传统文化。

随着年龄的增长、学识的提高、知识的积累和活动空间的扩大，我们会越来越多地接触到唐朝留给我们的遗迹、文物和文艺作品：欧阳询的《九成宫醴泉铭》、颜真卿的《多宝塔碑》和西安碑林中其他众多唐代大书法家们的作品，西安的大明宫和西市遗址，大雁塔、小雁塔，昭陵、乾陵和它们的陪葬墓，洛阳龙门奉先寺的卢舍那佛像、敦煌莫高窟的北大佛和南大佛、陕西彬县大佛寺大佛、宁夏固原须弥山石窟大佛、四川乐山大佛以及敦煌莫高窟158窟大历十一年（776）年的涅槃像、四川安岳释迦牟尼涅槃图，阎立本的《步辇图》、西安唐墓壁画，北京云居寺的石刻佛经（房山石经），精美的铜镜和金光灿灿、银光闪闪的金银器，色彩斑斓、形象生动的唐三彩的马和骆驼……不论是考古发现的各种文物和分布在各地的各种文化遗存、唐朝诗人所写的诗歌，还是丰富多彩的文学艺术作品和各种历史文献，都会使我们感觉到一个实实在在的唐朝。

大明宫，兴建于唐高宗时期。从现存遗址中，我们仍然可以感到它宏大的规模。规模宏大不是盛唐的特点，而是从初唐走向盛唐时期的特点。隋文帝兴建的大兴城规模就很大，仅仅是皇城就相当于明代的长安城，整个大兴城则是明代长安城的六倍。

洛阳龙门奉先寺的卢舍那佛雕像，也具有初唐规模宏大的特点。而我们站在它的面前，除了规模的宏大，更感到雕像群气势的宏伟。气势宏伟，这就不仅是初唐的风格。卢舍那佛像的雍容华贵、端庄秀美，显示了盛唐的风采。盛唐气象已经开始出现。从艺术上来说，卢舍那佛雕像把传统文化、外来文化和当时的审美观念进行了完美的结合。这也体现了盛唐艺术风格。

从新疆经甘肃河西走廊，到大同、洛阳，沿着丝绸之路，许多山谷中都有大大小小的石窟。石窟寺的开凿，始于南北朝，历唐宋辽金，一直持续到元代。它的分布，是由西向东逐步发展：新疆拜城克孜尔、库车库木吐喇、吐鲁番柏孜克里克、甘肃敦煌莫高窟、安西榆林窟、张掖附近肃南裕固族自治县境内的马蹄寺、兰州附近永靖炳灵寺、天水麦积山、陕西泾川的百里石窟长廊、河南洛阳的龙门石窟，一座座石窟寺不仅展示了这个时期丝绸之路沿途深厚的历史和文化，也是丝绸之路上不朽的路标。把这些石窟寺连接起来，丝绸之路的路线就清楚地呈现在人们面前。

其中敦煌莫高窟的规模是最大的，它的壁画全长2.5万米，4.5万多平方米，彩塑像2400座。加上附近安西榆林窟0.5万平方米的壁画，壁画面积达5万平方米。这两座石窟的规模和壁画、塑像所表现的内容，都显示了盛唐所特有的宏伟气魄，并且见证了唐代中外文化交流的盛况。

沿着丝绸之路还有许多古城和关燧的遗址：新疆吉木萨尔城北的北庭都护府遗址，吐鲁番东南的高昌故城、西偏北的交河古城、赤亭的烽燧；甘肃敦煌城西南70公里处的阳关遗址、安西县的唐瓜州古城、高台县境内的骆驼城。

西藏拉萨的大昭寺、小昭寺，青海境内的日月山，云南大理崇圣寺的千寻塔，黑龙江牡丹江市下辖宁安市渤海镇境内的渤海国上京龙泉府遗址，让我们又重见当年吐蕃、南诏和渤海的风采。

山西五台境内的南禅寺和佛光寺，是我国现存最早也是最完整的两座木结构古建筑。文水县武则天庙始建于唐，现正殿顶部与神龛基座上还留有部分唐瓦和唐砖；神龛后侧两根粗大的金柱也是唐代的原物。太原晋祠、北京的戒台寺（唐慧聚寺）、卧佛寺（唐兜率寺）、法源寺（唐悯忠寺）、唐山的兴国寺等一大批寺院，它们的历史都可以追溯到唐代。

武威大云寺古钟楼上悬挂的唐代铸造的大云铜钟，古朴精美，默默地向人们展示那个神秘的年代。

还有碑刻、散文和诗歌。

除了欧阳询、虞世南、褚遂良、颜真卿、柳公权、怀素、张旭等大书法家的作品，唐太宗的《晋祠铭》《温泉铭》，武则天的《升仙太子碑》，唐中宗的《述圣纪碑》，唐玄宗的《纪泰山铭》《石台孝经》，也都是我们可以看到的书法精品碑刻。洛阳千唐志斋、西安碑林、大唐西市博物馆以及各地收藏的几千方唐代墓志，让我们不仅可以形象地看到民间书法的状况、唐代书法的变迁和文体的变化，而且可以通过墓志更加直观地了解唐代的文化和历史。

唐文，仅《全唐文》所收就有 3035 位作者的文章 20025 篇，唐代的美文佳篇，大多集中在这里了。清末四大藏书家之一的陆心源作《唐文拾遗》《唐文续拾》，又补录了 3000 多篇。中华书局出版的《全唐文补编》，又收录唐人文章约 7000 篇。

唐诗，除了《全唐诗》所收近 49000 首，《全唐诗补编》又收入 6327 首，现存唐诗共有三千七八百位诗人的 55000 多首。此外，在唐代长沙窑的瓷器上多题有唐诗，达几百首之多。

唐朝遗留给我们的东西实在太多了。

丰富多彩的文学艺术作品和各种历史文献，都会使我们感觉到一个实实在在的唐朝。

这些都是看得见的。还有看不见的，那就是作为唐朝文化遗产留给我们的传统文化。

从政治文化来说，第一是丰富的治国思想和理论。贞观君臣论治所涉及的问题和得出的结论，是在理论、历史和唐朝初年现实情况相结合基础上对传统的治国理论的一次总结和发展。它不仅影响中国，而且影响了亚洲一些国家历史的发展。第二是唐朝的政治制度，奠定了以后各朝政治制度的基础。第三是唐代以考试选用官吏的制度奠定了世界公务员制度的基础。第四是对制度不断调整的思想和实践。

从思想文化来说，留给今天的就更多了。盛唐的文化具有无穷的魅力，盛唐的风貌也令人神往，盛唐精神更是鼓舞了一朝又一朝、一代又一代的中国人。高瞻远瞩的眼界，宽广开阔的胸怀，气吞山河的气魄，勇于进取，积极向上的精神，是盛唐所独有的。"白日依山尽，黄河入海流。欲穷千里目，更上一层楼。""黄河落天走东海，万里写入胸怀间。""长风破浪会有时，直挂云帆济沧海。"这些在唐初是写不出来的。盛唐诗歌题材广泛，风格多样，雅俗共赏。诗人们利用诗歌这种形式表达自己的理想，抒发个人的情怀，充满了蓬勃的朝气、个性和追求，充满了对祖国的热爱、对人生的歌颂和对民生的关怀，集中反映了盛唐精神。这只是从精神上来说。而从各种思想（儒、释、道）和文艺形式（诗词、书法、绘画、雕塑、乐舞）走向成熟，并起着承先启后的作用来看，唐朝实在可以看作是一个文艺复兴的时代。

皇帝在行使国家最高权力的同时，在重新寻找自己的定位。士大夫在思立丁功名，追求个人发展的同时，也在寻找新的精神家园。

从士人来说，从"欲穷千里目，更上一层楼""天生我材必有用""功名只向马上取""西出阳关无故人"，到"安能摧眉折腰事权贵，使我不得开心颜"……反映了他们的心路历程。而从抽象的"致君尧舜上""直挂云帆济沧海"到"役于民"，则是唐代最闪光的思想。

从唐太宗提出的"欲盛"，到安史之乱后对乱中许多官员的表现以及科举录取标准的辩论，再到韩愈、李翱关于人性的议论，士大夫的个人修养成为越来越重要的课题，一直到程朱，都没有离开修身齐家治国平天下这个主题。韩愈把《大学》中的这个主题加以发挥。无怪乎苏轼在《潮州韩文公庙碑》给他"文起八代之衰，道济天下之溺"的美誉。

三、影响理解唐代历史的几个问题

均田制和士族问题是 20 世纪到 21 世纪初影响人们理解唐代历史的两个重要问题。

1. 均田制

20 世纪 50 年代有学者提出均田制实行了没有，是不是一纸空文的问题，由此引起中国古代土地所有制性质问题的讨论。有不少学者主张"均田制"是国有制。他们提出，从南北朝到唐朝前期实行均田制期间，都是土地国有制。到唐朝中叶，随着均田制的瓦解，中国的土地所有制也就从土地国有制转变为土地私有制，中国古代社会也就进入了一个新的发展阶段。这也说明从北魏到唐朝前期中国古代社会没什么大的社会变化。后来随着研究的逐步深入，有的学者提出疑问："均田制"到底是当时的土地制度，还是政府颁布的田令？与之相联系的是对从北魏到唐朝土地制度的具体发展情况和有关均田法令的理解。这是一个具有根本性的问题。还有许多具体的问题，也都有不同的意见。

学术界的争论丝毫没有影响中学历史教学中关于均田制的论述。从 20 世纪 50 年代直到现在，除了人民教育出版社 1990 年版的初级中学课本《中国历史》第二册没有提到均田制，在其他版本中都把唐朝实行均田制作为一项重要内容。大意是，国家按照规定，也就是按永业田二十亩，口分田四十亩的数额，把战争中荒废了的大量土地分配给农民耕种。均田制和租庸调制的实行，对农业生产的恢复和发展起了推动的作用。虽然没有牵涉到土地所有制的性质问题，但由于牵涉到如何认识唐代初年经济恢复的原因，因此仍是影响青少年认识唐朝历史的一个重要问题。

2. 士族问题

关于士族问题，对士族门阀，包括对关陇贵族的理解和估计，影响及于对整个隋唐时期和中国古代历史发展的理解。这里牵涉到的问题包括：

一是山东士族问题。山东士族早在南北朝时期就已经走向衰落，这只是一部分学者的看法。还有的学者认为士族在唐代并没有衰落，他们最重要的一个论据是，唐朝后期有大量山东士族的后人涌上政治舞台，并且做到中央各部门首长以至宰相。因此怎样看待这些问题，就构成了对唐代士族问题完全不同的理解。与此相联系的还有隋末唐初山东豪杰的兴起问题。

二是关陇集团问题。首先是还有没有关陇集团。有的学者认为，唐朝初年原来关陇贵族集团的成员在最高统治机关，特别是在宰相中人数不占据多数，因而否认当时还存在关陇集团。有的学者则认为不能单纯从人数来看，还要看他们在最高统治集团中的地位和作用，要结合当时的具体情况来进行分析。其次是关陇贵族集团的特性。有学者把关陇集团的衰落看作是士族门阀的最后的衰落。有的学者则认为，关陇贵族集团和山东士族、江南贵族有相同或者是类似的地方，但是也有很大差别。应该从分析他们各自兴衰的过程出发，研究他们的差别，正确地认识关陇贵族集团的地位和作用。与这些问题相联系的还有关陇集团掌权与贵族政治有没有区别的问题。

三是怎样看待士族的兴起、发展和衰落。在看待士族的问题上，学者们的着眼点有很大的不同。有的着眼于政治，着眼于上层；有的着眼于基于生产不断发展的大土地所有制的发展，也就是最基本的社会关系，以及与之相适应的生产情况。

不论是均田制问题，还是士族问题，这两个问题的核心与20世纪初提出的唐宋变革论和21世纪初中外学者普遍关心的唐宋社会变迁问题是一致的，都需要从生产和经济社会的发展、社会结构和社会等级的变化，以及相应的文化和思想意识等方面进行全方位的、长时段的、实事求是的、定量与定性相结合的研究，才能得出比较接近历史事实本身的结论。

还有一些长期争论的问题：

◎ 隋炀帝是不是一个十足荒淫的暴君？

◎ 李渊和李世民，到底谁是太原起兵的主谋？这个问题的背后，实际上隐藏了两个重大的历史问题。一个是对李渊的历史评价，一个是如何评价玄武门之变。与此相关的还有，为什么历史文献上关于太原起兵的记载充满了那么多的矛盾？《大唐创业起居注》和《旧唐书》《资治通鉴》的记载不同，这还说得过去，因为它们是不同时期不同人的著作，但为什么《旧唐书》和《资治通鉴》也有矛盾？

◎ 贞观之治为什么为历代称颂？房玄龄、杜如晦和魏徵在贞观之治中都起了什么作用？历来都说房谋杜断，魏徵犯颜直谏。真实情况到底是怎样的？

◎ 唐高宗是一个软弱的皇帝吗？武则天到底是一个怎样的皇帝？

◎ 天宝之乱是由于置相非其人吗？传统的说法，开元之治是因为有姚崇、宋璟等贤相，天宝之乱则是因为唐玄宗错用了李林甫和杨国忠为相。李林甫口蜜腹剑，排斥异己，这固然是事实，但是他在开元天宝时期到底起了什么作用？正是在他掌权的十六年间，唐朝的辉煌达到了顶点。至于杨国忠，安史之乱是在他掌权的时候发生的，自不在话下。通行的说法是，他所以能够受到唐玄宗的重用，是因为裙带关系。那么真实情况是怎样的呢？

◎ 唐玄宗为什么倚重安禄山？至于杨贵妃和安禄山，到底是什么关系？

◎ 安史之乱以后唐朝是否走向衰落？这个问题包含了丰富的内容。牵涉到政治、军事、经济社会和思想文化等各个方面，还牵涉到我们怎样观察和评价历史情况。

◎ 唐后期是否天下尽裂于方镇？唐后期"天下尽裂于方镇"，这是认为安史之乱以后唐朝走向衰落的重要论据。我们只有搞清楚唐代藩镇割据的具体发展情况，才可能对此问题有比较清楚的认识。

◎ 关于"牛李党争"。陈寅恪先生在《唐代政治史述论稿》中提出"牛党重科举，李党重门第"以来，士族门阀在唐朝继续存在，并且在政治上发挥着重要的作用，几十年来便成为一种定论。20世纪60年代以来，特别是80年代以后，不断有学者提出新的意见，并且否定了陈先生的这种看法。这个问题不仅牵涉到士族问题，还牵涉到随着唐代经济社会的发展，社会各阶层的发展、科举制度、社会等级再编制以及官僚集团之间的斗争等一系列问题。

关于政治体制、政治制度和经济、文化等方面都有许多长期争论的问题，例如唐代是不是一直实行三省制，唐代政治体制、政治制度后来还有没有变化？土地兼并、土地集中对于唐朝生产的发展到底起什么作用？唐代海上丝绸之路与中外文化经济交流的具体情况如何，也就是人们关心的中国到底从什么时候开始阔步地走向海洋？等等。这些问题都等待我们去进行深入的探索和研究。有志于历史研究的朋友们，任重而道远！对历史有兴趣的朋友们，让我们耐心地等待，等待他们的新成果吧！

上 篇 隋唐的历史进程

02　历史的新篇章——隋朝的建立

隋朝是在十六国南北朝民族大融合，江南士族、山东士族已经衰落的情况下建立起来的。隋朝结束了长期分裂的局面，继秦和西晋之后第三次统一全国，为中国统一多民族国家的巩固和发展做出了许多努力，并对南北文化进行了整合，在中国历史上起着承先启后的作用。

隋朝根据经济社会的变化和制度本身的发展，确立了三省六部的政治体制；取消地方佐官辟举制度，各级官吏均由中央政府任免；创立科举制，不论家庭出身，按照才学标准选官。隋朝对政治制度的改革，奠定了唐朝以后各朝制度的基础。

由于隋朝处于社会变迁的转折时期，国家直接控制了大量农民，积累了巨大的财富。隋炀帝利用这种条件完成了修建东都、开凿大运河等浩大的工程，但由于很快超出了农民负担的极限，使隋成为继秦和西晋之后第三个短命的王朝。

一、隋朝创建者杨坚的家世背景

公元581年，杨坚取代北周，建立隋朝，改元开皇。中国历史揭开新的一页。隋朝创建者杨坚的家世背景有几点值得注意：

第一点，杨坚五代祖杨元寿，北魏初为武川镇司马，因而世代居住在六镇之一的武川镇（今内蒙古武川西南）。北魏初期建都今山西大同东北的平城。六镇是北魏为了防御柔然等北方强大的民族,从4世纪末到5世纪初,在今河北张北往西到今内蒙古五原东北,自东而西先后设立的六个军镇。

一个有意思的现象是,北周、隋、唐三代之祖都出于武川。北周实际的创建者宇文泰的四世祖宇文陵,由鲜卑迁武川。杨坚五世祖杨元寿、李渊三世祖李熙,亦家于武川。其中宇文陵是鲜卑族,杨元寿、李熙都是汉族。

第二点,杨坚父杨忠曾经两次入梁。杨忠美髭髯,身长七尺八寸,状貌瑰伟,武艺绝伦,识量沉深。他两次入梁,第一次是在北魏末年他十八岁的时候在泰山为梁兵所执,被带到江左,在梁前后达五年之久。在此期间北魏发生了六镇、河北、关陇人民大起义。528年,北方契胡部落酋长尔朱荣进入洛阳,北魏北海王元颢奔梁,梁武帝萧衍以元颢为魏主,资颢士马,令其大将陈庆之率部送颢。杨忠从北海王元颢于永安二年(529)夏进入洛阳,除直阁将军。及高欢举兵,杨忠当时跟随独孤信在洛阳,从魏孝武西迁(534),进爵为侯。年底(535年初),以东魏之逼,与信奔梁。梁武帝深奇之,以为文德主帅、关外侯。

杨坚的父亲有两次入梁的经历,在梁前后有七年之久。第一次是在他十八岁到二十二岁期间,正是年轻人成长的关键时刻。第二次是在他二十八岁到三十岁期间,已经是一个比较成熟而又有威望的将领,因而受到梁武帝的关注。他在梁的这些经历,使他的家族具有很深的南朝情结,为隋朝统一南北以后整合南北的政治和文化打下了很好的基础。

第三点,大统三年(537)七月,杨忠与独孤信回归西魏,宇文泰召居帐下。宇文泰在西魏建立府兵时,杨忠为十二大将军之一,赐姓普六茹氏,郡望为弘农华阴杨氏。北周明帝时进位柱国,武成元年(559)进封随国公。保定二年(562)五月为大司空。天和元年(566)年,独孤信把自己十四岁的七女嫁给了他的儿子杨坚。独孤信长女为周明帝皇后,四女为李昞(李虎子,李渊父)妻。这样杨忠就以一个汉族将领成为关陇军事贵族集团的核心成员之一。

这便是隋朝创建者杨坚的家世背景。

杨坚于大统七年（541）六月生于冯翊般若寺，由尼抚养，从小受佛教影响。

杨坚身材上长下短，性格深沉凝重。初入太学，虽至亲昵不敢狎。年十四，京兆尹薛善辟为功曹。此后不断加官晋爵。

560年北周武帝宇文邕即位，杨坚出为随州刺史，进位大将军，其后袭爵随国公。周武帝以杨坚长女为皇太子妃，益加礼重。从周武帝平齐，进位柱国。

二、隋取代北周

杨坚和北周皇族宇文氏都属于关陇贵族集团。

关陇贵族集团是一个以军事力量组织起来的、以鲜卑军事贵族为主的、门阀化了的军事贵族集团。

在北魏时期，关陇和河东等地豪强地主的力量得到恢复和加强。弘农杨氏、陇西李氏、京兆韦氏和杜氏逐步成为士族门阀。还有一些地方豪强成为地方大姓。在北魏分裂为西魏和东魏后宇文泰和高欢的争夺战中，河东豪族纷纷起兵，归附宇文泰。

在不断的战争中成为来自六镇各派系武将首领的宇文泰，为了全力对付东魏，把六镇武将和关陇豪族的力量统一起来，连续采取了几个措施：大统八年（542），设置六军，分统5万鲜卑禁旅。九年，又广募关陇豪右，以增军旅。一些地方豪族被任命为帅都督、大都督，统领乡兵。接着，又设立柱国大将军、大将军、开府等作为领兵将帅。到大统十六年，共设立八柱国，其中除宇文泰和宗室元欣外，六柱国各统二将军，每将军各统二开府。柱国留居京师，出任公卿。大将军则统领府兵并领兵作战。大统十六年，还籍民之有材力者为府兵，扩大了府兵征召的范围，加强了汉族兵将在府兵系统中的地位。这样，从大统八年至十六年（542—550），宇文泰就组成了以柱国为核心，以将军、开府为主要成员，以府兵系统为基础，包括六镇武将和关陇豪强大族的关陇军事贵族集团。在这个集团中，鲜卑贵族占据主导地位。关陇军事贵族集团，陈寅恪先生在《唐代政治史述论稿》中，有时亦称之为"关陇六镇集团""关陇府兵集团"，或简称之为"关陇集团"。为了从思想上巩固这个集团，宇文泰恢复鲜卑复姓。并把入关汉人将领的郡望改为关内郡望，汉人诸将之姓改为胡姓，如前述杨忠赐姓普六茹氏，郡望为弘农华阴杨氏。

建德二年（573）十二月，周武帝宇文邕对府兵又采取了一项重大措施，据《隋书·食货志》记载，"改军士为侍官，募百姓充之，除其县籍。是后夏人半为兵矣"。

府兵制最初是模拟鲜卑部落旧制，其兵士分属于各军将，而不直隶于君主。周武帝"改军士为侍官"，也就是使府兵成为天子的禁卫军，使他们直接隶属于君主。

陈寅恪先生在《隋唐制度渊源略论稿·兵制》中指出，府兵最初是由鲜卑及六镇之胡汉混合种类、山东汉族武人之从入关者，以及关陇中等以上豪富之家组成，绝无下级平民参加于其间。周武帝募百姓充之，改其民籍为兵籍，不仅增加了府兵的数量，而且也改变了府兵的成分。汉族平民大量进入府兵系统，进一步使府兵扩大化，也就是平民化。这不仅进一步削弱了鲜卑贵族的兵权，而且加强了国家对军队的直接控制。

依靠这支武装力量，周武帝于577年灭掉北齐。当时军队主要由宗室、姻亲和汉人将领统帅。在这个过程中，一些汉人将领被任命为掌握地方兵权的大总管。周宣帝时，命诸王就国，回到自己的封国，也没有什么实权。各地掌握兵权的大总管，多为汉人，只有少量为鲜卑贵族，且为皇室亲属。

这些情况，就为杨坚取代北周提供了可能性。

578年宇文邕去世，其子宇文赟继位，即宣帝。他在位的时间只有短短两年，但他唯事兴造，游戏无度，为政苛刻，制定《刑经圣制》，其法深刻。他猜忌大臣，横加诛戮，公卿以下，经常受到杖责，后妃也不能幸免，多被杖背。内外恐怖，人不自安，上下离心，统治集团内部矛盾上升，民间反抗增多。

宣帝摈斥近臣，多所猜忌，不肯信用关陇贵族，特别是其中的鲜卑贵族。信用的只有刘昉、郑译、颜之仪等少数几个人。刘昉，博陵望都人，郑译，荥阳开封人，都是他做太子时的侍臣。

宣帝即位，杨坚以后父征拜上柱国、大司马。大象初，迁大后丞、右司武，俄转大前疑，地位提高了，但是实权特别是兵权也没有了。宣帝有四个皇后，诸家争宠，数相毁谮。帝每忿怒，谓杨后曰："必族灭尔家！"因召见杨坚，对左右说："若色动，即杀之。"杨坚去后，容色自若，才得以保全。①

杨坚凭借丰富的政治经验敏锐地看到，宣帝身边没有一批真正忠诚于他、能够经世治国的能干大臣，没有一个强有力的统治核心，而宣帝荒淫过度，身体日渐衰弱，又没有什么深根固本之计。根据这些情况，杨坚知道宣帝的统治不可能长久。基于这样的估计，杨坚展开了多方面的活动。

他加紧结交了一批亲信，同时深结宣帝亲信郑译。郑译出身于山东高门，其父郑孝胥西魏初入关，西魏、北周时曾任大丞相府长史、刺史等官职。郑译博览群书，很有学识，特别擅长音乐，骑射也很精到，宣帝为太子时为太子宫尹。由于他会玩，又善于迎合，因此受到宣帝的特别信任，即位后便委以朝政。杨坚与郑译有同学之旧。郑译也看到杨坚在关陇贵族中的特殊地位，将来要保住自己的地位还需要依靠他。于是二人倾心相结。

杨坚要郑译想办法让他出守重镇，以便掌握一部分实权。正好宣帝命郑译南征，郑译向宣帝推荐杨坚为扬州总管，镇寿阳以督军事。大象二年（580）五月初五就下达了任命，但直到十一日杨坚和郑译还没有成行。就在这一天，宣帝突然得了急病，已经不能说话，生命垂危。静帝才八岁。刘昉与郑译把杨坚召入宫中，称受诏居中侍疾，文武百官皆受杨坚节度。宣帝一死，又立即矫诏以杨坚总知中外兵马事，掌握京城宿卫。统领禁卫军的诸卫接到诏书后，都接受杨坚节度。

杨坚初受顾命，就让族子杨惠去找李德林和高颎，希望他们辅佐

---

① 《隋书》卷一《高祖纪上》。

自己。李德林，博陵安平（今属河北）人，北齐秀才，北周武帝平齐后带至长安，"诏诰格式，及用山东人物，一以委之"①。高颎，自云渤海人，其父高宾由齐入周，为独孤信僚佐。杨坚妻独孤氏因为高宾是父亲的故吏，经常往来其家。杨坚素知高颎强明，又习兵事，多计略，是用得着的人。二人都表示愿辅佐杨坚。

刘昉、郑译推出杨坚，一是看上他在关陇贵族集团中的特殊地位。二是要和他共掌大权。他们准备让杨坚为大冢宰，掌行政。郑译自摄大司马，掌兵权。刘昉为小冢宰，副杨坚。杨坚征求李德林的意见。李德林建议，宜作大丞相、都督中外诸军事，不然，无以压众心。宣帝死后，即依此以杨坚为假黄钺、左大丞相，百官总己以听于左丞相。以正阳宫为丞相府。以郑译为丞相府长史，刘昉为司马，李德林为府属，高颎为相府司录，卢贲典丞相府宿卫。

杨坚革除宣帝苛酷之政，更为宽大，删略旧律，作《刑书要制》，奏而行之；躬履节俭，中外悦之。六月，庚申，复行佛、道二教。这都是为了争取人心。

正当杨坚以左大丞相都督中外诸军事身份，准备代周的时候。相州总管尉迟迥、郧州总管司马消难、益州总管王谦相继起兵反抗。

相州（今河南安阳）总管尉迟迥，是西魏实际掌权者、北周创建者宇文泰的外甥，妻为西魏文帝之女，孙女为周宣帝皇后。他本人北周初进位柱国大将军。他看到杨坚要取代北周，于六月初宣布起兵。郧州（今湖北安陆）总管、原北齐旧臣司马消难，益州（今四川成都）总管王谦也前后起兵。

三方叛乱在七月全部平定。这不仅为杨坚取代北周扫平了道路，而且为杨坚建国后解决山东问题打下了基础。

杨坚取代北周，建立隋朝后，任命高颎为尚书左仆射兼纳言，虞庆则为内史监兼吏部尚书，李德林为内史令，同时任命了六部尚书。

---

① 《隋书》卷四二《李德林传》。

在杨坚掌权和平定三方叛乱的过程中，有几点值得注意：

一是三方起兵在不同程度上都和北齐旧臣有关。特别是相州总管尉迟迥，母为宇文泰姊，妻为宇文泰女，孙女为宣帝后，乃周室至亲。可是他在相州起兵，"多用齐人"，最信任的谋士长史崔达拏，是山东高门博陵崔氏。尉迟迥起兵后，"赵、魏之士，从者若流，旬日之间，众至十余万"①。不论尉迟迥的主观意愿如何，他在客观上是代表了关东士族豪强的愿望。至于司马消难，虽说是周静帝皇后之父，但本身就是北齐旧臣。王谦所用之人就有北齐后主的宠臣高阿那肱。

二是在杨坚掌权和平定三方叛乱中，支持者多为关陇集团中的汉人官僚。北周宣帝死时假传遗诏拥护杨坚掌权的刘昉和郑译均为宣帝亲信。握有重兵的并州总管李穆遣使见杨坚，上十三环金带，坚决支持杨坚取代北周。平尉迟迥的韦孝宽为京兆杜陵人，世为三辅著姓，出自关中郡姓的著名家族。

三是杨坚出自关陇贵族家庭，因此隋朝取代北周并未改变关陇集团的统治，是政权由关陇军事贵族一个家族转到另一个家族手中。但杨坚的父系是汉人，因而其意义又不止于家族的变更，而是标志着关陇贵族集团中起主导作用的力量，已由鲜卑贵族变为汉人贵族。而杨坚的夫人独孤氏则是鲜卑族，因此隋王朝又具有胡汉联合统治的色彩。关陇军事贵族集团的内部关系发生了深刻的变化。尽管这些汉人贵族也大多具有双重血统，但杨坚打出的旗号却是代表汉族。三方叛乱平定后，大定元年（581）春二月壬子，令曰："已前赐姓，皆复其旧。"② 令宇文泰时改为鲜卑姓氏的汉人文武大臣恢复原来汉族的姓氏，以表明自己是汉族正统的代表者。

---

① 《隋书》卷一《高祖纪上》。
② 《隋书》卷一《高祖纪上》，《北史》卷一一《隋本纪上》意同。《资治通鉴》一七四系于大象二年十二月："癸亥，周诏诸改姓者，宜悉复旧。"

三、隋王朝各项制度的建立

1. 新的官僚政治制度的建立

首先是改定官制。

北周仿照周官制度设立六官，六官即天、地、春、夏、秋、冬六官，分掌各项政务。隋废除北周六官制度，设立三省六部。三省是尚书、内史（即中书）和门下三省。六部则为尚书省下属的吏、民（后避李世民讳，改为户部）、礼、兵、刑、工等六部。此外还设有御史台和九寺。

隋朝改定官制的工作是在原北周六官的基础上，吸收南北各朝的积极成果而进行的，并非打破原有机构重起炉灶，一切重来。

隋的三省、六部、九寺机构是把北周六官加以分解、改造，把六官中掌管中枢机要的划归内史省和门下省，总管中央行政的划归尚书省。掌某一专门政务的划归六部成为一司，掌某一专门事务的则划归九寺成为一署。隋以前，尚书曹（相当于部）与郎曹（相当于司）的对应统属关系混乱。隋打破南北各朝的机构设置，按职能和类别对各司加以重组，把性质、职能相近的曹司置于同一部之下。部作为一级行政机关，下统四司，形成六部二十四司的格局。至于各部名称，除吏部为魏晋旧名，户（民）、礼、兵、刑、工等五部之名均源于北周六官制度。六部与九寺的职掌彻底分离，六部掌政令，九寺掌事务，成为政务和事务两个相互联系的不同系统。

其次是改革官吏的任用制度。开皇三年（583），隋文帝取消长官辟署僚佐的制度，规定郡县佐官一律由中央的吏部任免。同时，取消九品中正制。以此为起点，地方权力向中央集中，从而引起了中央政府工作内容的变化和技术性、事务性工作的增加。

相应出现了顾问性、技术性的直官。刘炫，参与修国史。俄直门下省，以待顾问。又与诸术者修天文律历，兼于内史省考定群言。

"炫虽遍直三省，竟不得官，为县司责其赋役。"①

第三是吏的系统的建立。由于中央各部门工作量大增，仅仅依靠官员已无法应付。隋以前负责文书案的令史，人数不多，属于官的范围。隋朝"令史百倍于前"，从官中分离出来，形成了中央胥吏体系。"诸司主事，并去令史之名。其令史随曹闲剧而置。每十令史，置一主事，不满十者，亦置一人。其余四省三台，亦皆曰令史，九寺五监诸卫府，则皆曰府史。"② 政务机关的吏称为令史，事务机关的吏则称为府史。

关于令史的大量增加，牛弘和刘炫有几段对话。

> 弘尝从容问炫曰："案《周礼》士多而府史少，今令史百倍于前，判官减则不济，其故何也？"炫对曰："古人委任责成，岁终考其殿最，案不重校，文不繁悉，府史之任，掌要目而已。今之文簿，恒虑覆治，锻炼若其不密，万里追证百年旧案，故谚云'老吏抱案死'。古今不同，若此之相悬也，事繁政弊，职此之由。"弘又问："魏、齐之时，令史从容而已，今则不遑宁舍，其事何由？"炫对曰："齐氏立州不过数十，三府行台，递相统领，文书行下，不过十条。今州三百，其繁一也。往者州唯置纲纪，郡置守丞，县唯令而已。其所具僚，则长官自辟，受诏赴任，每州不过数十。今则不然，大小之官，悉由吏部，纤介之迹，皆属考功，其繁二也。省官不如省事，省事不如清心。官事不省而望从容，其可得乎？"弘甚善其言而不能用。③

第四是逐步加强对地方的控制。

一是派亲王出镇。开皇二年春正月辛酉，置河北道行台尚书省于并州，以晋王杨广为尚书令。置河南道行台尚书省于洛州，以秦王俊为尚书令。置西南道行台尚书省于益州，以蜀王秀为尚书令。隋文帝惩周氏孤弱而亡，故使子分莅方面。因其年少，选贞良有才望者为僚

---

① 《隋书》卷七五《刘炫传》。
② 《隋书·百官志下》。
③ 《隋书》卷七五《刘炫传》。

佐。这个制度在隋文帝时期一直实行下去。

二是罢郡。河南道行台兵部尚书杨尚希见天下州郡过多，上表曰："窃见当今郡县，倍多于古。或地无百里，数县并置；或户不满千，二郡分领。具僚已众，资费日多；吏卒人倍，租调岁减。……所谓民少官多，十羊九牧。琴有更张之义，瑟无胶柱之理。今存要去闲，并小为大，国家则不亏粟帛，选举则易得贤才。"① 苏威亦请废郡。帝从之。开皇三年十一月甲午，罢天下诸郡，改州、郡、县三级为州、县两级。

三是加强对地方官员和佐史的管理。为防止地方官与地方势力勾结，开皇四年四月，隋文帝下令，总管、刺史父母及子年十五以上，不得将之官。六年二月规定，刺史上佐，每岁暮，更入朝上考课。十四年十月，进一步规定，外官九品以上，父母及子年十五不得从之官。又以典吏久居其职，肆情为奸，十一月，制州县佐史，三年一代，不得重任。②

四是建造新都。长安城制度狭小，已不能适应隋初中央政府职能、机构、人员扩大的需要。纳言苏威劝迁都，隋文帝以王朝刚刚建立，感到为难。通直散骑庾季才奏道："臣仰观乾象，俯察图记，必有迁都之事。"他特别指出，"汉营此城，将八百岁，水皆咸卤，不甚宜人"。③ 建议迁徙。太师李穆亦上表请迁都。隋文帝乃于开皇二年六月，下诏高颎等创造新都于龙首山。诏中特别指出，"京师百官之府，四海归向，非朕一人之所独有。苟利于物，其可违乎！"④ 以宇文恺有巧思，领营新都副监。高颎虽总大纲，凡所规画，皆出于恺。

三年三月，丙辰，隋迁于新都。四年六月，开渠，决渭水达河，

---

① 《隋书》卷四六《杨尚希传》。
② 《北史》卷一四《隋本纪上》、《隋书》卷七五《刘炫传》、《隋书》卷二五《刑法志》。
③ 《资治通鉴》卷一七五陈宣帝太建十四年六月条。
④ 《隋书》卷一《高祖纪上》。

以通运漕。诏宇文恺总督其事。

2. 各项制度的建立

除了政权的改造和建设,杨坚还着手建立各种制度和制礼作乐。政治上主要是修定律令。

律是刑律,令则是对各种制度的规定。

开皇元年十月,行新律。初,周法比于齐律,烦而不要,隋主命高颎、郑译及上柱国杨素、率更令裴政等更加修定。裴政练习典故,达于从政,乃采魏、晋旧律,下至齐、梁,沿革重轻,取其折衷。同修者十余人,凡有疑滞,皆取决于政。于是去前世枭首、轘身及鞭法,自非谋叛以上,无收族之罪。始制死刑二,绞、斩;流刑三,自二千里至三千里;徒刑五,自一年至三年;杖刑五,自六十至百;笞刑五,自十至五十。以轻代重,化死为生,条目甚多。又制议、请、减、赎、官当之科以优士大夫。除前世讯囚酷法,考掠不得过二百;枷杖大小,咸有程式。民有枉屈,县不为理者,听以次经郡及州省;若仍不为理,听诣阙伸诉。自是法制遂定。

开皇三年,隋文帝览刑部奏,断狱数犹至万。以为律尚严密,故人多陷罪。又敕苏威、牛弘等更定新律,除死罪八十一条,流罪一百五十四条,徒杖等千余条,唯定留五百条,凡十二卷。自是刑网简要,疏而不失。仍置律博士弟子员。

二年秋七月甲午,行新令。①

经济上,隋朝初年最重要的经济措施是减轻赋税徭役和搜括户口。

尽管山东士族在经济上、政治上都开始衰落了,但是原来门第较低的三四等士族,在农民战争中所受打击较小,仍保存有相当的实力。这种情况造成了三个严重后果:一是这些士族仍然控制住了许多地方的实权。二是他们和鲜卑贵族一起加紧兼并农民的土地,农民土地减少。三是随着自耕农民土地的减少,按床(一夫一妇)征收的

---

① 《北史》卷一四《隋本纪上》。

租调已是无力承担的沉重赋敛。

北齐时的情况是：

"贫户因王课不济，率多货卖田业。"①

"暴君慢吏，赋重役勤，人不堪命，多依豪室。"②

"而帝（齐文宣）刑罚酷滥，吏道因而成奸，豪党兼并，户口益多隐漏。旧制，未娶者输半床租调，阳翟一郡，户至数万，籍多无妻。……户口租调，十亡六七。"③

到了隋初，"是时山东尚承齐俗，机巧奸伪，避役惰游者十六七。四方疲人，或诈老诈小，规免租赋"。④

这都说明北齐末年以后，农民由于土地减少，赋重役勤，官府残暴，或依附豪强，或隐匿户口，或流亡他乡。隋朝建立以后山东地区普遍存在着户口簿籍不实的情况。从后来隋王朝检括出来的户口数字看，当时山东地区隐漏而不为国家所控制的农民当在150万上下，约占当时山东地区实有户450万的三分之一，隋统治区实有户600万的四分之一。因此，解决山东地区农民逃亡隐漏问题，成为稳定内部、增强国力的一个关键。

为了解决这些问题，隋王朝首先采取了几个步骤。第一步，把地方的实际控制权从地方豪强手中转到中央委派的官吏手中。这样相关的各项措施才可能实行。第二步，修定刑律，减轻刑罚。第三步，减轻赋税徭役。

先说减轻赋税徭役。开皇二年颁布新的田令和赋役令。新令规定一夫一妇为一床，交纳租粟三石，调绢一匹（四丈）或布一端，绵三两或麻三斤。单丁和奴婢、部曲客女，依照半床交纳。丁男每年服役一个月。

三年春，始令成丁年龄由十八岁提高到二十一岁，每年服役期限

---

① 《通典》卷二《田制下》引《关东风俗传》。

② 《通典》卷七《丁中》。

③ 《隋书》卷二四《食货志》。

④ 同上。

不过二十日，不役者收庸。废远近酒坊，罢盐井禁。①

开皇三年（583）正月，隋王朝下令：成丁年龄由十八岁提高为二十一岁，每年服役期限由一月减为二十天，调绢由一匹改为二丈，并且规定不役者收庸。② 开皇十年又规定，丁年五十，免役收庸。成丁年龄提高了，但是原先十八岁受田的规定并没有改变。这样，农民在达到受田年龄以后，就可以有三年不纳租调，不服徭役。纳庸代役的规定和租调徭役的减轻，对于农业生产的发展是有利的。

在完成了这三步工作以后，隋王朝开始在山东地区大规模检括户口，以直接控制更多的农民。

开皇三年，令州、县官吏检查隐漏户口，大索貌阅：按照户籍簿上登记的年龄，和本人的体貌核对，检验是否谎报年龄，诈老诈小。查出户口不实，保长、里正、党正等（五家为保，五保为闾，四闾为族。畿外置里正，比闾正；党正，比族正）都要发配远方。规定亲属关系在堂兄弟以下的，一律分居，各自立户，以防止以后再发生户口不实的情况。通过这次检括，户籍簿上有四十万人查实为壮丁，有一百六十多万人新编入户籍。

紧接着，隋王朝又根据宰相高颎的建议，实行了输籍之法。高颎认为，政府虽然每年按定额征收租调，但军事的调发，徭役、差役的征用，附加税的收取和授田的先后，都和户等有关，因此，长吏肆情，户等划分不实，还是搜括户口的一大障碍。为了使农民感到"为浮客，被强家收太半之赋，为编氓奉公上，蒙轻减之征"③，从而愿意离开豪强，做国家的编民，高颎建议由中央确定划分户等的标准，叫作"输籍定样"，颁布到各州县。每年一月五日，由县令派人到乡村去，以三百家到五百家组为一团，依定样确定户等，写成定簿。这就叫"输籍之法"。输籍之法实行后，大量隐漏、逃亡的农民成为国家的编户。隋王朝的国力大大加强。

---

① 《北史》卷一一《隋本纪上》。

② 同上。

③ 《通典》卷七《丁中》。

文化上的措施，请看以下记载：

开皇元年，废除北周武帝关于佛教的禁令，"诏境内之民任听出家，仍令计口出钱，营造经像。于是时俗从风而靡，民间佛书，多于'六经'数十百倍"①。

三年三月，秘书监牛弘以典籍屡经丧乱，率多散逸，北周藏书，只有万余卷，平齐所得，也才增加五千卷，"表请分遣使人，搜访异本。每书一卷，赏绢一匹，校写既定，本即归主。于是民间异书，往往间出。及平陈已后，经籍渐备。检其所得，多太建时书，纸墨不精，书亦拙恶。于是总集编次，存为古本。召天下工书之士，京兆韦霈、南阳杜颙等，于秘书内补续残缺，为正副二本，藏于宫中，其余以实秘书内、外之阁，凡三万余卷。"②唐初考隋代见存，分为四部，共一万四千四百六十六部，八万九千六百六十六卷。

三年四月"丙戌，诏天下劝学行礼"。

七年春正月"乙未，制诸州岁贡三人"③。

制礼作乐主要包括以下四项：

（1）定旗帜、服色

开皇元年"六月癸未，诏以初受天命，赤雀降祥，五德相生，赤为火色。其郊及社庙，依服冕之仪，而朝会之服、旗帜牺牲，尽令尚赤。戎服以黄"④。"常服通用杂色。秋，七月，乙卯，隋主始服黄，百僚毕贺。于是百官常服，同于庶人，皆着黄袍。隋主朝服亦如之，唯以十三环带为异。"⑤

（2）定祀典

"高祖受命，欲新制度。乃命国子祭酒辛彦之议定祀典。为圆丘于国之南……再岁冬至之日，祀昊天上帝于其上。"为方丘于宫城之北，夏至之日，祭皇地祇于其上。南郊为坛，孟春上辛，祠所感帝赤

---

① 《资治通鉴》卷一七五陈宣帝太建十三年是岁隋主诏条。
② 《隋书》卷三二《经籍志一》。
③ 《隋书》卷一《高祖纪上》。
④ 同上。
⑤ 《资治通鉴》卷一七五陈宣帝太建十三年六月癸未条。

熛怒于其上。北郊孟冬祭神州之神。①

（3）修撰五礼

三年春正月，"隋主命礼部尚书牛弘修'五礼'，勒成百卷；戊辰，诏行新礼"②。

（4）作乐

六年，除太常卿。诏改定雅乐，又作乐府歌词，撰定圜丘、五帝、凯乐，并议乐事。

九年，十二月甲子，诏太常牛弘、通直散骑常侍许善心、秘书丞姚察、通直郎虞世基等议定作乐。③

四、统一南北

隋王朝建立的时候，突厥内部矛盾虽然很尖锐，但对隋朝仍然是一个严重的威胁。沙钵略可汗在北周千金公主的怂恿下发兵攻隋。隋朝采取"远交而近攻，离强而合弱"的方针，联合西方的达头可汗和东北的处罗侯，促成了突厥内部的分化。开皇三年，隋朝分兵八道反击突厥，大败沙钵略可汗于白道（今内蒙古呼和浩特西北），又屡败阿波可汗于凉州（今甘肃武威）。突厥分裂为以沙钵略可汗为首的东突厥和以阿波可汗为首的西突厥。开皇五年，沙钵略臣服于隋。隋的北边之忧得以解除。

经过一系列的改革，隋王朝直接控制的户口有很大增加，社会安定，国力也大大加强，统一南北开始提上了日程。开皇八年三月隋文帝下诏伐陈。开皇九年正月初一，贺若弼自广陵（今江苏扬州），韩擒虎在采石渡过长江，十二日进入建康（今江苏南京），在台城枯井中俘获陈后主和他的两个妃嫔。很快全陈皆平，岭南也在冼夫人的带领下接受了隋的统治。东晋以来200多年的分裂局面终于结束，全国

---

① 《隋书》卷六《礼仪志一》。
② 《资治通鉴》卷一七六长城公至德三年春正月隋主命礼部尚书牛弘修五礼条。
③ 《隋书》卷二《高祖纪下》。

重新归于统一。

隋朝的这次统一不同于以往秦和西晋的两次统一。秦朝是统一六国，结束了战国时期列国纷争的局面，西晋是结束了三国的分立。而这一次统一和过去有三个不同的特点：

一是隋是在南北朝时期民族大融合的基础上重新建立的统一的帝国。在南北朝时期，北方的少数民族进入中原，先后建立了十几个国家。在此期间，北方的民族进行了大融合。南方也是类似的情况。与民族融合相联系的，就是从北周开始，皇室具有少数民族的血统。

二是这次统一是结束了南北长期分立的统一。从东晋开始，北方是十六国，南方是东晋，北魏和宋以后是南北朝，出现了分裂的局面。这个时期南方的经济、文化，有了很大的发展，出现了一些不同于北方的特点。隋朝统一了南北，并且对南北的文化进行了整合。南北经济的交流和文化的交融与整合，在中国历史上起着承先启后的作用。

三是统一以后又面临着与以往完全不同的民族发展格局。这一点在隋朝还没完全显露出来。秦汉统一以后，面临的主要是北方的民族和西北的民族，而且是游牧民族。而唐朝建立以后，这个情况就有了很大的改变。

统一南北以后，隋又改革府兵制，偃武修文。开皇九年夏四月壬戌，诏曰：

> 今率土大同……群方无事，武力之子，俱可学文，人间甲仗，悉皆除毁。有功之臣，降情文艺，家门子侄，各守一经。①

十年夏五月乙未，诏曰："魏末丧乱，宇县瓜分，役军岁动，未遑休息。兵士军人，权置坊府，南征北伐，居处无定；家无完堵，地罕包桑；恒为流寓之人，竟无乡里之号，朕甚愍之。凡是军人，可悉属州县，垦田籍帐，一与民同。军府统领，宜依旧式。罢山东、河南及北方缘边之地新置军府。"②

---

① 《隋书》卷二《高祖纪下》。

② 同上。

五、隋王朝的政策走向

隋朝政治制度承先启后，开创了一个全新的局面。

隋王朝建立以后，易周氏官仪，设立门下、内史、尚书三省。

隋朝的选官制度有两个重要的变化，一是地方佐官由中央任免，二是取消了九品中正制，取消了做官的门第限制，不再以门第作为任用官吏的唯一条件。

接着又修订刑律，减轻赋税，登记户口。通过大索貌阅和实行输籍之法，大量逃亡农民重新成为国家的编户。国家控制了大量的自耕农。还通过改革府兵制，完成了由职业兵向兵农合一的转变。

从上述情况来看，实行地方佐官由中央任免的制度，减轻赋税，登记搜刮户口，这些都是不利于士族贵族，特别是山东士族的。围绕解决山东逃户问题所采取的一系列政策措施受到损害的主要也是山东士族，对于关陇贵族影响是不大的。而取消做官的门第限制却同时影响到关陇贵族。对于府兵制度的改革，更是对关陇贵族的一种打击。

这里有一个问题需要研究，就是隋朝的统治集团到底代表什么人的利益，他们的政策走向符合什么人的利益？而这又是由什么决定的？

这里我们可以看出一个问题，就是当时实行的政策和统治集团本身的利益开始分离了。这是一个很有意思的现象。这种现象只可能出现在社会变革的转折时期。时代前进了，经济社会变化之大，使得旧的制度已经行不通了。旧的社会力量已经衰落，而新的正在成长，还没有强大到可以直接控制政权，因此出现了这种过渡的现象。

03 大业春秋

长期以来,隋炀帝是一个没有争议的人物,一直背着暴君的骂名,直到 20 世纪 60 年代才有学者提出了不同看法。直到今天,对于隋炀帝还是有着不同的评价。

一、杨广其人

1. 杨广其人

杨广,隋文帝与独孤皇后的第二个儿子。他长得很漂亮,从小就很聪明,隋文帝和独孤皇后在诸子中对他特别钟爱。他好学,善属文,沉深严重,朝野属望。有一次文帝到他居住的地方,看见乐器弦多断绝,又有尘埃,以为他不好声妓,很高兴。他也善于矫饰,当时称为仁孝。尝观猎遇雨,左右进油衣,他说:"士卒皆沾湿,我独衣此乎!"① 士兵都淋着雨,我能一个人穿油衣吗?命人拿走。

开皇元年(581)隋朝建立时,他年十三,立为晋王,代李穆为并州总管。二年正月设河北道行台尚书省于并州,杨广为尚书令。六年,转淮南道行台尚书令。八年冬,隋大举伐陈,杨广为行军元帅。九年正月,隋军攻下建康,陈平。他封府库,资财无所取,天下称贤。复拜并州总管。俄而江南高智慧等相聚作乱,徙为扬州总管,镇

---

① 《隋书》卷三《炀帝纪上》。

江都，每岁一朝。二十年四月突厥犯塞，复为行军元帅，出灵武。十月，太子杨勇被废。十一月，杨广被立为太子。他所以能够被立为太子，有父母的宠爱，有杨勇的失爱，还有他本人的活动以及朝廷大臣特别是杨素的支持等诸多原因。

杨广的妻子萧氏，是梁明帝萧岿之女，萧岿是梁昭明太子之孙，是梁武帝萧衍的后代。但此梁不是南朝宋齐梁陈之梁。而是陈取代梁后西魏派于谨、杨忠等攻下江陵所建傀儡政权，历史上称做后梁。隋建立后萧岿来朝，隋文帝对他很敬重，诏萧岿位在王公之上。一直到开皇七年九月，因梁内乱，隋才废掉梁国。炀帝为晋王初，隋文帝为他选萧岿之女为妃，时在开皇元年至四年萧岿去世前。萧后性婉顺，有智识，好学解属文，颇知占候。隋文帝很喜欢她，杨广对她也很宠敬。

杨忠给子杨坚娶独孤氏，杨坚给长子杨勇娶元氏，都是可以理解的，是为了和关陇贵族中的鲜卑贵族结成良好的关系。这是遵循秦汉以来皇室总是要和当时最有势力、最有影响的家族通婚的老传统。而杨坚却给二子娶了萧氏，这首先是因为杨广是老二，不是太子，可以不考虑上面所说的传统，但主要还是因为杨忠和独孤信与梁皇室的关系。

2. 隋炀帝继位后的追求

仁寿四年（604）七月，杨广即位，是为隋炀帝。八月，其弟并州总管汉王杨谅举兵反，很快被平定。

十一月下诏营建东都。诏中有两段不甚为人注意的话。

一段是"是知非天下以奉一人，乃一人以主天下也。民惟国本，本固邦宁。百姓足，孰与不足！今所营构，务从节俭"。[①] 这段话虽然没有脱离君主专制的范围，但是，隋炀帝没有把天下视为皇帝个人所独有，并且把皇帝看作是主持天下政务的首脑。唐初贞观君臣虽然在君权来源、君民关系方面发表了许多超越前古的议论，但也没有像

---

① 《隋书》卷三《炀帝纪上》。

隋炀帝这样明确提出"非天下以奉一人"。

诏中所提到的"民为邦本",也不是一句空话。在此之前,隋炀帝就下令"除妇人及奴婢部曲之课,男子以二十二成丁"①。隋初开皇二年规定,一夫一妇为一床,交纳租调若干。"除妇人之课"实际就是降低租粟和调绢、绵(或布、麻),提高男子成丁年龄就是推迟纳租从役的时间,这样民间负担就可以有所减轻。

大业元年(605)正月,发八使巡省风俗。下诏曰:

> 昔者哲王之治天下也,其在爱民乎?既富而教,家给人足,故能风淳俗厚,远至迩安。治定功成,率由斯道。②

他派遣使臣八人巡省风俗,了解民间疾苦,要求对鳏寡孤独不能自存者,量加赈济;对蠹政害人,不便于时者,量录闻奏;希望达到家给人足,风俗淳厚,远至近安的境界。隋炀帝的这些追求,和其父隋文帝在仁寿三年(603)七月丁卯诏中所说的"方今区宇一家,烟火万里,百姓乂安,四夷宾服",以及遗诏中所说的"故得拨乱反正,偃武修文,天下大同,声教远被",③ 基本上是一致的。

另外一段是:"易不云乎:'通其变,使民不倦';'变则通,通则久。'……若不因人顺天,功业见乎变,爱人治国者可不谓钦!"④ 他在这里提到了《易经》中"变通"的思想。正是因为他有这种变通的思想,加上当时的客观形势,以及基于国家控制大量自耕农的强大的人力物力,他才能够实行各种改革,进行一些前人没有做过的事业。

二、对政治制度继续进行改革

隋朝政治制度承先启后,开创了一个全新的局面。隋炀帝继位以

---

① 《隋书》卷二四《食货志》。
② 《隋书》卷三《炀帝纪上》。
③ 《隋书》卷二《高祖纪下》。
④ 《隋书》卷三《炀帝纪上》。

后，在隋文帝改革的基础上，对政治制度继续进行改革。其中重大的改革有三项。

1. 首先是确立三省体制，改变宰相制度

隋文帝废北周六官，建立三省六部制度。隋文帝同时"废三公府僚，令中书令与侍中知政事"①。中书令和侍中从禁中走出来，摆脱了皇帝秘书和咨询者的身份，而成为政事的参与者。

隋炀帝时进一步把政治制度的改革推向前进。其中最重要的，一是设立殿内省，将尚食、尚衣、尚药、尚乘等侍奉皇帝的部门由门下省移至殿内省，使门下省成为纯粹的政权机关。二是在门下省设立给事郎四人，专门负责上行文书奏案的审议，确立了门下省对行政决定进行审议的制度。

门下省最终摆脱了皇帝侍从、内廷宫官的性质，成为协助皇帝处理政务的纯粹的政权机关。三省也最终改变了南北朝以来与集书、秘书、内侍等省并列，各省地位不等的状况，成为一个在外廷按职能和政务处理程序分工的有机整体。中书省起草的诏令要经过门下省下发，尚书省的奏案要经过门下省省读。不通过门下省，尚书省的政令和中书省的诏令都无法运转。三省各有分工而又互相依存，共同组成了最高政权机关。至此，三省体制才最后确立。这是中国古代政治制度史上一件具有划时代意义的大事。

宰相制度在隋炀帝时也有变化。魏晋南北朝时期尚书台（省）的长官左右仆射是宰相。隋文帝即位后，以尚书左、右仆射和他官共掌朝政，并令内史、纳言知政事，想要摆脱尚书省长官为宰相的传统。但由于三省体制尚未完善和确立，朝之众务，仍总归于尚书省。因此，开皇九年（589）平陈后，苏威以吏部为右仆射，开始由左、右仆射"专掌朝政"，又回到以尚书省长官为宰相的老路上去。尚书左、右仆射的权力和地位均在内史省和门下省长官内史、纳言之上。这种相权和行政权结合的做法，不仅造成了宰相与皇帝的矛盾，也影

---

① 《唐六典》卷九《中书省》中书令条。

响到南北朝以来已经形成的以皇帝为核心,中书、门下官员参议的决策机制的运行。因此,到隋文帝末年,对担任仆射的杨素便"渐疏忌之。后因出敕曰:'仆射,国之宰辅,不可躬亲细务,但三五日一度向省,评论大事。'外示优崇,实夺之权也。终仁寿之末,不复通判省事"①。炀帝即位后,对杨素猜忌更甚,先以之为尚书令,大业二年又以之为司徒,地位越来越高,实权却越来越小。大业三年左仆射苏威被免官后,炀帝没有再任命仆射。这样,通过文帝的剥夺仆射的行政权,到炀帝的不任命仆射,终于结束了仆射专掌朝政为宰相的格局。

隋炀帝亲理万机,除了具体事务临时指派人选外,还指定若干大臣"参掌朝政"。大业六年(610)参掌朝政的五人中,苏威为纳言,为门下省长官;裴矩为黄门侍郎,为门下省副长官;虞世基为内史侍郎,为中书省副长官;宇文述为左翊卫大将军,裴蕴为御史大夫,皆非三省官员。这种命他官与三省长官、副长官参掌朝政的做法,是唐代以知政事官为宰相的先声。

2. 其次是缩小贵族特权,扫除门阀制度残余

大业二年七月,隋炀帝制,"百官不得计考增级,必有德行功能灼然显著者,擢之"②。把德行功能作为官吏升迁的唯一标准。

大业三年四月,隋炀帝又决定废伯、子、男三等爵,唯留王、公、侯三等,缩小了封爵的范围。除非重新赐爵,旧有的伯、子、男等爵位一律"例除"。隋炀帝同时还决定取消都督以上至上柱国等十一等"以酬勤劳"的勋官,以及"以加泛授"的四十三号将军。自一品至九品,置光禄大夫等九大夫,建节等八尉,以为散职。

隋和北周的统治集团均为关陇贵族集团。这是一个以军事力量建立起来的集团,他们不像山东士族有门第可以凭借,便以军功和他们在府兵系统中的地位来确定其门阀等级。这种以军功代替门第对抗传

---

① 《隋书》卷四八《杨素传》。
② 《隋书》卷三《炀帝纪上》。

统士族的做法，实际上成为由魏晋以来士族门阀政治走向官僚政治复兴进程中重要的一步。

隋文帝虽然废除了九品中正制，官吏的任用不再受门第的限制，但是北周以来尚军功的传统仍然起着强大的作用。例如窦威，"家世勋贵，诸昆弟并尚武艺"，"诸兄并以军功致位通显"，而耽玩文史的窦威因此被诸兄讥为"书痴"，讽刺他"名位不达，固其宜矣"。① 虽然隋文帝对功臣加以抑制，并重用苏威、高颎等一批文士，但高级官吏仍多由贵戚、功臣担任。他们的子弟也都通过门荫步入仕途，并迅速致位通显。但是，这种情况已不能适应统一过程中和南北统一后政事纷繁的复杂局面。因此，开皇九年南北统一后隋文帝就提出："武力之子，俱可学文。""有功之臣，降情文艺，家门子侄，各守一经。"② 对尚武的原则进行了一次初步的冲击。而隋炀帝这次缩小封爵范围，取消高级勋官，则是对于崇尚军功和贵族身份的关陇军事族一次全面的打击和限制，也是走向以德行功能用人的一个重要步骤，深刻反映了隋朝在国家体制和政治体制上的巨大变化。

大业五年隋炀帝又制："魏、周官不得为荫。"③ 门荫是给予本朝高级官吏的一种政治特权，是以在本朝担任的官职高低作为标准的。而门阀制度则主要是看门第，其中包括祖先曾任官职的高低。因此，取消北魏、北周官荫，不仅缩小了门荫的范围，而且进一步清除了门阀制度的残余。

3. 再次是最终完成了察举制到科举制的过渡

在山东士族已经衰落，关陇贵族大多数人继续保持尚武余风的情况下，培养和选拔适合当时需要的统治人才的问题，也提到隋王朝面前。隋文帝原想通过学校培养一批人才，没有收到成效。开皇七年隋文帝下令诸州岁贡三人，正式设立了每年举行的常贡，想通过考试来

---

① 《旧唐书》卷六一《窦威传》。
② 《隋书》卷二《高祖纪下》。
③ 《隋书》卷三《炀帝纪上》。

选拔人才。由于九品中正制的取消，岁贡也就没有门第限制，真正成为国家按照才学标准选拔人才的制度，这也就成为科举制的开端。科举制终于从察举制的母体中脱胎而出。

隋文帝所设常贡的主要科目秀才和明经，都是南北朝实行察举采用过的项目。明经根据儒家经典进行策试，与南北朝相比变化不大。秀才科在南北朝主要考文学才能，至隋改为"试方略"①，要求发表自己的政治见解和解决问题的方略。这对深受南朝轻薄华艳文风影响的隋初文士来说，要求是太高了，一般士子都不敢应考。隋代秀才及第者只有十余人。秀才科显然是脱离了隋代的实际情况，在选拔人才上起不了多少作用。明经科在当时"儒罕通人，学多鄙俗"②的情况下，也没有选拔出有用的人才。因此，隋文帝在开皇十八年（598）、仁寿二年（602）、三年几次下诏，令内外官员举荐人才。在仁寿三年诏中除了提出举送的标准是要"明知今古，通识治乱，究政教之本，达礼乐之源"，举送的对象是"闾阎秀异之士，乡曲博雅之儒"，还特别规定："不限多少，不得不举。"③这说明隋文帝通过学校、常贡和举荐来培养和选拔卓越政治人才的努力都没有收到实效，选拔人才已成为一个非常迫切的问题。

隋炀帝即位后着手解决这个问题。大业元年（605）七月，他诏令"诸在家及见入学者，若有笃志好古，耽悦典坟，学行优敏，堪膺时务，所在采访，具以名闻"④。诏令中提出的举送标准与隋文帝仁寿三年诏中所提的标准是一致的，都是要选拔具有一定素养的政治人才。不同的是在举送对象上。仁寿三年诏提出要在闾阎乡曲搜寻秀异之士、博雅之儒。而大业元年诏则特别指明要举荐"诸在家及见入学者"，要从经过学习的文士中选拔人才，把学和举直接联系在一起。这是一个全新的思路。

此后不久，隋炀帝在常贡中新设立了进士科，同时保留原来的秀

---

① 《隋书》卷七六《杜正玄传》。
② 《隋书》卷七五《儒林传序》。
③ 《隋书》卷二《高祖纪下》。
④ 《隋书》卷三《炀帝纪上》。

才、明经科。进士科的考试项目是试时务策五道。时务策虽然也要求学识和文才，但较之方略策，在政治见识方面的要求是降低了。唐人薛登曾指出："炀帝嗣兴，又变前法，置进士等科。于是后生之徒，复相放效，因陋就寡，赴速邀时，缉缀小文，名之策学，不以指实为本，而以浮虚为贵。"① 进士科实际上成为文学之科。从形式上看，这似乎又回到了南北朝秀才试文学的老路，但却更符合当时文士的水平，因而逐步成为一般士人报考的主要科目。这样，秀才、明经和进士三科并列的常贡便有了新的意义。它体现了国家对人才不同的要求，在经过学习的文士中按照才学标准通过考试选拔官吏的新原则也找到了实现它的最好形式。科举制度进一步完善，终于完成了察举制到科举制的过渡。隋炀帝设立进士科的意义就在于此。

三、进一步巩固和发展统一多民族国家

隋文帝在取代北周建立隋朝以后，为了加强对全国各地的控制，采取了亲王出镇的办法。尽管收到了一时的效果，但是最后还是引起了兄弟相争。

与隋文帝不同的是，隋炀帝自开皇元年（581）至十年曾长期担任并州总管，镇守太原；开皇八、九年又以行军元帅的身份参加领导了平陈战役；开皇十年江南豪族叛乱平定后，他自并州徙任扬州总管，长驻江都达五年之久；开皇二十年复领兵北却突厥。他即位后，又发生了汉王杨谅在今山西、河北境内反对他继位的叛乱。由于有这样的经历，他对北边、山东和江南的情势就比隋文帝有更加深切的了解。因此，他即位后没有像隋文帝那样在统一南北、平定江南叛乱，把几个儿子分别派到并州、扬州和蜀郡镇守后，就以为天下太平了。隋炀帝清醒地看到山东、江南还存在着不安定因素，对北边的突厥也不敢掉以轻心。他还把眼光放到了东北、西域和南海。隋炀帝把国家和社稷放在第一位。进一步巩固和发展统一多民族国家，始终是他的

---

① 《旧唐书》卷一〇一《薛登传》。

一个主要着眼点。为此，他进行了一系列的工作，基本的做法是控制、威慑和夸耀。

1. 首先是修建东都洛阳

仁寿四年（604）十一月，隋炀帝从长安来到洛阳。下诏于伊洛营建东京。隋炀帝在诏中明确指出，洛邑自古之都"控以三河，固以四塞，水陆通，贡赋等"，是建立都城的理想地点。自汉高祖以来，历代帝王，又何尝未曾留意到这个地方。所以不以洛阳为都，或者是因为全国没有统一，或者是因为其府库困难。汉王谅所以能毒被山东，"此由关河悬远，兵不赴急"，都城远在长安，不能及时把军队调到山东。"况复南服遐远，东夏殷大，因机顺动，今也其时"①，况且南疆遥远，山东广大，应抓住时机，营建东京，明确指出修建东都的目的是要把统治中心东移，以便就近加强对山东、江南等地区的控制。

大业元年三月，炀帝诏尚书令杨素、纳言杨达、将作大匠宇文恺营建东京，负责东京的营建工程，每月役丁二百万人。东京官吏督役严急，役丁死者什四五，所司以车载死丁，东至城皋，北至河阳，相望于道。为了修建东都，百姓付出的代价是巨大的。

2. 其次是开凿贯通南北的大运河

在下令营建东京的同时，隋炀帝又发河南诸郡男女百余万，开通济渠，自东京西苑而达于淮河。又发淮南民十余万开邗沟，自山阳（今江苏淮安）引淮河至扬子津入长江。渠宽二十丈，渠旁筑有御道，并栽种柳树，自长安至江都（今江苏扬州）还修建了离宫四十余所。通济渠、邗沟和后来开凿的永济渠都是把天然水道加以连接并拓宽。隋王朝直接控制了大量自耕农，有可能一次性征发大量劳动力，因此，全部工程从三月底开始，七月底就全部完成了。

大业四年（608）正月，诏发河北诸郡男女百余万开永济渠，引

---

① 《隋书》卷三《炀帝纪上》。

沁水南达黄河，从今河北武陟县西北的沁水北岸向东北开渠，下接清（卫河）、淇二水，北通涿郡，全长二千余里。

大业六年，又敕穿江南河，自京口（今江苏镇江）至余杭（今浙江杭州），沟通了长江至钱塘江之间的水上交通。

由永济渠、通济渠、邗沟和江南河组成的以东都洛阳为中心的大运河，全长四千余里，横贯海河、黄河、淮河、长江、钱塘江五大水系，全部工程仅用了六年时间，速度之快，效率之高、质量之好都是惊人的，反映了当时的科学技术水平、物质基础和组织水平都已达到前所未有的高度。而为了修建东都，开凿运河，百姓付出的代价也是骇人的。

运河开通后，立即成为南北经济交流的动脉，通济渠中"商旅往还，船乘不绝"①。东京通远市东漕渠中，"郡国舟船舳舻万计"②，停满了来自全国各地的舟船。

通济渠通航后，在洛水入黄河的巩县东北原上修建了洛口仓（兴洛仓），有粮窖三千，窖容八千石。又置回洛仓于洛阳北七里，有窖三百。两仓共可储粮二千六百四十万石。其中除了沿开皇时漕运路线运来的河北、山东、河南北部和山西南部的粮食，江淮的粮食也通过运河运到洛阳。洛阳右掖门街街西子罗仓即有粳米六十余窖，存有南方运来的粳米四十八万石。

3. 第三是巡游四方，威动殊俗

为了加强对各地区，特别是边疆地区和少数民族的控制，隋炀帝展开了频繁的巡游活动。在大业七年（611）攻打高句丽之前，他曾两下江都（扬州），两次北巡，并西巡河西走廊。

（1）两下扬州

平陈之后，江南曾经发生过声势浩大、范围广泛的豪族叛乱。扬州又是隋炀帝的发迹之地。大业元年，他大摆排场，乘龙舟从通济渠

---

① 《旧唐书》卷六七《李勣传》。
② 《大业杂记》。

前往江都。龙舟四重，高四五十尺，长二百丈。又有大船数千艘，共用挽船士八万余人。船队前后相接二百余里。他这样做，固然有衣锦荣归的意味，但更主要的还是要造成一种威势，对南方的豪强大族起到震慑的作用。大业六年他再去扬州，并在扬州下令开江南河，宣布要东巡会稽（今浙江绍兴）。虽然后来由于形势的发展，隋炀帝江南之行始终没有能够实现，但也表明了他对南方的关注。

大业七年二月，隋炀帝在江都住了十个多月以后，自江都乘龙舟入通济渠，渡过黄河，进入永济渠，于四月到达涿郡，开始了他的征辽之行。

（2）北巡突厥

对于突厥，隋炀帝更是不敢掉以轻心。大业三年四月，下诏欲安辑河北，巡省赵、魏。隋炀帝从长安出发，经雁门、马邑（今山西朔县），于六月到达榆林郡（今内蒙古托克托黄河南）。启民可汗及其所部诸国奚、室韦等酋长数十人，均已先期到达榆林。隋炀帝在行宫会见启民可汗和义成公主，又命宇文恺在榆林城东搭了一座可容纳数千人的大帐，在帐中宴请突厥启民可汗及其部落三千五百人，赐物二十万段。又赐启民路车、乘马、鼓吹、幡旗，赞拜不名，位在诸侯王上。当时启民可汗上表说"臣今非是旧日边地突厥可汗，臣即是至尊臣民，至尊怜臣时，乞依大国服饰法用，一同华夏"。隋炀帝下诏说，"先王建国，夷夏殊风。君子教民，不求变俗"。并以玺书答启民可汗，以为"碛北未静，犹须征战，但使好心孝顺，何必改变衣服也"。① 要启民可汗忠心为隋王朝捍卫北边。这也是炀帝这次北巡的主要目的。

在榆林，隋炀帝下诏发丁男百余筑长城，西起榆林，东至紫河（今称浑河）。在启民可汗领地之南建立起第二道防线。由此可以看到隋炀帝对北疆的形势始终是保持高度警惕的。

八月，隋炀帝北渡黄河，耀兵塞外。时天下承平，百物丰实，甲士五十余万，马十万匹，旌旗辎重，千里不绝。令宇文恺等造观风行

---

① 《隋书》卷八四《突厥传》。

殿，上容侍卫者数百人，离合为之，下施轮轴，倏忽推移。启民可汗事先从榆林到他的牙帐开辟了一条宽达百步的御道，并准备了华丽的庐帐，迎接隋炀帝的到来。

炀帝此行，原来还准备经由突厥，去北方重镇涿郡。启民可汗为此举国就役，把榆林到其牙帐的御道一直延伸到涿郡，全长达三千里。隋炀帝临时改变决定，入塞经太原回到东都，圆满完成了第一次北巡。

大业四年三月，隋炀帝第二次北巡，从五原出塞巡长城。

（3）西巡河右

大业五年初，隋炀帝从洛阳回到长安。三月，西巡河右。

早在大业初年，隋炀帝就开始对西域加以关注。"时西域诸番多至张掖与中国交市"，隋炀帝特派吏部侍郎裴矩前往掌其事。裴矩在张掖向商胡了解诸国山川风俗、君王和普通百姓的仪形服饰，撰写了《西域图记》三卷，并附有地图。《西域图记序》说明了从敦煌西去至于西海的三条通道：北道从伊吾（今新疆哈密），中道从高昌（今新疆吐鲁番），南道从鄯善（今新疆若羌）。并指出"伊吾、高昌、鄯善并西域之门户也。总凑敦煌，是其咽喉之地"①。裴矩并对隋炀帝分析了当时西域"突厥、吐浑分领羌、胡之国，为其壅遏，故朝贡不通"②的情势，指出当时商人为通商，密送诚款。如果派人前往招抚，各小国就会内附。吐谷浑、突厥即可击灭。

隋炀帝为了重新开通与西域的交通，使丝绸之路畅通，对突厥和吐谷浑采取了不同的办法。对突厥，大体上仍采用了文帝时远交而近攻的策略。大业四年初，派崔君肃召怀西突厥处罗可汗，处罗可汗遣使入朝贡汗血马。年底，又派右翊卫将军薛世雄击灭伊吾，打通了北道。

对吐谷浑，则在西巡的过程中进行经略。大业五年四月，隋炀帝出临津关（今青海循化东），渡黄河，至西平（今青海乐都）。五、

---

① 《隋书》卷六七《裴矩传》。
② 《资治通鉴》卷一八〇隋炀帝大业三年十月西域诸胡多至张掖交市条。

六月份，大败吐谷浑，吐谷浑仙头王率男女十余万口来降，吐谷浑可汗伏允败走，客于党项。隋炀帝自今青海境经大斗拔谷（扁都口，今甘肃张掖民乐县城东南）进入河西走廊，到达张掖。

隋炀帝在燕支山（今甘肃山丹大黄山）会见高昌王麹伯雅、伊吾吐屯设及西域二十七国使者，焚香奏乐，歌舞喧噪。武威、张掖的士女都盛装前来观看。会见时，吐屯设献西域数千里之地，隋炀帝设西海（治伏俟城，在青海湖西十五里）、河源（治赤水，在今兴海东）、鄯善（治鄯善城，今新疆若羌）、且末（今新疆且末南）四郡，派罪犯为戍卒前往防守。隋的统治深入到新疆境内，丝绸之路全面开通。隋炀帝又命刘权镇河源郡积石镇，大开屯田，捍御吐谷浑，以确保自西域经青海至关中交通的畅通，并屏障河西走廊的安全。

几天后，隋炀帝又在观风行殿宴请高昌王麹文泰、伊吾吐屯设和各国使臣，奏清乐、龟兹、西凉、天竺、康国、疏勒、安国、高句丽、礼毕等九部乐，以鱼龙戏作为余兴。这不仅是一次民族团结和中外友好的盛会，也是南北朝以来中外文化交流成果的一次检阅。至此，西行解决吐谷浑问题，安定西部边疆和畅通丝绸之路，发展商业贸易的任务圆满完成。隋炀帝打道回京，于九月回到长安。

隋炀帝的这些活动收到了积极的效果。第二年，即大业六年正月十五，诸蕃酋长毕集洛阳，向隋炀帝贡献各地的土特产。隋炀帝在端门外大街上盛陈百戏，戏场周围五千步（八千多米），仅乐队就有一万八千人，声闻数十里，自昏达旦，灯火光烛天地，持续了十几天。隋炀帝数微服往观之。诸蕃还到丰都市进行贸易。

（4）隋炀帝在北巡塞外，西巡河右，安定北方，远通西域的同时，还把眼光放到东北、东南和邻近各国。

大业三、四年，他派朱宽慰抚流求（今台湾）。大业三年派常骏、王君政从南海郡（今广东广州）去赤土（今泰国），大业六年，赤土王子来华，在弘农（今河南灵宝）谒见了隋炀帝。大业三、四年，日本国两次派小野妹子为大使来隋，隋炀帝也派裴清为使报聘。

4. 三征辽东

高句丽，北周武帝拜其王汤为辽东王。隋取代北周后，开皇元年十二月高句丽王高阳遣使朝贡，授大将军，辽东郡公。后改封高丽王。此后每年遣使朝贡不绝。及平陈之后，汤大惧，治兵积谷，为守拒之策。这里可以看出一个问题，为什么隋平陈之后高句丽王就想到隋朝可能来进攻呢？

当时东北，除了辽东地区的高句丽，还有靺鞨、契丹。

开皇十七年，高句丽王汤得病卒。子元嗣立。

十八年，元率靺鞨之众万余骑寇辽西，营州总管韦冲击走之。隋文帝闻而大怒，二月命汉王杨谅为元帅，总水陆三十万讨伐高句丽。时馈运不继，六军乏食，师出临渝关，复遇疾疫，死者十八九。及次辽水，元亦惶惧，遣使谢罪。九月隋文帝罢兵，待之如初，元亦岁遣朝贡。

到隋炀帝，又连续发动了三次对高句丽的战争。

大业七年（611）二月，隋炀帝下诏攻打高句丽，从全国各地征调军队物资，天下骚动。王薄在山东章丘长白山起义，作《无向辽东浪死歌》。

大业八年农民战争刚起，隋炀帝根本没有看在眼里。按原计划出兵攻打高句丽。

大业九年（613）正月，隋炀帝征天下兵，准备第二次进攻高句丽，河北、山东群雄纷起。四月，炀帝渡过辽水。六月，礼部尚书、杨素之子杨玄感反于黎阳，逼近东都。炀帝被迫从辽东退兵。

大业十年，又发动了第三次对高句丽战争。

三次战争都以失败而告终。战争给人民带来了巨大的灾难，造成了极为严重的后果，隋王朝也因此而灭亡。

那么，为什么隋朝两个皇帝先后都要攻打辽东？到了唐朝，一切以隋朝为戒的唐太宗仍然步隋炀帝的覆辙，继续攻打辽东。这到底是为什么？下面两个材料可以回答这个问题。

一条是《隋书》卷七五《刘炫传》所记："开皇之末，国家殷盛，朝野皆以辽东为意。炫以为辽东不可伐，作《抚夷论》以讽焉，当时莫有悟者。及大业之季，三征不克，炫言方验。""朝野皆以辽东为意"，这就是说有社会基础，有从上到下的支持。

另外一条材料是《隋书》卷六七《裴矩传》所记："从帝巡于塞北，幸启民帐。时高丽遣使先通于突厥，启民不敢隐，引之见帝。矩因奏状曰：'高丽之地，本孤竹国也。周代以之封于箕子，汉世分为三郡，晋氏亦统辽东。今乃不臣，别为外域，故先帝疾焉，欲征之久矣。但以杨谅不肖，师出无功。当陛下之时，安得不事，使此冠带之境，仍为蛮貊之乡乎？'"这就是说，辽东本来就是统一帝国的一部分。攻打辽东，就是要完成统一大业。

四、关于隋炀帝的评价

《隋书·炀帝纪下》"史臣曰"对隋炀帝的业绩作了这样的评述：炀帝即位后"地广三代，威震八纮，单于顿颡，越裳重译。赤仄之泉，流溢于都内；红腐之粟，委积于塞下。负其富强之资，思逞无厌之欲，狭殷周之制度，尚秦汉之规摹"。虽然没有加以颂扬，但还是比较客观地罗列事实，没有一笔抹杀。特别是指出隋炀帝"狭殷周之制度，尚秦汉之规摹"，可谓是点睛之笔。建功立业，赶上或超过历史上的盛世，是各个王朝每一个有作为的皇帝的追求。正是这种"尚秦汉之规摹"的追求，激励隋炀帝完成了许多超越前人的业绩。史臣说他"负其富强之资"，也是很有见地的。这里正确指出了隋炀帝完成其业绩的物质条件。正是因为当时国家掌握了大量自耕农，才能积累大量财富，调动大量物资、劳动力，隋炀帝才可能完成其他时代不可能完成的事业。隋炀帝即位后，修东都，开运河，筑长城，到处巡游，无论是节奏、速度还是效率，在中国历史上都是少有的。没有雄厚的物力和人力资源，是不可能完成那么多的业绩的。可惜唐初史臣一味着眼于总结隋朝灭亡的教训，因而把隋炀帝的主观动机归之为"思逞无厌之欲"，并着意对隋炀帝的思想、作风和行事进行了揭露，最后归结到"人不堪命"，"海内骚然，无聊生矣"。这些揭露无疑也是合于事实的，但是这样把隋炀帝的主观动机、具体做法和严重后果混同起来，除了给人们隋炀帝是一个暴君的印象外，也就没有其他的东西了。

隋炀帝在短短几年中完成了那么多工程，发动了那么多战争，终于导致了隋朝的灭亡，这个教训对唐朝和后代确实产生了巨大的影响。而他的许多创造虽然在唐初已经开始发挥作用，但还没有充分显示出来。而当时处处以亡隋为鉴的气氛，更影响了人们对这方面的认识。这也是贞观史臣对隋炀帝的历史作用和在中国古代历史发展上的地位未能做出全面评价的重要原因。

到唐朝后期，至少是运河的作用已为人们所公认。9世纪前期李敬方在《汴河直进船》一诗中写道：

汴水通淮利最多，生人为害亦相和。
东南四十三州地，取尽脂膏是此河。①

他在抽象地指出运河之利后，着重揭露了当时唐朝政府通过运河吸取东南财富，榨取人民脂膏的事实。9世纪末皮日休在《汴河铭》则作了更为全面的评价："隋之疏淇汴（指运河）、凿太行，在隋之民，不胜其害也；在唐之民，不胜其利也。今自九河外，复有淇汴，北通涿郡之渔商，南运江都之转输，其为利也博哉！"他还着重指出："夫垂后以德者，当时逸而后时美。垂后以功者，当时劳而后时利！"②至于对这种功劳应该怎样评价，他在《汴河怀古》诗中也作了回答："尽道隋亡为此河，至今千里赖通波。若无水殿龙舟事，共禹论功不较多。"③他一方面以惋惜的心情对隋炀帝进行了批判，同时把隋炀帝开运河和大禹治水相提并论，对隋炀帝开运河的历史作用给予了充分的肯定和高度的评价。

尽管皮日休对隋炀帝做出了比较客观全面的评价，但是小人物皮日休的一诗一文终究敌不过官修正史《隋书》的影响。北宋司马光修《资治通鉴》，基本上还是承袭了《隋书》的观点。通过这些正统史书的影响，隋炀帝在人们的心目中也就成为一个反面的历史人物。

隋炀帝不能算是一个可爱的历史人物，也不是一个明君。他滥用

---

① 《全唐诗》卷五〇八。
② 《全唐文》卷七九七。
③ 《全唐诗》卷六一五。

民力而不肯止息，主观武断而一意孤行，造成了极大的社会灾难。千百万农民在工役和战争中丧生，耕稼失时，田畴多荒，民不聊生。说他是一个暴君，是恰如其分的。

但是，历史毕竟是历史。隋炀帝不仅给后代留下了大运河，还给唐代留下了帝国的规模和巩固发展统一多民族国家的思路。他继隋文帝之后对政治制度所做的改革使中国古代政治制度进入了一个新的阶段，不仅为唐朝所继承，对后代也有深远影响。在这些方面隋炀帝都起了承先启后的作用。而他从反面给后代留下的巨大历史教训，经过唐太宗及其大臣的总结，形成了一整套统治理论，用以指导贞观政治。从某种意义来说，没有隋炀帝，就不会有贞观之治。

04　贞观之治

贞观是中国历史上拥有独特魅力的时期，也是一个充满浪漫、充满激情的时期。经历了隋末长期动乱，贞观君臣具有不同于其他时代的理想追求和思想风貌。即使在开元、天宝盛世，贞观政化也被看成是超越尧、舜、禹、汤、文、武，自古以来从来没有过的。

唐太宗贞观时期与唐玄宗开元、天宝时期有着完全不同的魅力。这个时期尽管经济还不发达，但是，由于处在王朝初期，人们的精神状态是奋发向上的，心情是乐观开朗的，如同少年儿童，具有一种美好的天真和单纯。

贞观之治作为一个治世，不是唐太宗一个人所能完成的。许多人都为贞观之治的形成做出了贡献。首先是隋炀帝，他不顾人民死活，滥用权力，造成了巨大的社会灾难，从反面给唐初的人们留下了深刻的历史教训；在浩繁的工役和连年战争中，广大的农民以生命的代价唤醒了贞观统治者的良知，使他们认识到"为君之道"和"安人之道"，必须以人为本，关心民生；从隋朝末年一路打来的各路英雄，他们为了百姓的生存做出了巨大的牺牲和艰苦卓绝的努力，使贞观时期的统治者认识到"天子者，有道则人推而为主，无道则弃而不用。诚可畏也！"①在这个过程中涌现出来的山东豪杰有着丰富的政治阅历，不仅在推翻暴隋的过程中发挥了重要的作用，而且积累了宝贵的

---

① 《贞观政要》卷一《政体》。

政治经验。正是他们，成为贞观时期方针政策的制定者和推行者。

因此，贞观之治是历史发展的产物，是广大百姓和贞观君臣共同努力的成果。而唐太宗李世民作为创造这一段辉煌历史的领军人物，也作出了自己独特的贡献，因而成为后代人们称颂的对象，历代帝王学习的楷模。

一、山东豪杰轰轰烈烈地登上了政治舞台

1. 山东豪杰的登场

隋末唐初，历来被认为是一个英雄的时代，如果从历史的角度来看，山东豪杰应是这个英雄时代的代表。

我们这里所说的"山东豪杰"，大多来自山东，也就是太行山以东地区。这些人，可以说大家都很熟悉，凡是看过《说唐》《隋唐演义》和相关电视剧的，都会很熟悉他们的名字。但是也可以说大家对他们还是很陌生的，因为他们的事迹和这些文艺作品上的描述有很大出入。但是有一点是共同的，就是他们是在农民战争过程中，轰轰烈烈地登上了政治舞台，成为一支重要的政治力量。

"山东豪杰"这个提法见于《旧唐书》《资治通鉴》等历史文献，是唐朝初年指称隋末唐初各路英雄的一个概念，也就是隋末山东河北各地被迫起来反抗的各支农民武装集团及其首领。陈寅恪先生在《论隋末唐初所谓"山东豪杰"》一文中作了进一步的阐述，从此引起了人们的重视。他说："此'山东豪杰'者乃一胡汉杂糅，善战斗，务农业，而有组织之集团，常为当时政治上敌对两方争取之对象。"[①]

农民战争过程中，山东豪杰轰轰烈烈地登上了政治舞台。下面简单介绍一下他们走上政治舞台的历程。

大业七年（611）二月，隋炀帝下诏攻打高句丽，王薄在山东章丘长白山起义，作《无向辽东浪死歌》，反对辽东之役。

---

① 载陈寅恪著，陈美延编：《金明馆丛稿初编》，三联书店，2001年，第243页。

大业九年炀帝第二次进攻高句丽，命司徒杨素之子杨玄感于黎阳督运。河北、山东群雄纷起。四月，炀帝渡过辽水。六月，玄感反于黎阳，逼近东都，众至十余万，提出"为天下解倒悬之急，救黎元之命"。① 炀帝被迫从辽东退兵。

大业十年，炀帝又第三次发动了对高句丽的战争。到大业十二、十三年之际，分散的农民起义军形成了李密领导的瓦岗军、杜伏威领导的江淮义军、窦建德领导的河北义军等三大义军。隋王朝陷入土崩瓦解的境地。

王薄提出的"毋向辽东浪死"，说明农民是被迫走上逃生的道路。这是纯粹的农民自发的运动。李密在刚进入的瓦岗军的时候，向翟让提出"诛灭暴虐，隋氏不足亡也！"翟让回答说："吾侪群盗，且夕偷生草间，君之言者，非吾所及也。"② 也表明他们是为了争取生存，为了能够活下去。窦建德控制了华北广大地区以后，虽然建立了夏政权，也并没有止于"劝课农桑"，而是朝着建立新王朝的目标前进。这说明农民运动不可能提出进一步发展的目标，这是农民运动的局限和弱点。因此，这种自发的群众运动是不可能长期存在的，迟早都是要被某种力量，主要是被地主阶级中的一些先进人物所利用，整个运动的走向也会被这种力量所左右，最终把群众引向他们所希望的方向，或者是由义军原来的领导人按照先前王朝的模式建立新的王朝。

杨玄感提出"为天下解倒悬之急"，这个口号本身就是高高在上的。杨玄感以救世主的姿态提出这个口号固然是反映了当时的现实，但其本意是要取隋炀帝而代之。杨玄感是司徒杨素的儿子，杨素在隋文帝杨坚时期为右仆射，作为宰相，权力是很大的。隋炀帝即位后虽然剥夺了他的实际权力，但地位还是很高的。李密的曾祖父李弼与李虎（李渊祖父）、独孤信（杨坚岳父、李渊外祖父）同为西魏八大柱国之一，他的父亲李宽，号为名将，位至上柱国、蒲山郡公。他袭父

---

① 《隋书》卷七《杨玄感传》。
② 《资治通鉴》卷一八三隋炀帝大业十二年冬十月李密之亡也条。

爵蒲山公，也出身于关陇军事贵族的核心家族。杨玄感公然跳出来起兵反对隋炀帝，李密作为杨玄感的刎颈之交，也参加了这次起兵行动。这反映了统治阶级内部的公开分裂。统治阶级内部矛盾是经常存在的，有时甚至你死我活，不可调和，但是只存在于集团与集团，个人与个人之间，一般不会把矛头指向整个政权。而像这样的公开分裂，只有在被统治者已经无法生存下去，统治阶级统治不下去的时候才可能出现。

李密在完全掌握了瓦岗军的领导权，隋王朝开始土崩瓦解，全国形势发生了根本性变化的时候，发布了《移郡县书》，列举了隋炀帝的十大罪状，指出"有一于此，未或不亡"，"罄南山之竹，书罪未穷；决东海之波，流恶难尽"。号召各路英雄"宜各鸠率子弟，共建功名"。像"萧何之奉高帝"那样，跟随他建立新王朝。① 推翻隋朝，建立新王朝，这固然反映广大群众的要求，符合广大群众的利益，但是这已经脱离了农民运动的轨道，把运动引向了建立新王朝的方向。

在整个过程中，有几种力量。

首先是被迫走上逃亡道路的农民，他们是整个农民起义的主力，隋王朝陷于土崩瓦解，主要是由于他们的力量。农民出身的一些基层的小吏是这支队伍的骨干力量，其中最具代表性的是窦建德。

窦建德是贝州漳南人。少时，尝有乡人丧亲，家贫无以葬，当时窦建德正耕于田中，知道以后，遽辍耕牛，往给丧事。窦建德是一个很讲义气的农民，在乡里有着很高的威望。父亲死的时候，送葬者千余人。他曾经担任过里长，大业七年，募人讨高句丽，窦建德以勇敢被本郡任命为二百人长。时山东大水，大饥，人多流散。同县有孙安祖，家为水所漂，妻子饿死。县里以孙安祖骁勇，亦选在行中。安祖辞贫，白言漳南令，令怒笞之。安祖刺杀令，亡投建德，建德招诱逃兵及无产业者，得数百人，令安祖率之，入高鸡泊中为"群盗"，安祖自称将军。鄃人张金称亦结聚得百人，在河阻中。蓨人高士达又起兵得千余人，在清河界中。张亮、程知节、秦叔保大体都可以归入这

---

① 《旧唐书》卷五三《李密传》。

一类。

其次是在隋末的横征暴敛中受到损害的地主富户以及统治阶级中分化出来的个别人物。其中最具代表性的是徐世勣（李勣）和李密。徐世勣，原为曹州离狐人。隋末，徙居滑州之卫南。"家多僮仆，积粟数千钟，与其父盖皆好惠施，拯济贫乏，不问亲疏。"① 是新起家的地主。东郡法曹翟让在瓦岗聚众起义。徐世勣前往参加，时年十七。李密前面已经谈到。

第三就是出自下层或有着丰富政治阅历，关心国家命运的知识分子。其中一些人在农民战争期间先后参加了各路义军。他们的代表人物是魏徵。这些出自下层的知识分子由于接近百姓，就生活在他们中间，加上知识分子的敏感性和对社会人民的责任心，很自然地成为他们思想上、政治上的代表。

这几股力量就构成了山东豪杰的主体，具有鲜明的时代特点。这些情况说明，处在南北朝到唐宋社会变迁的历史转折点的隋末唐初，包括摆脱了豪强士族地主控制的自耕农民在内的，以没有家世背景的一般地主为中心的新的社会阶层，在隋代已经成为下层社会的主体，已经具有强大的力量，在地方上正在扩大他们的影响。在隋炀帝暴虐的统治下，他们作为一个新兴的群体，为了保护自己的生存和发展，被迫走上了政治舞台。他们的代表人物被称之为山东豪杰。新的社会阶层成为下层社会的主体和山东豪杰登上政治舞台，这是唐朝建立后历史发展的出发点，也是我们了解唐朝初年历史的两个基本点。只有把握了这两个基本点，我们才能够深入地了解唐朝初年历史发展。

2. 唐的建立

大业七年（611）王薄在山东章丘长白山率众起义，揭开了隋末农民战争的序幕。原已归顺隋朝的东突厥，也不断南下骚扰。大业十一年，李渊受命为山西河东抚慰大使，负责防御突厥和镇压山西一带的农民起义军。

---

① 《旧唐书》卷六七《李勣传》。

李渊和隋朝皇室都出自关陇贵族集团。他的祖父李虎是西魏八柱国之一，北周初追封唐国公。父亲李昞是北周安州总管、柱国大将军。母亲独孤氏，是西魏八柱国之一、鲜卑贵族独孤信的女儿，与北周明帝的皇后和隋文帝的皇后是亲姐妹。李渊幼年丧父，七岁袭封唐国公。他的妻子窦氏是北周武帝宇文邕的外甥女。唐高祖李渊和隋文帝杨坚一样，都出自关陇军事贵族的核心家族。李渊在姨母隋文帝独孤皇后的关照下，十五岁时被任命为隋文帝的贴身侍卫官千牛备身，很快出任刺史，开始了他的政治生涯。

李渊到山西，长子李建成留在河东（今山西永济）照顾家小，十六岁的次子李世民则跟随到了太原。这一年恰好隋炀帝在雁门被突厥包围，李世民应募从军，参加了救援隋炀帝的战役。第二年，李渊被任命为太原留守。为防御突厥，李渊从所部五千人中，选善能骑射者二千人组成骑兵，饮食居止，驰骋射猎，都与突厥人一样。

瓦岗起义军逼近东都洛阳，隋王朝已经土崩瓦解。隋的军队被河北的窦建德起义军、河南的瓦岗军和江淮的杜伏威起义军分割包围在几个孤立的据点里。除了原有农民军在各地建立的政权，隋一些地方长官，特别是边远地区的地方长官纷纷起来建立政权。久蓄取代隋朝之心的李渊见时机成熟，积极准备起兵。

李渊从几个方面进行了准备：一是派晋阳令刘文静出使突厥，向始毕可汗称臣。当时北方各个武装集团，包括窦建德都向突厥称臣。李渊向突厥称臣，就取得了突厥的支持，从而解除了后顾之忧。突厥要求李渊自为天子，改变旗帜。李渊考虑到当时还不便公开打出反隋的旗号，便采取把隋的红旗改易为红白旗的做法，表明自己是要取代隋朝的。

二是李渊以突厥支持的刘武周南下进据汾阳宫（今山西宁武南）为借口，征发府兵，招募军队。这样李渊便有了一支强大的军队。

当时隋军与瓦岗军相持于东都城下，无暇西顾。李渊致书李密，对李密卑辞推奖，表示自己无意取代隋朝，希望李密尽快建立新的王朝，以安百姓。李密得书甚喜，自是信使往来不绝。这样就解除了来自东方的危险威胁。

当时隋在关中的力量相对比较薄弱，而李渊出自关陇贵族中很重要的家族，在关中势力很大。他起兵后，"三秦士庶、衣冠子弟、郡县长吏、豪族弟兄，老幼相携、来者如市"。① 李渊的亲属也收编了长安周围的许多武装力量。隋炀帝大业十三年（617）五月，李渊在晋阳（今山西太原）起兵，由他的两个儿子李建成和李世民分别率领左、右军，进军关中，很快占领了长安，取得了号令全国的地位。他遥尊远在扬州的隋炀帝为太上皇，立在长安的炀帝孙代王杨侑为帝。次年五月，李渊取代隋，建立唐朝，改元武德，是为唐高祖。

李渊作为一个老谋深算的政治家，先是在隋炀帝因突厥攻占马邑（今山西朔县）囚禁他的时候，否定了李世民仓促起事的建议。

后来在太原起兵过程中，他认识到北边突厥强大，西边李密势头正盛，而隋王朝还有一定力量，还没到土崩瓦解的境地，采取了对突厥称臣，对李密卑辞尊奖，不打反隋旗号的策略，顺利进入了长安。进入长安以后，他没有马上做皇帝，而是推出了隋炀帝的孙子做皇帝。他的这种审时度势，准确把握形势，正确决策，特别是以退为进的政治智慧，对于唐朝的顺利建立，起了决定性的作用。李渊是当之无愧的唐朝的创立者。

可是在很多的历史书上都把李世民塑造成唐朝的开国皇帝，说他是晋阳起兵的主谋。为什么会有这样的说法呢？这和李世民发动的玄武门之变有密切的关系。

现在很多人为了不损害李世民高大的形象，往往把他说成是被迫的、自卫的。这是违背了历史事实的。李世民发动玄武门之变是蓄谋已久的。

3. 秦王李世民

李世民参加了太原起兵，但不是像《旧唐书》和《资治通鉴》所写的那样，是太原起兵的策划者和组织者。他生于隋文帝开皇十九年（599），大业十三年（617）太原起兵的时候，他才十八岁。《旧

---

① 《大唐创业起居注》卷二。

唐书》卷二《太宗纪上》所写"太宗潜图义举，每折节下士，推财养客，群盗大侠，莫不愿效死力"，对于一个十八岁的少年来说，还是有可能的；而统观全局，掌握时机，处理好和各方面的关系，就不是他能够做到的。大业十二年（616）突厥乘李渊还太原之机，攻占了山西北部城市马邑，隋炀帝派人囚捕李渊及马邑太守王仁恭，命令送往当时隋炀帝所在的江都（即扬州）治罪。李世民提出，以他所潜结之"死士"，克日举兵。凭这些"死士"，武装劫狱，把李渊救出来，然后逃亡山泽，上山打游击，再以观时变。但李世民不了解，当时隋王朝还没有土崩瓦解，还有强大的军事力量。如果按照李世民所说的去做，无异于以卵击石。从这里也可以看出李世民在政治上还是很嫩的，远远赶不上他父亲李渊的老谋深算。

在太原的时候李世民参加过两次军事行动，受到了初步的军事锻炼。太原起兵后他和哥哥李建成各领一支军队进军长安。

武德元年（618）李渊做了皇帝，正式建立了唐朝，李世民被封为秦王。

唐朝建立以后，面对着全国各个地方的武装集团。其中存在着两种力量，一种是原来的农民军，有河北的窦建德、江淮的杜伏威。另外还有很多武装割据集团，有山西的刘武周、甘肃的薛举、洛阳的王世充等。唐朝在初步稳定以后就开始了削平群雄的战争，直到武德七年（624）基本上告一段落。

在削平群雄的战争中李世民作为秦王、作为统帅进行的第一场战争是对甘肃的薛举、薛仁杲的战争，进行得并不顺利。

武德二年，割据山西北部的刘武周、宋金刚南下，占领了晋州（今山西临汾）以北大部分城镇。十一月，李世民率众趣龙门关，履冰渡河，进屯柏壁（今山西新绛西南），与宋金刚相持。寻而永安王孝基败于夏县，于筠、独孤怀恩、唐俭并为敌将寻相、尉迟敬德所执。寻相将还浍州（今山西翼城）。李世民遣殷开山、秦叔宝邀之于美良川，大破之，相等仅以身免，悉虏其众，复归柏壁。于是诸将咸请战，李世民曰："金刚悬军千里，深入吾地，精兵骁将，皆在于此。武周据太原，专倚金刚以为捍。士卒虽众，内实空虚，意在速战。我坚营蓄锐，以挫其锋，粮尽计穷，自当遁走。"① 继续坚守柏壁，同时派小规模部队出击以保护运输通道的畅通。武德三年（620）春秋之交，唐军切断了刘武周军队的运粮线，刘武周部将宋金刚被迫从浍州北撤。李世民率轻骑追击，一昼夜行二百余里，转战数十合，士卒疲弊，军粮也没有运上来。有人建议扎营休息，待军粮和后继部队齐集后再行决战，李世民说："功者，难成易败；机者，难得易失。金刚走到汾州，众心已沮，我及其未定，当乘其势击之，此破竹之义也。如更迟留，贼必生计。此失机之道。"② 指挥军队继续前进。终于击溃了宋金刚的军队，取得了对刘武周战争的决定性胜利。刘武周、宋金刚逃奔突厥。

在这一次战争中，李世民善于分析敌我双方形势，抓住战机，集中主力，进行攻击。在作战过程中，能身先士卒，不怕疲劳，率领部队追击溃逃的敌人。这说明李世民已经具有战略的眼光，能够从战略的高度来指挥战争。打败敌人以后乘胜追击也已不是单纯的战术问题。

武德四年春，李世民率兵围攻盘踞洛阳的王世充割据政权。王世充向窦建德求援。窦建德看到西北各武装集团都已被唐消灭，唐打败王世充后，下一个目标将会是自己，便亲自率兵西救洛阳，并致书李世民，请退军潼关，还所占王世充之地，复修前好。李世民没有独断专行，而是集将佐讨论如何应对，最后接受了郭孝恪、薛收提出的意见，制定了分兵围洛阳，亲率大军扼成皋，待机与窦建德决战的方案。

武德四年的这一次战争表现出了李世民的两个特点：

一是注意对敌我形势做出透彻的分析，从形势的分析中做出战略性的决策。而这种对于形势的分析，不是依靠他一个人完成的，而是依靠手下的将领，广泛地听取下属意见。他善于集思广益，然后分析和综合大家的意见，从战争的全局和三方特点及其相互关系考虑问

---

① 《旧唐书》卷二《太宗本纪上》。
② 《通典》卷一六二《兵十五·乘胜》。

题，做出正确决策。这是李世民能够制敌决胜的一个很重要的因素，表现出了李世民虚怀若谷的政治风度和成熟的战略思想。

二是对现场形势认真地观察。他亲临前线甚至深入敌后，力求掌握第一手材料，作为决策的根据。

李世民率领军队西征东讨，在战争中很快成长为一位杰出的军事家。

值得注意的是，李世民进入东都后，部分诸军，分守市肆，禁止侵掠，无敢犯者。世民入宫城，命记室房玄龄先入中书、门下省收隋图籍制诏，已为世充所毁，无所获。命萧瑀、窦轨等封府库，收其金帛，班赐将士。收世充之党罪尤大者段达、单雄信等十余人斩于洛水之上。他采取的这些重大措施没有全按李渊的意旨，使李渊有了这不是我过去的儿子了这样的感叹。尤其是他把王世充和窦建德的部属和一批山东豪杰的头面人物如徐世勣（李勣）、张亮、秦叔宝、程知节等人纳入自己的麾下，使自己的实力威望大大提高，更是引起李渊的不快和疑虑。

武德四年，刘黑闼起义尚未发展成燎原之势，唐统治者还不十分在意。李世民也认为海内无事，乃锐意经籍，乃于宫城西起文学馆，广引文学之士，以房玄龄、杜如晦、虞世南、褚亮、姚思廉、李玄道、于志宁、薛收、陆德明、孔颖达、许敬宗等十八人，并以本官兼文学馆学士。诸学士给五品珍膳，分为三番，更直宿于阁下。此后，在公事之余他就引见诸学士讨论典籍，商略前载。预入馆者，时所倾慕，谓之"登瀛洲"。

4. 玄武门之变与山东豪杰

唐朝建立以后，李建成以长子被立为太子，经常留在长安，协助唐高祖李渊处理政务。李世民领兵作战，西征东讨，先后平定了西方和东方的各个武装集团，为唐朝统一全国建立了卓越的功勋。在这个过程中，李世民成长为一位卓越的军事家，在政治上也积累了一定的经验。同时他的力量和威望也有了很大的提高。在这个基础上，他不再满足一个统帅、一个地区行政长官的地位，想要谋取最高统治权。

这一点房玄龄说得很清楚。《旧唐书·杜如晦传》记载："太宗平京城，引为秦王府兵曹参军，俄迁陕州总管府长史。时府中多英俊，被外迁者众，太宗患之。记室房玄龄曰：'府僚去者虽多，盖不足惜。杜如晦聪明识达，王佐才也。若大王守藩端拱，无所用之；必欲经营四方，非此人莫可。'"一个"必欲"把李世民的心思和"经营四方"的含义说得再明白不过了。李世民作为秦王，应该完成作为皇帝的唐高祖李渊交给的任何任务。完成这些任务的过程中，他应该积极主动。但是他完成什么任务是被动的，而"必欲经营四方"，则完全是主动的。这说明唐太宗李世民已不安于他的藩王地位，而要成就一番事业。

李世民的行为使李建成感到是对自己太子地位的严重威胁，为了维护自己的地位，也设法扩大自己的力量。作为李建成僚属的王珪、魏徵也想办法来壮大李建成的力量。"太子中允王珪、洗马魏徵说太子曰：'秦王功盖天下，中外归心。殿下但以年长位居东宫，无大功以镇服海内。今刘黑闼散亡之余，众不满万，资粮匮乏，以大军临之，势如拉朽。殿下宜自击之以取功名，因结纳山东豪杰，庶可自安。'太子乃请行于上，上许之。"① 他们建议利用刘黑闼河北再起的机会，要李建成请求前往平定，借此结纳河北将领和山东豪杰。此行取得了很大的成功，不仅很快平定了刘黑闼，稳定了河北形势，而且与山东豪杰建立了广泛的联系。这一点从玄武门之变以后"河北州县素事隐、巢者不自安，往往曹伏思乱"② 可以得到充分说明。最后唐太宗还是派魏徵"安喻河北"，当场释放了传送京师的太子千牛李志安、齐王护军李思行，才把河北的形势安定下来。这是后话。与此同时，李世民也"以洛州形胜之地，一朝有变，将出保之，遣（张）亮之洛阳，统左右王保等千余人，阴引山东豪杰以俟变，多出金帛，恣其所用"。③

---

① 《资治通鉴》卷一九〇唐高祖武德五年十一月。
② 《新唐书》卷九七《魏徵传》。
③ 《旧唐书》卷六九《张亮传》。

这说明山东豪杰在当时的政治舞台上已经成为一支举足轻重的力量，因而成为双方争夺的对象。

不论是太子李建成，还是秦王李世民都和山东豪杰有密切的联系。这也表明他们与父亲李渊都有一个很大的不同点，那就是李渊主要是依靠关陇、江南的贵族和山东士族来建立对河北、山东地区的统治，完全脱离了当时山东地区的实际情况。而他们在统一全国的过程中都与关东即现河南、河北和山东地区的一般地主建立了密切的联系。就他们二人而言，旧史说李建成为人宽简，性颇仁厚，本人很有政治才干。手下属官魏徵、王珪、韦挺更是当时卓越的治国之才。但由于其太子地位，更多地受到贵族们的包围，军事经验不如李世民丰富，办事也缺乏李世民那样的魄力。在争权夺利的斗争中，这些都是严重的弱点。李世民一直跟随在李渊身边，熟悉官场斗争，太原起兵后，长期率军作战，培养了卓越的指挥才能，并逐步克服了单纯军事观点，在政治上成熟起来。而从双方力量对比来看，无论是在长安还是在外地，李建成都稍占上风，特别是李建成具有太子身份，按照封建正统观念，其地位是不可动摇的。

随着刘黑闼和辅公祐被镇压下去，李世民和李建成兄弟争夺皇位继承权的斗争激烈起来。形势已发展到剑拔弩张，一触即发的地步。

太子李建成的亲信魏徵等人劝建成早早下手，除掉李世民。李建成采取了两个方面的措施：一是利用太子地位，积极扩大实力，培养亲信；二是挖秦王的墙角，对秦王的幕僚能拉则拉，不能拉就铲除，想把秦王府的一班人予以瓦解，然后再除去秦王。由于他们着眼的多是一些地位高的重要人物，这个工作很不成功，李世民的亲信一个没有拉拢过来。相反，李世民倒是把李建成阵营中的一个地位不算很高，但是工作却很重要的常何拉拢过去。常何驻守玄武门，在兄弟争权的关键时刻起了很大的作用。

武德九年六月初四，李世民在妻弟长孙无忌、谋臣房玄龄、杜如晦和骁将尉迟敬德等的帮助下，发动了玄武门之变。他在宫城北门玄武门埋下伏兵，乘李建成入朝无备，亲自射杀李建成。李元吉也被尉迟敬德杀死。

玄武门之变三天后，李渊立李世民为太子。同年八月初九，唐高祖李渊被迫退位，李世民登上了大唐天子的宝座。李世民死后谥为太宗，所以历史上都叫他"唐太宗"。

李世民登上皇帝宝座以后，总是说"为兄弟不容"，意思就是说他发动玄武门之变是被迫的，完全是一种自卫行动。同时对史臣说，六月四日之事按照实际情况去写，不要有任何隐瞒。仅仅是被迫自卫就杀掉兄弟，逼迫父亲让位，似乎还不够有力，也不足以垂训子孙，因此文章还要往前面做，这就是要把李世民说成是唐朝实际的开国皇帝。因此，在当时编修的实录、国史和根据这些编撰的《旧唐书》等史书上关于太原起兵的记载就与参加了太原起兵，担任大将军府记室参军，专掌文翰，在唐高祖和唐太宗两朝担任工部、礼部尚书，并与李世民关系密切的温大雅所撰《大唐创业起居注》有很大的出入。这些史书一是把李世民说成是太原起兵的主谋，也就是把他塑造成唐王朝的开国皇帝；二是记载充满了矛盾。如果没有成见，大家翻一翻，是很容易发现这些矛盾的。作为史书，这是一个很大的缺点，说明当时没有秉笔直书，歪曲了历史。弄清这一情况，不仅有助于我们学习和提高考证、辨别历史事实的能力，而且给我们留下了研究和思考的空间，有助于我们了解文字记载背后的东西。

二、"此皆魏徵之力也"——贞观之治的形成

1. 贞观初年的紧张形势

李世民做了皇帝后，等待他的并不是歌舞升平的享乐，而是内忧外患的考验。如何使国家安定、经济恢复、社会发展，成了摆在贞观君臣面前的首要问题。

当时形势确实是非常紧张的，社会情况也很复杂。从外部来说，在隋末动乱中，北方各武装力量都向突厥称臣，李渊也不例外。到唐朝统一以后，恰逢玄武门之变，突厥的颉利可汗认为李世民兄弟相争必然引起唐朝的形势不稳定，于是亲率大军到长安附近，离长安不过40里，情况十分紧急。在唐高祖的时候，全国还没完全统一，突厥

也经常南下，唐高祖甚至考虑要迁都以避突厥。面对这次突厥侵犯，唐太宗亲临前线进行观察，发现突厥的队伍不整，不是要马上进行决战的架势。他猜想突厥只是想趁乱打劫，所以一方面亲自到渭水上面和颉利见面进行谈判，同时又派李靖在突厥的退路上设伏。颉利可汗看到硬打的话捞不到什么好处，如果谈判讲和的话还可以得到一大笔金银布帛，便与唐订盟约和而退。

突厥退回去并不意味着问题就解决了，危险还是存在的。而内部的情况就更加复杂，在隋末农民战争爆发以前，隋炀帝到处巡游，兴建了很多大的工程，修建东都，开凿大运河，大量征发农民服役，造成很大伤亡。还发动了对辽东的战争，伤亡也很大。在隋末农民战争浪潮的冲击之下，隋朝土崩瓦解。经过隋末的动乱，社会经济受到了极大的破坏，隋朝最盛的时候，全国有 900 多万户。到了唐朝初年，经过一段时间的恢复以后，也还不到 300 万户。从洛阳到山东，几十里路碰不到一个人，那真是鸡犬之声不闻。要从洛阳去山东的话必须自己带上口粮，路上是找不到食物的。社会经济破坏达到了这样一个严重的程度。问题的严重还在于，在唐高祖武德年间，社会一直没有稳定下来。还有一些农民没有放下武器，没有回到家乡。这样一种复杂的社会情况，应该说是摆在刚刚即位的唐太宗贞观君臣面前的一张很严峻的考卷，考试的题目就是怎么解决这些问题。如果有了正确的答案，国家就能安定，经济就能恢复，社会就能发展。如果答案错了，历史就会出现曲折。唐高祖时，唐朝经过了四五年的时间，统一了全国。但是山东地区的情况长期不能安定下来。主要的原因就是对山东这个隋末农民起义的中心地区，唐朝政府没有能够采取正确的政策。唐朝政府没有采取与民休息的方针，让老百姓休养生息，而是采取一种高压的政策，要对参加起义的农民进行严惩。有些人还没有抓住就已经被判了死刑，使得老百姓没法回到家乡，不能放下武器。所以唐太宗即位以后，山东地区是不安定的。

这不仅仅是唐高祖李渊留给他的遗产，跟李世民本身也有直接的关系，因为山东地区原来就是由李世民负责的。很具有讽刺意味的是，他在打败了窦建德、王世充以后，身披黄金甲，骑着高头大马，凯旋长安，非常气派。可就在这个时候，山东地区就发生了刘黑闼的起义，人们重新拿起反抗隋朝的武器自卫。这也难怪，李世民十六岁就跟随父亲李渊到了太原，主要是受到军旅生活的熏陶。从太原起兵以后，特别是唐朝建立以后，李世民主要是率兵打仗，西征东讨。在这样的战争的过程中，他成为一名出色的军事家，但是也养成了他的单纯军事观点，觉得武力能够解决一切。而对于当时的社会情况，对于当时全国的政治形势，他缺乏了解，也不能理解，政治方面的经验非常缺乏。在这些方面比起他的哥哥，就是当时的太子李建成，李世民还有不足。如果从功劳来说，李世民在当时当然是首屈一指，为唐朝的统一立下了汗马功劳。但是他在统治经验方面其实是很缺乏的，不如他的哥哥。因为李建成从小生长在民间，对社会情况比较了解。所以李建成在做太子的时候，他收罗的幕僚，都是一些治国的英才，比如魏徵、王珪。正是这些人，后来在贞观之治中起了主导的作用。在玄武门之变以前，李世民就设立了文学馆，有所谓秦府十八学士，他开始注意在文化知识方面加以充实。但是他的注意力主要还是在兄弟的权力之争方面，因此对怎样执政缺少准备，对能不能够迅速致治也没有信心。

唐太宗继位后朝廷中存在三种人，即高祖旧臣、秦府旧僚和原太子李建成的旧僚。

第一种人是唐高祖的旧臣，代表人物有四人，有来自关陇贵族的裴寂、宇文士及，来自山东士族的封德彝，还有来自江南贵族的萧瑀。这些人在隋朝末年农民起义中利益受到了损害，对农民又怕又恨，心有余悸。其中裴寂是个重要的人物，因为他是跟唐高祖李渊在太原一起起兵的。裴寂和宇文士及出身贵族，腐朽无能，只知贪赃枉法，奢侈享乐。封德彝和萧瑀倒是想做点事，但是思想保守，与唐朝建立后新的形势格格不入。

第二种人是唐太宗做秦王时候的僚属。李世民在做秦王的时候，他的幕僚有两部分人。一部分是伴随李世民南征北战，为李世民夺取皇位立下汗马功劳的谋臣和武将。其中谋臣有长孙无忌，是他的小舅子；房玄龄、杜如晦，这是大家都很熟悉的；还有侯君集。将领有尉迟敬德、秦叔宝、程知节等。这些谋臣都富有政治谋略，在战争中，在协助李世民争夺皇位的斗争中都起了很大的作用；将领作战都很勇敢，对李世民本人也很忠心。但是他们对于当时全国的，特别是山东地区的形势、社会情况，对于当时农民的动态和地主、官僚中下层的要求都没有深刻的理解，对于怎么迅速致治，提不出一套完整的方案。还有一部分人，就是所谓的秦府十八学士。十八学士中一部分是像房玄龄、杜如晦这样的谋士。另外一部分就是儒生和文士，这部分人来自东南的多。他们帮助李世民学习儒家经典、学习文化、学习历史，但是他们也不可能帮助李世民提出一套治国的方针政策。

还有一种人，是在农民战争年代里成长起来的士人，如魏徵、戴冑、王珪、韦挺、杜正伦等。他们大多参加过当时的各个武装集团，对国家的命运都很关心，而且在文化上也都有相当的修养。他们大部分出身比较寒微，也比较年轻，贞观初年一般都不到五十岁。他们具有丰富的政治经验，并且熟悉农民情况和全国的政治形势。他们在隋末动乱中脱颖而出，成为唐朝前期重要的政治力量。这些人中最具有代表性的就是魏徵和王珪。

其中如魏徵，也是来自山东，但是出身低层，他父亲在北齐做过县官，早亡。他年轻时家境就很贫寒，曾出家为道士，在农村教过书。但他少有大志，好读书，涉猎范围很广，后见天下渐乱，尤其注意纵横之学。什么叫"纵横之学"？大家都知道战国时候的苏秦、张仪，合纵、连横。"纵横之学"在古代就是政治学。在隋末唐初，他先是参加李密领导的瓦岗军。李密归唐后，他随至长安，自请安辑山东，到黎阳说服瓦岗军老将领徐世勣降唐。窦建德攻下黎阳后，魏徵又在窦建德军中任起居舍人。窦建德失败后，又成为太子李建成的属官。魏徵的这些经历，使他对当时山东、河北地区农民的动态有比较深切的了解。所以他能正确地估计形势，提出符合实际情况的方针政策。

太宗即位后，逐步调整了最高统治集团成员。他先后罢去了高祖时重用的宇文士及和裴寂的宰相职务，并注意从上述第三种人中发现和选拔能够解决当时问题的治国人才。

唐太宗在玄武门之变后，大胆起用了魏徵和王珪。魏徵和王珪在他们兄弟之争的时候，曾经建议李建成除掉李世民，应该说他们是李世民的主要政敌。李世民认为他们忠于所事，没什么不妥，大胆起用了他们。他首先让魏徵到山东去安定局势，后来又一步一步地把他提拔上来。这对于李世民来说是很关键的一步，如果离开了这些人，他是很难正确认识形势，正确做出决策的。

光有这些人也不够，还要看皇帝本人。皇帝本人不能认为自己什么都知道，能够洞察一切。而是要集思广益，善于广泛地听取臣下的意见，善于听取臣下的正确意见。古代的帝王，特别是有作为的帝王，主要有两种类型。一种是本人的素养比较高，善于观察形势，富有政治经验，最后也能够正确做出决断，所以主要是自己判断形势，做出决断。这种皇帝，当他们做出的决断正确的时候，能够推动社会前进；决断错误了，就会出现很大的问题。一般来说，这种皇帝最容易出的问题，不在于做出错误的判断，而在于在胜利面前被冲昏头脑，觉得自己什么都能了解，什么都能做，结果往往出错或做过了头。另外一种，皇帝本身不一定觉得自己什么都能够了解，什么都能做，而是能够广泛听取意见，集思广益。从唐朝来说，像武则天、唐玄宗，大概属于第一种，而唐太宗就是另外一种类型。我觉得作为一个领导者来说，能够具备第一种素质当然是很好的，但是在具体的做法上恐怕还是要像唐太宗这样，不是自己一个人说了算，而是广泛地听取意见。

2."此皆魏徵之力也"

我们大家都有一个印象，魏徵这个人在唐朝的历史上，主要就是一个倔老头子的形象，爱提意见，有的时候甚至弄得唐太宗下不了台。有一次唐太宗下朝以后还愤愤地说："会当杀此田舍翁！"

大家都很熟悉唐太宗说过的一段话："以铜为镜，可以正衣冠；以古为镜，可以知兴替；以人为镜，可以明得失。朕常保此三镜，以防己过。今魏徵殂逝，遂亡一镜矣！"① 唐太宗这段话是在贞观十七年（643）魏徵死后说的。也算是唐太宗对魏徵盖棺定论的评价。后世人也多依此来评价魏徵。

那么魏徵在唐朝初年，在贞观之治形成的过程中到底起了什么作用？是不是就是唐太宗所说的，是一面镜子？这个问题我们还是让唐太宗自己来回答。

唐太宗对群臣说："贞观初，人皆异论，云当今必不可行帝道、王道，惟魏徵劝我。既从其言，不过数载，遂得华夏安宁，远戎宾服。突厥自古以来，常为中国勍敌。今酋长并带刀宿卫，部落皆袭衣冠。使我遂至于此，皆魏徵之力也。"顾谓徵曰："玉虽有美质，在于石间，不值良工琢磨，与瓦砾不别。若遇良工，即为万代之宝。朕虽无美质，为公所切磋，劳公约朕以仁义，弘朕以道德，使朕功业至此，公亦足为良工尔。"②

在这一段话中有两句话集中反映了唐太宗对魏徵的评价。一句是，"使我遂至于此，皆魏徵之力也"。另一句是，"使朕功业至此，公亦足为良工尔"。他不仅把成就贞观之治首先归功于魏徵，而且把魏徵比作切磋美玉的良工，也就是说连唐太宗本人也是通过魏徵的切磋，约以仁义，弘以道德，造就出来的。作为一个帝王，能对魏徵作出这样的评价，是非常非常不简单的。

至于唐太宗所说："贞观初，人皆异论，云当今必不可行帝道、王道，惟魏徵劝我。"就是指太宗继位后魏徵与封德彝的那场大辩论。这件事记载在《贞观政要》卷一《政体第二》中。原文是："贞观七年，太宗与秘书监魏徵从容论自古理政得失。"封德彝贞观元年六月去世，贞观七年不可能从坟墓中爬出来和魏徵辩论。因此这件事只能发生在贞观元年六月封德彝去世前。

（贞观元年六月前）太宗与秘书监魏徵从容论自古理政得失，因曰："当今大乱之后，造次不可致理。"徵曰："不然。凡

---

① 《旧唐书》卷七一《魏徵传》。
② 《贞观政要》卷一《政体》。

人在危困，则忧死亡。忧死亡，则思理，思理则易教。然则乱后易教，犹饥人易食也。"太宗曰："善人为邦百年，然后胜残去杀。（论语之辞）大乱之后，将求致理，宁可造次而望乎？"徵曰："此据常人，不在圣哲。若圣哲施化，上下同心，人应如响，不疾而速，期月而可，信不为难。三年成功，犹谓其晚。"太宗以为然。封德彝等对曰："三代以后，人渐浇讹。故秦任法律，汉杂霸道。皆欲理而不能，岂能理而不欲？若信魏徵所说，恐败乱国家。"徵曰："五帝、三王，不易人而理。行帝道则帝，行王道则王，在于当时所理，化之而已。考之载籍，可得而知。昔黄帝与蚩尤七十余战，其乱甚矣，既胜之后，便致太平。九黎乱德，颛顼征之，既克之后，不失其理。桀为乱虐，而汤放之，在汤之代，即致太平。纣为无道，武王伐之，成王之代，亦致太平。若言人渐浇讹，不返纯朴，至今应悉为鬼魅。宁可复得而教化耶！"德彝等无以难之，然咸以为不可。

大意是说，有一天唐太宗和魏徵讨论大乱之后能不能够迅速致治。唐太宗说，大乱以后恐怕"造次不可致理"。"理"就是"治"。因为唐高宗叫李治，所以其后唐朝史籍中凡是"治"字都改成了"理"。"造次"就是"很快"，"造次不可致理"就是不能很快地致治，社会不可能很快地安定下来。魏徵说不是这样，人在危困的时候就怕死亡，怕死亡的话就思理，也就是思治。思治，老百姓就容易进行教化。所以大乱之后就好像饥饿的人一样，饥饿的人给什么他都容易吃下去，大乱之后只要进行教化，社会很快就能安定下来。当时封德彝反对魏徵的说法。他认为"三代以后，人渐浇讹"，所以秦朝就"任法律"，汉朝"杂霸道"，进行高压统治。这都是统治者想要治而不能。如果皇帝听了魏徵的话，那就会给国家造成混乱。魏徵就进行了反驳，意思是说五帝也好，三王也好，都没有换什么人，都是这些老百姓，但都达到了治。只要行帝道、行王道，进行教化，社会是可以安定下来的。只要看一看历史就可以知道这一点。如果说三代以后人心越来越坏的话，那到了今天都应该变成鬼魅了，怎么能够进行教化呢？

这一次对话反映了唐太宗对迅速致治没有信心。唐太宗刚即位的时候，很多农民还没有回到土地，还有一些农民还没有放下武器。怎么样让老百姓都能够回到土地，使社会很快地安定下来，是一个很大的问题。魏徵分析了当时的形势，指出大乱之后，人心思治，人心思定。只要对老百姓实行帝道、王道，实行教化的方针，社会很快就可以安定下来。

帝道和王道，即尧舜和夏禹、商汤、文、武、周公治国之道。也就是《礼记·礼运》所说的"大道之行也，天下为公"的大同之世最后的几个君王和小康之世几个王朝开国时的治国之道。有关这一时期的情况主要记载在《尚书》相关的篇章中。

至于唐朝人特别是唐朝初年的君臣怎样理解帝道和王道，除了可以从唐太宗君臣论治中找到最好的答案，还可以从魏徵等人辑录的《群书治要》中进行了解。《群书治要》这本书对魏徵来说，主要就是通过古代典籍，全面地阐述帝道和王道；从传统的政治文化中吸取思想材料，来架构当时所需要的东西。

因此，唐太宗贞观君臣虽然大谈帝道、王道，但有一点可以肯定，那就贞观时期并不是原封不动地实行三王、五帝之道，而是利用三王、五帝之道的思想材料，结合历史经验和唐朝初年的实际情况，总结出来的一套理论、方针和政策，也就是吴兢所谓的"贞观政化"。

魏徵劝唐太宗实行帝道、王道，实行教化的方针，唐太宗觉得魏徵的话很有道理，接受了他的意见。十一月丙午，唐太宗和群臣讨论"止盗"的问题。有人主张用重法来禁止。唐太宗微笑着说："民之所以为盗者，由赋繁役重，官吏贪求，饥寒切身，故不暇顾廉耻耳。朕当去奢省费，轻徭薄赋，选用廉吏，使民衣食有余，则自不为盗，安用重法耶！"这就奠定了贞观时期总的方针。方针确定以后，唐太宗就坚定不移地按照这个方针去做。也就是前面所引的《贞观政要》卷一《政体》上所说的"太宗每力行不倦，数年间，海内康宁，突厥破灭"。

这样就有了唐太宗所说的，"使我遂至于此，皆魏徵之力也"。

贞观十年还有一段话。贞观十年，唐太宗说："朕是达官子弟，少不学问，唯好弓马，至于起义，即有大功。既封为王，偏蒙宠爱，理道政术，都不留心，亦非所解。及为太子，初入东宫，思安天下，欲克己为理。唯魏徵与王珪导我以礼义，弘我以政道。我勉强从之，大觉其利益，力行不息，以致今日安宁，并是魏徵等之力。所以特加礼重，每事听从，非私之也。"① 这段话在现在国内通行的《贞观政要》的本子里没有，但是在传到日本的本子上有。《贞观政要》在唐代就已经传到了日本，而且有好几个版本。后来日本有位叫原田种成的学者，把这些版本加以对照，最后整理出一个本子，叫《贞观政要定本》。这段话的意思是，唐太宗说自己从小就不读书，"唯好弓马"。做了秦王以后，"理道政术，都不留心，亦非所解。及为太子，初入东宫，思安天下，欲克己为理。唯魏徵与王珪，导我以礼义，弘我以政道。……以致今日安宁，并是魏徵等之力"。这段话可以细细琢磨。从这些话我们可以看出来，贞观初年唐太宗是在怎样一个情况之下，接受了魏徵、王珪这些人的意见，确定了总的方针政策。

这里有一个问题。李世民从做秦王的时候开始，在东征西讨的过程中就注意吸纳人才，有秦府十八学士，还有武德时留下的一些老臣。为什么他们都不能劝唐太宗行帝道、王道，都不能对唐太宗"导我以礼义，弘我以政道"？而魏徵、王珪，原来都是太子李建成的幕僚。在他们兄弟相争的时候，还曾经劝李建成下手搞掉李世民。为什么恰恰是他们做到了这一点？

关键是对当时形势的认识和对农民的态度。当时不仅经济受到很大的破坏，而且有些农民由于税役繁重，官吏贪求，饥寒切身，还没有放下手中的武器。怎样估计当时的形势，特别是农民的动态，确实是一个很大的问题。

正确认识现实，估计形势，估计发展趋向，看起来是一个很简单的问题，但是如果我们回顾一下古今中外的历史，就会发现这往往是一个很难把握的关键性问题。

我们再回到贞观十七年唐太宗所说的，"以铜为镜，可以正衣

---

① 《贞观政要定本》卷六《杜谗邪》，无穷会东洋文化研究所纪要第三辑，1962年。

冠；以古为镜，可以知兴替；以人为镜，可以明得失。朕常保此三镜，以防己过。今魏徵殂逝，遂亡一镜矣！"这段话说明什么呢？这就说明，一直到贞观中后期的贞观十七年，唐太宗还是注意听取臣下的意见。但是这里说的是"以人为镜，可以明得失"。"得失"就是有没有什么错误，做得对还是错。而主要的还是在错上面，自己什么地方做得不合适，希望别人提提意见，给自己提个醒。听取意见的重点和贞观初年不一样了，贞观初年他所听取的是对于整个社会形势的分析，对方针政策的建议。而魏徵在贞观初年的主要作用不是一般性地提意见，而是在关键的问题上提了关键的意见，帮助唐太宗确定了贞观时期总的方针政策，所以唐太宗才给魏徵那么高的评价，认为自己能有当时的功绩完全是因为魏徵。这就不是得失的问题了。这也反映出，随着时间的推移、时代的发展，唐太宗对于贞观初年稳定局势的艰辛，确定行帝道、王道方针的过程已经淡忘了。

下面我们再来谈一谈，房玄龄、杜如晦的问题。

房谋杜断，在历史上传为佳话。主要是指在唐太宗做皇帝以前，作为秦王领兵作战过程中，在军事行动方面，房玄龄可以提出很好的建议，但却老定不下来；而杜如晦却很善长做决断。另外，在玄武门之变前唐太宗夺取皇位的过程中，房玄龄和杜如晦也起了很大的作用。

问题是，历来都把房玄龄和杜如晦称为贞观贤相，也就是说他们在形成贞观之治的过程中起了主导作用。从历史文献来看，在玄武门之变以前，他们的活动不绝于书，在李世民西征东讨、夺取皇位的过程中，房玄龄都起了很大的作用。而到唐太宗李世民做了皇帝以后，有关他们言论和行动的记载就少了。因为到了贞观时期，最大的"谋"，出自魏徵；"断"，出自唐太宗。《贞观政要》卷二《任贤》：十二年，太宗以诞皇孙，诏宴公卿，帝极欢，谓侍臣曰："贞观以前，从我平定天下，周旋艰险，玄龄之功无所与让。贞观之后，尽心于我，献纳忠说，安国利人，成我今日功业，为天下所称者，惟魏徵而已。古之名臣，何以加也。"于是亲解佩刀以赐二人。那么房玄龄、杜如晦在贞观时期是不是没有作用呢？当然有作用。

《贞观政要》卷二《任贤》记载杜如晦：

> 贞观二年，以本官检校侍中。三年，拜尚书右仆射，兼知吏部选事。仍与房玄龄共掌朝政。至于台阁规模，典章文物，皆二人所定，甚获当时之誉，时称房、杜焉。

记载房玄龄：

> 贞观元年，迁中书令。三年，拜尚书左仆射。……既总任百司，虔恭夙夜，尽心竭节，不欲一物失所。闻人有善，若己有之。明达吏事，饰以文学，审定法令，意在宽平。不以求备取人，不以己长格物，随能收叙，无隔卑贱。论者称为良相焉。

这些记载说明，他们和魏徵起了不同的作用。他们的作用主要是在制度、法律的制定，以及人才的任用方面，这是房玄龄的主要工作，这些工作大部分都是在幕后进行的，不像魏徵，在决策方面经常发表很多言论。而房玄龄所做的这些事情很难写得很具体。至于杜如晦的作用跟房玄龄差不多，不过他在贞观时期只活了四年。

三、贞观君臣论治——贞观初年的统治思想

1. 国以民为本

唐朝初年的一个重要特点，就是不尚空谈，讲求实际。说到唐朝初年政治文化，大家一定会想到君舟民水、君臣一体、直谏纳谏、居安思危、慎终如始，等等。这些都是唐朝初年政治文化的重要内容，但还不足以表现唐朝初年政治思想的核心。

唐朝初年政治思想的核心是"国以民为本"或"国以人为本"。

大家很熟悉《荀子·王制篇》中的这样一句话："君者，舟也；庶人者，水也，水则载舟，水则覆舟。"说的是作为君主，老百姓可以扶持你，也可以颠覆你，推翻你。主要是说君主和老百姓是一种相互依存的关系。唐太宗和他的大臣也都引用过这句话。因此在相当长一个时期，大家就是这样来理解唐太宗君臣对于君民关系的认识。但

是这句话没有明确指出"载舟""覆舟"的条件,也没有指出君权的来源。尽管如此,一个皇帝够达到这样的思想高度,也已经是很难能可贵的了,因为他毕竟是已经看到了老百姓的力量,不论做什么事情都会考虑到这一点。

但是,唐太宗贞观君臣没有停留在这样的认识水平上,他们的看法已经远远地超过这个水平。

首先是明确提出了"国以民为本,人以食为命"。"凡事皆须务本。国以人为本,人以衣食为本。凡营衣食,以不失时为本。""国以民为本,人以食为命。若禾黍不登,则兆庶非国家所有。"① 唐太宗说:"为君之道,必须先存百姓,若损百姓以奉其身,犹割股以啖腹,腹饱而身毙。若安天下,必须先正其身,未有身正而影曲,上理而下乱者。"② 王珪更进一步提出,"人力既竭,祸难遂兴"。③ 国以民为本的核心问题是衣食问题在古代早已提出。《尚书·夏书·五子之歌》:"民为邦本,本固邦宁。"《淮南子·主术训》:"食者,民之本也;民者,国之本也。"而贞观君臣的这些话抛却了仁义道德的外衣,简单明确地说明了一条最根本的道理:对百姓的征发超过了一定的限度,老百姓无法活下去,就会起来造反。这是在总结隋朝灭亡的教训时得出的一条具有规律性的结论。这个道理很明白,做皇帝必须使老百姓能够生存下去,统治者能够统治下去的条件是必须使被统治者有最起码的生存条件。这样一个简单的道理,是古今许多统治者,特别是王朝末年的统治者所不懂的。历史上大多数王朝的覆灭,都是因为老百姓活不下去了。而老百姓所以活不下去,就是因为统治者忘记了怎样进行统治的这一条基本原则。但是不少新王朝的创业者都能够做到这一点。因为经过前朝末年统治者倒行逆施,经过多年战乱,社会凋敝,生产受到了严重的破坏,如果不与民休息,采取鼓励恢复发展生产的措施,新的王朝就无法统治下去。不管是汉高祖刘邦、东

---

① 《贞观政要》卷八《务农》。
② 《贞观政要》卷一《君道》。
③ 《贞观政要》卷八《务农》。

汉光武帝刘秀，还是后来的后周武帝柴荣、宋太祖赵匡胤、明太祖朱元璋都采取了相应的措施，让农民有可能去恢复发展生产。但是像唐太宗李世民和他的大臣们这样总结历史教训，把这个问题作为一个理论问题提出来，则是第一次。

其次是唐太宗进一步提出："天子者，有道则人推而为主，无道则人弃而不用，诚可畏也。"①

自古以来关于君权的争论无非是两点：一是君权神授，二是家天下。

君权神授，西周时王称为天子，王权受命于天已经是贵族和百姓一种普遍承认的思想。这种思想在春秋战国时期，随着王权的衰落，周天子失去天下共主的地位而受到了很大的冲击。孟子在《孟子·尽心下》中强调"民为贵，社稷次之，君为轻"。把民提到了突出的地位。韩非在《韩非子·五蠹》中从分析君长产生的原因入手，得出了"民悦之，使王天下"的结论，从根本上否定了君权神授说。直到汉武帝时，董仲舒重又提出王者受命于天之说。其后，王者受命于天说一发而不可收，历东汉而至魏晋南北朝，天命论一直有着强大的影响。

家天下，特别是进入皇帝、帝国时期以后，朕即天下，天下是皇帝的天下就成为一种天经地义的思想。西汉初年窦婴说："天下者，高祖天下。"申屠嘉也说："夫朝廷者，高皇帝之朝廷也。"②

随着东汉末年皇权衰落，也出现了相反的理论和观点。其中影响最大的是三国魏时李萧远《运命论》中所提出的："故古之王者，盖以一人治天下，不以天下奉一人也。"③ 这句话被后来的学者和政治家反复引用。

隋朝建立后，随着皇帝在整个政治体制中地位的变化，李萧远的观点又被重新提起。隋炀帝继位以后，在营建东都的诏书中写道，

---

① 《贞观政要》卷一《政体》。
② 《汉书》卷五二《窦婴传》、卷四二《申屠嘉传》。
③ 《文选》卷五三。

"是知非天下以奉一人，乃一人以主天下也。民惟国本，本固邦宁，百姓足，孰与不足？"①从文字上来说虽然是李萧远《运命论》的翻版，但是把"以一人治天下"，改为"一人以主天下"，即从一人治理天下改变为一人主持天下，皇帝从一个专制的君主变成了国家的最高领导人。虽然只是数字之变，却反映了皇帝在政治体制中地位的变化。

贞观六年，太宗在和大臣的谈话中把这个问题进一步向前推进。他说："天子者，有道则人推而为主，无道则人弃而不用，诚可畏也。"接下来魏徵就说："君，舟也；人，水也。水能载舟，亦能覆舟。陛下以为可畏，诚如圣旨。"②

唐太宗与魏徵的这次对话可以看作是贞观君臣对于君权理论讨论的总结。

唐太宗所说的"天子者，有道则人推而为主"的"主"，就是前面隋炀帝诏书中"主天下"的"主"，也就是领导者。"道"，就是《贞观政要》卷一《君道》提到的"为君之道，必须先存百姓"，即王珪所说的安人之道。"无道则人弃而不用，诚可畏也"，"民"在贞观君臣的心目中是一种可以使王朝颠覆的力量。这是他们通过隋朝灭亡的切身体会得出的一个结论。所以贞观君臣实际上有一种"畏民"的心理，正是这种畏民的心理，使贞观君臣在一段时间里保持清醒的头脑。但这种"畏民"又不是"仇民"。

唐太宗以皇帝的身份提出"天子者有道则人推而为主，无道则人弃而不用"。明确提出了天子是民推而为主，而且可以弃而不用，强调皇帝与民不仅是依存关系，而且是举用的关系，皇帝的权力来源于民。这就否定了皇帝受命于天的观点，否定了皇帝及其权力与天的联系。同时也把中国古代关于君权的理论提升到了前所未有的高度。

有人说唐初唐太宗和大臣之间的社稷意识，与上古有相通的地方。李世民的纳谏，来源也在于他们的社稷意识。正是由于有这样的

---

① 《隋书》卷三《炀帝纪上》。
② 《贞观政要》卷一《政体》。

意识，才有贞观之治。社稷、国家、天下的思想是历代皇帝、大臣共有的思想，不是唐代君臣特有的。而离开了"民"的"社稷意识"，不是把"民"放到首位的社稷意识，而是着意于国或者国家，而这个国或者国家是属于皇帝的。这种思想，作为帝王的唐太宗也是有的。贞观十三年他曾经说："君臣本同治乱，共安危……君失其国，臣亦不能独全其家。"① 这里的国，指的就是皇帝的国家。但是他没有停留在这一点上。唐太宗不仅提出"君人者以天下为公"，并且明确提出："朕每思出一言，行一事，必上畏皇天、下惧群臣……但知常谦常惧，犹恐不称天心及百姓意也。"② 就是上不负天，下不负民。天是抽象的，民是具体的，把爱民放在很突出的地位。魏徵和王珪也反复强调国家和皇帝要"以百姓之心为心"。

贞观初年，唐太宗君臣把百姓之心和百姓利益作为政务处理的出发点，突出以民为本，关心民生这个主题。这和当时的历史背景有密切的关系。一是社会结构的变化，新的社会阶层的出现。二是隋朝末年在浩繁的工役和连年战争中的农民，以生命的代价唤醒了贞观统治者的良知。君人者以天下为公，以民为本，关心民生，这样一些政治理念，是建立在新的君权理论，以及历朝，特别是隋朝的兴亡教训基础之上的。

但是，这个时期并不很长。随着经济恢复和发展，社会安定，国力强盛，唐太宗对这些就开始淡忘了。到贞观中年以后，他就开始偏离以民为本、关心民生这个主题了。

2. 君主不能一人独断，大臣不能顺旨便行

贞观四年，唐太宗和萧瑀谈隋文帝时说他："不肯信任百司，每事皆自决断。虽则劳神苦形，未能尽合于理。朝臣既知其意，亦不敢直言。宰相以下，惟即承顺而已。朕意则不然。以天下之广，四海之众，千端万绪，须合变通，皆委百司商量，宰相筹画，于事稳便，方

---

① 《贞观政要》卷三《君臣鉴戒》。
② 《贞观政要》卷六《论谦让》。

可奏行。岂得以一日万机,独断一人之虑也。且日断十事,五条不中,中者信善,其如不中者何?以日继月,乃至累年,乖谬既多,不亡何待!岂如广任贤良,高居深视,法令严肃,谁敢为非!"① 因令诸司,若诏敕颁下有未稳便者,必须执奏,不得顺旨便即施行,务尽臣下之意。

其中"以天下之广,四海之众,千端万绪,须合变通。皆委百司商量,宰相筹画,于事稳便,方可奏行。岂得以一日万机,独断一人之虑也"这段话,不到 50 个字,但是包含了丰富的内容,是唐太宗关于领导者应该怎样进行领导这个问题的一个很好的总结,至少包含了下面几层意思。

第一,君主不能一人独断。君主不能自己一个人说了算,不能自己一个人做决定。这是唐太宗和群臣总结历代兴亡教训的一个重要的结论。"以天下之广,四海之众",情况非常复杂,皇帝是不可能一个人偏知天下之事的。而事物又是千头万绪、变化多端的,所以要使决定都合于不断变化的情况,靠皇帝一个人独断是不可能的。唐太宗刚刚即位,就有人上书,建议"人主必须威权独任,不得委任群下"。就是说什么事情得皇帝自己拿主意,不能依靠群臣。唐太宗说"千端万绪,须合变通",就从历史和现实结合的高度对这个问题作了回答,为君主不能一人独断从理论上作了说明。

第二,肯定皇帝"每事皆自决断",不可能"尽合于理",一定会造成大量的错误,也就是说他承认皇帝不是万能的,也是会犯错误的。这一点是非常了不起的。作为皇帝,承认自己不是什么都知道,而且是会犯错误的,要求大家指出自己所犯的错误。这个认识的高度,这种政治的胸怀,在古今中外的历史上都是很少有的。所以唐太宗非常注意兼听纳谏,广泛地听取意见,接受臣下的意见。贞观二年,唐太宗就问魏徵,什么叫明君,什么叫暗君?魏徵回答说,明君就要兼听,偏听偏信就是暗君。"人君兼听纳下,则贵臣不得壅蔽,

---

① 《贞观政要》卷一《政体》。

而下情必得上通也。"① 唐太宗也好，唐太宗的大臣们也好，都认识到，皇帝一定要充分了解下面的情况，不能让大臣把下面的情况隐蔽下来。所以唐太宗说："看古之帝王，有兴有衰，犹朝之有暮，皆为敝其耳目，不知时政得失。"② 就是因为耳目不通，不了解下情。下情上通，这是全面正确了解下面的情况，做出正确决策的基础。唐太宗一直要求大臣直言，要敢讲真话。自古以来敢讲真话的大臣还是有的，忠臣不怕死就敢讲真话。可是皇帝真正能够听真话，这是更加难得的。

第三，提出了"须合变通"这样一个政务处理的指导思想。"变通"这两个字出自《易经·系辞》，《易经》中有"变通"的思想，还有"穷则变，变则通"的思想，到了唐朝就把这两个思想沟通起来，发展为"以变则通"。情况发生了变化，必须进行变革，这样才能继续向前发展。情况发生变化了，如果不能进行变革的话，就不能继续前进，什么事情都要适合变化了的情况。这个思想成为唐朝政治思想的理论基础。所以唐朝在进行制度方面、方针政策方面的变革阻力是很小的，而且自觉性是比较高的。像唐朝这样能够适应情况的变化，不断对制度、政策加以调整，在中国历史上各个朝代中也是很少见的。到了宋朝就不行了，北宋有所谓"祖宗之法"。宋神宗时王安石变法的阻力大极了。反对者提出的主要的理论根据就是"祖宗之法不可变也"，祖宗制定的法令是尽善尽美的，怎么可以随便改变呢？唐朝就不一样，"千端万绪，须合变通"，这是唐太宗说的，而且深入人心。后来在进行一些变革的时候，碰到反对者，主持者进行反驳的时候，就会提出对方是"不合变通"。

第四，提出了"皆委百司商量，宰相筹画，于事稳便，方可奏行"的政务处理的程序。凡是碰到的问题，首先由各个部门进行商量、讨论，然后由宰相筹划，由宰相再来进行讨论，到最后觉得合适了，再报告给皇帝批准执行。这也是强调发挥中央各个官僚机构的作

---

① 《贞观政要》卷一《君道》。
② 《贞观政要》卷一《政体》。

用，运用政治体制和法令来保证正确地制定政令，而不是单纯地强调广任贤良。"广任贤良"这一点唐太宗也是很注意的，但是他首先强调的是"皆委百司商量"，要发挥各个政府部门的作用，把法治和人治很好地结合起来。

第五，唐太宗明令诏敕颁布以后，如果有不稳妥的，臣下"必须执奏，不得顺旨便即施行"。唐太宗在这个地方反复强调，即使是经过皇帝批准的，或者是皇帝决定的诏敕，都可能有不稳便，或者是不正确的地方，要求群臣一定要提出意见。贞观三年，唐太宗说，如果你仅仅是在诏敕上签一个字，然后就把文书发出去的话，这样的事谁都可以做，我何必要委任你呢？这一点也是很了不起的，作为一个领导者，特别是作为一个皇帝，不是刻意维护自己个人的威信，强调自己做出的决定就是正确的，而是鼓励大家提出意见。着眼点是这个政策、决定本身是不是正确的，是不是有利于当时政治的发展，而不是说决策者个人的决定是不是对的。

3. "天下为公"和"相防过误"

唐太宗刚刚即位的时候，当时担任中书令的房玄龄对唐太宗说，唐太宗为秦王时的很多属官都没有得到官职，很有意见。而太子李建成和齐王李元吉的很多属官都得到了官职，甚至还得到了重用。唐太宗就说："古称至公者，盖谓平恕无私。""君人者以天下为公，无私于物。"意思是不能因为他们是我的私人，我就重用他们。后来还说过一段话，"朕以天下为家，不能私于一物，惟有才行是任，岂以新旧为差？"① 这里谈论的主要是用人问题。但在谈的过程中唐太宗提出的处理原则是"君人者以天下为公"。这是对皇帝，对最高领导者最本质的要求。

"天下为公"出自《礼记·礼运》，是对大道之行的大同世界的概括，包括社会、经济、政治、伦理道德等多方面的内容。贞观时期，不属于《礼记·礼运》所说的大同世界，而和《礼记·礼运》

---

① 《贞观政要》卷五《论公平》。

所说的小康时期是比较接近的。在这种情况之下，又重新提出了"天下为公"，它是作为一个政治原则提出来的。就是要在处理问题的时候，处理政事的时候，要以天下为公作为准则。

唐太宗还提出，要"相防过误"和"灭私徇公"。贞观元年，太宗对黄门侍郎王珪说："中书所出诏敕，颇有意见不同，或兼错失而相正以否。元置中书、门下，本拟相防过误。"这就是说中书省起草的诏令，门下省要进行审核，如果中书省起草的诏令不合适的话，门下省要提出意见。为什么要这样呢？是为了"相防过误"，防止发生错误。这一点是唐朝整个政治体制架构中一个非常值得称道的地方。当时的出发点是为了防止决策、法令的错误。所以大家就要出于公心，看到不合适的地方就要提出来，不要碍于情面，尽管知道错了也不提出来。这里顺带要说，到了宋朝以后，在政治体制的架构上面，"相防过误"的成分当然是有的，但是防止各个部门的权力过大，相互牵制成了主导的思想。比如宋朝的政治制度，它的目的就是为了互相牵制，防止任何一个部门权力过大。所以唐宋在这一点上的思想是很不一样的。宋朝是分权制衡，是权力之间相互制约。

唐太宗在这一段话的最后说，"卿等特须灭私徇公，坚守直道"①，就是要出于公心，去掉私心。看到问题，不论什么都要提出来，不要上下雷同。唐太宗经常对中央的高级官吏强调，要忠于职守，灭私徇公，坚守直道，不可阿旨顺情。并且把能不能做到这些提到关涉国家兴亡的高度。

4. 君臣合契

贞观元年，太宗谓侍臣曰："正主任邪臣，不能致理。正臣事邪主，亦不能致理。惟君臣相遇，有同鱼水，则海内可安。朕虽不明，幸诸公数相匡救，冀凭直言鲠议，致天下于太平。"②

---

① 《贞观政要》卷一《政体》。
② 《贞观政要》卷二《求谏》。

贞观三年又谓侍臣曰:"君臣本同治乱,共安危,若主纳忠谏,臣进直言,斯故君臣合契,古来所重。若君自贤,臣不匡正,欲不危亡,不可得也。君失其国,臣亦不能独全其家。"①

唐太宗在这两次谈话中相继提到"君臣相遇,有同鱼水","君臣合契,古来所重",没有把忠君作为君臣关系的核心,而是把主纳忠谏、臣进直言作为这种君臣关系的主要内容。因此在贞观时期,皇帝能虚心听取臣下的意见,大臣也敢于提出自己的意见,形成了君臣合契,上下一心这样一种中国古代少有的政治风气。

5. 广任贤良

关于广任贤良的问题,贞观君臣有一个认识过程。贞观元年,黄门侍郎王珪对太宗说:"非贤不理,惟在得人。"太宗回答说:"朕思贤之情,岂舍梦寐。"言下之意是找不到人才,正在为此而苦恼。杜正伦当即指出:"世必有才,随时所用。岂待梦傅说、逢吕尚然后为治乎!"②太宗听后很受启发,深纳其言。

唐太宗命群臣举贤。身为政府首脑尚书右仆射的封德彝久久不举,受到太宗的质问。封德彝辩解说,自己"非不尽心,但于今未有奇才耳"。唐太宗驳斥说:"君子用人如器,各取所长。古之致治者,岂借才于异代乎!正患己不能知,安可诬一世之人!"③唐太宗从孔子关于君子使人如器的思想出发,指出对人才不能作不切实际的要求,不应求全责备,而是要用其所长。因此,问题不在有没有人才,而在于对于人才怎样看待和使用。唐太宗还把杜正伦对他说的"世必有才"的思想在这里加以发挥,指出任何一个致治的时代都没有向其他时代借过人才,这就从历史上论证了每一个时代都会有它所需要的人才。

秦府旧僚对唐太宗选拔和重用其他人员,特别是起用太子建成的

---

① 《贞观政要》卷三《君臣鉴戒》。
② 《贞观政要》卷五《论仁义》。
③ 《资治通鉴》卷一九二唐太宗贞观元年春正月条。

左右非常不满。唐太宗听说后说："今所以择贤才者，盖为求安百姓也。用人但问堪否，岂以新故异情？"并且指出房玄龄"不论其能不能，而直言其磋怨，岂是至公之道耶！"① 唐太宗拒绝了由这些旧僚担任高官和由秦府旧兵担任宿卫的要求，根据他们的才行，分别授以不同官职。

对新选用的官员，唐太宗也不是立即委以重任，而是逐步加以提拔。包括魏徵在内也是这样。魏徵在玄武门之变后，太宗引为詹事主簿，旋为谏议大夫，不久又任命为给事中。有一次封德彝建议点十八岁以下中男壮大者为兵，魏徵坚持不肯署敕。太宗找他谈话，他仍坚持自己的意见，并指出这样做，有悖于太宗自己经常所说的"吾以诚信御天下，欲使臣民皆无欺诈"。太宗听后很高兴，看到魏徵"论国家大体，诚尽其精要"，而不是"不达政事"的书呆子，② 是一个不可多得的治国人才，便破格把他从正五品上阶的给事中提升为正四品下阶的尚书右丞，让他与戴胄共同主持尚书省的工作。（时尚书省未任命左、右仆射。）到贞观三年二月又提升他为秘书监（从三品）参与朝政，让他担任宰相职务。

马周，原为中郎将常何家客。有一次唐太宗要求大臣极言得失，马周代常何拟了一个有二十余条意见的条陈。唐太宗看后大为欣赏。当他从常何口中得知是马周所作，便立即召见这位二十九岁的青年。未至之间，遣使催促者数四，充分反映了太宗求贤若渴的心情。常何也因为"知人"而受到赐绢三百匹的奖励。但是太宗并没有让马周一步登天，而是先让他直门下省，寻又任监察御史，累官至中书舍人。十五年后，马周才被任为宰相，时年四十四岁。

正是由于唐太宗这样急于求贤，善于发现人才，经常地、细心地考察人才，不拘一格地提拔人才，因此，他在不长的时间里就调整好了中央政权机构，建立了一个适应当时稳定统治秩序、恢复发展生产需要的中枢机构，并且为贞观中后期乃至高宗时期准备了一批人才。

---

① 《贞观政要》卷五《论公平》。
② 《资治通鉴》卷一九二唐高祖武德九年十二月上厉精求治条。

关于怎样选择官吏，识别官吏，魏徵有一段精彩的言论。他指出当时群臣中缺少"贞白卓异者"，这是因为"求之不切，励之未精故也"。他认为应该"因其材以取之，审其能以任之，用其所长，掩其所短。进之以六正，戒之以六邪，则不严而自励，不劝而自勉矣"。[①] 他引用刘向《说苑》中提出的"人臣之行，有六正、六邪。行六正则荣，犯六邪则辱"[②]。

刘向所说的六正是圣臣、良臣、忠臣、智臣、贞臣、直臣。六邪是具臣、谀臣、奸臣、谗臣、贼臣、亡国之臣。据此魏徵做了进一步的阐述：

> 何谓六正？一曰萌芽未动，形兆未见，昭然独见存亡之机，得失之要。预禁乎未然之前，使主超然立乎显荣之处。如此者，圣臣也。二曰虚心尽意，日进善道。勉主以礼义，谕主以长策。将顺其美，匡救其恶。如此者，良臣也。三曰夙兴夜寐，进贤不懈，数称往古之行事，以厉主意。如此者，忠臣也。四曰明察成败，早防而救之。塞其间，绝其源，转祸以为福，使君终以无忧。如此者，智臣也。五曰守文奉法，任官职事，不受赠遗。辞禄让赐，饮食节俭，如此者，贞臣也。六曰家国昏乱，所为不谀，敢犯主之严颜，言主之过失，如此者，直臣也。是谓六正。

> 何谓六邪？一曰安官贪禄，不务公事。与代浮沉，左右观望。如此者，具臣也。二曰主所言皆曰善，主所为皆曰可。隐而求主之所好而进之，以快主之耳目。偷合苟容，与主为乐，不顾其后害。如此者，谀臣也。三曰内实险诐，外貌小谨。巧言令色，妒善嫉贤。所欲进则明其美，隐其恶。所欲退则明其过，匿其美，使主赏罚不当，号令不行。如此者，奸臣也。四曰智足以饰非，辩足以行说。内离骨肉之亲，外构朝廷之乱。如此者，谗臣也。五曰专权擅势，以轻为重。私门成党，以富其家。擅矫主命，以自贵显。如此者，贼臣也。六曰谄主以佞邪，陷主于不

---

① 《贞观政要》卷三《论择官》。
② 《说苑》卷二《臣术》。

义。朋党比周,以蔽主明,使白黑无别,是非无间。使主恶布于境内,闻于四邻。如此者,亡国之臣也。是谓六邪。①

在现实中,不是六正官员都讨人喜欢的。有些高官喜欢的就是那些六邪的官吏,因为他们表面上很听话,并且善于阿谀奉承,把上级官吏侍奉得很舒服。有些官员本人就属于六邪,他们喜欢六邪的下属,是物以类聚,这是不足为怪的。问题是有些高级官吏本人虽然谈不上六正,也谈不上六邪,他们往往也喜欢那些六邪下属。因此,魏徵在这个时候提出六正、六邪之说,对于识别官员,使用官员和考察官员,保持贞观之治局面的继续发展具有重要的意义。

6. 贞观君臣议论主题的变换

经过一段时期的发展,经济恢复,社会安定,与周边民族的关系进一步改善,贞观之治的局面初步形成,创业的任务基本完成。创业体制开始转入守成体制。贞观君臣议论主题的也有所变换。

(1) 居安思危

贞观十年,唐太宗向大臣们提出这样一个问题:帝王之业草创与守成哪个更难?尚书左仆射房玄龄的回答是"草创为难"。魏徵的回答是"守成则难"。太宗最后说:"今草创之难既已往矣,守成之难者,当思与公等慎之。"② 虽然最后还是落到守成上,但是对于草创和守成孰难的问题,唐太宗还没有做出明确的回答。在这以后,像贞观初年那样,唐太宗不断提出问题,和大臣们一起讨论情况明显减少。这说明在社会稳定、经济发展、统治巩固的情况下,他不再那么关心存在什么问题,在政治上也不再作进一步的追求。

而魏徵、马周、刘洎、岑文本等仍保持与下层的联系,时刻关心国家的命运。在贞观十一年到十四年期间,他们不断上书,从多方面提出问题。特别是魏徵,他在贞观十一年数次上书,反复提出了居安思危的问题。在第二次上书中,魏徵对唐太宗没有提出正面的批评,

---

① 《贞观政要》卷三《论择官》。
② 《贞观政要》卷一《君道》。

而是通过历史的分析,要唐太宗接受历史的教训,居安思危,戒奢从俭,积其德义。指出只有这样,才能使国家久安。这是在新的情况下,对贞观初年君臣经常议论的为君之道、安人之道的进一步发挥。

至于应该怎么做,魏徵则概括为"简能而任之,择善而从之"十个字。他指出,只要做到这点,便能调动百官中智者、勇者、仁者、信者的积极性,各司其职,君主便可以垂拱而治,实现无为之大道。①

清静无为的道家思想对唐初政治有着深刻的影响。贞观二年王珪谈及秦皇、汉武失所以安人之道,希望太宗慎终如始后,太宗道:"公言是也,夫安人宁国,惟在于君。君无为而人乐,君多欲则人苦。朕所以抑情捐欲,克己自励耳。"②魏徵提出的"无为之大道"不仅是思想上的清净,行动上的无为,而且包含了指导贞观政治的理论基础之一的道家思想和贞观君臣所追求的理想的政治境界。

(2)待下之情未尽于诚信

魏徵提出,唐太宗对于担任中枢要职的大臣,"任之虽重,信之未笃","至于有事,则信小臣而疑大臣"。"夫委大臣以大体,责小臣以小事,为国之常也,为治之道也。"③要让大臣和小臣都按照他们的官职所赋予的职守去发挥他们的作用,各得其所,各尽其力。

魏徵的上述议论集中到一点,就是君主到底依靠谁来进行统治。虽然魏徵只是提出是依靠大臣,还是依靠小臣;是依靠一心致治、刚直忠贞的君子,还是依靠阿谀奉承,内怀奸利,承颜顺旨,危人自安的小人的问题,但其背后另有深意。

贞观初年,唐太宗尽管把关陇贵族作为自己统治的核心,但同时起用了一大批一般地主家庭出身、来自下层的官吏,并把他们放到关键部门担任负责的工作。在当时,太宗对他们是信用不疑的。但随着

---

① 《旧唐书》卷七一《魏徵传》。
② 《贞观政要》卷八《务农》。
③ 《贞观政要》卷七《论礼乐》。

统治的稳定，以及这些人力量的发展，唐太宗对他们的疑忌也增加了。贞观十一年治书侍御史刘洎揭露当时尚书省诏敕稽停，文案塞滞，纲维不举，"并为勋亲在位，器非其任"①，并不是一种偶然的现象，而是太宗上述思想的反映。重用小臣，求大臣细过，远君子、近小人等现象都是在唐太宗疑忌非勋贵大臣这样一个背景下出现的。

（3）渐不克终

贞观十三年（639）魏徵上疏，把贞观初年的情况和当时唐太宗的言行进行对比，从十个方面指出唐太宗渐不克终的种种表现，要求唐太宗注意改正。详细内容见于《贞观政要》卷一〇《论慎终》。

贞观中期以后，唐太宗和大臣对话主题的变换，涉及的都是历史上长久以来话题，从中我们可以得到很大的启发。

关于贞观君臣论治有几点需要说明：

第一，这里我们只介绍了其中的部分内容，在法令严肃、诚信、公平等问题上，贞观君臣都有精彩的对话和独到的见解，这些在《贞观政要》《旧唐书》《资治通鉴》上有详细的记载。

第二，贞观君臣在议论的时候，往往引经据典，一开口就是《易经》怎么说，《尚书》怎么说，或者孔子怎么说，孟子怎么说，历史典故更是经常挂在嘴边。贞观大臣中有很多人参加了唐朝初年的历史编撰工作。《二十四史》中《晋书》《梁书》《陈书》《北齐书》《周书》和《隋书》等六部史书是在唐太宗时期编撰完成的，另外高宗时期又编了《南史》《北史》。所以唐朝初年对总结历史经验，对历史书的编写是非常重视的，而且由宰相魏徵总知其务。唐太宗还亲自为《晋书》中的《武帝纪》和《王羲之传》写了赞。所以唐朝初年，皇帝也好，大臣也好，对于儒家的经典，对诸子百家，对历史，都非常重视。所以我们在阅读记载唐朝初年历史的文献时，如果不了解他们所引用的这些传统文献中的思想材料，就不可能更深入地去了解他们所提出的见解。应该说，在对待传统文化方面，在学习传统文化方面，作为一个政治群体和统治群体，在中国历史上是很少有能够

---

① 《贞观政要》卷三《论择官》。

像贞观君臣做得那样好的。唐太宗让人编写了《群书治要》，把儒家经典、诸子百家、历代史书中的一些精华加以编撰，作为学习的教科书。同时还命人编撰了《五经正义》，对儒家经典进行了总结和注解。唐太宗自己学习，还要求大臣学习，在讨论政务的时候，经常结合这些经典的内容进行讨论，或者作为自己观点的一种佐证。贞观时期对待传统文化是采取兼容并取的态度，不排除任何文化。贞观君臣认为任何文化都有它积极的、精华的东西，对于进行国家的治理、对于教化都有好处。作为一个国家来说，对待传统文化的态度，是有关国家兴亡的一个很大的问题。一个国家能不能兴盛，能不能长治久安，跟它对待传统文化的态度有密切的关系。这一点我们从历史上也可以看到。秦始皇辛辛苦苦建立了中国第一个统一的王朝，但是他崇尚法家，排斥其他的传统文化，这样就不能利用丰富的传统文化中的思想材料来构建和完善当时国家从政治体制、典章制度一直到思想体系上的一整套东西，不能建立起一套适应大一统帝国的统治理论和统治方法，所以秦朝的速亡跟它的这种态度应该说有相当的关系。所以汉高祖刘邦尽管没有什么文化，但是汉朝建立以后，他还是让叔孙通制定朝仪，让陆贾编了一本《新语》，把儒家学说和法家学说很好地结合起来，作为一种统治理论。这是一个很深刻的历史教训。贞观君臣在这些方面是做得很好的。他们不仅学习，而且和现实结合。任何重大的理论问题，任何重大的决策，如果离开了理论，离开了传统的文化，离开了历史，离开了现实，都不可能是正确的，都只能是短命的。我们必须在理论、历史和现实结合的基础上，制定方针政策，做出决定。理论没学好，历史不了解，对现实情况也没有深刻的了解，是不可能制定切合实际的正确的方针政策的。

第三，贞观君臣的很多政治理论和政治理念，在我们今天听起来也还很有现代意味。这是因为唐朝正处在南北朝到隋唐这样一个社会转折时期，所以说在这个时期，在政治体制、政治理论上会有很多的创新，而且还有很多萌芽的东西。只有当客观的条件成熟了以后，这样一些萌芽的东西才可能成为新的制度和新的思想的起点。

四、贞观之治的魅力到底在哪里?

1. 贞观之治的情况到底是怎样的?

贞观时期是大家很熟悉的时代,那么贞观之治到底是什么样的情况?

贞观初年经济萧条,到贞观之治形成的时候经济也就刚刚恢复。当时人口还不足300万,手工业、商业根本谈不上。

那么这样的时期为什么会令各个时代的人们向往呢?甚至于在唐朝的开元、天宝年间,也就是所谓盛唐时期,人们对贞观之治也是百般地向往。我想这里有一个治世和盛世的问题。尽管在历史上大家都把贞观称为贞观盛世,但是我觉得这是不确切的。因为盛世必须是经济、政治、文化各个方面全面繁荣,是一个色彩斑斓的时期,而贞观时期是不具备这些特点的。贞观时期最大的特点就是经济刚刚恢复,政治很清明,民风很淳朴,社会很安定,是一个和谐的社会,也就是说它是一个典型的治世。

吴兢在《贞观政要》卷一《君道》最后有一段话:

> 太宗自即位之始,霜旱为灾,米谷踊贵,突厥侵扰,州县骚然。帝志在忧人,锐精为政,崇尚节俭,大布恩德。是时,自京师及河东、河南、陇右,饥馑尤甚,一匹绢才得一斗米。百姓虽东西逐食,未尝嗟怨,莫不自安。至贞观三年,关中丰熟,咸自归乡,竟无一人逃散,其得人心如此。加以从谏如流,雅好儒术,孜孜求士,务在择官,改革旧弊,兴复制度,每因一事,触类为善。初,息隐、海陵之党,同谋害太宗者数百千人,事宁后引居左右近侍,心术豁然,不有疑阻。时论以为能断决大事,得帝王之体。深恶官吏贪浊,有枉法受财者,必无赦免。在京流外有犯赃者,皆遣执奏,随其所犯,置以重法。由是官吏多自清谨。制驭王公、妃主之家,大姓豪猾之伍,皆畏威屏迹,无敢侵欺细人。商旅野次,无复盗贼,囹圄常空,马牛布野,外户不

闭。又频致丰稔，米斗三四钱，行旅自京师至于岭表，自山东至于沧海，皆不赍粮，取给于路。又山东村落，行客经过者，必厚加供待，或发时有赠遗。此皆古昔未有也。

现在我们就根据吴兢的这一段话，来简单地回顾一下贞观之治形成的过程，以及贞观之治一些具体情况。

先看贞观之治形成时面临的问题：

第一点是贞观时期开始的时候，经济是非常困难的。霜旱为灾，米谷踊贵。年年遭遇灾害，物价上涨，再加上突厥不断地骚扰，这是摆在唐太宗面前的贞观初年的情况。

第二点是当时长安以及山西、河南这些地方都闹饥荒，一匹绢才能买一斗米，百姓虽然是东西逐食，到处寻觅食物，但是谁也没有什么怨言。到了贞观三年，关中丰收了，大家都各自回到故里，没有一个逃散的，这说明唐太宗是非常得人心的。补充说明一下，当时关中大饥荒，政府有组织地把农民转移到其他有食物的地方，等到关中丰收以后又组织他们回来。所以所谓东西逐食，不是灾民自己被迫逃难，而是政府有组织的救灾行动。

再看一看贞观之治时施政的具体特点，概括起来说，有四个方面：

第一点，皇帝本人，"志在忧人，锐精为政，崇尚节俭，大布恩德"，"从谏如流，雅好儒术"，"改革旧弊，兴复制度"。也就是说皇帝是一个励精图治，勤政爱民、勇于接受臣下意见，爱好学习，勇于革新的好皇帝。

第二点，皇帝能够虚心纳谏，而大臣们都敢于提出自己的意见，形成了君臣相得，如同鱼水，这样一种在中国古代少有的政治风气。

第三点，广任贤良，"孜孜求士，务在择官……初息隐、海陵之党，同谋害太宗者数百千人，事宁后引居左右近侍。心术豁然，不有疑阻"。不仅求贤若渴求，广任贤良，而且信用原来太子李建成和齐王李元吉的部下。也就是说他心胸很开阔，能够决断大事，有帝王之风度。

第四点，吏治清明，一是严惩贪官污吏，对于贪赃枉法的官吏绝对不赦，所以"官吏多自清谨"，都很清廉谨慎，都很注意自己的行为。二是打击豪强。制驭权贵豪猾，对于贵族势力、权贵势力、社会黑恶势力加以控制，使他们"无敢侵欺细人"，不敢欺凌老百姓。

这些措施达到了什么效果呢？吴兢说当时的社会情况是，"商旅野次，无复盗贼，囹圄常空，马牛布野，外户不闭"，说明社会很安定。又年年丰收，米斗三四钱。普通人从洛阳到岭南去都不需要自带干粮，可以在路上得到供应。经过山东村落，行人一定会受到款待，有时还收到礼物。"此皆古昔未有也"，这都是自古以来从来没有过的。也就是说那时生产恢复，年年丰收，社会自然就安定下来了。外户不闭，社会治安情况很好，监牢里头也经常是空着。吴兢的这一段话，现在看来还代表了开元时期人们对贞观之治的看法，也反映了当时人们的一种追求。因此对于开元盛世的人来说，这还是一个很了不起的时代。

这是《贞观政要》对贞观之治的看法。

2. 贞观之治的魅力到底在哪里？

贞观之治的魅力大体是来自两个方面：一是和中国古代传统的大同思想有密切的关系。在《礼记·礼运》篇："大道之行也，天下为公。选贤与能，讲信修睦。故人不独亲其亲，不独子其子，使老有所终，壮有所用，幼有所长，鳏、寡、孤、独、废、疾者皆有所养。男有分，女有归。货恶其弃于地也，不必藏于己；力恶其不出于身也，不必为己。是故谋闭而不兴，盗窃乱贼而不作，故外户而不闭，是谓大同。"《礼记·礼运》篇中所记载的实际上就是中国原始社会时期，特别是原始社会后期的情况，经济已经比较发达了，唐尧虞舜这个时期就是这样。这样的大同理想和对三代、对唐尧虞舜的认识，在中国是有很深厚的传统的。大家都把这样的大同世界作为一种理想的世界。2000年，八十高龄的北京大学哲学系教授黄枏森为《二十世纪北京大学著名学者手迹》题词："天下为公，世界大同，干戈止息，四海弟兄。安居敬业，其乐融融，绿色大地，郁郁葱葱。科技发达，人寿年丰，精神高尚，礼让成风。"仍然把大同世界作为理想与追求。

这里有一个问题，那就是大家对《礼记·礼运》篇，对大同世界、对唐尧虞舜很向往，那么对文景之治呢？文景之治也是一个治世，但是它和贞观之治有很大的不同。文景之治是在汉朝建立以后二十年才开始的，其前经历了汉高祖刘邦、吕后、惠帝的统治时期，它不是在全国统一以后很快地出现的。唐太宗即位的时候，离全国统一也才两三年，而贞观之治开始于贞观三四年，它离这个国家的建立，离皇帝即位的时间都是很短的，这和汉朝很不一样。另外，在汉文帝和汉景帝统治时期，各种社会矛盾已经开始出现了，农村的分化已经开始比较明显了。从政治上来说，诸侯王的问题还没有最后解决，所以说文景之治和贞观之治是不能相提并论的。贞观之治和我们刚才所说的《礼记·礼运》篇在很多现象上确实是有相通的地方。"外户不闭"在贞观时期出现了。"老有所养，幼有所长"在贞观时期也实现了。鳏寡孤独要有人照顾，这个在贞观时期也做到了。政治上选贤与能，人人有事做，人人有饭吃，社会上的矛盾不大，这是贞观时期得天独厚的地方。因为它刚刚统一，经济刚刚恢复，商品货币关系还没发展，所以农村分化还没开始，或者刚刚有了一点苗头，农村显得很和谐。随着经济的恢复与发展，一方面国家财力得到了补充，另外一方面老百姓的生活也得到了改善，社会安定和谐。

贞观时期的君臣关系、君民关系也是历史上少有的。贞观君臣一致希望把国家搞好，即所谓君臣一体，君臣相得。另外皇帝和老百姓之间也很和谐，老百姓对皇帝没什么怨言，觉得皇帝就是为了我们。再加上贞观君臣的许多言论、许多政治理念，对后代的政治家、文人都是有很大吸引力的。

贞观时期这样的情况，对于处在开元盛世的人们来说，会有什么感觉呢？所谓盛世，必然是经济已经很繁荣了，不仅仅是农业，而且手工业、商业都很繁荣。在这样的情况之下，社会的分化就很大。"朱门酒肉臭，路有冻死骨"，这不光是在天宝时期，开元之前也是有的。社会已经不是那么安定，那么和谐了。随着经济的发展，一些新的社会阶层、新的地主、新的官僚力量越来越大，政治上官僚之间的斗争也开始激烈起来。所以对于处在盛世的开元年间的人来说,还是觉得贞观年间好。这也就是为什么开元年间的宰相源乾曜和张嘉贞觉得当时存在很多的问题,而为了解决这些问题,他们就把目光投向了贞观年间,认为唐朝"太宗时政化良足可观,振古而来,未之有也"①,把贞观年间看作是一个振古而来前所未有的时代。开元时候的人,不是把三代,不是把遥远的唐尧、虞舜、夏禹、商汤、周文王、周武王作为楷模,而是把距他们还不到一百年的贞观时代作为一个典范。《贞观政要》就是在这样的情况下编纂出来的。

五、天可汗

唐太宗不止一次谈到"当今远夷率服,百谷丰稔,盗贼不作,内外宁静","朕端拱无为,四夷咸服"。② 把"华夏安宁,远戎宾服"③ 作为致治的两个主要标志。取得这样辉煌的成就,是与唐太宗接受群臣意见,有步骤地解决边疆问题,并且实行比较开明的民族政策分不开的。正如太宗在贞观二十一年所说:"自古皆贵中华,贱夷狄,朕独爱之如一,故其种落皆依朕如父母。"④ 这是贞观君臣共同努力的结果,唐太宗说得很明白:"此非朕一人之力,实由公等共相匡辅。"⑤

北朝后期,北方的突厥贵族利用北齐和北周分立的局面,经常进行军事骚扰,乘机进行掠夺,并向齐、周进行勒索。隋文帝以重兵打败突厥,促使突厥分裂为东西两部。东突厥臣附于隋。隋末唐初,东突厥强大,北方各支武装势力,如窦建德、薛举、刘武周都向突厥称臣。突厥授予他们可汗称号和狼头纛。隋灭亡后,东突厥支持北方各割据势力,阻挠唐的统一。唐削平割据山西的刘武周以后,突厥更经

---

① 《全唐文》卷二九八《贞观政要序》。
② 《贞观政要》卷一〇《论慎终》。
③ 《贞观政要》卷一《政体》。
④ 《资治通鉴》卷一九八唐太宗贞观二十一年五月庚辰条。
⑤ 《贞观政要》卷一〇《论慎终》。

常南下骚扰，俘掠人口，破坏生产，并威胁唐的首都长安。

武德九年（626）八月，唐太宗刚即位，突厥颉利可汗以为唐太宗兄弟争位，政局不稳，有机可乘，领兵十余万南下，一直到达渭水北岸距长安只有四十里的地方。唐太宗看到突厥人马虽众，但部队散漫，估计此来是想乘机勒索，又考虑到自己刚刚即位，国家未安，百姓未富，如果进行战争，会造成巨大损失，于是决定和平解决。他接受李靖的建议，亲率大军到渭水与突厥对阵，又派李靖带兵埋伏在突厥军的背后，形成前后夹击的态势。然后轻骑独出，单独与颉利可汗进行了会谈。颉利可汗看到唐朝政局稳定，又得到大量金帛，便与唐订盟约和而退。

突厥退走后，不断有人向太宗建议"耀兵振武，慑服四夷"。魏徵则主张"偃革兴文，布德施惠，中国既安，远人自服"。① 唐太宗接受魏徵的意见，致力于生产的恢复和内政的修明，同时密切注视草原上形势的发展，并加紧训练军队，亲自带领士兵在殿廷进行操练。突厥在颉利可汗统治下，政治日益败乱。铁勒及北边各部多叛突厥而归薛延陀，推薛延陀首领夷男为可汗。夷男不敢当。唐太宗册拜夷男为真珠毗伽可汗，薛延陀站到唐的一边。铁勒各部的反叛又加深了突厥内部的矛盾。突利可汗因兵败受到颉利可汗的责罚，投归唐朝。突厥境内的汉人也所在啸聚，保据山险。唐太宗看到时机成熟，于贞观三年十一月派李靖、李勣（即徐世勣）率兵分道出击突厥。次年二月，击破突厥，俘颉利可汗。

唐破突厥后，贞观四年三月，西北各族君长请唐太宗为天可汗。唐太宗高兴地说："我为大唐天子，又下行可汗事乎！"群臣和各族君长皆高呼万岁。"是后以玺书赐西域、北荒之君长，皆称皇帝天可汗。诸蕃渠帅死亡者，必诏册立其后嗣焉。临统四夷，自此始也。"② 这样，唐就取代了突厥对西北各族的统治，唐太宗也以天可汗而成为西北各族的最高君长。

---

① 《贞观政要》卷五《论诚信》。
② 《通典》卷二〇〇《北狄七·盐漠念》。

西边情况则颇有反复。唐朝初年，"禁约百姓不许出蕃"。贞观三年玄奘西行取经，过武威后便必须昼伏夜行。在玉门关到伊吾（今新疆哈密）之间的戈壁滩上，玄奘迷失道路，水袋又失手打翻，被困了四夜五天，险些丧命。这是因为当时新疆地区控制在西突厥手中，唐和西突厥还处在对立状态。玄奘犯禁西行的第二年，唐打败了东突厥，伊吾（今新疆哈密）归唐，高昌（今新疆吐鲁番）王麴文泰入朝。"伊吾之右，波斯以东，职贡不绝，商旅相继。"① 中西交通的通道初步打开，丝路交通重新恢复。不久高昌又在西突厥的支持下，东击伊吾，西破焉耆，阻挠西域诸国与唐交通。贞观十四年唐攻占高昌，以高昌之地为西州，以原为西突厥所据的可汗浮图城为庭州（今新疆吉木萨尔北），并置安西都护府于交河城，留兵镇守。这时唐在西域的势力，西至焉耆。② 龟兹、于阗、疏勒（今新疆库车、和田、喀什）等地仍处在西突厥的控制之下。西突厥内部矛盾重重，各部互争雄长，无力严密控制各国。因此，西域各国一方面臣于西突厥，同时又与唐建立了朝贡关系。贞观十八年玄奘西行返国，到达于阗后，国王即遣高昌人马玄智随商旅奉表入朝，唐太宗命于阗等国派人和驮马把玄奘护送到且末。玄奘得以顺利地到达敦煌。

贞观二十二年，阿史那社尔为昆山道行军大总管，率唐军攻破龟兹。西突厥、于阗、安国争送驮马军粮。同年，唐把安西都护府从西州迁到龟兹，统焉耆、疏勒、于阗和龟兹四镇。从敦煌、且末、于阗越葱岭而西的丝绸之路南道和出玉门关经西州、疏勒越葱岭而西的丝绸之路中道可以通行无阻，唐与西方的交通更加畅通。

唐在西域的统治主要依靠各族酋长。安西四镇所驻的军队不多，唐在西州只驻守了千余人；破龟兹后，立叶护为王，亦未派军队戍守。贞观二十二年十二月，以左骁卫将军阿史那贺鲁为泥伏沙钵罗叶护，赐以鼓纛。次年二月，置瑶池都督府，隶安西都护，以阿史那贺

---

① 《唐大诏令集》卷一三〇《讨高昌王麴文泰诏》。
② 《新唐书》卷三七《地理志》，《资治通鉴》卷一九五唐太宗贞观十四年九月乙卯条、卷一九八唐太宗贞观二年六月丁卯条。

鲁为瑶池都督，委以招讨西突厥未服者和统治北疆的重任。

不久，东北地区原来隶属突厥的契丹及奚、室韦等十余部也都内附于唐。

对于南下的突厥人，唐太宗把他们安排在东自幽州（今北京市），西至灵州（今宁夏灵武南）的广大土地上，又在原突厥境内设立都督府，由突厥贵族任都督，统领突厥之众。还有许多酋长到朝廷担任将军、中郎将，成为皇帝的宿卫官。当时入居长安的突厥人近万家，担任五品以上官的有百余人。

对于隋末没于突厥的汉人，唐太宗也没有强令送还，而是派人以金帛赎回，共得男女八万口。

贞观八年，吐谷浑进攻凉州（今甘肃武威），威胁河西走廊，影响丝绸之路的交通。唐太宗派李靖、侯君集打败吐谷浑，以原可汗伏允子慕容顺为西平郡王。不久，慕容顺为部下所杀，子诺曷钵立，唐以其为河源郡王。贞观十三年诺曷钵入朝，唐太宗把宗女弘化公主嫁给他。唐的这些措施对于进一步稳定西域形势，保护丝路交通，具有重要意义。

7世纪初，吐蕃统一了西藏高原。贞观十四年，吐蕃赞普（王）松赞干布派其相禄东赞献金五千两及珍玩数百，向唐请婚。唐太宗答应把文成公主嫁给他。第二年正月，命礼部尚书江夏王李道宗护送文成公主入藏。松赞干布亲至柏海（青海鄂陵湖和扎陵湖）迎接。从此，唐蕃建立了密切的政治关系，经济文化上的交流，也不断得到发展。吐蕃的贵族子弟被派到长安国子学学习。内地许多擅长养蚕、酿酒、制造碾硙和造纸、制墨、制笔的工匠也被派到吐蕃传授技艺。

唐朝是在魏晋南北朝时期民族大融合的基础上建立起来的，社会上民族隔阂不深。北周、隋和唐初的统治集团都是胡汉结合组成的。唐太宗的祖母、母亲和妻子就都是鲜卑贵族。唐太宗本人曾与处罗可汗之侄突利可汗结为兄弟。因此，唐太宗对各民族没有多少歧视的心理。在击败突厥、吐谷浑后，唐太宗没有惩处其首领，也没有将其男女没为奴婢，并继续让突厥、吐谷浑贵族统领其部落。对于南下的突厥人和入朝的突厥贵族，也进行了妥善的安置。唐太宗所实行的民族政策是比较开明的。

唐朝初年，高句丽仍跨鸭绿江两岸。居住在辽东的高句丽人从事农业。高句丽东部大人泉盖苏文杀高句丽王建武。贞观十七年，高句丽与百济联合攻打新罗，新罗请唐救援。唐派使臣劝阻，高句丽莫离支泉盖苏文不从，唐太宗乃以此为借口，下令攻打辽东。贞观十九年，唐太宗就曾以泉盖苏文杀害高句丽王作为借口，亲征辽东。三月，他在定州对侍臣说："辽东本中国之地，隋氏四出师而不能得。朕今东征，欲为中国报子弟之仇，高丽雪君父之耻耳。且方隅大定，惟此未平。故及朕之未老，用士大夫余力以取之。"① 因此，他虽然同时派张亮泛海趋平壤，而主攻方向还是放在辽东，进一步完成统一的意图是很明显的。这是从隋文帝开始，最高统治者的一个追求。贞观十九年，李勣帅军从陆路，张亮帅舟师从水路，分两路进攻高句丽。唐太宗亲自到辽东前线督战。高句丽人民据城坚守。唐军在攻下辽东、盖牟后，与高句丽军民相持于安市（今辽宁海城东南营城子）城下，虽然运用了巨大的攻城撞车和可将三百斤的巨石抛于数里之外的抛车等最新武器，自六月二日至九月十八，历时三月，仍不能攻下。东北冬天来得早，天寒粮尽，草枯水冰，人无粮，马无草，唐太宗只好撤军。

贞观二十一年、二十二年，唐太宗又根据朝臣们的意见，两次派偏师泛海到高句丽进行骚扰，令其疲于奔命，农时荒废。高句丽困弊，唐太宗认为时机成熟，准备发三十万兵，一举击灭高句丽，并下令在剑南道伐木造船舰。这时正好唐太宗去世，唐对高句丽的战争暂时停了下来。

正当唐朝集中力量进攻辽东的时候，漠北原已臣属于唐的薛延陀乘机到河套骚扰。唐太宗于贞观二十年，派江夏王李道宗等分道击灭薛延陀，又派李勣招降原来服属于薛延陀的铁勒诸部。九月，唐太宗亲自到灵州。敕勒诸部俟斤遣使相继诣灵州者数千人，咸云："愿得

---

① 《资治通鉴》卷二九四唐太宗贞观十九年三月丁亥条。

天至尊为奴等天可汗。"① 贞观二十一年正月，在敕勒各部设立瀚海府等六府、皋兰州等七州，各以其酋长为都督、刺史。回纥等部请于回纥以南、突厥以北开一道，称为参天可汗道。置邮驿六十六所，以通北荒，驿站备有马及酒肉以供往来使人。四月十日，置燕然都护府，以扬州大都督府司马李素立为都护，瀚海等六都督、皋兰等七州并隶焉。

天可汗的观念，既是草原各部和绿洲国家由于国小分散，彼此纷争，因而总是要依附一个强大的汗国，以保持自身的安全和地区的稳定这样一个传统的继续；也是西北各国对唐心悦诚服的表现，并不都是以武功造成的。当时唐在这些地区设置都护府，统领由各族人担任都督、刺史的羁縻府州。在唐的维系下，各国间的争执，固然由天可汗裁决，就是唐遇有战争，亦可征发各国军队。开元二十九年，石国国王伊吐屯屈勒遣使上表，对唐朝皇帝仍以天可汗相称。并请求天可汗讨伐于西为患的大食。"讨得大食，诸国自然安贴。"② 天宝四年，曹国国王哥逻仆罗上表自陈，曾祖以来，"奉向天可汗忠赤，常受征发"。请求"将奴土国同于唐国小子。所须驱遣，奴身一心为国征讨"。③

---

① 《资治通鉴》卷一九八唐太宗贞观二十年九月庚辰条。
② 《唐会要》卷九九《石国》。
③ 《唐会要》卷九八《曹国》。

05　走向盛唐

经历了唐太宗贞观之治，以及唐太宗末年和唐高宗初年最高统治集团构成的微妙变化，社会经济和新兴一般地主的发展获得了良好的条件。而随着一般地主的发展和土地的兼并和集中，经济社会在新的条件下有了全面的发展，出现了开元、天宝时期经济的高度繁荣和文化的灿烂辉煌。这就是唐朝前期经济社会发展的主要脉络。

一、关陇贵族统治的结束

1. 关陇贵族权势的消长

唐朝建立以后，就把关陇贵族作为统治的核心力量。

在贞观之治局面初步形成以后，唐太宗开始考虑怎样把唐王朝的统治长期延续下去的问题。为了避免西魏、北周和隋等几个朝代不断更迭的重演，他曾想封功臣为世袭刺史，由于遭到大臣们的反对，没有实行。

贞观十二年，唐太宗下令修撰的《氏族志》修成。《氏族志》把各氏族按照唐朝官品的高低分为九等，以皇族为首，外戚次之，黄门侍郎崔民幹为第三等。崔民幹属博陵崔氏，是山东士族中的第一等高门。由于他仕唐为黄门侍郎，贞观时为正四品下阶，故只得三等。而那些身未免于贫贱，没有获得官职的山东士族则不能列入《氏族志》。唐太宗想通过编定《氏族志》，来树立新的门阀，提高以关陇贵族为核心的当朝新贵们的社会地位。他还想通过婚姻关系，来加强皇室和大臣之间的联系。诸王之妃、公主之婿，皆取自当世勋贵名臣家。但是，由于传统的门阀观念的影响，一般家庭出身的官僚子弟都没有被选为王妃主婿。修订《氏族志》时，负责的高士廉虽然是唐太宗长孙皇后的舅舅，但他出身山东士族，因此在编撰时，也是着意考辨士族的真伪，不叙新贵的郡望，使人一看便知是不是原来的士族。因此，唐太宗"崇树今朝冠冕"① 的目的便不可能实现。许多非士族出身的高官乃竞相与山东士族通谱联姻，利用政治权势，把自己的家谱连接在山东士族的家谱上；以重金作聘礼，与山东高门通婚，借以提高自己的社会地位。这样，唐太宗原来想通过婚姻和《氏族志》树立新的门阀，结成一个以皇室为核心的新的统治集团的目的，也就没有能够达到。

随着一般地主官僚地位的提高和势力的扩大，关陇贵族集团和普通地主出身的官僚之间的矛盾日益尖锐化。魏晋以来的豪强士族，西魏、北周以来的关陇贵族，唐朝初年都已经衰落。社会上存在着大量的自耕农，一般地主正在兴起。唐太宗采取的是排斥山东士族，依靠关陇贵族，重用一般地主官僚的策略。但是唐太宗对出身寒微的大臣存在着疑忌的心理，对一般地主官僚只是重用，并没有把他们视为皇权的依靠。这在贞观中期已有所表露。而到贞观十七年太子废立事件以后，这种疑忌进一步加深。唐太宗原已立长子承乾为太子。承乾不为太宗所喜爱，又有足疾。而魏王泰聪明好学，颇得太宗宠爱，礼遇甚至超过承乾。魏徵在世时，极力维护承乾的太子地位。魏徵死后，承乾企图谋杀魏王泰事暴露，与承乾有牵连的大将侯君集被杀。中书侍郎兼太子左庶子杜正伦也因此得罪。由于魏徵生前曾推荐杜正伦和侯君集有宰相才，并请以侯君集为仆射，专知诸卫兵马，唐太宗怀疑他们结为朋党。加之有人散布流言蜚语，诋毁魏徵，说他将自己前后的谏辞，录示起居郎褚遂良。唐太宗乃解除魏徵之子叔玉与公主的婚约，并下令推倒自己亲自撰文并书写的魏徵碑。

---

① 《贞观政要》卷七《论礼乐》。

当时文武大臣各有附托，各集团都支持一个皇子争夺皇位。最后，在太宗妻弟长孙无忌和江南士族褚遂良的支持下，立晋王李治为太子。宰相刘洎曾支持魏王泰做太子，太宗对他很不放心。褚遂良无中生有，诬告刘洎曾说太宗死后，他要像伊尹、霍光那样辅少主而自专朝政。唐太宗便以此为借口，把刘洎杀掉。

此后，唐太宗便精心安排后事。除了加强对李治怎样做皇帝的教育，还采取了三个方面的措施。

一是打辽东。他认为他这个儿子比较懦弱，"及朕之未老"，想乘自己还有力量的时候，解决东北问题，完成统一全国的大业。

二是给他安排了宰相等重要大臣。高宗即位后，以太子左庶子于志宁为侍中，少詹事张行成兼侍中，以检校吏部尚书、右庶子兼吏部侍郎高季辅兼中书令，并以长孙无忌为太尉，同中书门下三品，李勣为开府仪同三司、同中书门下三品，褚遂良仍为中书令。这是唐太宗晚年精心安排的一个宰相班子，其中有长孙无忌这样的皇亲国戚、于志宁这样代袭簪裘的关陇军事贵族，也有作为开国功臣和山东一般地主代表人物的张行成以及具有功臣、武将和一般地主三重身份的李勣。他既考虑到关陇贵族的核心地位，也考虑到一般地主在政权中的作用，基本上保持了各派政治力量的平衡。

三是单独向李勣"托孤幼"。李勣原为李密部下，在投归唐时，他把李密原统辖区的户口、士马之数呈给李密，让李密上表献给唐。李密反唐被杀后，他又表请收葬。这些事给唐太宗留下深刻的印象。李治刚立为太子时，太宗就当面向他"托孤幼"。李勣尝得暴疾，方云"须灰可疗"。唐太宗亲自剪下胡须，为他和药。一次李勣侍宴时，唐太宗从容对他说："朕求群臣可托幼孤者，无以逾公，公往不负李密，岂负朕哉！"他去世前不久对太子李治说："李世勣才智有余，然汝与之无恩，恐不能怀服。我今黜之，若其即行，俟我死，汝于后用为仆射，亲任之；若徘徊顾望，当杀之耳。"① 五月，把时为

---

① 《资治通鉴》卷一九七唐太宗贞观十七年四月丁亥条、卷一九九唐太宗贞观二十三年夏四月上谓太子曰条。

同中书门下三品的李世勣贬为叠州都督。李世勣是何等聪明，受到诏命，不至家而去。

2. 废王立武与关陇贵族统治的结束

废王立武，就是唐高宗废除王皇后，立武则天为皇后。

唐高宗即位后，朝政被以唐高宗的舅舅长孙无忌为首的关陇贵族把持。长孙无忌在褚遂良的支持下，排斥一般官僚。从永徽元年（650）六月到永徽三年九月，在两年零三个月的时间里，先后把宇文节、柳奭、韩瑗、来济等关陇贵族官僚提拔为宰相，连唐太宗生前特别安排担任尚书左仆射的李勣，被招回担任尚书左仆射后，很快也被迫辞去这个职务，被剥夺了实权，成了挂名的宰相。随着张行成、高季辅在永徽四年先后死去，一般地主在朝廷中的力量受到很大的削弱。

长孙无忌排斥一般地主出身的大臣，扩大关陇贵族权势的做法，和当时的社会现实是很不相称的。社会上一般地主正在发展，要求朝廷中有他们的代表人物。地方和朝廷中的中下级官吏，已大多由一般地主子弟担任。高级官吏乃至宰相中，一般地主出身的，也占有相当的比重。因此，长孙无忌竭力扩大宰相中关陇贵族成员的人数，垄断政权，并不是关陇贵族集团强大的结果，而是他们在日益壮大的一般地主势力面前虚弱和恐惧的表现。这种情况和社会上的实际情况大为脱节，也势必要引起广大一般官僚的不满。他们可以利用自己在最高统治机构中的核心地位得逞于一时，但是，这种缺乏基础、和现实脱节的情况，是不可能维持多久的。

这时正好出现了废王立武的问题。

武则天从十四岁进入皇宫，三十岁做了皇后，六十岁掌握了最高统治权，最后在她六十五岁的时候做了女皇帝。武则天是中国历史上唯一的、名副其实的女皇帝。

唐初皇后均出自关陇贵族高门。高宗原来的王皇后，是西魏大将王思政的玄孙女，唐高祖的妹妹同安长公主是她的从祖母，家世是很显赫的。遗憾的是她嫁给高宗多年，一直无子。后来这就成为高宗废掉她的借口。

武则天的父亲武士彟，并州文水人，家富于财，颇好交结。李渊在汾晋间作战时，在他家住过，后来参加了太原起兵，为大将军府铠曹。贞观初做过利州（今四川广元）都督和荆州（今湖北江陵）都督，武则天的少女时代就是在利州度过的。贞观十年太宗长孙皇后去世后，唐太宗听说武则天长得很美，便在十一年把她召进宫，做了才人。

唐朝初年，参照隋制，建立了"内官"制度，规定皇帝除了皇后，还有妃嫔，也就是皇帝的妾。妃嫔包括贵妃、淑妃、德妃、贤妃等四妃，昭仪、昭容、昭媛、修仪、修容、修媛、充仪、充容、充媛等九嫔，此外还有婕妤、美人、才人各九人，宝林、御女、采女各二十七人，合一百二十一人，各有品位，并各有一定职掌。除了"内官"，还有宫官，她们是负责管理后宫各项宫廷事务的职事官，也各有品位，并有专门职掌。此外，还有众多的宫女，负责侍奉皇帝、妃嫔，担负宫中各种事务。

才人为内官正四品，掌序燕寝，理丝枲，地位在后、妃、九嫔、美人之下，在妃嫔中地位不算很高，在内官中，地位也是很低的。在唐太宗死后，武则天和后宫没有子女的内官一起，被送到感业寺为尼。

高宗为太子时，就很喜欢这位比他大三岁的姑娘。即位后，高宗在太宗忌日到感业寺烧香，见到了武则天，二人都很伤感，武则天被重召入宫。当时萧淑妃受到高宗的宠爱，王皇后要借助武则天与萧淑妃争宠，武则天也对王皇后卑躬屈膝，表现得非常恭顺，得到了王皇后的喜爱。王皇后几次在高宗面前称赞武则天，武则天很快就取代了萧淑妃的地位，被进封为昭仪，成为"九嫔"之首，地位仅次于后、妃。

武则天做昭仪后，利用自己给高宗生了一个儿子的有利条件，用种种手段，争取做皇后。有人说她扼死自己亲生的幼女，嫁祸于王皇后，促成高宗废王立武的决心。她偕同高宗到高宗的舅舅长孙无忌家，给长孙无忌的三个庶出的儿子拜官，赐金宝缯帛十车，想收买无忌同意废掉王皇后。又让自己的母亲杨氏到长孙无忌处活动。同时，还在大臣中网罗了许敬宗，去劝说长孙无忌。长孙无忌都没有同意。

关陇贵族集团，是依靠军事力量形成的，不是社会经济发展的产物。关陇贵族集团形成后，就一直依靠婚、宦，即婚姻和官位来维系集团的发展。与皇室通婚，更是扩大他们家族和集团势力的一种重要手段。因此，在当时关陇贵族力量已经大为削弱的情况下，维护王皇后的地位，就成为稳定长孙无忌、柳奭等关陇集团成员和依附关陇集团的褚遂良等在朝廷中统治地位的关键问题。而武则天，虽然出身功臣家庭，母亲又是隋宗室宰相杨士达之女，①但她父亲本来是一个木材商人，没有什么门第。在出自关陇贵族或士族世家的大臣看来，武则天的门第、身份都有问题，如果立她为皇后，必将动摇关陇贵族在朝廷中的核心地位。因此，褚遂良、韩瑷、来济公开表示坚决反对立武则天为皇后。褚遂良甚至公开对高宗说："陛下必欲易皇后，伏请妙择天下令族，何必武氏！"这就是说，皇后是可以换的，王皇后实在要废也是可以的，但是新的皇后必须在关陇贵族家族中挑选。这真是一语道破了天机。

褚遂良既是顾命大臣，背后又得到长孙无忌和一些宰相的支持，高宗也感到无可奈何。一天李勣进见，高宗问他，我要立武昭仪为皇后，褚遂良反对，这件事难道就这样了结？李勣回答说："此陛下家事，何必更问外人。"② 李勣同时兼有功臣、武将的双重身份，是当时山东豪杰，即一般地主官僚最重要的代表人物，在朝野都有着重大影响。而更重要的是他对唐高宗指出，皇后的废立是皇帝的家事，也就是皇帝的私事，而不是国家大事，不需要征求别人的意见。这里所说的他人、别人，主要是指宰相。西汉中期以来，不论是豪强大族占据统治地位的汉族政权，还是进入中原的少数民族政权，皇帝总是和当时最有实力、最有影响的豪强大族联姻，以此作为皇帝贵族体制的重要组成部分。因此，皇后的废与立绝不是单纯的皇帝的家事，而

---

① 《新唐书》卷一〇〇《杨执柔传》、《隋书》卷四三《观德王雄弟达传》。
② 《资治通鉴》卷一九九唐高宗永徽六年九月上一日退朝条、他日李勣入见条。

是国家大事。高宗所以要征求宰相的意见，也正是因为他仍把这看成是国家大事。而当时随着山东士族的崩溃和关陇贵族的衰落，社会结构发生了深刻的变化，过去的联姻方式已经失去了意义。李勣的话不过是点破了这一点。听了李勣的这一番话以后，高宗立即决意立武则天为皇后。

永徽六年九月，褚遂良被贬出。十月十三日，王皇后、萧淑妃同时被废为庶人。十九日，立武则天为皇后。废王立武，这是关陇贵族和一般地主官僚之间关键的一战，两派政治力量之间的胜负已经揭晓。但是，清除关陇贵族集团在政治上的影响，特别是把他们全部清除出朝廷，还需要一个过程。虽然新任命了中书侍郎李义府参知政事，度支侍郎杜正伦为黄门侍郎、同三品，但是，韩瑗、来济还担任着侍中、中书令的要职。显庆元年（656）韩瑗还利用这种地位为褚遂良被贬出诉怨，斗争并没有结束。显庆二年八月，许敬宗、李义府诬奏韩瑗、来济与褚遂良潜谋不轨，高宗将韩瑗、来济贬出。已贬出的褚遂良、柳奭再贬为边远州刺史，并以许敬宗为侍中，杜正伦为中书令，从废王立武开始的这一场斗争才基本上告一段落。显庆四年四月，长孙无忌也以谋反罪被削去太尉官职和封邑，得到一个扬州都督的空衔，于黔州（今四川彭水）安置。褚遂良已死，被追削官爵。柳奭、韩瑗被除名。太子太师、同中书门下三品于志宁也因议废王皇后时中立不言，在这时被免官。不到三个月，高宗又派人去黔州逼令长孙无忌自杀，下令杀柳奭、韩瑗，三家的财产一律没收，近亲皆流岭南为奴婢。不久，又把于志宁贬为荣州（今四川荣县）刺史。这些就都是尾声了。

关陇贵族本来人数就不多，经过朝代变迁和隋末动乱，正如唐高祖在《选用前隋蔡王智积等子孙诏》中所说："近世以来，时运迁革，前代亲族，莫不诛绝。"[①] 所余家族已经不多。因此，在废王立武的斗争中，完全丧失了抵抗的能力，处在被动挨打的地位。经过这一段大规模的贬杀，只剩下了少数几个家族，已经不成其为一个集团

[①] 《全唐文》卷一。

了。西魏、北周以来关陇贵族集团控制中央政权的局面终于结束。

二、"开边服远"和"富贵宁人"

在废王立武以后,唐高宗亲自掌握了政权。"开边服远"和"富贵宁人"是他统治期间的主要业绩。"开边服远"和"富贵宁人"见于以睿宗名义发布的《改元光宅赦文》:"高宗天皇大帝……所以开边服远,更阐宇于先基;富贵宁人,重增辉于前烈。"① 当时武则天临朝称制,是政权的实际掌握者,因此这就是武则天对唐高宗李治的评价。

1. "开边服远"

为巩固和发展统一多民族国家,从隋文帝开始到唐太宗几代帝王作了坚持不懈的努力。唐太宗时基本解决了北边的突厥、薛延陀,西边也取得了很大的成就,但还不稳定。留下来的还有东边的高句丽。唐高宗完成了从隋文帝到唐太宗几代帝王巩固和发展统一多民族国家的未竟事业。在他的手中,唐朝的疆界扩展到最大。

(1)征讨西突厥

唐高宗永徽元年,刚被唐任命为瑶池都督并负责招抚西突厥未服者和统治北疆重任的原西突厥叶护阿史那贺鲁,听到唐太宗的死讯后,便自号沙钵罗可汗,征服了西突厥各部,于次年七月攻陷庭州金岭城及蒲类县。唐赶紧把安西都护府迁回西州。这时唐正处在三征高句丽之后的恢复时期,无力进行大规模讨伐。刚刚设置不久的安西四镇就这样废弃了。

显庆二年,唐以苏定方为伊丽道行军总管,平定了阿史那贺鲁的叛乱。唐于碎叶(今楚河)东西分置昆陵和蒙池都护府,原来西突厥所役属的诸国也都设立都督府和州,由各族酋长担任都督、刺史,并隶安西都护府。次年,唐在讨平了龟兹大将的叛乱以后,于五月移安

---

① 《全唐文》卷九六。

西都护府于龟兹，安西复为西州。这是第二次把安西都护府迁到龟兹，故《旧唐书·高宗本纪》标明是"复于龟兹国置安西都护府"。安西四镇也同时恢复。据《唐会要·安西都护府》引苏冕论及《资治通鉴》卷二〇一咸亨元年记事，此时所恢复的四镇仍为龟兹、于阗、疏勒和焉耆，碎叶（今吉尔吉斯斯坦托克玛克南）仍未列于四镇。但是，由于唐的军事力量已及于碎叶地区，唐在原西突厥统治区又都设立了州府等行政机构，这样，无论是从南道或中道越葱岭而至中亚，还是经庭州或龟兹而至弓月（今新疆伊宁东北）、碎叶一带的丝绸之路就都畅通了。吐鲁番出土的麟德二年（665）《高昌县上安西都护府牒》中关于京师人李绍谨在弓月城一次就举借了二百五十匹绢去龟兹，以及证人毕婆从弓月西走等记载，[①] 具体反映了当时此道上丝绸运输和商旅往来的情况。

（2）攻打高句丽

高宗即位后，朝鲜半岛上三国之间的攻战更加激烈，高句丽和百济的联军屡次攻打早在贞观时就已臣附于唐的新罗。显庆五年（660），新罗王金春秋上表求救，唐高宗不仅想要完成父亲没有完成的统一全国的任务，而且还企图乘机控制朝鲜半岛，于是派苏定方率水陆军十万，自成山（今山东成山角）渡海，攻占百济都城，百济王义慈投降。百济故将福信据周留城，从倭国迎回故王子丰。丰为百济王后，向倭国请求救兵。龙朔三年（663），唐将孙仁师、刘仁愿与新罗王法敏率陆军进攻周留城，带方州刺史刘仁轨率水军及粮船准备与陆军会师途中，在白江口（锦江口）与倭国水军遭遇，四战皆捷，焚倭军船四百艘。百济王扶余丰逃奔高句丽，王子忠胜等率众投降，唐军占领了百济全境。乾封元年（666），高句丽泉盖苏文死，长子泉男生继为莫离支。泉男生与弟男建、男产发生争斗，走保国内城（今吉林辑安），派子泉献诚向唐求援。唐高宗派李勣为辽东道行军大总管，统辖诸军攻打高句丽。总章元年（668）三月，唐将薛仁贵攻拔扶余城（在今吉林怀德一带）。九月，李勣攻占高句丽首都平

[①] 《吐鲁番县阿斯塔那—哈拉和卓古墓群清理简报》，《文物》1972年第一期。

壤。唐在高句丽设立都督府和州县,并在平壤置安东都护府进行统辖。

(3) 边疆形势的变化

进入7世纪70年代以后,边疆形势发生了很大的变化。唐的统治引起了高句丽和百济人民的不断反抗,他们和新罗联合起来,抗击前往镇压的唐军,唐在高句丽和百济的统治很难维持下去了。

吐蕃的兴起,对唐构成了更大的威胁。7世纪初,吐蕃赞普松赞干布统一了西藏高原,力量强大起来。贞观十五年,唐太宗把宗女文成公主嫁给了松赞干布,双方关系密切起来。永徽元年(650)松赞干布死后,大相禄东赞执掌大政,吐蕃开始把势力伸到青海高原,吞并了吐谷浑的牧地。龙朔三年(663)吐谷浑可汗诺曷钵与弘化公主被迫率数千帐走依凉州(今甘肃武威)。咸亨元年(670)吐蕃攻陷西域十八州,又与于阗(今新疆和田)攻陷龟兹拨换城(今新疆阿克苏),唐罢安西四镇。唐派薛仁贵为逻些道行军大总管,准备在青海反击吐蕃。禄东赞之子论钦陵率兵数十万迎战,大败唐军于大非川。此后,唐与吐蕃在青海开始了长期的争夺。唐在对少数民族和对外的战争中开始处于守势。

从显庆二年(657)苏定方率兵攻打西突厥,到60年代对高句丽的战争,唐一直处于主动进攻的地位。这时朝野皆以征战为意。唐高宗要完成太宗未竟之业,锐意在边疆上进取。朝廷大臣也鼓动高宗进行战争。一般地主和富裕农民最初也是积极参加这场战争的。但随着战争的旷日持久,勋赏日益减少,战死者也不再有人过问。一般地主富裕起来以后,不再愿意从事这种无利可图的以生命作赌注的游戏。一般百姓也对从军不感兴趣,对外战争从内部也逐渐失去了支持。

2."富贵宁人"

"富贵宁人"也不是一句空话。我们从这个时期农村社会发生的巨大的变化可以感受到这一点。在边疆形势发生变化后,唐高宗比较及时地完成了基本国策的转变,可以看出他在"富贵宁人"这个问题上的政策走向。

（1）农村社会在这个时期发生了巨大的变化

农村社会从唐高宗时期开始了两个方面的变化。一是农村两极分化，二是数量巨大的农村人口的迁徙。

这里主要谈农村的两极分化，主要是说开始出现了一批比较富裕的农村居民。

从唐太宗晚期到唐高宗前期，随着经济的恢复和社会的安定，农村中一些人开始想要改变自己的地位。薛仁贵就是其中的先行者。薛仁贵，绛州龙门人。少贫贱，以田为业。将改葬先人，妻子柳氏说："夫有高世之材，要须遇时乃发。今天子自征辽东，求猛将，此难得之时，君盍图功名以自显？富贵还乡，葬未晚。"仁贵乃往见将军张士贵应募。① 在辽东安地城战役中，薛仁贵身穿白衣，持戟，腰鞬两弓，呼而驰，所向披靡；唐军乘之，高句丽军队遂奔溃。唐太宗望见，遣使驰问："先锋白衣者谁？"曰："薛仁贵。"太宗立即召见，"赐马两匹、绢四十匹，擢授游击将军、云泉府果毅，仍令北门长上。……及军还……寻迁右领军郎将，依旧北门长上。"② 游击将军为从五品武散官，果毅则为从五品下阶或正六品上阶、从六品下阶武职事官，郎将为正五品上阶武职事官。这样，薛仁贵就以军功由一介布衣而进入五品高级官吏的行列，真可谓一步登天。

这种情况在唐高宗时期得到了进一步的发展。"贞观、永徽年中，东西征役，身死王事者，并蒙敕使吊祭，追赠官职，亦有回亡者官爵与其子弟。"③ 唐朝对于战争中死亡的将士都要派敕使吊祭，追赠官爵，并把死亡者的官爵授给他的子孙。战士经过一次战役就可以得到一转勋官。

勋官是唐朝用来奖励军功的。共分为十二转：十二转上柱国，比正二品；十一转柱国，比从二品；类推至二转云骑尉，比正七品；一

---

① 《新唐书》卷一一一《薛仁贵传》。
② 《旧唐书》卷八三《薛仁贵传》。
③ 《旧唐书》卷八四《刘仁轨传》。

转武骑尉,比从七品。勋官有勋田,占有土地的数量可以因此而提高。上柱国、柱国并享有门荫特权。勋官轮流到兵部或本郡服役,期满由兵部送吏部或在兵部应选,合格的可以获得官职,可以做官。当然由于文化水平的限制,勋官获得官职的微乎其微。但是勋官的服饰、笏、犯罪后的减、赎,都与同品的职事官、散官相同。这些政治特权对提高他们的社会地位还是有很大意义的。敦煌户籍簿、差科簿中不少人即具有上柱国、柱国等勋官身份。吐鲁番阿斯塔那出土的《唐永淳元年汜德达飞骑尉告身》《武周延载元年汜德达轻车都尉告身》,就具体记载了汜德达参加战争获得勋级的情况。勋官制度在唐朝前期对吸引百姓从军,提高军队战斗力起了有力的作用。

因此在唐高宗对高句丽战争初期,"百姓人人投募,争欲征行,乃有不用官物,请自办衣粮,投名义征"。① 投名义征不是个别的现象。这些人都希望在战争中获得勋赏和官职,使自己富贵起来。战争是这个时期政治生活的中心。

从显庆五年(660)以后,随着农村两极分化的发展,周边形势变化,以及政府不再采取奖励军功的政策,已经富裕起来的农村居民不愿意当兵了,贫苦农民也不愿意白白去送死。显庆五年以后,"征役身死,更不借问。……州县发遣兵募,人身少壮,家有钱财,参逐官府者,东西藏避,并即得脱。无钱参逐者,虽是老弱,推背即来"。② 农村则出现了每逢征兵的时候,富户勾结地方官吏逃避兵役,贫苦农民推背即来的情况。

农村的变化影响到整个社会。一些富裕的农村居民开始在政治上谋求出路。仪凤(676—679)中,吐蕃频犯塞,魏元忠赴洛阳上封事,就谈到,"夫有志之士,在富贵之与贫贱,皆思立于功名,冀传芳于竹帛"。又曰:"夫建功者,言其所济,不言所起;言其所能,不言所借。若陈汤、吕蒙、马隆、孟观,并出自贫贱,勋济甚高,未闻其家代为将帅。……以四海之广,亿兆之众,其中岂无卓越奇绝之

---

① 《旧唐书》卷八四《刘仁轨传》。
② 同上。

士？臣恐未之思也，夫何远之有。"① 就表达了他们的这种愿望。随着经济实力的增长，他们有了读书学习的经济基础。唐朝的选举制度又给他们提供了这种可能。从唐高宗到武则天的政策，特别是武则天"以爵禄收人心"的做法，更是推动他们大规模地进入了各级政府，并且迅速升迁到各级政府的负责岗位。

农村富裕阶层的发展和一般地主经济的成长，这是农村社会变化的一个方面。农村社会变化的另一个方面，即数量巨大的人口迁徙这个问题，在下面武则天部分再进行介绍。

（2）基本国策的转变

边疆形势的变化和农村社会的变化，特别是两极分化的发展，都要求改变原来的方针政策。武则天的建言十二事帮助唐高宗完成了基本国策的转变。

上元元年十二月二十七日（675年1月28日），武则天上表建言十二事：一、劝农桑，薄赋徭；二、给复三辅地；三、息兵，以道德化天下；四、南北中尚禁浮巧；五、省功费力役；六、广言路；七、杜谗口；八、王公以降皆习《老子》；九、父在为母服齐衰三年；十、上元前勋官已给告身者无追核；十一、京官八品以上益禀入；十二、百官任事久，材高位下者得进阶申滞。②

在十二事中，武则天提出，"国家圣绪，出自玄元皇帝（指老子李耳），请令王公以下皆习《老子》，每岁明经准《孝经》《论语》策试"③。这一方面是要表明自己是李唐皇权的忠实维护者，更重要的却是提出了要以道家思想作为统治思想的理论基础，实行无为而治。而无为而治在当时最重要的是停止战争。第三事"息兵，以道德化天下"，就把这两者具体而微妙地结合在一起了。一、二、四、五等事中提出的轻徭薄赋，发展生产，都是在这个思想指导下展开的。六、七事提出的广开言路，杜绝谗言，要求建立良好的政治风

---

① 《旧唐书》卷九二《魏元忠传》。
② 《新唐书》卷七六《则天武皇后传》。
③ 《资治通鉴》卷二〇二唐高宗上元元年十二月壬寅条。

气,也是为了保证这个方针的实行。

其中第九事,父亲健在,为母亲的服丧期由一年改为三年。表面是要把女性的地位提高到和男性一样,实际是要为自己以一个女子掌权制造舆论。

最后三事中提出的勋官已给告身(证书)的不再追核,八品以上官员增加俸禄,低级官员久不提升者晋级,则是满足中小地主和下级官吏的要求。

建言十二事具有很强的针对性,适应了唐在边疆由进攻转为防御,中小地主和中下级官吏要求在政治上进一步发展的客观形势。唐高宗接受了武则天的建言十二事,借此及时完成了基本国策的转变,"富贵宁人"再一次落到实处。在此后一段时间里,唐王朝基本上就是按照建言十二事行事的。

3. 关于唐高宗

一般都认为唐高宗软弱无能,优柔寡断。在某些时间,某些问题上,他确实表现得优柔寡断。但那或者是碍于当时的政治体制,或者是因为夫妻情深。但是当他完全掌握政权的时候,在重大的问题上是不糊涂的。在重大政策的制定和宰相的任用上,他始终掌握了主动权。有一个现象很值得注意,那就是高宗时期宰相的任用,和唐太宗以及后来的武则天、唐玄宗统治时期一样,完全是根据各个时期政治、经济和军事上的需要来确定的。从各个时期的宰相人选就可以看出当时的政策走向。这是唐朝前期一个显著的特点。关于这方面的情况,可以参考我写的《唐前期宰相人员的配置》。[①] 为什么会出现这样的特点,大家可以进行一些研究。

尽管这种情况不是高宗时所特有的,但是这也表明,唐高宗能够不受干扰地,根据时代的需要来任用宰相,他在政治上完全掌握了主动权。特别有意思是他还任用反对武则天的人来担任宰相,执行通过

---

① 吴宗国主编:《盛唐政治制度研究》第二章第五节"唐前期宰相人员的配置",上海辞书出版社,2003年3月。

武则天提出来的政策。这是需要很宽广的政治胸怀和很高的政治智慧才能做到的。至于在政治上他对武则天的信任和依靠,应该说在当时还是一个明智的选择,因为武则天确实值得他信任和依靠。

三、一代女皇

1. 武则天其人

武则天是中国历史上唯一的、名副其实的女皇帝。这样说是因为中国历史上也还曾经有过名不副实的女皇帝。大家都很想了解武则天。凡是要了解一个人,姓名、年龄、籍贯,这三项是首先需要知道的。武则天,这个名字大家都很熟悉。她还有两个名字,一个叫武媚,一个叫武曌。其实这些都不是她原来的名字。武媚是她十四岁那一年唐太宗召为才人时赐给她的名号,武曌是她做皇帝前自己所起的名字。则天是她传位皇太子以后,新即位的皇帝即唐中宗给她上的尊号,当时叫则天大圣皇帝。她临终前,令去帝号,称则天大圣皇后。所以后世称她武则天。那么武则天到底叫什么名字呢?根据雷家骥先生的研究,她小时的名字可能叫约,字明空。她在做皇帝前,曾经公开宣布:"朕宜以明空为名。"①

关于武则天的享年有几种不同的说法,八十一岁、八十二岁、八十三岁。武则天死于唐中宗神龙元年(705)十一月,史书记载很明确,这是没有什么争议的。问题是生年。有学者认为武则天生于唐高祖武德七年(624),享年八十二岁。有学者认为生于武德八年年底,享年八十一岁。

至于籍贯,武则天的出生地是京城长安。在山西文水的南徐村,有一座始建于唐的则天皇后庙,这里是武则天父亲的故乡。所以《旧唐书·则天皇后本纪》写道:"则天皇后武氏讳曌,并州文水人也。"在四川广元有一座始建于唐的皇泽寺,寺中至今保存了一尊五代时雕造的武则天真容石像。在广元的千佛洞,还保存了据说是唐高

---

① 《唐大诏令集》卷四《改元载初赦》。

宗和武则天两个人并排坐着的塑像。这里是她童年生活过的地方。贞观二年到五年，她的父亲武士彟担任利州都督，在三岁到七岁期间，小明空可能就生活在这样一个山清水秀的地方。

尽管早在汉朝就有为皇帝在其活动过的地方立庙的做法，唐朝也有为皇帝在其活动过的地方立庙塑像的传统，但是随着王朝的灭亡，这些庙和塑像也同时灰飞烟灭，唯有武则天的庙一直保存到今天。也许是一种巧合，武则天时期的大臣狄仁杰的庙也一直保存下来。在北京昌平雪山村，直到20世纪60年代，还有狄公祠的遗迹。古人的庙能不能保存下来，不是一个简单的问题。尽管这些庙中许多是由官府建立的，在当时各级官府自然是要管的；但是改朝换代以后，能不能保存下来，则要看新王朝的态度；而能不能长期保存下来，就完全要看当地老百姓的态度。因此，武则天和狄仁杰的庙能够保存到今天，说明他们还是很有人缘的。老百姓对他们还是有着一种崇敬和怀念的心情，也可以看作是普通老百姓对他们的一种评价吧。这与历史文献中一些人对武则天的评价有着天壤之别。

武则天，不论在唐高宗后期提出建言十二事，还是在唐高宗李治去世以后稳定政局，以及她执政以后的作为，都是应该肯定的。即使是后来，她实行酷吏政治，也是乱于上而治于下。

武则天首先是一个杰出的女政治家。是一个有作为的，对历史有贡献的，对老百姓有好处的女皇帝。

她上承贞观之治和高宗"开边服远""富贵宁人"的伟绩，下启开元之治。其才识、远见，在隋唐的皇帝中，只有隋炀帝、唐太宗和唐玄宗可以与之并肩。

武则天掌权以后，任威刑以禁异议，压制反对自己掌权的人。同时利用礼仪制度和选举制度放手任官，破格提拔，收买人心。主要手段一是庆典时大赦的恩典，一是制科。前者可以扩大官僚子弟的入仕面，后者不仅可以使平民顺利进入官场，同时可以破格提拔在职的官员。

她能把当时最杰出的人才都吸引到自己的周围，其中有大家熟悉的狄仁杰、姚崇。她为开元之治准备了人才，晚年还通过张易之兄弟团结了一批文人。

2. 三股潮流把武则天推向最高权力的宝座

"长风破浪会有时，直挂云帆济沧海。"这对于诗人李白来说，是一个永远不能实现的梦想，而对于武则天来说，却是她一步步走向最高权力宝座的写照。

武则天十四岁进入皇宫，三十岁做了皇后，六十岁掌握了最高统治权，最后在六十五岁的时候做了中国历史上唯一的女皇帝。武则天可以以她的美貌和特殊的素质赢得年轻的高宗皇帝的宠爱，当上皇后。但是要掌握最高统治权并最终当上皇帝，却绝非只依靠个人的美貌和素质所能完成。在这个问题上，个人条件当然很重要，但更重要的还是客观条件和机遇。从个人的条件来说，最大的挑战，也是最重要的一点，就是看你能不能抓住机遇。

武则天所处的时代是一个社会变化激烈的大时代。正是这种社会变化所形成的几股潮流，把武则天推上了最高权力的宝座。

第一股潮流，是关陇贵族集团和普通地主出身的官僚之间的矛盾尖锐化。山东士族、关陇贵族，在唐朝初年都已经衰落。唐高祖已经联合山东士族、江南贵族进行统治，不再由关陇贵族一统天下。唐太宗由于受门阀思想的影响，仍然要以关陇贵族为核心，而又不得不重用新起的山东豪杰和江南士人。皇帝不再受制于某个阶层和集团。但是这种情况不是一帆风顺的。在唐太宗贞观后期，朝廷中关陇贵族及其依附者和一般家庭出身的官僚之间形势微妙，并在高宗即位后很快形成了关陇贵族的一统天下。这种情况和社会上的实际情况大为脱节，也势必要引起广大一般官僚的不满。最后，双方的斗争围绕皇后的废立展开。

皇帝既然不需要再依靠某个阶层和集团，皇后的废立自然也就是皇帝的家事而非国事。废王立武是统治阶级内部一场严重的复辟反复辟斗争。通过这场斗争，唐高宗亲自掌握了政权，而且最终结束了关陇贵族的一统天下，割去了贵族门阀政治的最后一根尾巴。而武则天则借此做到了皇后。

第二股潮流是国内和周边形势的变化。唐高宗即位后，先后对西突厥、高句丽进行了长期的战争，取代了西突厥对西域的统治，把唐的疆域扩大到巴尔喀什湖一带。以后由于被统治民族的反抗和吐蕃的强大，唐在边疆地区由攻势变成守势。继续实行战争的政策行不通了，国内广大老百姓从积极参加战争，求取勋赏富贵，变为要求停止战争。同时，由于土地集中的发展，一般地主的经济力量也有了很大的增长，他们希望在政治上也得到相应的地位。没有做官的希望能够获得一官半职，已经做官的希望能够升到高位，以便通过政治权势来保护和发展自己的经济利益。形势的变化，要求唐朝政府改变国策。在这种情况下，武则天提出了建言十二事。

武则天建言十二事，还有她个人的背景。

武则天采取种种手段做了皇后以后，在一段时期内，曾通过担任宰相的李义府和许敬宗对朝政发生过较大影响。显庆五年（660）高宗风眩头重，目不能视，百司奏事，或使武则天决之，武则天开始直接参与政事的处理。但其地位，并不是十分稳固的。武则天"及得志，专作威福，上欲有所为，动为后所制"的做法，以及李义府恃中宫之势，专以卖官为事，且不把高宗的警告放在眼里，都引起了高宗的不满。龙朔三年（663）十月，诏太子每五日于光顺门内视诸司奏事，其事之少者，皆委太子决之。麟德元年高宗更命上官仪草诏废武则天。虽然经过武则天的"自诉"，没有废成，上官仪也被杀掉，但《通鉴》所云，自是"天下大权，悉归中宫，黜陟、杀生、决于其口，天子拱手而已"，① 也并不尽然。在麟德至咸亨年间，在国家基本国策的确定上，从现存史料，还看不出武则天到底起了什么作用。高宗用人，也并不以对武则天的态度为标准，曾经反对立武则天为皇后的裴行俭，就受到高宗的一再提拔。咸亨元年（670）许敬宗致仕（退休）后，宰相中不再有武后的心腹。咸亨四年三月丙申，诏刘仁轨等改修国史，以许敬宗等所记多有不实；上元元年（674）

---

① 《资治通鉴》卷二〇一唐高宗麟德元年冬十月初武后能屈身忍辱条、自是上每视事条。

九月癸丑,诏追复长孙晟、长孙无忌官爵,也都不符合武则天的利益。

武则天长期不能执掌大权有各方面的原因,诸如女子不能参政的传统观念的影响等。其中,政治威望不够导致缺乏官僚和下层的广泛支持,以及唐朝的政府结构和宰相制度两点,尤有很大关系。

唐朝实行三省体制,并且确立了宰相政事堂议事的制度。凡军国之务和五品以上官员的任免,均需先由宰相在政事堂议决,然后由中书省起草制诏,经门下省审核,呈皇帝批准后颁布执行,不经过中书省和门下省,皇帝不能直接发号施令。这样,军国大事的最后决定权虽仍操纵在皇帝手中,但在决策时宰相和中书省、门下省官员的发言权都是很大的。特别是给事中、黄门侍郎和侍中有封驳否决之权,更是对君权的一种限制,这对于防止皇帝越出常规行事,具有重大意义。武则天如果不掌握相权,就很难在政治上有任何作为。

随着唐高宗健康情况的恶化,武则天谋取最高统治权的活动也更加紧张了。在她做皇后进入第三个十年的时候,武则天上表建言十二事。

建言十二事帮助唐高宗完成了基本国策的转变,满足了中小地主和下级官吏的要求,说明武则天能够高瞻远瞩、统观全局,能够敏锐地抓住时代的潮流和发展趋向,抓住发展中的关键问题,具有很高的政治智慧。高宗临终前发布的《改元弘道诏》中说:"比来天后事条,深有益于为政,言近而意远,事少而功多,务令崇用,式遵无怠。"[1] 正是由于建言十二事的实行,武则天才逐步掌握了人心,威望也因此大为提高。这就为她在高宗死后接掌政权创造了条件。

武则天为了登上最高权力的宝座,还必须扫除障碍。对高宗来说,把政权交给武则天来执掌,倒是放心的。这与他十年前甚至想废掉武则天,发生了很大变化。上元二年(675),高宗苦风眩甚,甚至想让武后摄政,但遭到大臣反对,于是想禅位皇太子。这对武则天掌握最高统治权是极大的威胁。太子弘不明不白地死去,有人怀疑是

---

[1] 《唐大诏令集》卷三。

武则天用毒酒毒死的。调露二年（680），她又找借口废掉处事明审又有威望的太子贤，改立懦弱、糊涂的三子英王哲为太子，扫除了自己掌握最高统治权的最大障碍。

  第三股潮流，也是至关重要的一点，就是唐高宗末年宰相的新老交替。唐高宗历来任用的宰相都是资历深、能力强的大臣，他们能够出将入相，武则天很难掌握他们。这对武则天掌权是一个极大的障碍。因此控制相权就成为武则天掌握最高统治权的关键。这时恰逢一些宰相年事已高，宰相班子正面临着新老交替。武则天鼓动高宗引用资历浅的文士为宰相，仅永淳元年（682），就任命了四个四品官为宰相，以黄门侍郎（正四品上）郭待举、兵部侍郎岑长倩（正四品下）、吏部侍郎魏玄同和秘书员外少监、检校中书侍郎郭正一并与中书门下同承进止平章政事。这时，官吏从科举出身者，累计已在千人以上。在各级官吏，特别是在中下级官吏中，一般地主出身的官吏已成为一股强大的力量，他们不仅强烈地要求自己政治上有所发展，进入各级政权机构，而且要求在最高统治核心中有自己的代表人物。郭正一、魏玄同这批人上台，首先就是反映了一般地主的这种要求。在此之前，中书令李敬玄以兵败被贬出；永淳二年，宰相李义琰也因迫其舅氏迁旧坟，以银青光禄大夫致仕。这样进进出出，拥武的进来了，反武的出去了。出去的，都是资历深，能够出将入相的；进来的，都是资历浅的文士。不论他们的真实思想和主观意图如何，在他们脚跟没有站稳前，都将是武则天的支持者。武则天就这样控制了相权。弘道元年（683），唐高宗死。过去皇帝死后，新皇帝都是立即接掌政务。武则天则在裴炎的配合下，临朝称制。684年废中宗为庐陵王，迁于房州，立小儿子李旦为帝，武则天仍临朝称制。

  这几股潮流都是社会变迁和当时政治经济发展的结果。当生产和经济的发展达到一定程度后，必然要为自己的发展开辟道路，任何人都是抗拒不了的。武则天不过是利用了这个潮流，充当了这个潮流的工具。没有第一股潮流，她做不了皇后。没有第二股潮流，她不可能扩大政治影响，掌握人心。没有第三股潮流，没有品位较低的宰相的出现，她也很难掌握最高统治权。武则天正好碰上了这几股潮流，而且她做皇后之后,又不失时机地巧妙利用这几股潮流,战胜各种阻力,才掌握了最高统治权。然后,她利用手中的权力,严厉打击各种反对力量,并采取各种措施,调动各种力量支持自己,终于登上了圣神皇帝的宝座,成为中国历史上唯一的女皇帝。

而总的来说,这些都离不开一般地主的发展。如果说,武则天做皇后依靠的还是作为开国功臣的少数普通地主出身的新贵和一部分刚进入高官行列、地位不稳的普通地主官僚的话,那么,她在高宗晚年所依靠的就是已经登上政治舞台的广大普通地主了。整个一般地主集团都站在了她的背后,这也是武则天能胜利地登上最高权力宝座的重要条件。这就是高宗末年宰相配置变化的背景和意义所在。

武则天的性格有助于她抓住机遇。她曾经说过:"太宗有马名师子聪,肥逸无能调驭者。朕为宫女侍侧,言于太宗曰:'妾能制之,然须三物,一铁鞭,二铁楇,三匕首。铁鞭击之,不服,则以楇楇其首,又不服,则以匕首断其喉!'太宗壮朕之志。"① 这段话提供了有关武则天的什么信息呢?我想至少自信与果断,为达目的可以不择手段这两点与她后来的行为有着密切的关系。有了这两点,她就能够无所顾忌,抓准时机,及时采取行动,使用一切可以采取的手段,来达到自己的目的。

3. 中国历史上唯一的女皇帝

中国历史上后妃参政的事不断发生,西汉的吕后、窦后,北魏的冯太后都曾对当时的政治发生过重大的影响,但只有武则天做了皇帝。这是与当时东亚的大气候和唐朝特殊的历史条件分不开的。

在六七世纪之交的亚洲,不止一个国家出现过女皇。日本先后出现过八代六位女皇,其中四位在7世纪。② 新罗也先后出现过几

---

① 《资治通鉴》卷二〇六则天顺圣皇后久视元年正月太后以项有干略条。
② 第一位,推古天皇(592—628);第二位,皇极天皇(642—645)、齐明天皇(655—661,皇极、齐明为一人);第三位,持统天皇(686—697);第四位,元明天皇(707—715);第五位,元正天皇(715—724);第六位,孝谦天皇(749—758)、称德天皇(764—770;孝谦、称德为一人)。

个女皇。①

贞观二十二年（648），新罗女王金真德就曾派堂侄金春秋来唐。甚至在中国的浙江，一个农村妇女陈硕真，也自称文佳皇帝。这是公元653年的事。当时武则天还在为她做皇后进行着紧张的活动。最有意思的是690年，日本第41代天皇持统女皇与武则天同一年即位。持统女皇是日本天武天皇的皇后，自686年天武天皇去世后临朝称制。

这些事对武则天到底有没有启发，谁也说不清楚。但至少可以说明，当时确实存在着女人可以称帝的条件。这在东亚的历史上，也是稍纵即逝的机遇。

从唐朝本身来说，当时正处在豪强士族和贵族门阀已经衰落，社会等级正在重新编制的过程中。一般地主的发展，既不借助祖先，也不借助神仙和佛道，而是依靠自身的努力。因此，在思想上有一个从传统的儒家礼法思想和门阀等级思想下解放出来的过程。传统的男尊女卑观念同时受到冲击。唐代妇女因此具有比较独立的社会地位，有一个比较宽松的社会环境。妇女可以自由地进行社交活动，在男女关系上形成一种比较开明、开放的社会风气。唐太宗曾经鼓励过寡妇再嫁，离婚和再婚至少在上层社会是很平常的事。唐代的妇女还没有后来那么多的礼教束缚。

同时，唐朝处在于十六国、南北朝时期的民族融合之后，李唐皇室又具有鲜卑血统，唐高祖李渊的皇后窦氏、唐太宗李世民的皇后长孙氏，都出自鲜卑贵族。因此，北方民族女尊男卑的社会习俗对唐的社会风气也产生了很大的影响。总之，礼法束缚比较微弱，妇女有较多的发挥才能的机会。皇太后干权专政在历史的不同时期有不同的反响。西汉吕后专权在历史上颇受非议，而对于北魏冯太后则似乎没有多少不同的声音。这可能和北方少数民族的传统有关。而隋文帝的独孤后和唐太宗的长孙皇后、徐妃也都对朝政有所涉足。因此武则天协助唐高宗处理朝政，乃至于临朝称制，阻力都不是太大的。

---

① 632—647年善德女王在位，647—654年真德女王在位。

这是武则天能以女子做皇帝的客观条件。

武则天本人的素质和自觉提高妇女地位的努力，也起了重要作用。武则天自幼受到良好的家庭教育，七岁能诗。入宫后文化素养进一步提高，《旧唐书·则天皇后本纪》称她"素多智计，兼涉文史"。《新唐书·艺文志》集部著录有武后《垂拱集》一百卷、《金轮集》十卷，可惜没有流传下来。现存的只有《文苑英华》《唐诗纪事》等书中所收的诗文一百余篇。武则天不仅善于诗文，还醉心书法。她所书《升仙太子碑》，确实是大手笔。

武则天不仅具有很高的文化素养，她对于统治理论也下功夫进行研究。她主持编写了《臣轨》一书，"为事上之轨模，作臣下之绳准"。① 而在长期协助唐高宗处理政务的过程中，更培养了她敏锐的观察能力和卓越的政治才能。还有就是武则天有意识地提高妇女的地位。除了建言父在，子为母服丧三年，她还在并州宴亲族邻里时，在内殿会见与会的妇女。武则天还命文学之士编撰了《列女传》，大力宣扬妇女中的杰出人物。过去后妃参政，都是作为一种个人行为，因此她们最多也只能走到临朝听政这一步。武则天提高妇女地位的做法，虽然不能从根本上改变社会上男尊女卑的局面，但也确实使当时妇女有一个比较宽松的社会环境。而武则天本人则借此突破了女子不能称帝的禁区，堂而皇之地做上了女皇帝。

以上几点都是最基本的条件。武则天在利用这些条件实现自己做女皇的理想时，还利用了宗教。特别是佛教的《大云经》，其中有菩萨转生为女子当国王的经文，还有无明国王之女继承王位的记载。在她称帝前一个多月，僧法明等上《大云经》，在表中称武则天乃弥勒下生，当代唐为人世主。武则天立即把《大云经》颁示天下，并令诸州建大云寺，向天下百姓宣传她做皇帝的必然性和合理性。

垂拱四年（688），武则天自称圣母神皇，摆出了称帝的架势。越王李贞父子起兵反对，很快失败。

载初元年（690）九月初三，"侍御史（从六品下）汲人傅游艺

---

① 《全唐文》卷九七《臣轨序》。

帅关中百姓九百余人诣阙上表，请改国号曰周，赐皇帝姓武氏，太后不许。擢游艺为给事中（正五品上）。于是百官及帝室宗戚、远近百姓、四夷酋长、沙门、道士合六万余人，俱上表如游艺所请，皇帝亦上表自请赐姓武氏"。初五，"群臣上言：有凤皇自明堂飞入上阳宫，还集左台梧桐之上，久之，飞东南去，及赤雀数万集朝堂"。初七，"太后可皇帝及群臣之请"。

九月初九，"御则天楼，赦天下，以唐为周，改元"。① 武则天终于登上了皇帝的宝座，改国号为周，改元为天授。十二日，加尊号为圣神皇帝，降皇帝为皇嗣。

武则天在战胜各种阻力登上皇帝宝座前后，除了运用各种暴力手段，包括酷吏，来镇压反对她的力量，还采取种种努力，来证明自己做皇帝的神圣性和合理性。她修建明堂，铸造天枢。第一次修建的明堂在垂拱四年（688）建成，高294尺，方300尺，上面还有一个高一丈（第二次修造的高二丈）的涂金铁凤，号万象神宫。又于明堂北起天堂五级，以贮夹纻大像，至三级，即俯视明堂。明堂、天堂遭焚毁后，又第二次修建明堂，万岁通天元年（696）建成，号通天宫。前一年四月还建成天枢，高105尺，径12尺。她还不断地给自己加尊号，改年号，以表示自己是弥勒下凡（慈氏越古），自己的皇位是天授予的，因而自己是与天相通的。年号从天授、天册万岁、万岁登封到万岁通天，表示的都是这个意思。

4. 武则天统治时期复辟与反复辟的斗争

武则天掌权以后，以暴力重法压制异议，压制反对自己掌权的人。

大家都知道，"洛阳牡丹甲天下"。那么洛阳的牡丹为什么那么有名呢？这要归功于有名的小说《镜花缘》。书中说有一天下雪，武则天游上苑，一时兴起，便下了一道诏书："明朝游上苑，火速报春知。花须连夜发，莫待晓风催。"诏书下了以后，武则天也有一点后

---

① 《资治通鉴》卷二〇四则天顺圣皇后天授元年九月庚辰条。

悔，可是第二天一早就有人来报告，上苑百花盛开。武则天赶紧来到上苑，只见梅花、菊花都开放了，惟有她最喜爱的牡丹还没有开。尽管后来牡丹还是开了，武则天还是很生气，便下令把牡丹贬到洛阳。这当然只是一个故事，时间、地点和情节都是由作家自由安排的，但是这个故事也不是全无所本。这个故事最早出于宋人计有功的《唐诗纪事》卷三："天授二年（691）腊，卿相欲诈称花发，请幸上苑，有所谋也。许之。寻疑有异图，乃遣使宣诏曰：'明朝游上苑，火急报春知。花须连夜发，莫待晓风吹。'于是凌晨名花布苑。群臣咸服其异。后托术以移唐祚，此皆妖妄，不足信也。"其实这个故事还是有可信的地方。首先是名花布苑，请注意这里说的是名花，而没有提到牡丹。十二月的洛阳开花是有可能的，根据不完全记载，唐朝先后出现过四个暖冬，都出现过十二月开花的现象。名花布苑是不需要妖术的。其次，故事所云卿相欲有所谋，以及"莫待晓风吹"这一句，也是符合这个时期的历史情况的。

武则天从做皇后到做皇帝，不断受到各种势力的反对。最初是还掌握着政权的关陇贵族，在废王立武的部分我们已经讲到。接着是在权力交替过程中受到影响的，参加唐朝建立的功臣的子孙和失意的官僚文人。其中为首的李敬业（徐敬业），是在武则天被立为皇后过程中起了关键作用的元老重臣李勣的孙子。武则天临朝称制后，他公然纠合了一些人在扬州起兵，著名诗人骆宾王也卷了进去，并写了有名的《代李敬业讨武氏檄》。檄文尽管内容苍白无力，但文章还是写得蛮好的，无怪乎武则天看过后说，这是宰相的过失，这个人有这样的才干，怎么能让他这样不得志呢！并派人收集他散失的诗文。在这个过程中，曾经支持武则天临朝称制，并且在武则天废除第三个儿子李旦的皇位中起了重要作用的中书令裴炎也采取观望的态度，最后被杀。当武则天称帝的企图越来越明显的时候，唐的宗室也起来反对。

在武则天称帝前后，为了压制各种反对力量，打击对她称帝表示不满的人，大开杀戒。宰相也不例外，从垂拱四年九月到载初元年十一月的两年时间里，担任宰相的有骞味道、张光辅、魏玄同、裴居道、范履冰等五人被杀，韦待价、韦方质二人被流放，武承嗣、武攸宁是武则天的侄子，此外苏良嗣和王本立罢相后不久死去，算是幸运的。当时的情况就是这样复杂而微妙，这也就是"天授二年（691）腊，卿相欲诈称花发，请幸上苑，有所谋也"的背景。

公开反抗的或者看着碍事的，好办，动用武力镇压就是了。而对那些心怀不满而又没有公开表露的，就不太好办。武则天便任用酷吏，来打击那些对她不满的人。司马光在《资治通鉴》卷二〇五长寿元年（692）五月写道："右补阙新郑朱敬则以太后本任威刑以禁异议，今既革命，众心已定，宜省刑尚宽，乃上疏……"指出武则天的本意是"任威刑以禁异议"，制造一些恐怖气氛，压制反对她掌权称帝的各种舆论。但由于她过高地估计了反对她的力量，因而也滥杀了许多无辜者。但她诛杀的，主要还是贵族官僚及其党羽和家属，并不是一般的老百姓。本来到长寿元年恐怖政治就完成了它的任务，在大臣的建议下武则天也准备结束恐怖政治，对一些酷吏也开始进行处置。但是由于武则天称帝后，在皇位到底是传给儿子还是传给侄儿的问题上一度动摇，她的侄子们与酷吏勾结，打击反对他们掌权的大臣，酷吏政治因此又延续了四五年，直到神功元年（697）年才告结束。如果从她临朝称制算起，前后持续了14年。

酷吏集中反映了武则天时期统治阶级内部政治斗争的复杂性和残酷性，许多贵族和官僚受到迫害，但是这种迫害没有触及下层，更没有触及普通百姓，因而社会是稳定的，经济持续向前发展。

5. 天下英贤竞为之用

武则天是一个杰出的政治家，她懂得仅仅依靠严刑酷法，只能打击那些反对自己的人，压制那些不利于自己的舆论，但并不能获得广泛的支持。因此，武则天还以禄位收天下人心，利用礼仪制度和选举制度放手任官，打破常规、破格提拔，以争取广大官吏和民众的支持。同时，使自己的政策更加顺应广大百姓和地主官僚的要求，把国家治理好。武则天在《臣轨上》中谈道："天下至广，庶事至繁，非一人之身所能周也。"认识到必须依靠贤臣之力。她广开入仕之门，

"进用不疑,求访无倦"①。司马光在《资治通鉴》卷二〇五则天顺圣皇后长寿元年一月丁卯条中说:"太后虽滥以禄位收天下人心,然不称职者,寻亦黜之,或加刑诛。挟刑赏之柄以驾御天下,政由己出,明察善断,故当时英贤亦竞为之用。"武则天不仅发现和培养了一大批人才,而且"当时英贤亦竞为之用",把一大批英贤团结在自己周围,把经济、社会和国家推向繁荣昌盛。我们必须从这几个方面来理解武则天在人才方面的政策和措施,并从中得到有益的启发。

经过半个多世纪的发展,一般地主大量涌现出来,他们在经济上有了一定的势力以后,便要求有相应的政治权势,以便保护和扩大他们的经济力量。地主士人要求做官的越来越多。

唐代一般地主可以通过杂色入流和科举及第获得做官的资格,但真要获得一个官职是很不容易的。

杂色入流,入流就是获得做官的资格。杂色入流主要有流外入流和勋官通过上番入流。高宗、武则天时期战争不息,获得勋官的人很多,但由于他们缺乏文化教养,到中央各个部门或在地方轮番承担各种任务,上番满一定年限后,很难通过考试,因此,勋官很少能获得出身。流外入流者,就是流外官入流。从隋朝开始,官吏开始分流。官分散官和职事官。散官表明品阶和身份地位,职事官则表明实际担任的官职。中央和中央直属部门的吏称为流外官。他们负责政府各部门的文书处理和各项具体事务,也分为九品,称为流外品。流外官在担任中央各官府的掌固、亭长、佐史、府史、令史以及诸仓、关、津的计史、府史和诸牧、苑囿的监史等后,首先要通过每年一次的考课和三考一次的转选,才能一级一级升上去。流外官九品,三年一转选,如果从最低一级九品开始,需二十七年才能获得入流的机会。即使从六、七品开始,也需要十年上下才能入流。入流后,升迁也非常困难,而且一般不能担任五品以上的高级官吏。

科举出身者虽可位至高官,但科举录取名额很少。尤其是进士科,贞观时期的二十三年中,共取二百零五人,平均每年不足十人;

---

① 《旧唐书》卷一三九《陆贽传》。

高宗、武则天时期增加了一倍，平均每年也只有二十人。一般地主士人既无世传经学，又无门第可以凭借，在考试上处于不利地位，录取者多为高官权贵子弟。高宗时常举出身的十名宰相中，进士八人，明经二人，其中贵族和五品以上高官子弟六人，县令子二人，出身于父祖没有官位的一般地主家庭的只有两人。录取名额虽然有所增加，一般地主子弟及第的也有所增加，但是应举的人也更多了。

即使通过上述两个途径获得出身即做官的资格，最后还要通过"应选"才能获得官职。高宗、武则天时期每年需要补充的官员只有四五百人，而获得做官资格即入流的"年以千计"，加上其他候选的官吏，每年到长安应选，等待分配官职的就大大超过此数。"选集之始，雾积云屯，擢叙于终，十不收一。"① 往往需要经过长期等待，才能获得一个官职。

一般地主子弟通过各种途径获得一官半职后，升迁也是极为困难的。唐代官吏每年进行一次考课，在任四年中每年的考第都不下于中中，应选时才能进一阶。一个从九品下阶的小官，每考必中，每选必中，也需要六十四年才能进入五品。至七品，共八阶，也需要三十二年。而贵族和高级官吏的子弟，由于享有门荫的特权，还是小孩子，就做上六、七品官，系上了银腰带；尚未成年，即位至五品、三品，穿上了朱色、紫色的袍子。完全垄断了通往高官的道路。

在上述情况下，一般地主子弟对贵族高官子弟借荫得官，垄断仕途是深为不满的。唐代只有官吏才有免除赋役的特权，九品以上官可以免除本人的赋役，五品以上官则可免除全家的赋役，官位越高，免除的范围越大。也就是说，经济上的特权只有获得相应的政治地位以后才能获得，而获得政治地位以后，又可以借此扩大自己的经济力量。正因为如此，大量涌现出来的一般地主，没有做官的，要求进入各级政权机构；已经做官的，要求迅速升迁；已经做到七品以上中级官吏的，要求进入高级官吏的行列。总而言之，都要求扩大自己的政治权势。

---

① 《旧唐书》卷八七《魏玄同传》。

武则天在上元元年提出的建言十二事中的"上元前勋官已给告身者无追核"和"百官任事久,材高位下者得进阶申滞",就在一定程度上反映了这种要求。但不能说这时她已充分认识到这个矛盾,同时,当时她也不可能去解决这个问题。

武则天临朝称制后,采取了一系列打破常规、破格用人的措施,客观上满足了一般地主和广大官吏的要求,而从武则天来说,这是为了取得地主官僚对她的支持。

第一,破格用人,广开入仕之门。

除了通过杂色入流获得官职外,武则天还为一般百姓、地主新开了几条门路。

垂拱元年,武则天"诏内外文武九品以上及百姓,咸令自举"。①凡是有才能者,百姓也可以和官吏一样自我推荐,以求进用。天授元年做皇帝以后,她又派存抚使十人分巡各地,"残明经、进士,及下村教童蒙博士,皆被搜扬"。②没有考上明经、进士的士人,以及农村的教书先生都被举荐上来。长寿元年一月,武则天亲自接见存抚使所举人,不问贤愚,一律破格加以任用。正额安置不下,给予试官名义,高的试凤阁舍人、给事中,其次试员外郎、侍御史、补阙、拾遗、校书郎。当时有人作讽刺诗:"补阙连车载,拾遗平斗量。欙推侍御史,碗脱校书郎。"意思是说补阙、拾遗已经多到可以车载斗量,耙子推来推去,推出了一大堆侍御史,模子翻来翻去,翻出了好多的校书郎。举人沈全交续诗:"糊心存抚使,眯目圣神皇。"存抚使吃了糨糊,糊里糊涂,连圣神皇帝也眯了眼睛,分不清贤愚。此事被新提拔的御史纪先知当场抓住,便弹劾他诽谤朝政,请先在朝堂杖打,然后交给法司处理。武则天听后笑道:"但使卿辈不滥,何恤人言,宜释其罪。"③只要你们不滥,何必怕别人说闲话呢?十道存抚使搜罗上来的多为下层失意知识分子,以及一部分下层官吏。

---

① 《旧唐书》卷六《则天皇后本纪》。

② 《朝野佥载》卷一。

③ 《资治通鉴》卷二〇五则天顺圣皇后长寿元年一月丁卯条。

至于那些文化程度不高或者没有文化而又急于仕进的地主阶级中下层，除了可以通过杂色入流、自荐入仕，甚至告密也是一条入仕的途径。告密者臣下不得过问，皆给驿马，供五品食，使其前往武则天所在地。"虽农夫樵人，皆得召见，廪于客馆，所言或称旨，则不次除官。"① 告密者往往得五品。这对于那些文化不高或没有文化而又急于仕进的下层人物，无疑是一条便捷的入仕之途。

第二，赐阶勋。

对于广大官吏，主要是赐阶勋。睿宗即位，改元文明，赐文武官五品以上爵一等，九品以上勋两转。垂拱二年（686）正月大赦，赐内外官勋一转。证圣元年（695）刘知幾上表说："今皇家始自文明，迄于证圣，其间不过十余年耳。海内具寮，九品以上，每岁逢赦，必赐阶勋。""每论说官途，规求仕进，不希考第取达，唯拟遭遇便迁。或言少一品未脱碧衣，待一阶方被朱服，遂乃早求笏带，先办衫袍。今日御则天门，必是加勋一转；明日飨宣阳观，多应赐给一班。既而如愿果谐，依期必获。"② 这说明，自文明以后，赐阶勋是每年都要进行的。尽管刘知幾建议不要滥赐阶勋，但赐阶勋仍继续进行。登封元年腊月又制内外官三官以上通前赐爵二等，四品以下加两阶。

唐代文武散官均为九品二十九阶，四考中中，始能升一阶。表现好的，有一中上考，进一阶，一上下考进二阶，但这终究是极少数。按部就班升上去，即使有门资的三品子孙，由从七品上阶出身，升入五品，需经过六阶。如果表现一般，每考每中，至少也需要二十四年。其他官员子弟和通过杂色入流和科举出身的，所需时间更长，而武则天每年给官员赐阶，让他们普遍升级，虽然他们所担任的职事官不一定改变，但地位和俸禄却是迅速提高了。有些人出身不到十三年，就做到了五品，不到二十五年就进入三品。赐阶大大提高了官员升迁的速度，特别是中级官吏升为高级官吏的速度。

赐勋对于低级官吏的意义更大。唐代勋官共分十二转，由最低的

---

① 《资治通鉴》卷二〇三则天顺圣皇后垂拱二年三月太后自徐敬业之反条。
② 《唐会要》卷八一《阶》。

武骑尉（比从七品上）到比从五品上阶的骑都尉，只需要四转，只要经过五次赐勋，八、九品的散官、职事官都可以在服色、持笏、官当等方面享受五品以上官的待遇，这也就是刘知幾在所上表中说的："至于朝野宴集，公私集会，绯服（四品深绯，五品浅绯）众于青袍（八品深青，九品浅青），象笏（五品以上象笏）多于木笏（六品以下木笏）。"① 此外，二品勋官子有荫，三品至五品子可充当品子，只要能获得五品以上勋官称号，就为下一代做官创造了条件。因此，赐勋虽不升官，但能迅速提高社会地位，并享受某些政治经济特权，这对于急于扩大自己政治经济权势的中下级官吏来说，自然是意外的收获。对高官子弟，还经常利用南郊祭圜丘、祠明堂、拜洛、封嵩岳等各种庆典仪式，取弘文生、国子生为斋郎，到时帮着捧一捧祭祀的礼器，过后皆可获得出身。弘文生三十人，国子生三百人，只有三品以上亲贵子孙才能充任，一部分国子生亦可由太学生升任。因此，其中也包括五品以上通贵子孙。垂拱以后，盛典频繁，每次都有一批高官子弟通过担任斋郎获得出身，取得官职。这样一批接着一批，前后不可胜数。这也是武则天能够取得高级官吏支持的一个重要原因。

第三，大开制科。

通过上述各种办法，解决了一部分地主士人进入各级政权的问题，各级官员官阶亦可有所升迁。但是仅用这些办法还不能解决那些富有文学才能和卓越政治才干的人才的选拔和迅速升迁问题。为此，从垂拱四年起，武则天继续举行制科，其中垂拱四年至天授二年和长寿三年至万岁通天二年都是连年举行。前一个四年，恰好是武则天称帝前后，大开制举是她以禄位收天下人心政策的一部分。永昌元年（689）贤良方正科，进士出身的青城县丞张柬之前往应举，同时对策者有一千余人。说明知识分子的确被武则天调动起来。后一个四年则是在武则天任威刑以禁异议，革命成功，恐怖政策开始终结的时候，除了收取人心，从科目设置有贤良方正、超拔群类、经邦等科来看，选拔政治人才的色彩更加浓烈。张说、张柬之、崔沔、苏颋、卢

---

① 《唐会要》卷八一《阶》。

从愿、刘幽求、张九龄等著名政治家都是通过制科而被选拔出来的。制科可以一再应举，每次中举，都可升官，同时制举及第者可以破格提升，有官者可破格升迁，并多授予清官，无官者亦可应举。这就为低级官吏升迁打开了道路，给那些文化程度高，政治素质好的士人和官吏提供了一条便捷的升迁之途，并为一般士人在常举之外提供了一条入仕途径，使平民可以进入官场。

第四，不肖者旋黜，才能者骤升。

武则天以上措施并不能同时把更多的地主士人吸收到各级政府中去，但是，由于破格用人，迅速升迁，这就打破了贵族和高官子弟对高级官位的垄断，使一般地主和中小官吏的子弟有可能进入高级官僚的行列。武则天称帝期间，宰相中明经出身的十人，其中狄仁杰、李昭德、姚涛、韦安石等四人为贵族高官子孙，陆元方、唐休璟、崔玄等三人为中下级官吏子弟，杨再思、格辅元、杜景俭等三人父祖无官。进士出身的十人，其中宗楚客和李迥秀是贵族高官子弟，李峤为县令子，韦嗣立、韦承庆兄弟虽为故相韦思谦之子，但韦思谦的父祖皆为县令，其余娄师德、苏味道、周允元、吉顼、张柬之等五人都是平民出身。科举出身的宰相中，普通地主和中下级官吏家庭出身的，开始占据大多数。这是一个有历史意义的变化。

武则天虽如司马光所言，"滥以禄位收天下人心，然不称职者，寻亦黜之"，对官吏的监督和考核是很严格的，不称职的，不仅要罢官，严重的还要杀头。在大量一般地主涌入朝廷的情况下，有效地控制这些暴发户，使这些急功近利者不能为所欲为，是一件很不容易的事。武则天"挟刑赏之柄"，严于课责，把他们的破坏降到最低限度。而对真有才能的则进用不疑，迅速把他们提拔到负责的职位上去。这就有力地保证了整个统治机构的正常运转和较高的办事效率。

官吏虽然"进退皆速"，不能长期安于其位，但是，地主入仕面却因此而扩大。唐代官吏被罢官分为几种情况，除名者官、爵悉除，六年后降若干阶重新叙阶，如原为正四品散官，重叙为从七品下阶。免官者职事官、散官和勋官统统免掉，三年后降二等叙阶。免所居官者，一年后降一等叙。总之，只要不被杀头，罢官后，官的身份最终都可以保留下来。进退愈速,入仕面愈大。地主阶层的入仕人数,较之正常情况下就大为增加了。他们获得了官的身份,社会政治地位相应提高,在地方能与地方官平起平坐,在乡里可以对农民作威作福。一般地主兼并土地,扩大经济实力,由此获得了更加可靠的政治保障。

对武则天放手用人,唐德宗时宰相陆贽有这样一段评论:"往者则天太后践祚临朝,欲收人心,尤务拔擢,弘委任之意,开汲引之门,进用不疑,求访无倦,非但人得荐士,亦许自举其才。所荐必行,所举辄试。其于选士之道,岂不伤于容易哉!而课责既严,进退皆速,不肖者旋黜,才能者骤升。是以当代谓知人之明,累朝赖多士之用。此乃近于求才贵广,考课贵精之效也。"①

《新唐书·则天皇后传》亦云:"太后不惜爵位,以笼四方豪杰自为助,虽妄男子,言有所合,辄不次官之,至不称职,寻亦废诛不少纵,务取实才真贤。"

陆贽的话最后落在"求才贵广,考课贵精"上,着眼的是用人之道。《新唐书》强调的是务取实才真贤,指明武则天用人不滥。而司马光特别指出"故当时英贤亦竞为之用",讲的则是她能把当时最杰出的人才吸引到自己的周围。从李昭德、狄仁杰、徐有功、李峤到姚崇、宋璟、张说,都是武则天发现和提拔起来的。他们对武则天忠心耿耿,这是仅仅靠禄位和刑赏之柄办不到的。只有从武则天的政策措施中看到自己和社会的希望,他们才能竞为之用。她不仅把当时最杰出的人才都吸引到自己的周围,还为开元之治准备了人才。

6. 武则天时代

武则天能高瞻远瞩,广泛了解情况,洞察形势发展,提出解决方针。她统治期间,在政治和军事上进行了一些改革(如把御史台分为左右、设立屯田和军镇),社会安定,经济和文化有了很大发展,人口增加到615万户,国力也得到加强。

---

① 《旧唐书》卷一三九《陆贽传》。

对于武则天,从唐朝开始,历来有各种不同的评价,角度也各不相同。那么,到底应该怎样评价她呢?她对历史的发展做出了哪些贡献呢?

徐敬业叛乱后,宰相裴炎、将军程务挺先后被杀。"既而太后震怒,召群臣谓曰:'朕于天下无负,群臣皆知之乎?'群臣曰:'唯。'太后曰:'朕事先帝二十余年,忧天下至矣!公卿富贵,皆朕与之;天下安乐,朕长养之。及先帝弃群臣,以天下托顾于朕,不爱身而爱百姓。今为戎首,皆出于将相群臣,何负朕之深也!且卿辈有受遗老臣,倔强难制过裴炎者乎?有将门贵种,能纠合亡命过徐敬业者乎?有握兵宿将,攻战必胜过程务挺者乎?此三人者,人望也,不利于朕,朕能戮之。卿等有能过此三者,当即为之;不然,须革心事朕,无为天下笑。'"① 这既可看作是武则天的理想、抱负与追求,也可看作是她当时对自己的评价。

真正的评价只有后来的人才能做出,但也不是一步就能到位的,其间经过多次的反复。但是有一点,前面我们已经谈到,武则天还是蛮有人缘的。二十年的统治,不是一段短暂的时间。武则天可以通过种种手段夺取最高统治权,但是这个统治能不能维持下去,就全看武则天怎样进行统治了。唐太宗曾经引用西汉初年陆贾的《新语》中一句很有意思的话:"取之或可以逆得,而守之不可以不顺。"② 在武则天统治的二十年中间,社会安定,经济发展,除了一些贵族官僚,没有谁想推翻她。这就是因为她守得顺,所以会有人缘。也就是说,武则天确实做了一些对社会发展,特别是对老百姓有好处的事。也就是武则天自己所说的"天下安乐,朕长养之","不爱身而爱百姓"。下面谈谈我们对武则天对历史发展的贡献的一点看法。

(1) 打击了保守的门阀贵族。武则天被立为皇后以后,把反对她做皇后的长孙无忌、褚遂良等人一个一个地都赶出了朝廷,贬逐到

---

① 《资治通鉴》卷二〇三则天顺圣皇后光宅元年十二月初裴炎下狱条考异引《唐统纪》。

② 《资治通鉴》卷一九二唐太宗贞观元年六月戊申条。

边远地区，最后寻找借口，把没有死的统统杀掉。这对于武则天来说，纯粹是一种报复，但这些关陇贵族和他们的依附者，在当时已经成为一种保守的力量，把他们赶出政治舞台，标志着关陇贵族自北周以来长达一个多世纪统治的终结，也为社会进步和经济发展创造了一个良好的条件。

（2）加强对地方的监督管理。武则天把御史台分为左右，专门负责对地方的监察。她还经常派大臣到地方巡视。这些人到地方不是看看了事，而确实是了解情况，解决具体问题。例如狄仁杰由宁州刺史"征为冬官侍郎，充江南巡抚使。吴、楚之俗多淫祠，仁杰奏毁一千七百所，唯留夏禹、吴太伯、季札、伍员四祠"。①

武则天很注意了解下情，除了要求臣下上书反映问题，还专门设立了"瓯"，也就是意见箱。其器共为一室，中有四隔，上各有窍，以受表疏，可入不可出。"其东曰'延恩'，献赋颂、求仕进者投之；南曰'招谏'，言朝政得失者投之；西曰'伸冤'，有冤抑者投之；北曰'通玄'，言天象灾变及军机秘计者投之。"②

（3）通过设立屯田和军镇，稳定了边疆形势。武则天当权后，边疆并不太平。西边的西突厥攻占了安西四镇，吐蕃也不断在青海一带对唐展开进攻。北边的突厥和东北的契丹一直打到河北中部。武则天一方面组织反攻，恢复了安西四镇，打退了突厥、契丹的进攻，同时在边地设立军镇，常驻军队，并把高宗末年在青海屯田的做法推广到现甘肃张掖、武威、内蒙古五原和新疆吉木萨尔一带。对于在屯田工作上做出了巨大贡献的娄师德，武则天特致书嘉勉。书中特别指出，由于屯田，北方镇兵的粮食可以支给数年。

（4）安定农村形势，促进经济的发展带来了数量众多人口的迁徙。武则天提出建言十二事，促成了唐的基本国策的转变，这对保证唐朝经济持续发展起到关键的作用。建言十二事中就建议"劝农桑，薄赋徭"。

---

① 《旧唐书》卷八九《狄仁杰传》。
② 《资治通鉴》卷二〇三则天顺圣皇后垂拱二年三月戊申条。

高宗末年，吐蕃犯边，突厥反唐，战争频繁，加上连年水旱，生产受到相当的破坏。武则天临朝称制后，尽管发生了徐敬业扬州叛乱事件，她仍然没有放松生产的恢复和发展。她在文明元年四月颁布了《诫励风俗敕》，要求地方官"肃清所部，人无犯法，田畴垦辟，家有余粮",① 并以此作为考核地方官吏的标准。垂拱元年（685）她又撰写了《臣轨》，在《利人章》中指出"建国之本，必在于农。忠臣之思利人者，务在劝导。家给人足，则国自定矣"。把劝农提到建国之本的高度。她还编发了农书《兆人本业记》，发到州县，作为地方官指导农业生产，推广先进技术的依据。光宅元年九月还增设了右肃政台（御史台），每年春秋发使"分巡天下，察吏人善恶，观风俗得失"。② 从制度上监督地主官吏执行恢复发展生产政策的情况。

关中地区地少而人口过多的问题长期存在。但是由于关中兵府很多，农民不能随便移动。而关东地区，特别是在隋末动乱中争夺最激烈的河南中部，地广人稀的情况长期没有改变。关中有许多农民逃亡到河南。天授二年，武则天发布《置鸿、宜、鼎、稷等州制》，决定关中雍州旧管及同、太等州百姓无田业者及自愿迁徙者，由政府有组织地迁徙到洛阳及怀、郑、虢、许、汝等州附贯。原有逃亡到这个地区的农民，也可以在当地申请附贯。③ 结果，有几十万农民由关中迁徙到河南。关中"土狭人稠"的压力得到缓解。河南中部的劳动力也得到了补充。

武则天长期住在洛阳，并且扩大漕运范围，在开封开石湛渠，引汴水注白沟，以通漕曹、兖等山东州县赋税；在泗州涟水新开漕渠，南连淮水，以通海、沂、密（今江苏连云港、山东临沂、诸城）等州。这也减轻了关中、河东地区的压力，有利于这些地区农业生产的发展。

天册、神功（695—697）时，契丹、突厥相继进入河北中部骚

---

① 《唐大诏令集》卷一一〇。

② 《旧唐书》卷九四《李峤传》。

③ 《唐大诏令集》卷九九。

扰，军事调发过重使许多农民"家道悉破"，而州县修筑城池、铸造兵甲的役使，更是"十倍军机"。许多农民被迫"露宿草行，潜窜山泽"。①蜀汉和江淮以南也因为官府征求不息，存在着许多逃亡的农民。

农民逃亡后，土地和财产"旋被兼并"。在"归又无依"的情况下，这些离开了原有土地的农民，有的成为地主隐藏的佃户，有的则逃到山林和地广人稀的地区去开荒垦种。他们在当时都被称为"客户"。证圣元年（695）韦嗣立上疏说："天下户口，亡逃过半。"② 客户作为一个新的农村下层群体出现。这实际上是一个规模巨大的人口迁徙运动，不仅促进了国土开发和农业生产发展，也加速了新的社会阶层的发展成熟。

面对如此大规模的人口迁徙运动，当时唐朝政府采取了务实和放纵的政策。

汉武帝时期由于对匈奴的战争，农民大量脱离土地，土地兼并以空前的规模发展起来。面对这种情况，晁错把土地兼并的罪过归之于商人，"今法律贱商人，商人已富贵矣；尊农夫，农夫已贫贱矣"。③他提出"限民名田"，即由国家规定土地占有的最高数量，限制土地兼并的发展。

武则天时期也不断有人提出这个问题。但是武则天对地主隐藏佃户没有采取什么措施，事实上采取了放任的政策。所谓放纵，就是对于地主的兼并不加以限制，对于农民逃亡，特别是逃亡到地广人稀或者山沟里开荒的农民不横加干涉。即使到了必须加以干涉的时候，也对原有的制度加以变通。证圣元年凤阁舍人李峤上表曰：

>……今天下流散非一，或违背军镇，或因缘逐粮……或出入关防，或往来山泽，非直课调虚蠲，阙于恒赋，亦自诱动愚俗，堪为祸患，不可不深虑也。或逃亡之户，或有检察，即转入他

---

① 《旧唐书》卷八九《狄仁杰传》。
② 《旧唐书》卷八八《韦嗣立传》。
③ 《汉书》卷二四上《食货志上》。

境。……今纵更搜检，委之州县，则还袭旧踪，卒于无益，臣以为宜令御史督察检校，设禁令以防之，垂恩德以抚之，施权衡以御之，为制限以一之，然后逃亡可还，浮寓可绝……所谓恩德者，逃亡之徒久离桑梓，粮储空阙，田地荒废，即当赈其乏少，助其修营。虽有缺赋悬徭，背军离镇，亦皆舍而不问，宽而勿征。其应还家而贫乏不能致者，乃给程粮，使达本贯。所谓权衡者，逃人有绝家去乡，失离本业，心乐所住，情不愿还，听于所在隶名，即编为户。夫顾小利者失大计，存近务者丧远图。今之议者，或不达于变通，以为军府之地，户不可移，关辅之人，贯不可改。而越关继踵，背府相寻，是开其逃亡而禁其割隶也。就令逃亡者多，不能总计割隶，犹当计其户等，量为节文，殷富者令还，贫弱者令住。检责已定，计料已明，户无失编，人无废业。然后按前躅，申旧章，严为防禁，与人更始。所谓限制者，逃亡之人应自首者，以符到百日为限。限满不出，依法科罪，迁之边州。如此，则户无所遗，人无所匿矣。①

李峤提出的"设禁令以防之，垂恩德以抚之，施权衡以御之，为制限以一之"的方针，实际上成为唐朝政府解决农民逃亡问题的基本方针。

正是根据这样的方针，唐政府在稍后搜括逃户时，采取了审慎的政策，赦免逃户脱户避役之罪，准许农民在所在地登记户籍，并免除两年的赋税，甚至由官府贷给种子，帮助逃亡农民在异乡重建产业，投入生产。租佃制的发展和荒地的大量存在使农民可以重新回到土地。武则天的放任和安辑的政策使农民可以安心地去重新安排自己的生活。到长安三年（703），农村的形势基本上安定了下来。

对由于土地兼并而逃亡的农民，采取比较宽容的政策，这保证了农业的发展。因此，武则天统治时期，社会是比较安定的，农业、手工业和商业都有了很大发展，人口也由高宗初年的380万户增加到615万户，平均每年增长0.91%。这在古代，是一个很高的增长率，

---

① 《文献通考》卷一〇《户口考一·历代户口丁中赋役》。

也是武则天时期经济发展的集中表现。

（5）文化有了很大的发展。唐人沈既济在谈及科举制度时说道："太后颇涉文史，好雕虫之艺。""太后君临天下二十余年，当时公卿百辟，无不以文章达，因循遐久，浸以成风。"① 沈既济的这些话包含了丰富的内容。一是武则天重视科举，大开制科。二是当时进士科和制科考试主要都是考策问，也就是做文章。文章的好坏是录取的主要标准。这实际上反映了对官员文化上的要求，也是当时做官的基本条件。三是武则天用人不看门第，不问你是否是高级官吏的子孙，而是看你是否有实际政治才能。因此特别注意从科举出身者中间选拔确有才能，能够解决实际问题的士人担任高级官吏。科举出身者做到高级官吏的越来越多。这就大大刺激了士人参加科举的积极性，更刺激了一般人读书学习的热情。天授中，左补阙薛登在上疏中谈到当时举人的情况称，"策第喧竞于州府，祈恩不胜于拜伏。或明制才出，试遣搜扬，驱驰府寺之门，出入王公之第。上启陈诗，唯希欬唾之泽；摩顶至足，冀荷提携之恩。故俗号举人，皆称觅举。觅为自求之称，未是人知之辞"。② 他们都希望在科举考试中得到达官贵人的赏识和提拔。各级官吏虽然随时都有被酷吏罗织丢掉脑袋的危险，有的做官不旬月辄遭掩捕族诛，但也还是"竞为趋进"。这种情况一直延续下去，也就是沈既济所说的"浸以成风"。开元、天宝年间"父教其子，兄教其弟"，"五尺童子，耻不言文墨焉"③ 的社会风气，就是从武则天时期开始的。正是文化的普及，推动了文化的全面发展。著名的诗人和文学家崔颢、李峤、宋之问、沈佺期、杜审言、陈子昂，都是在这个时期涌现出来的。雕塑、绘画、音乐、舞蹈，也达到前所未有的水平。

7. 中宗复辟

圣历元年（698），武则天把三儿子庐陵王李显接回洛阳，立为

---

① 《通典》卷一五《选举三·历代制下》。
② 《旧唐书》卷一〇一《薛登传》。
③ 《通典》卷一五《选举三·历代制下》。

太子，终于停止了在传子传侄上的动摇。

神龙元年（705）初，武则天病情加剧，身边只有内宠张易之、张昌宗兄弟。

二张和一些科举出身的大臣、文学之士有密切的联系。实际上成为以文学进身的一部分大臣和中下级官吏、文人的代表，代表了一派政治势力。

宰相张柬之、崔玄暐等怕大权落入二张一派手中，匆忙发动政变，杀二张，逼武则天退位。中宗即位后不到一年，武则天病死洛阳。死前遗制去帝号，称则天大圣皇后，并指令与高宗合葬，表示自己不愿做孤独的皇帝，还是要回到唐高宗那里去做皇后。

根据武则天的遗愿，唐中宗不顾一些大臣的反对，把武则天的灵柩从洛阳护送到长安，与唐高宗合葬于乾陵，夫妻终于在地下团圆。在乾陵朱雀门东西阙楼之前，有两座高达7.5米的大碑。一座是唐高宗死后武则天亲自撰文，唐中宗李显书写的述圣记碑。另一座则是无字碑。武则天在中国古代政治舞台上活动了半个世纪以后，留下一座无字碑，让后人去评说她的功过是非。

06 开元、天宝时期

先天元年（712），李隆基终于登上了皇帝的宝座，死后谥号"至道大圣大明孝皇帝"，庙号玄宗，所以后来称为唐明皇、唐玄宗。第二年改元开元，唐朝历史进入了一个新时期。而这个时期的出现是很不容易的。

一、武则天给唐玄宗留下了什么？

1. 唐玄宗和他的祖母武则天

垂拱元年（685）八月初五李隆基出生在洛阳。前一年的二月，武则天立他的父亲李旦为皇帝，取代李旦刚刚被武则天拉下皇位的兄长李显。父亲做了皇帝，并没有给儿子们带来好运。李旦诸子皆幽闭宫中，不能步出门庭一步，行动受到了很大的限制。李隆基小的时候武则天还是蛮喜欢他的。在他七岁的时候，有一天李隆基去朝堂，金吾将军武懿宗看到他的车骑仪仗威严而整齐，便横加阻挠。李隆基义正词严地斥责道："吾家朝堂，干汝何事？敢迫吾骑从！"[①] 武则天听到以后，对他特加宠异。武则天还赐给他两部乐队。他后来在音乐舞蹈上的修养，就是从这里打下的基础。

长寿二年（693），他的母亲窦氏被武则天杀死，李隆基兄弟又

---

① 《旧唐书》卷八《玄宗本纪上》。

失去了自由。

圣历元年（698），改名李哲的庐陵王回到了洛阳，并被立为太子。十四岁的李隆基才重新恢复了自由。

神龙元年（705），中宗即位，二十一岁的李隆基被封为临淄王。景龙元年（707）出为潞州（山西长治）别驾。在这里他接触到了社会，积累了政治经验。

2. 武则天给唐玄宗留下了什么？

首先是频繁的政变。

从神龙元年（705）张柬之推翻武则天，中宗复辟开始，各个利益集团，包括皇室内部和各个大臣集团之间展开了长达八年的复辟反复辟斗争。皇后、皇子、公主、外戚都想夺取皇位，涌进朝廷的大批官吏分别依附他们，并协助他们从事秘密攫取皇位的勾当，政变就频繁起来了。到先天二年（713）太平公主谋废玄宗止，前后不过八年半的时间，就发生了七次政变，更换了四个皇帝，政局长期处于动荡不安。

第二次政变，在景龙元年（707）。中宗太子重俊非韦后所生，受到安乐公主凌逼，于是发羽林军杀武三思，未能攻下玄武门而败死。

第三次政变，在景云元年（710）。安乐公主谋为皇太女，怂恿韦后毒杀中宗。立中宗子重茂为帝，韦后临朝称制。

第四次政变，景云元年李旦子李隆基、妹太平公主合谋，利用万骑兵杀掉韦后和安乐公主，拥李旦即位，是为睿宗。睿宗立在平乱中立下了大功的李隆基为太子。

第五次政变，睿宗即位不久，中宗子谯王重福谋从东都起兵，自立为帝，事败投水死。

第六次政变，睿宗太极元年（712）七月，彗星出西方。太平公主使术者对睿宗说："彗所以除旧布新，又帝座及心前星皆有变，皇太子当为天子。"① 企图以此动摇李隆基的太子位。睿宗怕再度发生政变，便把皇位传给了李隆基。这是太平公主始料未及的，只好劝睿宗虽传位，犹宜自总大政。上乃谓太子曰："朕虽传位，岂忘家国？其军国大事，当兼省之。"② 八月，李隆基即位，是为玄宗。尊睿宗为太上皇。上皇自称曰朕，五日一受朝于太极殿。皇帝自称曰予，命曰制、敕，日受朝于武德殿。三品以上除授及大刑政决于上皇，余皆决于皇帝。这就是说李隆基虽然做了皇帝，但是睿宗并没有把军国大权完全交给他，并没有取得皇帝的全部权力。

　　第七次政变，当时太平公主仗着上皇之势，擅权用事，宰相七人，五出其门。文武之臣，大半都依附于她。即使是这样，太平公主也仍不满足，与窦怀贞、岑羲、萧至忠、崔湜及太子少保薛稷及僧慧范等谋废立，又与宫人元氏谋于赤箭粉中置毒进于玄宗。先天二年七月，魏知古告公主谋于七月四日以羽林军发动政变。玄宗乃与岐王范、薛王业、郭元振及龙武将军王毛仲、内给事高力士等定计捕杀与她同谋的宰相岑羲、萧至忠，窦怀贞自杀。上皇诰："自今军国政刑，一皆取皇帝处分。朕方无为养志，以遂素心。"③ 太平公主逃入山寺，三日乃出，赐死于家。

　　这些政变，特别是第四、六、七三次政变直接导致玄宗接掌最高统治权，可以说是武则天留给唐玄宗的第一个"礼物"。这里有一个问题，就是为什么创造了那么伟大业绩的武则天，在她退位之后会出现如此的混乱局面？这是一个具有普遍性的问题。一个成功的君王身后，往往出现混乱的局面。有的朝代经过各种努力，克服了动乱因素，国家和社会继续向前发展，例如汉朝初年。也有一些最后导致国家的灭亡或土崩瓦解。最突出的莫如秦始皇和隋炀帝。就武则天而言，唐高宗以后，随着经济的恢复和发展，土地兼并、土地集中的过程加速了。农村里地主、富户增加，社会上逃户也相应增加。这造成

---

① 《资治通鉴》卷二一〇唐玄宗先天元年七月太平公主使术者言于上条。
② 《资治通鉴》卷二一〇唐玄宗先天元年七月壬辰条。
③ 《资治通鉴》卷二一〇唐玄宗开元元年七月乙丑条。

了两方面的结果,一是原有的各种制度逐渐和实际情况不相适应,二是崛起的地主富户要求扩大自己的政治经济权势。一开始是勾结官府,逃避兵役,后来又发展到巧取豪夺,兼并农民的土地财产。但是这样还不能满足他们的要求。因此,谋取军功便成为他们进入官场的重要方式,一时间从军成风。这种办法快速有效,但是不可能持久。因为随着边疆形势的变化,不仅勋赏不行,弄得不好还要送命。而且这与唐朝初年以才学作为用人的主要标准不合。因此,科举入仕和流外入流成为一般地主入仕的主要途径。从科举出身的一般地主子弟,包括中下级官吏的子弟,在官员中的比重,特别是在高级官吏中的比重迅速上升。而伴随着这种发展,也出现了一批代表正在发展中的一般地主官僚的高级官员,他们急于进入最高统治集团,力图在最高统治者周围寻找依靠。这些人的出现,一方面增加了政府活力,同时也增加了政治上不稳定的因素。从武则天末年到开元初年,在历次政变中他们虽然不是主角,却是最活跃的力量。

唐朝建立后,皇位继承制度虽然在原则上是嫡长子继承,但是从唐太宗开始就没有一个是由嫡长子继承。这样不仅给王子们留下了窥视皇位的希望,而且给那些政治野心家寻找政治上的靠山提供了空间。而武则天以一个女子而做了皇帝,在皇位继承问题上出现了更多的问题,首先就是传子还是传侄的问题,其次是传给哪一个儿子的问题。还有武则天以女子而做皇帝,因此后妃和公主们也开始做起了掌握全国最高统治权的美梦。皇后、皇子、公主、外戚都想夺取皇位。这样就给那些急于求得发展的官吏提供了更多的机会,他们各自依附一个王子、后妃或公主,并协助他们从事秘密攫取皇位的勾当,以求成为开创一代新朝的功臣,从而取得丰厚回报。这就是当时政变频繁的基础。

这些宫廷斗争具有鲜明的时代特色。因为在这些复辟反复辟斗争中,起作用的不是传统的贵族和世代担任高级官吏的官僚,而是在唐朝兴起的没有家世背景的新的官僚。虽然斗争过程中没有波及普通老百姓,但是斗争的结果是造成了政局不稳定,贪污腐化成风等严重的问题,给社会经济造成了巨大的破坏,后果是严重的。睿宗在《劳毕构玺书》中曾经这样描述当时的情况：

> 咸亨、垂拱之后，淳风渐替。征赋将急，调役颇繁，选吏举人，涉于浮滥。省阁台寺，罕有公直，苟贪禄秩，以度岁时。中外因循，纪纲弛紊，且无惩革，弊乃滋深。为官既不择人，非亲即贿；为法又不按罪，作孽宁逃？贪残放手者相仍，清白洁己者斯绝。盖由赏罚不举，生杀莫行。更以水旱时乖，边隅未谧，日损一日，征敛不休，大东小东，杼轴为怨，就更割剥，何以克堪！
>
> 昔闻当官，以留犊还珠为上；今之从职，以充车联驷为能。或交结富豪，抑弃贫弱；或矜假典正，树立腹心。邑屋之间，囊箧俱委，或地有椿干梓漆，或家有畜产资财，即被暗通，并从取夺。若有固吝，即因事以绳，粗杖大枷，动倾性命，怀冤抱痛，无所告陈。比差御史委令巡察，或有贵要所嘱，未能不避权豪；或有亲故在官，又罕绝于颜面。载驰原隰，徒烦出使之名；安问狐狸，未见埋车之节。扬清激浊，泾、渭不分；嫉恶好善，萧、兰莫别。官守既其若此，下人岂以聊生。数年已来，凋残更甚。①

这两段话的文字是艰涩一些，但硬着头皮看两遍还是可以大体看懂的。

武则天留给唐玄宗的这些"见面礼"，更多的是考验了他。他如果能够应对这种局面，恰当地处理这些问题，就可以稳定皇位，保持经济社会持续向前发展。

武则天留给唐玄宗的还有更重要的两样东西，第一是一大批治国人才，其中最著名的莫过于姚崇、宋璟、张说、张九龄。武则天以文学取士，不以文学用人。她所培养和提拔起来的，都是富有政治经验的经世治国之才。他们一直活跃在开元时期的政治舞台上。开元二十三年罢相的张九龄是其中最后的一名。

---

① 《旧唐书》卷一〇〇《毕构传》。

第二是一个正在变化中的制度。制度能够适时调整，是经济社会持续发展的一个必要前提，也是一个政府活力的表现。制度的变化往往会受到各种不同利益集团的反对，同时还受到经验和认识的影响。因此从常态走向改革往往是一个艰苦的过程。改革既然从武则天时期就已经开始，并且有些已经水到渠成，那么唐玄宗在开展制度调整工作的时候，就会顺利得多。

二、不平凡的开元

唐睿宗即位后力图对弊政加以革除。中宗时官爵渝滥，妃、主都可以墨敕授官，叫作斜封官。睿宗景云元年八月，姚元之（玄宗即位后，为避开元尊号，改名姚崇，下文径称姚崇）、宋璟及御史大夫毕构建言，先朝斜封官悉宜停废。睿宗接受了他们的建议，罢免斜封官数千人。一次罢去数千人，也称得上是大手笔了。

为了稳定政局，姚崇还建议把太平公主送到外地安置。这件事虽然由于太平公主大闹而没有办成，但是却给李隆基留下了深刻的印象。这也是后来玄宗立意要重用他的原因。

唐玄宗杀掉太平公主以后，立即起用协助自己取得皇位的郭元振、刘幽求、张说等为宰相。唐玄宗还想起用同州刺史姚崇为相，来协助他稳定统治秩序，但受到张说的强烈反对和百般阻挠。张说先是指使御史大夫赵彦昭弹劾姚元之，唐玄宗没有接受。张说又指使殿中监姜皎向玄宗建议："陛下常欲择河东总管而难其人，臣今得之矣。"唐玄宗问是谁，姜皎回答道："姚元之文武全才，真其人也。"唐玄宗当面揭穿他："此张说之意也，汝何得面欺，罪当死！"姜皎只好叩头承认。在张说这些帮助玄宗登上皇位的功臣看来，唐玄宗的皇位既然是他们协助夺取来的，那么他们就应该和唐玄宗分享政权，朝廷就应该是他们的一统天下。

为了摆脱这些功臣的包围，十月初九，玄宗去新丰，十三日讲武于骊山之下，并以军容不整，要斩杀兵部尚书郭元振。刘幽求、张说跪于马前谏道："元振有大功于社稷，不可杀。"乃流新州。玄宗这是借此立威，为下一步重用姚崇扫清道路。第二天，唐玄宗到渭川打猎，暗中派中使召见姚元之。姚元之很快来到。玄宗停止了打猎，立刻引见，即拜兵部尚书、同中书门下三品。办完了这件事，唐玄宗立即起驾还京师。

十二月初一，赦天下，改元开元。改尚书左、右仆射为左、右丞相；中书省为紫微省；门下省为黄门省，侍中为监。壬寅，以姚崇兼紫微令。姚崇吏事明敏，三为宰相，皆兼兵部尚书，缘边屯戍斥候，士马储械，无不默记。玄宗初即位，励精为治，每事访于崇，他的回答总是很敏捷很流利，同僚皆唯诺而已，故玄宗专委任之。姚崇请抑权幸，爱爵赏，纳谏诤，却贡献，不与群臣亵狎，玄宗都接受了。姚崇有一次奏请提升郎吏，玄宗仰视殿屋，姚崇再三提到，玄宗一直不作回应。姚崇有些害怕，就赶快退出来。罢朝后，高力士对玄宗说："陛下新总万机，宰臣奏事，当面加可否，奈何一不省察！"玄宗道："朕任元之以庶政，大事当奏闻共议之；郎吏卑秩，乃一一以烦朕邪？"正好高力士到中书省宣事，把玄宗的话告诉姚崇。姚崇当然很高兴，听说者也都认为玄宗识君人之体。

姚崇为相，紫微令张说很紧张，于是偷偷诣岐王申款。姚崇知道后，在便殿应对时，行微蹇。玄宗问他"有足疾乎？"姚回答道："臣有腹心之疾，非足疾也。"上玄宗问其故。对曰："岐王陛下爱弟，张说为辅臣，而密乘车入王家，恐为所误，故忧之。"玄宗很快就把张说左迁相州刺史，右仆射、同中书门下三品刘幽求罢为太子少保。张说、刘幽求都是协助玄宗夺取皇位和平定太平公主叛乱的功臣。当他们的利益受到威胁，为了保住个人的权位，他们就可能另谋出路。张说潜诣岐王申款就是一例。因此，唐玄宗利用种种借口，把他们相继贬逐到远方。玄宗觉得他的几个兄弟也可能危及他的皇位，从开元二年起，先后任命他们作外州刺史，不让他们长期留居长安，又规定他们把州中政务委于长史、司马，这样就堵塞了从京城或地方发动政变的可能。

经过姚崇的努力，政治局面稳定下来。开元四年十二月，宋璟守吏部尚书兼黄门监，继姚崇之后为相。"璟为相，务在择人，随材授任,使百官各称其职;刑赏无私,敢犯颜直谏。""姚、宋相继为相,崇善应变成务,璟善守法持正;二人志操不同,然协心辅佐,使赋役宽平,刑罚清省,百姓富庶。"①经济又走上从恢复到发展的道路。到开元八九年,开元之治的局面形成。唐玄宗继续励精图治,保持清醒的头脑,时刻注意形势的变化,及时发现问题。

开元十一年,设立了丽正书院,聚文学之士秘书监徐坚、太常博士贺知章、监察御史赵冬曦,或修书,或侍讲,以宰相张说为修书使以总之。开元十三年改为集贤殿书院,书院官五品以上为学士,六品以下直学士,仍以张说知书院事。张说拒不接受唐玄宗授予的大学士;后来学士举办宴会,举杯后,张说不肯先饮,对诸学士说道:"学士之礼,以道义相高,不以官班为前后。"②命大家举杯同饮。当时中书舍人陆坚对唐玄宗这样优礼学士很不理解,认为无益于国。张说对他说:"自古帝王于国家无事时,莫不崇宫室,广声色。今天子独延礼文儒,发挥典籍,所益者大,所损者微。"③

唐玄宗还提倡诗歌的写作,经常与大臣唱和。一批诗人在开元时期进士及第,一批进士出身的大臣担任了中央要职。对音乐、舞蹈的提倡,他更是不遗余力。这些活动有力地推动了开元时期文化艺术的繁荣。

对于开元之治,天宝初年李琎是这样写的:

> 我皇上分忧列岳,委镇藩维,二畿托以腹心,三辅成其手足。天平海晏,国富人安。均雨露于万方,布风猷于百郡。④

"天平海晏,国富人安。"这与后来杜甫《忆昔》诗中的描述是一致的。这段文字出自出土墓志,是一千二三百年前写的难得一见的非常珍贵的第一手材料。

---

① 以上多出自《资治通鉴》卷二一〇至二一一,不一一注明。
② 《大唐新语》卷七《识量》。
③ 《资治通鉴》卷二一二唐玄宗开元十一年五月上置丽正书院条。
④ 《韦贞范墓志》(七四二),《大唐西市博物馆藏墓志》中,北京大学出版社,2012年,第524—525页。

唐玄宗李隆基这样描述他执政十四年所取得的成就：

> 今百谷有年，五材无眚，刑罚不用，礼义兴行，和气氤氲，淳风淡泊。蛮夷戎狄，殊方异类，重译而至者，日月于阙廷；奇兽神禽，甘露嘉醴，穷祥极瑞，朝夕于林御。王公卿士，馨乃诚于中；鸿生硕儒，献其书于外。莫不以神祇合契，亿兆同心。①

开元十二年，文武百官及四方文学之士以治化升平，连年丰收，不断上书建议封禅。书请修封禅之礼并献赋颂者，前后千有余篇。玄宗谦冲不许。中书令张说又累日固请，乃下制表示"敬奉群议"，"可以开元十三年十一月十日，式遵故实，有事太山"。②

杜佑在《通典》中这样概括了开元年间的繁盛景况：

> 至十三年封泰山，米斗至十三文，青、齐谷斗至五文。自后天下无贵物，两京米斗不至二十文，面三十二文，绢一匹二百一十二文。东至宋、汴，西至岐州，夹路列店肆待客，酒馔丰溢。每店皆有驴赁客乘，倏忽数十里，谓之驿驴。南诣荆、襄，北至太原、范阳，西至蜀川、凉府，皆有店肆，以供商旅。远适数千里，不持寸刃。二十年，户七百八十六万一千二百三十六，口四千五百四十三万一千二百六十五。
>
> 天宝元年，户八百三十四万八千三百九十五，口四千五百三十一万一千二百七十二。③

三、政策、制度和法令的调整

随着经济的发展繁荣，特别是城市、手工业商业和对外贸易的发展，一方面社会面貌有很大变化，另一方面社会矛盾也有很大的发展。土地兼并和土地集中以及由此带来的农民失去土地，使得唐初建

---

① 《唐大诏令集》卷六六《典礼》。
② 《册府元龟》卷三六《帝王部·封禅第二》。
③ 《通典》卷七《食货七·历代盛衰户口·丁中》。

立在自耕小农比重很大而且土地相对平均基础上的各种制度不再适应。从开元八九年开始，到开元二十五年前后，经历了两次对制度和法令的调整。

开元九年至十二年，重用宇文融进行括户，并调整对逃亡农民的政策，解决了农民大量逃亡的问题。

开元十二年，改政事堂为中书门下，这是对中枢体制的一次重大变革。

开元初年，在边地普遍设立节度使，并改革了兵役制度，停止府兵轮流到长安宿卫。开元二十五年停止府兵戍边，边镇兵由主帅招募。军事制度的变化，又引起政府财政支出的增加。

赋税制度开始发生变化，开元二十五年改变地税征收方法，并开征户税，普遍推行折纳制度。开元二十二年设立江淮河南转运使，由宰相裴耀卿兼任，开始南粮北运。

法律制度方面，律令体系发生重大变化。开元二十五年以后，由于和现实情况差距越来越大，律令基本不再修订。由制敕整理而成的格式成为日常政务的准绳。

这些措施都有力地保证了社会经济的持续发展。具体情况将在相关章节加以介绍。

四、繁荣下的潜流

1. 土地集中和贫富分化

土地集中和贫富分化是一个不能回避的问题，但是对于问题要有恰如其分的估计。

武则天统治时期，土地兼并就日益加剧，但由于武则天对此采取放纵的政策，因此在当时的诏令中始终以"农民逃亡"和"租赋颇减"等词句来掩盖土地兼并的事实。唐玄宗时土地兼并继续发展。唐玄宗对农民逃亡，对地主官僚兼并土地和把逃亡农民变成自己的佃户是很在意的。开元九年到十二年的括户就是制止这种趋势蔓延和滋长的一次努力。在这以后又屡次下诏不许买卖、典贴口分、永业田，但都没有收到具体的成效。开元二十三年九月，诏："天下百姓，口分、永业，频有处分，不许买卖典贴。如闻尚未能断，贫人失业，豪富兼并，宜更申明处分，切令禁止。若有违犯，科违敕律。"① 诏令明确提出了豪富兼并问题，并且规定违反者按违敕律处分。

按照《唐律·户婚律》：买卖口分、永业田，卖者最多杖一百，买者也顶多徒一年。而玄宗在开元二十三年诏中却临时处分科违敕罪，要受徒二年的刑罚，处罚大大加重，想用重刑来制止这种趋向。

开元二十五年在颁行新修定的律、令、格、式时。也重新颁布了田令。但正如杜佑所说："虽有此制，开元之季，天宝以来，法令弛宽，兼并之弊。有逾于汉成哀之间。"② 君主的法令，无法改变经济规律的客观运行。有关土地问题的律、令都成为一纸具文。按违敕律科罪自然也不可能实行。此后，土地兼并愈演愈烈。开元年间，卢从愿广占良田，至有百余顷。

到天宝十一载（752）玄宗诏：

> 如闻王公百官，及富豪之家，比置庄田，恣行吞并，莫惧章程。借荒者，皆有熟田，因之侵夺；置牧者，唯指山谷，不限多少。爰及口分永业，违法买卖，或改籍书，或云典贴，致令百姓无处安置，乃别停客户，使其佃食。……远近皆然，因循日久，不有厘革，为弊虑深。③

这份诏书，对当时土地兼并的情况做了全面的分析。

诏书首先指出"王公百官，及富豪之家，比置庄田，恣行吞并，莫惧章程"，肯定了地主、官僚和贵族对土地恣行吞并的事实。

诏书中概括了当时土地兼并的几种形式：一是以借荒为借口，侵夺农民的熟田；二是用设置牧场的名义，指占或霸占山谷间的大片良田；三是以典贴的方式贱买或掠取农民的土地；四是乘农民逃亡之机，用"破除"农民的产业或买卖的形式，强占农民的土地。

---

① 《全唐文》卷三〇《禁买卖口分永业田诏》。
② 《通典》卷二《食货二·田制下》。
③ 《册府元龟》卷四九五《邦计部·田制》。

诏书还指出了农民土地被兼并后的出路，就是由地主"别停客户，使其佃食"，成为地主的佃户。

诏书最后还指出，这种情况"远近皆然，因循亦久"，长期以来就是一种普遍现象。

诏书中所指的客户，是指外来户。由于他们大多是逃亡的农民，被地主"阿隐相容"成为佃户，因此客户就逐渐成为佃户的同义词。

土地集中对农业生产发展的影响，留待唐代农业发展有关章节中具体介绍。

土地集中、地主经济的发展，使财富的积累成为可能，从而为社会分工的进一步扩大提供了条件。农民生产出来的财富通过地租集中到地主手中后，地主不可能全部用于直接消费。他们需要把粮食和各种物资投入市场以换取货币，同时从市场购入他们所需要的各种日用必需品和奢侈用品。这样，就提供了数量可观的商品粮，使得更多的人可以从事经济作物的种植，从事手工业生产和各种商业运输活动；提供了大量的原料和广阔的市场，从而使手工业、商业得到迅速的发展。

开元、天宝时期社会经济空前繁荣的局面，在很大程度上就是建立在这样一个基础之上的。

虽然出现了天宝十一载诏所述的严重情况，虽然出现了"朱门酒肉臭，路有冻死骨"的社会现实，但从总的情况来看，土地集中和贫富分化在当时还只是一个严重的社会问题，还不会因此发生严重的社会危机。

2. 制度上的失调

2.1 文学、政事的分离，教育和选举制度的失误

天宝末年，唐朝经济繁荣、国势昌盛的情势突然出现逆转，发生了安史之乱。而安史之乱之所以能够出现，关键还是制度上的失调和思想上的失衡。这是一个重要的历史教训。制度上的失调包括教育、选举、军事和政治制度几个方面。这些方面的失误有历史原因，也有人为的因素。但是从所造成的后果的严重性来看，这些失误是都是值

得我们研究的。

开元后期,出现了文学、政事的分离。这其实是一个教育和选举制度失误的问题。教育和选举制度在古代说到底就是一个用人的问题,主要是官吏的培养、选拔和升迁的问题。

隋文帝废除了九品中正制,门第不再是选官用人的标准。隋朝建立了科举制度,初步建立了按照才学的标准通过考试选拔官员的制度。唐朝继续实行科举制度,并且把它和传统的学校制度结合起来,进入学校逐步成为科举的预备阶段。学生在学校学成以后一般不直接委派官职,只能参加科举。学校和选官开始分离。

唐玄宗开元时期在人才的培养上主要是通过学校和科举。而人才的选拔则通过科举和铨选。这些和武则天时期相比基本上没有大的变化,但是也有一个很大的不同,那就是武则天通过进士科以文学取士,但不以文学用人。受到武则天提拔和重用的官吏,都具有实际的政治才能。他们或有吏才,或有文学,或文学、政事兼长,其中姚崇、张说都是能够出将入相的卓越政治家。

开元时期,这批人仍然健在。因此,玄宗可以根据不同需要,选用不同人才。值得注意的是唐玄宗李隆基没有像武则天那样通过制科来选拔经世治国的人才。在原有人才不足以解决实际问题时,玄宗采取的办法是从下层发现人才,不拘一格地把他们提拔上来。如在解决农民逃亡问题时,玄宗就把一个正八品上阶的监察御史宇文融破格提拔为从六品的兵部员外郎兼侍御史,来负责此事。

但在开元之治形成以后,唐玄宗为了粉饰文治,也从开元时期科举出身的文学之士中选拔一些人,破格提拔到给事中、中书舍人一类的高级职位。因而替皇帝起草诏敕,便成为文士最大的荣耀和最后的归宿。开元二十三年孙逖掌贡举,"拔李华、萧颖士、赵骅登第。逖谓人曰:此三人便堪掌纶诰"。[①] 张九龄也是以"践台阁,掌纶诰"来作为自己担任宰相的同义语。这样做固然满足了当时玄宗在政治上的需要,对于提高文人的社会地位,推动文化学习的普及有积极意

---

① 《旧唐书》卷一九〇中《孙逖传》。

义，但也导致了进士科向文学之科发展，以及文学、政事的分途。

开元年间成长起来的科举出身的官吏虽然具有文学才能，善诗能文，但是他们"以声律为学，多昧古今"，"六经则未尝开卷，三史则皆同挂壁"。① 不学习儒家经典，历史知识也极其贫乏，更缺少实际从政经验，对现实的社会问题没有深切的了解。比起高宗、武则天时期他们的先辈来，他们大多数缺乏政治才能。在玄宗注意粉饰文治时期，他们中的一些人仕途还比较顺利，可以做到中书舍人。但玄宗欣赏他们的，也无非是文学的才华。例如王维，开元十年进士及第，早已诗画闻名，又得到张九龄的提拔，天宝元年（742）即由左补阙（从七品上）超升库部郎中（五品上）。是年王维作有《三月三日曲江侍宴应制诗》，说明已得取了应制奉和的资格。

但到开元后期，科举出身者仕途就不那么顺利了。开元时期的科举出身者没有一个被提拔为三省高级官员的。从玄宗主观上来说，还是想用张说那样既有文学才华，又有政治才能的人来执掌朝政。张九龄实际上就是作为第二个张说而在开元二十二年被重用为中书令的。张九龄是武则天时期成长起来的最后一个政治家。玄宗欣赏他的器识、文辞和风度，曾经对侍臣说："张九龄文章，自有唐名公皆弗如也。朕终身师之，不得其一二。此人真文场之元帅也。"② 张九龄虽然在总体素质上已不如张说那样能文能武，能解决面临的各种政治军事问题，但还是具有独立的政治见解。

开元中年以后，政事日益纷繁，边疆日益紧张，制度需要不断调整，许多问题需要进一步解决。而开元时期科举出身的文学之士，虽然到开元二十年前后许多人也已厕身高位，但由于他们是沿着文学之路上升的，普遍地缺乏政治才能，因而无力解决日益复杂的各种政治、军事问题。而这些也是大多数文学之士不愿也无力解决的。这不仅是由于他们的素质，而且是因为他们代表了那些在唐朝兴起并已取得了政治经济权势的上层地主官僚。他们不仅要求继续实行高宗、武

---

① 《旧唐书》卷一一九《杨绾传》。
② 《开元天宝遗事》卷下《文帅》。

则天以来在农村的放纵政策,而且反对一切损害他们政治经济利益的政策和措施。张说反对过括户,张九龄曾请不禁私铸钱,而对一切具有变革旧制意义的措施,他们大部分也都采取消极态度。这样,把开元中期开始的各项变革继续下去并加以总结、规范的任务便历史地落到了以李林甫为代表的吏治派官吏身上。

开元二十二年以后,以李林甫为代表的吏治派官吏逐步取代文学派官吏执掌了朝政。

李林甫虽然缺乏文学修养,口蜜腹剑,人品也不好,但却有卓越的政治才能。他担任中书令后,"条理众务,增修纲纪",[①] 协助玄宗在财政、军事、用人以及政治、法律制度等方面采取了一系列改革和调整措施,对于保持玄宗统治的第三个十年和第四个十年期间社会的安定、经济的繁荣和国势的昌盛,起了积极的作用。

但是,李林甫毕竟缺乏经史知识,在实行一些重大措施时,缺乏理论上的指导,也不能从历史上吸取经验教训,不能从理论、历史和现实结合的基础上来制定政策措施,结果造成严重失误。其中后果最严重的是军事制度上的一些举措,导致了军事布局上外重内轻的态势。"尾大不掉之患"是大家共知的一个历史教训。地方的兵力不能太多,地方的势力不能太大,否则到最后就尾大不掉了。而唐玄宗在李林甫帮助下调整军事制度的时候,恰恰就犯了这个错误。安史之乱的爆发当然还有很多原因,但是军事制度的失调是一个很重要的因素,而军事制度之所以失调和李林甫等中央要吏缺少统治理论的修养和历史知识,缺乏远见有着直接的关系,是和当时主持这个工作的人的素质有直接关系的。所以说在人才培养和教育上政策的失误导致的后果是非常严重的。

《资治通鉴》说李林甫"凡在相位十九年,养成天下之乱,而上不之寤也"。[②] 是有一定道理的。玄宗在开元年间没有注意培养和选拔既精通经史,又长于政事的人才的恶果,通过安史之乱充分地显示

[①] 《旧唐书》卷一〇六《李林甫传》。
[②] 《资治通鉴》卷二一六唐玄宗天宝十一载十一月上晚年自恃承平条。

了出来。从这个意义上来讲，可以说，玄宗在教育、人才的培养和选用上的失误，导致了在某些重大问题的决策上的失误；而决策上的失误，终于导致了安史之乱这场悲剧的产生，给开元天宝盛世来了一个不平凡的结尾。唐代在教育和人才选拔中忽视素质所造成的严重后果是一个深刻的历史教训！

2.2 失在于边，边镇制度失调

天宝十四载（755），唐朝的经济和文化正处在巅峰时期，尽管诗人们开始牢骚满腹，对于长期戍边西北和在云南对南诏军事上的失利表现出很大的不满，但内地还是歌舞升平，人们各自忙着自己的追求。唐玄宗也依然在骊山华清宫过着"缓歌慢舞凝丝竹，尽日君王看不足"这样神仙般的日子。就是在这样一个繁荣和平的时候，突然"渔阳鼙鼓动地来，惊破《霓裳羽衣曲》"，安禄山从范阳起兵，很快渡过黄河，攻占洛阳，最后占领了长安，唐玄宗仓皇出逃。情况为什么会发生这样的逆转？为什么会发生安史之乱？安史之乱以后为什么接着又出现了藩镇割据的局面？

有些人把这些归因于唐玄宗个人，归因于他"置相非其人"，用人不当，还有人归因于杨贵妃。如果说归因于唐玄宗个人，归因于他用人不当还有道理，那么归之于杨贵妃，完全是沿袭了传统的女祸说。男人们把政治搞坏了，使国家濒于危亡，还要把责任推到女人身上。当事人如果这样说还可以理解为推卸责任，为自己辩解，而一些历史家也这么说，这就是传统思想中消极的东西在作怪了。从这里我们可以看出，对传统文化要加以分析，吸取其中的精华，抛弃那些消极的错误的东西。当时还有人认为是因为没有实行分封制度，皇室缺少屏藩。

对于唐朝所以出现安史之乱和藩镇割据，当时也有另外一种声音，柳宗元在《封建论》中提出："失在于兵，不在于政。"认为问题不是出在政治体制，而是出在军事制度，出在军事制度失调上。这个提法是非常深刻，非常有见地的。镇戍制到节度使制，府兵制到募兵制，不仅改变了整个军事布局，改变了内重外轻的局面，而且改变了士兵和主帅的关系，使主帅利用自己手中的军队发动叛乱有了可能。这是总的趋势。

而天宝末年是安禄山而不是其他的节度使叛乱,这又与各个地区的特殊条件,以及唐王朝的整个战略部署有关。

通过什么方式来控制地方,隋唐五代经历了一个漫长的探索过程。隋文帝命亲王出镇,几个儿子各镇一方,杨广先在太原,后来又到扬州,结果引起了兄弟相争。唐朝初年,继续实行府兵制,兵府大部分集中在长安和洛阳附近,中央可以随时调集重兵。唐朝政府这样通过兵府的设立,举关中以临四方,不仅可以随时应付周边发生的问题,也可以有效地控制地方。唐高宗去世后,武则天刚刚掌握了政权,就发生了徐敬业的叛乱。徐敬业固然利用府兵制度征发了军队,但是朝廷也利用府兵系统迅速征集军队,很快把叛乱平息下去。除了人心归向,这样的军事布局也是一个重要的原因。

唐玄宗时期,在周边形势发生变化,兵役制度发生变化的情况下,节度使制度最后确立下来,而且节度使所统辖的边防军人数越来越多。而中央既没有建立强大足以控制全国的中央常备军,也没有建立起对节度使有效的制约制度。这种尾大不掉的军事布局,终于导致了安史之乱。安史之乱以后,监军制度有了很大发展。

开元初年,为了加强边防,在北方沿边普遍设立了节度使。戍边的士兵仍然由府兵轮流充当。节度使也经常进行调动,很难拥兵自重。开元二十六年(738)边地兵改为招募,变成了职业兵,而不再是义务兵。为了应付日益严重的边疆形势,唐朝政府还不断增加节度使的兵员。节度使手下的兵力不断增加。天宝元年(742)边镇兵达到四十八万人,而中央禁卫军只有七八万人,多由市井无赖子弟组成,没有什么战斗力。内地各州几乎就没有军队。中央除了禁卫军以外,不再像实行府兵制时期一样,有随时可以调动的军队。军事布局上这种外重内轻的情势本来就潜伏着对中央的威胁,而唐玄宗和李林甫为了进一步提高边防军的战斗力,改变了边帅不久任、不兼统的做法。安禄山从天宝元年担任平卢节度使起,十余年不易其任,还先后兼任了范阳(治今北京市)、河东(治今山西太原)节度使。一人专制三道,统领了今山西、河北和东北广大地区的军队。安禄山还兼任了河北道采访处置使，河北道在行政上也成为他的势力范围。

唐朝政府赋予节度使这么大的权力，为了防止节度使拥兵自大，唐玄宗和李林甫采取了几项措施：

一是重用蕃将，并保持节度使之间力量的平衡，主要是范阳与朔方和河西、陇右三方面节度使的平衡，也就是安禄山、突厥人安思顺和突骑施人哥舒翰三个节度使的平衡。

二是采取笼络、权术和暗中监视的办法。由于当时唐朝廷对外战略的重点主要是在西方，因此，对于形势日益严重的东北，唐玄宗就交给了他认为值得信任的安禄山。

三是用宦官监军。天宝六载（747）安西副都护兼安西四镇节度副使高仙芝率军击依附吐蕃的小勃律（在今克什米尔西北部）的作战，玄宗派内侍边令诚监军。"监军则权过节度。"[①]

这几项措施是没有办法的办法。只要有一个节度使的力量超过了其余两方，平衡也就失去了。笼络也好，权术也好，暗中监视也好，这些都只能收效于一时，随着节度使力量强大也就不起作用了。至于监军，那更是成事不足，败事有余，起不了防止节度使拥兵自大的作用。事实上是唐玄宗没有从制度上找到有效的限制和防范的办法，安禄山终于凭借自己手中的兵力发动了叛乱。这是没有吸取历史上尾大不掉之患的教训，缺乏远见的结果。而这又与李林甫等中央要吏缺少统治理论的修养和历史知识有着直接的关系。从这个意义上可以说，玄宗在人才培养和选择上的失误，导致了在某些重大问题的决策上的失误。而决策上的失误，终于导致了安史之乱这场悲剧的产生。

至于玄宗本人，天宝以后认为天下太平，朝事付之宰相，边事付之诸将，追求长生享乐，头脑不再保持清醒，闭塞言路，独断专行，更使得决策发生失误成为必然。

2.3 权力过于集中

从武则天开始，由于经济社会的快速发展，原有的政府机构和制度法令往往不能应付新出现的问题，许多问题需要皇帝根据新的情况

[①] 《旧唐书》卷一八四《高力士传》。

做出决策，许多事物需要宰相及时进行处理，因此决策权向皇帝集中，而宰相也逐步取得了完整的行政权。从开元初年开始，宰相不仅取得了一般事务的决定权，而且取得了一定的发令权，可以直接向州刺史下牒。李林甫为相，"谏官言事皆先白宰相"，"御史言事须大夫同署"。①

开元二十四年唐玄宗自东都还。李林甫与牛仙客谋增近道粟赋及和籴以实关中。数年，蓄积稍丰，因而唐玄宗也就不再需要去东都"就食"。天宝初，玄宗从容谓高力士曰："朕不出长安近十年，天下无事，朕欲高居无为，悉以政事委林甫，何如？"对曰："天子巡狩，古之制也。且天下大柄，不可假人；彼威势既成，谁敢复议之者！"上不悦。力士自是不敢深言天下事矣。②

玄宗长期与大臣疏远。太宗以来，皇帝经常召见大臣，了解情况，商讨问题。玄宗初年也是这么做的。但到开元末年以来玄宗就很少召见大臣听取意见了。一开始还是出于政见上的分歧，对部分大臣的意见听不进去，后来就习惯于只听身边人的话。偏听偏信既已成为一种习惯，大臣将相的话他也就既不想听，也听不进去了。只有杨国忠和诸杨姊妹的话可以影响他的行动，这不能说是小人包围，只能说是玄宗自己作茧自缚。封常清在洛阳被安禄山打败后，曾三次派人奉表入朝，向玄宗报告敌人形势，而玄宗却拒不接见。封常清不得已亲赴长安，走到渭南，也被打发回去。唐玄宗只听信作为监军的宦官传回来的报告，而不愿意亲自了解有关敌人形势和敌我双方作战情况的第一手材料，从而不能统观全局、对时局做出正确的判断。加之他"久处太平，不练军事"，因而也就不能审时度势，正确指挥，完全丧失了控制局势的能力。

3. 思想上的失衡、道德信仰的缺失

道德行为规范是和社会价值观紧密联系在一起的，也是和经济社

---

① 《资治通鉴》卷二一九唐肃宗至德元载十月初李林甫为相条。
② 《资治通鉴》卷二一五唐玄宗天宝三载十二月初上自东都还条。

会的发展、社会结构的变化联系在一起的。王朝走向繁盛的时候,往往会出现道德信仰问题。唐朝也不例外。下面回顾一下唐朝的道德信仰危机是怎样产生的。

唐朝初年把三代和尧、舜时期作为理想的社会,以帝道、王道作为执政的理念。唐太宗对高级官吏提出了"坚守直道,灭私徇公"的要求,认为只要"天下太平,家给人足",就是"比德于尧舜"。这些和老百姓的社会价值观还是相通的。社会上也出现了前述"外户不闭……入山东村落,行客经过者,必厚加供待,或发时有赠遗"这样良好的社会风气和道德风尚。

即使这样,唐太宗还是提出"欲盛"问题。他指出:"故人君之患,不自外来,常由身出。夫欲盛则费广,费广则赋重,赋重则民愁,民愁则国危,国危则君丧矣。朕常以此思之,故不敢纵欲也。"①"昔禹凿山治水而民无谤者,与人同利故也。秦始皇营宫室而民怨叛者,病人以利己故也。夫靡丽珍奇,固人之所欲,若纵之不已,则危亡立至。"② 虽然是从君主个人的欲望与国家兴亡的角度说的,强调的是最高统治者和官员要节制自己的欲望,但是触及人性中一个核心的问题——"欲望"。物质欲望和精神追求都是欲望,构成了人性的核心内容。

随着唐朝前期经济的快速发展,社会的道德风尚也随着时代的发展而发生了变化。不同的人群根据自身的处境和时代提供的机遇,积极追求自己的发展。唐太宗和唐高宗初年,农民和一些社会下层人士,往往选择参加军队,建立军功的道路。薛仁贵就是其中最典型的人物。随着经济的发展和农村富裕阶层的成长,参加科举考试,进入官场,步步高升,以求富贵,成为各个阶层追求的目标。在追求个人发展过程中,大多数人能坚守传统的道德规范。但也有些人见利忘义,社会理想、百姓民生、道德行为规范全被抛到脑后,追求富贵就是他们唯一的理想。

---

① 《资治通鉴》卷一九二唐高祖武德九年冬十月上又尝谓侍臣曰条。
② 《资治通鉴》卷一九二唐太宗贞观元年十二月上谓功卿曰条。

武则天以来，即7世纪后期到8世纪初年，科举和铨选中不正之风和相互竞争愈演愈烈。在选官过程中出现了"觅举"现象。当时有识之士就指出"徇己之心切，则至公之理乖；贪仕之性彰，则廉洁之风薄"。① 但是没有引起普遍重视。到了武则天晚年，随着通过科举做到高级官员的人越来越多，"趋竞"之风也越演越烈。一些没有家世背景的新贵为了巩固自己的权力地位和谋求更大的发展，积极在皇帝家族中寻求一个可以支持和扶持自己的人物。在武则天晚年到唐玄宗初年八年半时间里的七次频繁政变中，一部分高级官吏扮演了重要的角色。"趋竞之徒强相托附"，托附的是皇子，影响及于政局的在当时还只限于皇室内部的斗争。这虽然对社会、国家还不至于造成致命的伤害，但也引起了政局的不稳和社会的严重动荡。在追求个人发展中道德的缺失及其严重后果，开始显现出来。

玄宗初年，中书侍郎王琚为玄宗所亲厚，群臣莫及。每进见，侍笑语，逮夜方出。或时休沐，往往遣中使召之。有人对玄宗说："王琚权谲纵横之才，可与之定祸乱，难与之守承平。"② 玄宗深有同感，因此慢慢地疏远他。王琚这样的权谲纵横之士在当时绝不是孤例。左拾遗曲江张九龄在姚崇刚刚掌权的时候就曾对他说"自君侯职相国之重，持用人之权，而浅中弱植之徒，已延颈企踵而至，诣亲戚以求誉，媚宾客以取容，其间岂不有才，所失在于无耻"。③ 这些权谲纵横之士和无耻之徒在才能上可能有高有低，但是在为了自己的前途和利益而不讲究道德规范，没有既定的原则这一点上是相同的。他们总是想通过某种力量来保证自己仕途的顺利和权位的巩固。

一般士人积极参加科举和铨选为的是实现个人的梦想和抱负。为了能够考中科举或谋得一官半职，请托之风大盛，李白的《与韩荆州书》便是一篇生动的请托文书。在文学领域中，不论是张扬个性的浪漫主义，还是关心民生的现实主义，都是为了表达个人的追求和

---

① 《旧唐书》卷一〇一《薛登传》。
② 《资治通鉴》卷二一〇唐玄宗开元元年十一月中书侍郎王琚为上所亲厚条。
③ 《资治通鉴》卷二一〇唐玄宗开元元年冬十月左拾遗曲江张九龄条。

情怀，是人性的张扬，思想的解放。他们都没有把个人和社会、国家隔离开来。李白就有"长风破浪会有时，直挂云帆济沧海"这样的宏伟抱负。王维为安禄山所得，他先是服药取痢，伪称暗病，后虽迫以伪署，但他听到禄山宴其徒于凝碧宫，其乐工皆梨园弟子、教坊工人，很是悲恻，偷偷地写诗道："万户伤心生野烟，百官何日再朝天？"表明他并没有忘记国家和朝廷。杜甫更是从个人的经历中感受到现实中的种种问题，写出了《兵车行》《自京赴奉先县咏怀五百字》《茅屋为秋风所破歌》等千古名篇。由于唐朝是一个诗歌的王国，广大官吏和士大夫都从事诗歌创作，因此这也代表了当时主流的社会思潮。

但也有少数人，完全丧失道德信仰，不择手段地去追求个人的发展。如幽州雍奴人高尚，曾为高力士门人，曾经叹息道："高不危宁当举事而死，终不能咬草根以求活耳！"① 表明他为了个人发展可以不顾一切做人原则。天宝六载他被安禄山奏为平卢掌书记，便力劝安禄山作乱，成为安禄山发动叛乱最重要的谋臣之一。

唐玄宗提出"孝"，强调的是行动，还没有把个人、社会和国家联系起来，没有把社会责任、国家命运和个人联系起来。新的伦理思想还没形成。唐朝初年为民的思想已经淡薄了，"修身齐家，治国平天下"的思想还没有成为大臣行为的最高准则。

由于唐朝社会处在一个不断变动的过程中，各种力量也处在一个不断消长的过程之中。因此，他们既成为政局变动的推波助澜者，又总是竭力通过政局的变动来达到巩固和提升自己地位的目的。这在唐朝已经成为一种传统。因此，尽管皇帝备加防范，但到皇帝也控制不了局势时，他们就会充分地表现自己。武则天去世以后，他们已经有过充分的表现，而在安禄山进入长安以后，高级官吏们又有了惊人表现。

安禄山进入长安后，一些高级官吏积极投靠。这一次，唐玄宗既然抛弃了群臣，群臣自然也可以不效忠这样的皇帝。弃暗投明，另立

---

① 《旧唐书》卷二〇〇上《高尚传》。

一个皇帝，甚至改变国号，这些事此前在唐代都曾经出现过，其中都贯彻了一个去逆从顺的原则。虽然从传统的伦理道德观念来说，可能是不合适的，但是基本上都还适应了社会发展的趋势和要求。而这一次安禄山发动叛乱，是没有任何正义性可言的。安禄山攻下洛阳后，河南留守李憕、御史中丞卢奕及采访判官宁死不屈，卢奕大骂安禄山，对贼党说："凡为人当知逆顺。我死不失节，夫复何恨！"① 平原太守颜真卿与常山太守颜杲卿在河北举起义旗，颜真卿招募勇士，旬日至万余人，与颜杲卿连兵，几乎断绝了安禄山的归路，迫使安禄山放弃了立即进攻潼关的计划。张巡死守睢阳（今河南商丘睢阳区），阻止了叛军的南进。说明当时广大人民和士大夫并没有屈服于安禄山。因此留在长安的高级官吏屈服于安禄山的淫威，臣附于他，完全是一种丧失气节的从逆行为。尽管牵涉其中的只是少数高级官僚，但也说明，一部分士人和官僚为了追求个人的利益，保持和发展自己的权力地位，已经丧失了信仰，陷入了道德危机，并且已经成为当时一个关系到国家存亡和社会稳定的严重的问题。

五、安史之乱

营州柳城（今辽宁锦州）胡人安禄山在对东北各族的战争中，立下军功，受到唐玄宗的重视，以一身兼领范阳、平卢、河东三镇节度使，控制了经济文化素称发达的河北和河东地区。他不断招兵养马，积聚财富，奏请提升许多胡族将领做大将，引用不得志的汉族地主做幕僚。天宝十二载（753），他诱降了被回纥攻破的突厥西叶护阿布思的残部，加强了自己的军事力量。天宝十三载，"杨国忠任用之后，即与蛮王阁罗凤结衅，征关辅、河南、京兆人讨之，去者万不一全，连枷赴役，郡县供食。于是当路店肆多藏闭，以惧挠乱，驴马车牛，悉被虏夺，不酬其直，数年间，因渐减耗"。② 安禄山与身为

---

① 《资治通鉴》卷二一七唐玄宗天宝十四载十二月河南尹达奚珣降于禄山条。
② 《通典》卷七《食货七·历代盛衰户口·丁中》。

宰相的杨国忠个人之间的矛盾也迅速激化，于是利用唐中央兵力空虚的机会，于天宝十四载冬十一月，以诛杨国忠为名，从范阳起兵，带领所部及由同罗、奚、契丹和室韦人组成的军队共十五万人南下，准备夺取中央政权。安禄山的军队没有遇到多少抵抗，很快就渡过黄河，进到洛阳附近。唐玄宗急派封常清前往洛阳募兵抵御，在武牢关和洛阳城下接连被叛军打败。安禄山很快占据洛阳，高仙芝退守潼关。

天宝十五载正月，安禄山在洛阳称帝，国号燕。

唐军在潼关一带与叛军相持了将近半年以后，唐玄宗强令哥舒翰带兵东出潼关，收复陕洛。叛军败唐军，乘胜攻入潼关。

安史叛军逼近长安，六月十三日，唐玄宗逃离长安，走到马嵬坡发生兵变，哗变的士兵杀了杨国忠，并要求处死杨贵妃。唐玄宗以杨贵妃的死换取了自己的平安，继续逃往成都。太子和他分道扬镳，跑到灵武（今宁夏吴忠），并且在七月十二在灵武即皇帝位，制曰："今群工卿士佥曰：'孝莫大于继德，功莫盛于中兴。'朕所以治兵朔方，将殄寇逆，务以大者，本其孝乎。须安兆庶之心，敬顺群臣之请，乃以七月甲子，即皇帝位于灵武。"① 承担起指挥平定叛乱的重任，平叛才重新开始。

就在这一天，经过了一个月的奔波，唐玄宗李隆基一行经过剑门关，到达了剑阁，终于进入了一个相对安全的地区。玄宗这才想起已经占领了长安的叛军，于十五日丁卯，下诏以皇太子充天下兵马元帅，都统朔方、河东、河北、平卢等节度兵马，收复两京；永王璘江陵府都督，统山南东路、黔中、江南西路等节度大使；盛王琦广陵郡大都督，统江南东路、淮南、河南等路节度大使；丰王珙武威郡都督，领河西、陇右、安西、北庭等路节度大使。在唐玄宗看来，这是一个四平八稳的决策，最后不论哪一个儿子成功，都是李家的天下。然而在皇太子已经在灵武即位的情况下，实际上只能引起皇子们的兄弟相争，而多少有一些野心的永王璘就成了最大的牺牲品，中间还搭

---

① 《旧唐书》卷一〇《肃宗本纪》。

进了爱国激情有余，而不谙官场形势险恶的大诗人李白。李白在宣州谒见李璘，被辟为从事。永王谋乱，兵败，白坐长流夜郎。后遇赦得还，竟以饮酒过度，醉死于宣城。

唐肃宗在灵武（今宁夏灵武西北）即位后，任用李光弼、郭子仪为统将，集合了朔方、陇右、河西、安西和西域的军队，又得到回纥的援助，于至德二年（757）夺回了长安和洛阳。安庆绪退保邺郡（今河南安阳）。

乾元元年（758），唐王朝以李光弼、郭子仪等九节度使之兵攻邺，不设统帅，以宦官鱼朝恩为观军容使。唐方军令不一，各节度使又互不为谋，以致围攻数月而不能下。次年三月，降唐复叛的史思明自范阳引兵救邺，大破九节度使之兵，诸节度使各溃归本镇。史思明杀安庆绪，即帝位于范阳。这年秋天，他又领兵南下，再度占据洛阳。后来，史思明又被他的儿子史朝义杀死。

宝应元年（762），新即位的唐代宗借回纥兵收复洛阳。接着，叛军的几个主要将领相继降唐。宝应二年正月，史朝义穷蹙自杀。

安史之乱虽然结束，但由于唐廷已无力消灭安史残余势力，只能继续任用投降的安史部将为节度使，在河北、山东形成了藩镇割据的局面。在剑南、山南、河南、淮南和岭南，甚至京畿之内，也时常发生节度使或军将的叛变。

07　从中兴到衰亡

经过安史之乱的动荡和代宗、德宗时期的恢复调整，唐德宗后期开始进入了一个新的阶段。这个阶段大体上包含了从贞元后期到元和前后的二十多年时间。在这个时期，唐中央政府一定程度上解决了藩镇问题。历史上称这个时期为"元和中兴"。

从唐玄宗到唐宪宗，这个时期大起大落，特别是肃宗、代宗以后，看起来比较乱，实际上却是一个重要的调整时期。随着经济的发展，新的社会阶层发展壮大，新的社会结构发展成熟，适应于这种新情况的各种政治制度在这个时期进行了调整。许多变革都是在这个时期逐步完成的。许多新的东西都是在这个时期出现的。从开元初年开始一直到唐宪宗初年，唐朝在财税制度、土地制度、军事制度方面先后完成了变革。按时间先后来说，唐玄宗时期，完成了募兵制取代征兵制的变化，并且在地方上普遍设立了节度使，这是军事制度上一个划时代的变化。在这以后，尽管还有很多变化，但募兵制已经成为军事制度的特征了。唐德宗初年完成了赋税制度的改革，具有划时代的意义。唐宪宗恢复和完善了中书门下体制下的宰相制度。各项制度基本理顺，这也是藩镇问题基本解决的前提。

一、唐朝后期的藩镇割据和元和中兴

社会经济的发展、百姓的生活状态是和国家政局紧紧联系在一起的，国泰民安往往是论者首要的关注点，而国家的统一状况则是重中之重。

唐玄宗天宝十三载，发生了安史之乱。有人说唐朝从此中衰，其实情况并没有那么严重。所以有这样的误解，与各种著作中的那句大家都很熟悉的安史乱后，"天下尽裂于方镇"有很大的关系。有一种说法称这句话出自《新唐书·兵志》。《新唐书》卷五〇《兵志》相关的原文是："及其末，朱全忠以梁兵，李克用以晋兵更犯京师……自国门以外，皆分裂于方镇矣。"文意和文字均与这句话相去甚远。其后赵翼在《廿二史札记》卷二《唐节度使之祸》中写道："迨至末年，天下尽分裂于方镇，而朱全忠遂以梁兵移唐祚矣。"与"天下尽裂于方镇"文字相近但所指时间亦不同。这句话是否脱胎于此尚待考证。

安史之乱后，唐朝确曾一度陷入混乱，经济受到很大破坏，地方出现了藩镇割据。但是这些问题都逐步解决了，并且出现了元和中兴。元和中兴是一个过程，这个过程从安史之乱结束以后就开始了。

不论是唐朝初年贞观时期，还是安史之乱以后的唐朝后期，和开元、天宝时期相比都缺了一点东西。唐朝初年可以称得上是昌盛，但是经济并不繁荣；唐朝后期，经济繁荣大大超越了开元、天宝时期，但又谈不上昌盛。而开元、天宝时期，经济发达，文化繁荣，对外开放，国势昌盛，是真正的黄金盛世。而唐朝真正出现衰相是在9世纪中期。

1. 藩镇割据局面的形成

安史之乱以后在地方上出现了三种情况：[①]

第一种情况，在河北地区和山东地区，出现了藩镇割据的局面。

第二种情况，在有些地区，节度使带有很强的割据倾向。他们表面上服从中央，但在实际上并不完全听命于中央。在剑南、山南、河

---

① 参见汪籛《隋唐史杂记·唐代方镇的三种情况》，《汪籛汉唐史论稿》，北京大学出版社，2017年。

南、淮南和岭南,甚至京畿之内,也时常发生节度使或军将的叛变。

第三种情况,在广大地区特别是在南方,虽然也设有节度使或观察使,但他们完全服从中央。

现在主要谈一谈藩镇割据问题。宝应二年(763)初,唐朝中央政府打败史朝义,安史之乱结束。同时,唐代宗承认了安史降将在河北的势力,任命李宝臣为成德节度使(统恒、赵等州),李怀仙为幽州卢龙节度使,田承嗣为魏博节度使,薛嵩为相卫节度使。他们与山东淄青节度使李正己,山南东道节度使梁崇义紧密联结,各自割据一方。这些节度使父死子袭,官爵自为,甲兵自擅,刑赏自专,户籍不报中央,赋税不入朝廷。

他们能够长期割据一方,有以下几个条件:

第一,凭恃河北"出则胜,处则饶,不窥天下之产,自可封殖"①的经济条件。河北地理条件好,背山面海,有矿有盐;经济发展水平较高,在唐朝前期是全国经济发达的地区之一,在安史之乱中和安史之乱以后虽有破坏,战争停下来以后很快得到恢复。这些藩镇可以自给自足,彼此也可以互通有无。

第二,唐朝前期,和其他地区相比,河北地区土地兼并程度较低,还保留了比较多的自耕农民。这样藩镇就可以控制相当数量的自耕农,保证兵员和财政来源,并且把赋税保持在一定的限度之内。李正己虽然"为政严酷,所在不敢偶语"。但是他能做到"法令齐一,赋税均轻",②农民的负担比唐朝中央政府直接统治的地区相对来说还要轻一些,生产和生活要安定一些。这样就能保持他们的统治区内基层社会比较安定。

第三,他们抓住了时机。这些藩镇乘唐朝政府平定京畿叛乱和西御吐蕃无力东顾的时机,治兵缮邑,选军中强健者,丰给厚赐以自卫,建立了以牙兵为核心的强大的武装力量。后来,他们父子相袭,亲党磐结,便形成一个特殊的军人集团,节度使的废立,往往也要由

---

① 《樊川文集》卷五《战论》。
② 《旧唐书》卷一二四《李正己传》。

他们决定。有了强大的武装力量,他们便可以长期与中央对抗。

唐德宗曾试图裁抑藩镇力量,建中二年(781),成德节度使李宝臣死,其子李惟岳自为留后,请求继任,为德宗所拒绝。于是李惟岳就和魏博、淄青、山南东道等节度使连兵叛变。淮西节度使李希烈也起兵反唐,出现了五镇连兵的局面。

建中四年,唐军被淮西军围困于襄城,唐王朝调泾原兵前往援救。泾原兵在长安叛变,拥朱泚为秦帝,德宗出奔奉天(今陕西乾县)。兴元元年(784),德宗在奉天诏赦李希烈等五镇节度使,专讨朱泚。不久,自河北前线入援奉天的朔方节度使李怀光又反,与朱泚联合起来,于是德宗又逃奔梁州(今陕西汉中)。这种大纷乱的局面,直到贞元二年(786)李希烈死,才告结束。唐王朝与河北、河南强藩妥协,藩镇割据的局面,继续存在。

2. 中央军事力量的加强

安史之乱以及其后不断的兵变,使中央直辖军队不断扩大。

唐德宗裁抑藩镇虽然受到了严重的挫折,但是削平藩镇的准备工作并没有停息。

建中时期朝廷在削藩战争中受挫,使德宗认识到必须建立一支完全由朝廷掌握的强大的军队。泾原兵变和李怀光叛乱更表明,成为朝廷心腹之患的,首先还不是河北藩镇,而是那些表面上服从朝廷的内地节度使。因此,德宗在与河北、淮西、山东节度使妥协和压平李怀光叛乱后,便不断扩大神策军。

神策军是玄宗天宝年间设立的,驻守在临洮(今青海乐都),属陇右节度使。安史之乱中奉调入援,后驻守陕州。广德元年(763),吐蕃进入长安,唐代宗逃奔陕州。其后神策军随代宗进驻长安御苑中,成为禁军。神策军自有统帅,但由宦官监领。代宗杀鱼朝恩后,一度禁止宦官典兵。在泾原兵变德宗出逃的过程中,宦官窦文场等人又掌握了神策军,但也还是监领。贞元以后,德宗不断扩大神策军,另一方面又逐步罢去领兵大将的兵权,并于贞元十二年(796)设立左右神策护军中尉,由宦官窦文场、霍仙鸣担任,将禁军的统帅权交给了宦官。在宦官主持下，神策军的力量迅速发展。神策军待遇优厚，许多地方将领都请求遥隶神策军，称为"神策行营"，受中尉节制。许多内地军镇的将帅都出自神策军。这样，皇帝通过神策中尉控制了一支庞大的军事力量，当时号称15万人。

神策军既是禁军，又统辖着战斗部队。除了捍卫京师，还以神策军出镇京西、京北地区，一方面备御吐蕃，使与西北节度犄角相应；另一方面又加强禁军对近畿的控制，稳定中央政府在关中的地位。这样就为进一步解决藩镇和吐蕃问题创造了条件。在许多内地节度使拥兵自重的情况下，这样一支强大的军队，也为朝廷处理与他们的关系赢得了很大的主动。

神策军中还培养了一批优秀的将领，为元和削藩准备了军事指挥人才。打败朱泚，收复长安，被德宗授为奉天定难首席功臣的李晟，自大历时起为神策军将。其子李愿、李愬等也在神策军中成长，皆成为有功于元和时期的大将。

神策军应运而出，不仅成为稳定政局的一个重要因素，也是宦官能够长期专权的基础。唐后期还有枢密使二员，以宦官充任，得知机密。他们与两中尉合称四贵。

3. 元和中兴

贞元二十一年（805）八月唐顺宗传位唐宪宗，改元永贞。次年正月，改元元和。唐宪宗继位以后，很快就开始了政治上的革新，并逐步削平了藩镇，使全国都归于中央政府的控制，全国重又归于统一，史称"元和中兴"。

元和中兴的标志标是削平藩镇，其实削平藩镇只是元和中兴的一个方面，元和中兴还包含了其他方面的丰富内容。

首先是中兴思潮的兴起。经过代宗、德宗时期二十年的努力，经济继续发展，城市更加繁荣，政治也开始走上轨道。但随着土地集中进入一个新的阶段，赋税不均，选举不平，吏治败坏，农民逃亡，社会矛盾更加复杂，增加了许多不安定的因素。因此，贞元、元和之际在思想领域是非常活跃的，出现了一个鼓吹改革、要求中兴的高潮。

广大士大夫，特别是年青士人纷纷通过文字来表达自己的见解，鼓吹中兴，揭露时弊，要求革新。白居易致力于新乐府的写作。柳宗元不仅参加了顺宗时的改革，而且对唐朝的历史从理论上进行了反思，写出了著名的《封建论》。韩愈、柳宗元、李翱、刘禹锡还从哲学上和理论上进行了探讨和论争。丰富的思想需要生动的形式来进行表现。他们抛弃了骈体，致力于古文的写作，并且把写作与"明道"结合起来，要求文章要宣扬儒道，阐述经世治国和为人之道。这些学者为中兴作了舆论的准备和思想上的动员。

不论是古文还是新乐府，作者所表达的内容都涉及社会、政治、思想、文化、军事等多方面，不仅揭露了当时面临的各种问题，而且提出了解决的方案；不仅触及各种实际问题，而且提出了他们的思想理论和社会理想。值得注意的是，唐太宗贞观政化仍然是他们重要的对比系，寄托了他们的社会理想。与此相应的是进士科考试录取标准的变化。

其次是代宗和德宗时赋税制度的改革和神策军的扩大，为中兴在财政上和军事上做好了准备。

最后是恢复了宰相作为最高行政首长的制度。

唐顺宗时王伾、王叔文在柳宗元、刘禹锡等年青官员支持下，革除弊政，谋夺宦官兵权，由于没有得到广大官员的支持，加上宦官的反对，以二王和其他八名官员被贬而告终。但这毕竟是由思潮走向行动，走向中兴的重要一步。

唐宪宗即位后的第二年，元和元年（806）正月到四月发生了四件事，正式揭开了元和中兴的序幕。

第一件，正月，唐宪宗与宰相杜黄裳论及藩镇，杜黄裳曰："德宗自经忧患，务为姑息，不生除节帅。有物故者，先遣中使察军情所与则授之。中使或私受大将赂，归而誉之，即降旄钺，未尝有出朝廷之意者。陛下必欲振举纲纪，宜稍以法度裁制藩镇，则天下可得而理也。"唐宪宗深以为然，于是始用兵讨伐西川刘辟的叛乱。"以至威行两河，皆黄裳启之也。"

第二件，二月，唐宪宗与宰相论："自古帝王，或勤劳庶政，或端拱无为，互有得失，何为而可？"杜黄裳对道："王者上承天地宗庙，下抚百姓四夷，夙夜忧勤，固不可自暇自逸。然上下有分，纪纲有叙，苟慎选天下贤才而委任之，有功则赏，有罪则刑，选用以公，赏刑以信，则谁不尽力，何求不获哉！明主劳于求人而逸于任人，此虞舜所以能无为而治者也。至于狱市烦细之事，各有司存，非人主所宜亲也。昔秦始皇以衡石程书，魏明帝自按行尚书事，隋文帝卫士传餐，皆无补于当时，取讥于后来，其耳目形神非不勤且劳也，所务非其道也。夫人主患不推诚，人臣患不竭忠。苟上疑其下，下欺其上，将以求理，不亦难乎！"

第三件，四月，杜佑请解其盐铁转运使之职，举兵部侍郎、度支使、盐铁转运副使李巽自代。自刘晏之后，居财赋之职者，莫能继之。李巽为度支、盐铁转运使，掌使一年，征课所入，类晏之多，明年过之，又一年加一百八十万缗。

第四件，同月，以元稹为右拾遗，独孤郁为左拾遗，白居易为盩厔尉、集贤校理，萧俛为右拾遗，沈传师为校书郎。①这意味着谋议制度即翰林学士的制度化和谏议制度的恢复，这是制度改革基础上形成的科学决策机制，同时意味着从贞观直到开元时期皇帝兼听纳谏，大臣各尽所能，勇于提出建议传统的恢复。这样在宪宗元和初年就形成了君臣一心中兴的政治氛围。在削平藩镇的过程中君臣争得面红耳赤，白居易甚至说"陛下错"，也没有受到责罚。

不要小看了这四件事。它们之间有着紧密的联系，"宜稍以法度裁制藩镇"，这是削平藩镇的方针，拉开了削平藩镇序幕。杜黄裳希望"上下有分，纪纲有叙"，并且指出"狱市烦细之事，各有司存，非人主所宜亲也"，秦始皇以衡石程书，隋文帝卫士传餐，皆无补于当时，是"所务非其道也"。"上深然其言。"在恢复传统宰相制度上君臣取得了一致意见，迈出了重要的一步。这是恢复了宰相作为最高

---

① 以上四事纪事和引文据《资治通鉴》卷二三七宪宗元和元年。《旧唐书》卷四《宪宗本纪上》元和元年、卷一四七《杜黄裳传》，《新唐书》卷一六九《杜黄裳传》所记大略相同，但文字和内容还是有不少的差异。对照研读，可以更加全面准确地把握当时的情况。

行政首长的制度。李巽为度支、盐铁转运使,使财政上有了保证。任命元稹、白居易等年轻官吏为谏官,使朝廷的大政方针有了监督。这样既有了削平藩镇的方针,又有了负责执行的机关,既有了财政上的保证,又有了舆论监督,削平藩镇,中兴唐朝也就有了坚实的基础,而且它们本身就是元和中兴的重要内容和组成部分。

宪宗首先压平了剑南西川和镇海浙西节度使的叛乱。在这以后他接受了翰林学士李绛的建议,密切注意藩镇之间和各个藩镇自身矛盾的发展,静观其变,等待时机。

元和七年(812),魏博节度使田弘正举六州之地归附唐朝,河北形势发生了变化。

淮西节度使吴少阳死,其子吴元济自领军务,拒纳唐朝吊祭使者,发兵四出焚掠。元和十年,宪宗下令讨伐吴元济。元和十一年,又下令讨伐与吴元济勾结的成德节度使王承宗。次年,宪宗暂停进攻王承宗,专讨吴元济。宰相裴度亲赴淮西督战。唐将李愬乘雪夜攻下蔡州城(今河南汝南),擒吴元济,淮西平定。成德王承宗、卢龙刘总也转归朝廷。元和十四年唐朝又消灭了淄青李师道,削平藩镇。

在这个过程中,除了恢复宰相制度,同时停止了宦官的军权,还赋予宰相军事指挥权。这对于成功削平藩镇也有着非同一般的意义。因为只有这样才能够把各种力量集中起来,才能统一指挥。

关于军事指挥权,从唐朝初年开始,军国大事是宰相在政事堂议决的主要内容,宰相率领军队出征也是常有的事。在对外战争紧张的时期,往往还任命武将为宰相,但是对整个战争的谋划和指挥,还是由皇帝亲自主持的。皇帝把军事决策权和军事指挥权牢牢把握在自己的手中。这种情况到唐朝后期发生了重大的变化。经过唐代宗、唐德宗时期的长期摇摆,在唐宪宗削平藩镇的过程中,宰相李吉甫、武元衡直接参与了策划和指挥。在武元衡被淄青节度使派来的刺客刺死以后,唐宪宗立即启用裴度为宰相,继续主持对淮西的用兵,诛灭吴元济,取得了削平藩镇的胜利。在唐武宗统治时期,宰相李德裕在对泽潞和回鹘的战争中,发挥的作用更大。这说明,当时虽然没有成立常设的军事指挥机构,但是有关军事指挥的相当一部分权力已经从皇帝转移到宰相手中。也就是说，皇帝把一部分军事指挥权分给了宰相。这是由唐朝初年没有军事指挥机关到宋代正式设立枢密院作为军事指挥机关过程中一个重要的中间环节。

再回到唐宪宗削平藩镇。藩镇有的被削平，有的投靠朝廷，全国恢复了统一的局面。但是这只是问题的一个方面。还有另外一个方面，这就是长期战争不仅使天下厌苦，而且使国家的财政陷入很大的困难，帑藏虚竭。唐王朝没有力量进一步消灭河北藩镇的牙兵集团，只有以高官厚赏来换取骄兵悍将的暂时服从。也就是说藩镇割据的基础并没有被清除。

穆宗即位以后，调换了河北诸镇的节度使；在河北实行了榷盐法和两税法；又实行销兵，下令天下军镇每年减除百分之八的兵员。这就引起了各镇兵将的不满，形成了河朔再叛的局面。长庆元年（821），卢龙、成德发动叛乱。二年，魏博也发生变乱。唐王朝无力压平叛乱，只好任命叛将做节度使。河北藩镇的势力更加巩固。

虽然发生了河朔再叛，但是藩镇割据的地区大为缩小。原来藩镇割据的地区包括河北、山东和河南的广大地区，河朔再叛后只限于河北中北部的部分地区。而唐朝中央政府则控制了全国大部分地区。

二、科举、门第与牛李党争

唐代科举制度在发展过程中由于制度还没有发展完善，也引发了一些严重的社会政治问题。

唐朝后期，高级官吏利用进士科和辟举相结合，世代担任高官。知贡举的官员与被录取的进士之间结成座主、门生关系，进士之间形成同年关系，科举成为官吏结党营私的重要纽带。他们通过请托行卷，结成同年和座主门生的关系，形成或大或小、有形无形的派系，在仕途上互相援引，对子弟彼此照顾，遇到竞争者则一起与之倾轧。[①]

[①] 可参考吴宗国《唐代科举制度研究》第九章"座主门生关系的形成"，北京大学出版社，2010年3月。

科举已开始失去选拔称职官吏和杰出政治家、协调上下层关系、笼络士人的作用，而成为高级官吏子弟进入官场、世袭高官，以及官僚之间进行党争的工具，成为严重败坏唐朝后期政治生活的因素。官僚集团之间的党争出现了新的形势。宋太祖正是有鉴于此，把取士大权收归皇帝，防止知贡举官员与及第举人结党营私。考试时还实行锁院、封弥、誊录制度。

现在简单介绍一下唐代党争和牛李党争的问题。

先说牛李党争的问题。陈寅恪先生在《唐代政治史述论稿》中篇《政治革命及党派分野》中把牛李党争归结为，"牛李两党之对立，其根本在两晋、北朝以来山东士族与唐高宗、武则天之后由进士词科进用之新兴阶级两者互不相容"。他还转引近人沈曾植先生所言："唐时牛李两党以科第而分，牛党重科举，李党重门第。"[①]

陈寅恪先生这个说法提出来以后，认为士族门阀在唐朝继续存在，并且在政治上发挥着重要的作用，几十年来便成为一种定论。这是一个牵涉到唐朝历史发展全局的重大问题。这个问题表面看起来牵涉的是士族问题，即唐代到底存不存在南北朝以来的士族，他们在政治上是否还起着重要作用；而实际上还牵涉到随着唐代经济社会的发展，唐朝到底存在哪些社会阶层，以及如何看待唐朝的社会等级再编制以及官僚集团之间的斗争等一系列问题。早在20世纪60年代，汪篯先生在《隋唐史杂记·关于牛、李党争》中就提出了不同的看法。[②] 20世纪80年代以来不断有学者提出新的意见，并且否定了陈先生的这种看法。

牛党重科举，这是事实。陈寅恪先生列举了很多的历史材料，很有说服力，大家可以参考。

至于李党重门第，则不尽然。

李党成员中，一些人是山东士族后裔，他们的祖先是士族，但早在齐、隋之际，就已经身未免于贫贱了。

[①] 陈寅恪：《唐代政治史述论稿》，商务印书馆，2011年，第276、275页。
[②] 汪篯：《汪篯汉唐史论稿》，北京大学出版社，2017年。

就拿李德裕来看，陈寅恪先生所言，李氏"是北朝数百年来显著之士族，实可以代表唐代士大夫中主要之一派者"，① 以之为以经术礼法为"家学门风"的"山东旧族"。这个看法需要仔细地加以考辨。"李氏为北朝数百年以来显著之士族"，这是事实。但是李德裕家族是否属于这个李氏，还是存在很多疑问的。其中最大的一个疑问就是在《新唐书·宰相世系表》上，唯独缺少其八代祖。这样李德裕家族就和家谱上他们的祖先失去了联系。唐代非士族后裔发达以后与高门通谱联宗的风气很盛，李德裕家族是否也属于这种假冒的士族呢？

姑且不论其是否冒牌货，李德裕六、七代祖均无官，五代祖李君逸隋时为谒者台郎。隋谒者台郎人数众多，品阶从从五品至从九品都有。李君逸后，李肃然、李载都没有官职。李载是李德裕祖父李栖筠的父亲。李肇《唐国史补》记载："李载者，燕代豪杰，常臂鹰携妓以猎，旁若无人，方伯为之前席，终不肯仕。"世传经学和礼法门风连影子也已经荡然无存。这就是李德裕家族从北朝后期到唐朝前期的情况，完全符合前述唐太宗所说的山东士族败落的情况，"名虽著于闾里，身未免于贫贱"。一直到李栖筠，情况发生了变化。据李德裕在会昌四年十二月对唐武宗所说，李栖筠在天宝末年"以仕进无他伎，勉强随计，一举登第。自后不于私家置《文选》"。② 可见李栖筠所赖以及第的是《文选》，而不是世传经学，更不是什么礼法门风。

山东旧族"以经术礼法为家学门风"这个说法也是值得研究的。有两个材料可以说明这个问题。

第一个材料：《旧唐书》卷一九〇上《文苑上·袁谊传》：

> 神功中，为苏州刺史。尝因视事，司马清河张沛通谒，沛即侍中文瓘之子，谊揖之曰："司马何事？"沛曰："此州得一长史，是陇西李亶，天下甲门。"谊曰："司马何言之失！门户须历代人

---

① 陈寅恪：《唐代政治史述论稿》中篇《政治革命及党派分野》，第264页。
② 《旧唐书》卷一八上《武宗本纪》。

贤，名节风教，为衣冠顾瞩，始可称举，老夫是也。夫山东人尚于婚娅，求于禄利；作时柱石，见危授命，则旷代无人。何可说之以为门户！"

第二个材料：《贞观政要》卷七《论礼乐》：

贞观六年，太宗谓尚书左仆射房玄龄曰："比有山东崔、卢、李、郑四姓，虽累叶陵迟，犹恃其旧地，好自矜大，称为士大夫。每嫁女他族，必广索聘财，以多为贵，论数定约，同于市贾，甚损风俗，有紊礼经。既轻重失宜，理须改革。"乃诏吏部尚书高士廉、御史大夫韦挺、中书侍郎岑文本、礼部侍郎令狐德棻等，刊正姓氏，普责天下谱牒，兼据凭史、传，剪其浮华，定其真伪，忠贤者褒进，悖逆者贬黜，撰为《氏族志》。士廉等及进定氏族等第，遂以崔幹为第一等。太宗谓曰："我与山东崔、卢、李、郑，旧既无嫌，为其世代衰微，全无冠盖，犹自云士大夫，婚姻之际，则多索钱物。或才识庸下，而偃仰自高，贩鬻松槚，依托富贵，我不解人间何为重之？……"又诏曰："氏族之盛，实系于冠冕；婚姻之道，莫先于仁义。自有魏失御，齐氏云亡，市朝既迁，风俗陵替。燕、赵古姓，多失衣冠之绪；齐、韩旧族，或乖德义之风。名不著于州闾，身未免于贫贱，自号膏粱之胄，不敦匹敌之仪，问名惟在于窃赀，结褵必归于富室。乃有新官之辈，丰财之家，慕其祖宗，竞结婚娅，多纳货贿，有如贩鬻。或自贬家门，受屈辱于姻娅；或矜其旧望，行无礼于舅姑。积习成俗，迄今未已，既紊人伦，实亏名教。朕夙夜兢惕，忧勤政道，往代蠹害，咸已惩革，唯此弊风，未能尽变。自今已后，明加告示，使识嫁娶之序，务合典礼，称朕意焉。"

此诏亦见于《册府元龟》卷一五九《帝王部·革弊》贞观十六年六月己酉。《唐会要》卷三六《氏族》、《全唐文》卷六、《资治通鉴》卷一九五贞观十二年亦有记载。

这两个材料都说明，随着山东士族的衰落，"历代人贤，名节风教，为衣冠顾瞩"的情况已不复存在，山东旧族不再"以经术礼法为家学门风"了。"尚于婚娅,求于禄利",才是他们的家学门风。这是唐朝前期的情况。

因此,陈寅恪先生所述,不论从唐朝前期山东士族的总体情况,还是从李氏家族本身的历史情况看,都是不能成立的。李栖筠天宝七载(748)进士及第,距唐朝建立已经整整一百三十年,在这一百三十年中李氏都不是以经术礼法为"家学门风"的。

至于李栖筠、李吉甫、李德裕祖孙三代的"家学门风",我们先看一看这三个人的具体情况。

> 李栖筠字贞一,世为赵人。幼孤。有远度,庄重寡言,体貌轩特。喜书,多所通晓,为文章劲迅有体要。不妄交游。族子华每称有王佐才,士多慕向。始,居汲共城山下,华固请举进士,俄擢高第。调冠氏主簿,太守李峴视若布衣交。迁安西封常清节度府判官。常清被召,表摄监察御史,为行军司马。肃宗驻灵武,发安西兵,栖筠料精卒七千赴难,擢殿中侍御史。①

> (李吉甫)少好学,能属文。年二十七,为太常博士,该洽多闻,尤精国朝故实,沿革折衷,……吉甫尝讨论易象异义,附于一行集注之下;及缀录东汉、魏、晋、周、隋故事,讫其成败损益大端,目为六代略,凡三十卷;分天下诸镇,纪其山川险易故事,各写其图于篇首,为五十四卷,号为《元和郡国图》;又与史官等录当时户赋兵籍,号为《国计簿》,凡十卷;纂《六典》诸职为《百司举要》一卷。②

> (李德裕)幼有壮志,苦心力学,尤精《西汉书》《左氏春秋》。耻与诸生从乡赋,不喜科试。年才及冠,志业大成。……穆宗即位,召入翰林充学士。帝在东宫,素闻吉甫之名,既见德裕,尤重之。禁中书诏,大手笔多诏德裕草之。③

---

① 《新唐书》卷一四六《李栖筠传》。
② 《旧唐书》卷一四八《李吉甫传》。
③ 《旧唐书》卷一七四《李德裕传》。

他们祖孙三代有几个共同的特点：第一，均好学，善于写文章。第二，他们的学问不论是李吉甫的典章制度、地理、典故之学，或者是李德裕的纵横之学，着眼点都是经邦治国，经世致用，而不是传统的"经术礼法"。第三，"从李栖筠到李吉甫，再到李德裕，李氏三代颇多相似之处，均属政治上的务实派。李氏三代在政治上的务实，表现为行政过程中的讲求实效及对民生的关注，而非空谈施政"。①

如果说这些就是陈寅恪先生所说的"家学门风"，那么这个门风也不是从北朝数百年以来显著之士族李氏那里传来的，而是适应当时政治经济需要的学问。这也正是正在成长的士大夫官僚所必需的素质。因此这个李氏的"家学门风"不是山东士族礼法门风的继承，而是开创了新的士大夫礼法门风的先声。

再看李党中的其他一些人。

先看郑覃，他的情况和李德裕最为相近。郑覃，父郑珣瑜，珣瑜父谅，冠县令。其上四代为县令、刺史，再上为后周行台左丞。而《新唐书·郑珣瑜传》除言明他是"郑州荥阳人，少孤"，未言明其家世。因此，虽然他的先祖不一定像李德裕的先祖那样在齐隋之际就已经衰落了，但在隋唐之际也未担任高官。郑珣瑜父为县令，无荫子特权，祖父虽为刺史，但早已故去。郑珣瑜以制科高第，授大理评事。

因此，虽然郑覃的父亲郑珣瑜可以依靠做刺史的祖父享有门荫的待遇，但是郑珣瑜的入仕，是从科举进身，靠的是自己的才能，而不是祖先的名望。只有到了郑覃这一辈，才得以靠父亲的资荫入仕，也只有到这时，才可能以经术礼法为家学门风，去重提门第。因此，不论他们怎样把自己和祖先的门第联系起来，结果还是以科举为基础成了当朝权贵的。

李党中还有一些冒牌的士族。如李绅高祖李敬玄，亳州谯人，武则天时任宰相，久居选部，人多附之，前后三娶皆山东士族，又与赵

---

① 李文才：《试析唐代赞皇李氏之门风——以李栖筠、李吉甫、李德裕政风之比较为中心》，《扬州大学学报（人文社会科学版）》2005年第5期。

郡李氏合谱。因此，尽管《新唐书·宰相世系表》将之列入赵郡李氏南祖房，但并不能改变其冒牌的性质。而李绅本人也并没有以赵郡郡望来作为炫耀自己的资本。《旧唐书·李绅传》所记他的籍贯就是"润州无锡人"。

李党中还有一些人，虽然是士族的后裔，也可以和祖先的门第联系起来，但是这种联系在他们还没有做到高级官僚以前是没有意义的。因为他们完全是靠自己的才能，通过科举进入仕途。如李回，宗室，进士、制科登第，强干有吏才。李让夷，进士，陇西人，元和十四年进士。郑亚，荥阳人，祖、父并登进士第，亚亦以进士出身，制科登第，书判拔萃，李德裕出镇浙西，辟为从事；郑亚子郑畋，会昌二年进士，僖宗时为相，是典型的进士家族。他们都是通过进士科进入官场，步入高级官吏行列，并据此维持家族的地位。他们更加看重的是科举而不是门第。

李党的重要人物李德裕、郑覃以门荫出身，并且都算是山东士族的后裔，但李党其他成员则多为进士出身。就两党的多数成员而言，他们的家世和出身没有显著的差别。

至于对于科举的态度，李党中各人的态度是不一样的。

郑覃是坚决反对进士科的。①

而李德裕则是反对进士浮华和树党背公。

大和七年（833），文宗"患近世文士不通经术，李德裕请依杨绾议，进士试论议，不试诗赋"。②（第二年李德裕罢相，进士复试诗赋。）这里牵涉到的是进士科考试的科目和考试标准，与对进士科的态度无关。

会昌四年十二月李德裕对武宗说："臣无名第，不合言进士之非。……盖恶其祖尚浮华，不根艺实。"③

李德裕提出的进士之非主要是"祖尚浮华，不根艺实"。这与牛

---

① 《新唐书》卷四四《选举志上》、《旧唐书》卷一七三《郑覃传》。
② 《资治通鉴》卷二四四唐文宗大和七年七月上患近世文士不通经术条。
③ 《旧唐书》卷一八上《武宗本纪》。

党中一些人的态度并无区别。文宗尝欲置诗学士，李珏曰："今之诗人浮薄，无益于理。"① 乃止。反对浮薄在当时一部分士大夫中已成为一种共识，并非李德裕或李党所专有。

武宗时，李德裕为相，以"树党背公"为由，下令进士及第者，不得呼知贡举的官员为座主，停曲江大会、雁塔题名。这也并没有反对科举制本身的意思。

通过进士科"树党背公"由来已久。当时成为最大问题的，还是科举日益为高官子弟垄断。贞元、元和之际，科举出身者担任朝廷要官的显著增加。到宪宗元和时，高级官吏主要来源于进士科，进士科成为选拔高级官吏的主要途径。高官子弟大量通过科举进入仕途，引起了进士出身而不能迅速升迁的中下级官吏和广大应举而不能及第的士子的强烈不满。竞争中的两派也都企图利用下层来反对对方。因此，从穆宗时起子弟问题就经常被提出来。到会昌时，许多主考官为了避免嫌疑，子弟一个不取。会昌三、四年，王起知贡举时，更是规定凡有亲戚在朝者不得应举。杜牧在会昌、大中之际，所写的《上宣州高大夫书》中描述了当时的情况："自去岁前五年，执事者上言，云科第之选，宜与寒士；凡为子弟，议不可进。熟于上耳，固于上心，上持下执，坚如金石。为子弟者，鱼潜鼠窜，无入仕路。"② 从上到下，形成了一种不放子弟的风气。正是在这样的情况下，李德裕出来说话了。

《旧唐书·武宗本纪》记载，会昌四年十二月李德裕对武宗说："朝廷显官，须是公卿子弟。何者？自小便习举业，自熟朝廷间事，台阁仪范，班行准则，不教而自成。寒士纵有出人之才，登第之后，始得一班一级，固不能熟习也。则子弟成名，不可轻矣。"

李德裕提出"朝廷显官，须是公卿子弟"，"子弟成名，不可轻矣"。唐朝习称进士及第为成名。李德裕的这一番话明确表示他并不是反对进士科，而只是要求皇帝解除"不放子弟"的不成文禁令，

---

① 《资治通鉴》卷二四六唐文宗开成三年十月上好诗条。
② 《樊川文集》卷一二。

给高官子弟应举和及第打开大门。这与陈夷行、郑覃为相时"请经术孤单者进用"颇为相左,而与李珏、杨嗣复所主张的"地胄、词采者居先",①在重用公卿子弟这一点上,倒是一致的。

这里需要着重说明的是,"公卿子弟"与"门第"并不是同一个概念。"公卿"指的是当朝的高级官僚,而"门第"则是由历代祖先的政治经济地位所决定的一种不可逾越的社会等级。李德裕的这段话恰恰说明,他强调和维护的是当朝的高级官僚子弟,而不是门第。

而从两党成员的家世出身来看,基本上是相同的。

因此,"牛李两党以科第而分,牛党重科举,李党重门第","牛李两党之对立,其根本在两晋、北朝以来山东士族与唐高宗、武则天之后由进士词科进用之新兴阶级两者互不相容"的说法,是不能成立的。

下面先简单地回顾一下唐代官僚集团之间的斗争。

唐代官僚集团之间的斗争随着经济社会和社会各阶层的发展与关系的变化分为几个阶段。

唐太宗时期一开始表现得并不明显。贞观中年以后,随着一般地主官僚力量的发展,关陇贵族和一般地主官僚之间的关系变得微妙起来。因此唐太宗去世之前不仅对未来的班子作了细心地安排,同时对顾命大臣也安排了两套班子。他的本意是要维持贞观时期的现状,也就是要以关陇贵族为核心,同时重用一般地主官僚。

唐高宗即位以后,虽然按照唐太宗的安排招回了李勣,但很快形成了关陇贵族的一统天下,一般地主官僚受到了排斥。这种情况是和社会上一般地主经济的发展,和朝廷中大部分官职都已经由一般出身的官员担任背道而行的。而关陇贵族这个通过军事力量形成的门阀化的集团,由于没有现实的经济基础,长期以来就是依靠婚姻和官位,也就是所谓婚宦来维持。经过西魏、北周、隋、唐几个朝代变迁,它的核心家族已经只剩下少数几家,而且都不擅长军事,也不掌握兵权。

---

① 《东观奏记》上卷"李珏生平"。

这种和社会现实严重脱节的情况是不可能长期存在的。在唐高宗要废除王皇后、立武则天为皇后的关键时刻，李勣说："此陛下家事，无须问外人。"也就是说，关陇贵族已经衰落，皇室通过婚姻维系与他们的关系已经没有必要。皇后的废立已经不再是国家大事。而通过废王立武，关陇贵族也就最终退出了历史舞台。

此后官僚集团之间的斗争进入了新的时代。

从唐高宗、武则天，一直到唐玄宗初年，统治集团内部的斗争都是围绕皇权而进行的。特别从武则天晚年到唐中宗、唐睿宗，政变频频。

在这个过程中我们隐隐地可以感觉到有两股相反的力量。

一股力量竭力要把政权稳定下来，使社会安定下来，从狄仁杰到姚崇都是要把当时的政局安定下来。狄仁杰，祖狄孝绪，贞观中尚书左丞。父狄知逊，夔州长史。狄仁杰本人以明经举，授汴州判佐，历并州都督府法曹、大理丞。① 姚崇，本名元崇，陕州硖石人也。父善意，贞观中，任嶲州都督。元崇为孝敬挽郎，应下笔成章举，授濮州司仓，五迁夏官郎中。② 二人均从科举出身，但又都不是从进士科出身，也就是说他们没有沾染举进士者的那种追求个人名利、崇尚文学、浮华浮夸的风气。而且都出生于高级官僚家庭，都享有门荫的特权。从家庭出身来看，属于官僚阶层。他们的利益更多的是和国家联系在一起的。

另外一股势力，说他们唯恐天下不乱可能有一点过分，但是从武则天晚年一直到唐玄宗初年频繁的政变中，每次都有他们的身影。把当时的政治搞得混乱不堪。在这股势力中包含几个部分，一部分是和武后、韦后家族有密切关系的。如宗楚客，蒲州河东人，则天从父姊之子。纪处讷，秦州上邽人，娶武三思妻之姊。还有的是依附这些家族的，如萧至忠，秘书少监萧德言曾孙也，少仕为畿尉，神龙初，武

---

① 《旧唐书》卷八九《狄仁杰传》。
② 《旧唐书》卷九三《姚崇传》。

三思擅权，至忠附之，自吏部员外擢拜御史中丞。这些都是为首的头面人物。

更多的则是武则天以来通过各种途径，特别是通过科举进入高级官吏行列，锐意进取的人物。如张说，字道济，其先范阳人，代居河东，近又徙家河南之洛阳。弱冠应诏举，对策乙第，授太子校书，累转右补阙。刘幽求，冀州武强人。圣历年，应制举，拜阆中尉。郭元振，魏州贵乡人。举进士，授通泉尉。钟绍京，虔州赣人，初为司农录事，以工书直凤阁，则天时明堂门额、九鼎之铭，及诸宫殿门榜，皆绍京所题。景龙中，为苑总监。

这样的人物在武则天以后大量涌现出来，他们为了谋求自己的发展，往往依靠皇后或王子、公主，支持他们去争夺最高统治权。8世纪初频繁的政变就是在这样背景下出现的。

唐玄宗开元以后上述情况继续存在，但也有两个不同于过去的特点：

一是表现为政见之争。从科举出身的一般地主子弟，包括中下级官吏的子弟，在官员中的比重，特别是在高级官吏中的比重迅速上升。这些人的出现，一方面增加了政府活力，同时也增加了政治上不稳定的因素。他们在政策和制度变革上，不是说所有的变革都反对，在军事制度和兵役制度的改变上，他们是颇为积极的。但总的来说，他们更倾向于维持现状，更主张实行一种放纵无为的政策。吏治派，包括言利之臣，成为稳定局势、实行变革的实际执行者。从狄仁杰、姚崇、宇文融、韦坚到李林甫、牛仙客。他们包括两类人。一类是出身较高，父祖都担任过刺史以上的高官，如狄仁杰、姚崇。一种是以军功、吏干被提拔上来的，如宇文融、牛仙客。这两种人都成为新制度的推行者。

二是表现为文学与吏治之争。① 其中最重要的两个回合，一是玄

---

① 汪篯：《唐玄宗时期吏治与文学之争》，《汪篯汉唐史论稿》，北京大学出版社，2017年。

宗开元九年到十二年的括户。二是开元二十三年前后张九龄的下台和李林甫的上台。而其中李林甫和牛仙客的结合以及裴行俭之子裴光庭循资格的实行都道出了其中一个很重要的秘密，即大部分出身官僚家庭的吏治派官员和进士词科出身的高级官员在排斥来自下层各种出身的官员时相结合。

安史之乱以后的情况比较复杂。有中央和地方的矛盾和斗争，也有官僚集团之间由于出身的不同、政见的不同而出现矛盾和斗争。而政见的不同往往还起着很重要的作用。但是这些斗争持续的时间都不长，因此还来不及形成明显的派别，更没有形成集团，也就是说还没有形成党争。这种情况一直持续到唐宪宗时期。

现在我们再回到牛李党争。

穆宗时期，边疆形势已经缓和，唐廷与河北藩镇之间形成了均衡的局面，社会矛盾也还没有达到激化的程度，而唐朝官僚集团之间却发生了长达四十年之久的党争。

早在唐宪宗元和三年（808）牛僧孺、李宗闵等在制举对策时批评时政，得罪了宰相李吉甫，久久不得授官。考官杨於陵也被贬出。唐穆宗长庆元年（821），李宗闵子婿苏巢进士及第，翰林学士李德裕深怨李宗闵讥切其父李吉甫，与翰林同僚元稹、李绅附和段文昌，举发考官取士不公。考官钱徽和李宗闵都因事涉请托而被贬官。这样，就揭开了党争的序幕。

以牛僧孺、李宗闵为首的"牛党"和以李德裕为首的"李党"都与宦官有勾结。文宗时内廷宦官分为两派，势均力敌。牛党、李党各自依靠一派，相持不下，每逢朝廷议政，双方总是争吵不休。文宗曾慨叹说："去河北贼（指藩镇）非难，去此朋党实难。"① 武宗时，与李德裕有连的宦官杨钦义为枢密使，李德裕自淮南节度使入相。牛党的主要人物全被贬逐到岭南。武宗死，与李党有连的一派宦官失败，得胜的一派拥立宣宗，李德裕贬死崖州（今海南琼山）。党争基本结束。

---

① 《旧唐书》卷一七六《李宗闵传》。

牛李党争是官僚集团之间争权夺利的斗争。双方结党基本上都不是基于共同的政见，而是通过各种关系建立起来的。李党的重要人物多为李德裕任翰林学士和宰相时的同僚。牛党则以科举为纽带，来扩大自己的势力。其党人经常"为举选人驰走取科第，占员阙"。① 个人的权力地位和恩怨得失在党争中起了重要作用。

两党成员在执政时，都做过一些有益的事。武宗时李德裕当政，解决了泽潞镇叛乱等一些具体问题。两派官僚都与宦官有牵连，他们都没有参加文宗时一些士大夫进行的铲除宦官的斗争。他们还有一个共同的特点，就是都不关心民生，对于日益严重的社会矛盾都无心去加以解决。

三、漫话唐朝的衰亡：失所以安人之道

乾符元年（784）王仙芝在长垣起兵，拉开了唐王朝覆亡的序幕。但是唐朝直到黄巢退出长安，败死泰山下狼虎谷的二十三年后才告覆亡。

广大民众参加起事，是因为他们生活不下去了。这是整个运动的起点。但是任何自发的群众运动都是不可能按照参加者的愿望顺利地向前发展的。它总是要被某种力量所利用，所左右。秦末、隋末恰逢新的社会阶层已经成熟到急欲登上政治舞台，因此在各种力量的综合作用下，出现了汉朝初年和唐朝初年的开明政权。新的政权成为农民运动遗言的执行人。

王仙芝、黄巢从铤而走险贩私盐的盐枭到流民领袖，主要是依靠被迫离开土地的农民起事，是顺应了民意。他们提出"冲天""平均"的口号，反映了赋税不均的现实和广大百姓改变现状的要求，但是他们没有明确的建立一个新政权的观念。黄巢长期流通作战，固然是迫于形势，但随占随丢，在所占领的地方没有建立起稳固的政权，没有着眼于建立一个全国性的统一新政权。他们的特点是打破旧

---

① 《旧唐书》卷一七六《杨虞卿传》。

世界，而对于建立新世界则没有明确的目标。因此轰轰烈烈的唐末农民战争到最后，只落得个军阀混战。这种悲剧性的结局，正是农民战争最大的局限。

黄巢退出长安后，有两股值得注意的力量：一是北方藩镇的力量，其中有的藩镇是少数民族。二是南方军人的力量。不论是本地的还是外地来的，他们都和当地的地方势力相结合。这是唐朝南方地方经济发展的结果。各地都有了自己的利益，而中央政府却不能充分满足其在各方面的要求，一些人从长安回到了家乡。这是南方形成分立国家的重要基础。因此南方和北方的各个政权，有共同的特点：一是地方性，它们分别和各个地区的利益相结合；二是都和军事力量相结合。

公元907年，后梁取代了名存实亡的唐王朝，历史进入了五代十国时期，重新开始向有序的方向发展。

王朝的兴衰，从来都是人们十分关注的话题。

在20世纪三四十年代，就有论者提出，土地集中是皇朝灭亡的主要原因。而新的王朝对农民采取让步政策，土地趋于分散，因此经济走向繁荣。他们还提出了类似的公式：土地集中→王朝覆灭→土地分散→经济繁荣→土地集中……这种看法到五六十年代大行其道。80年代又有人重新提了出来。这种说法不是没有一些道理，因为每个王朝的末年土地确实是高度集中的。问题是土地集中和王朝的衰落、灭亡到底是一种什么样的关系？一个王朝的最后灭亡离不开两个因素，一个是被统治者活不下去，还有一个是统治者无法再统治下去。而从唐朝末年的情况来看，当时的问题是有大量农民离开土地成为流民。这些流民一般不是地主的佃农，而是被迫离开土地的小农。他们因为大地主、大官僚通过隐瞒土地和降低户等等各种办法把沉重的赋税和徭役转嫁到自己身上，无法承受，被迫无奈而脱离了土地。大量政府直接控制的小农逃亡，引发了三方面的问题：一是直接影响了政府的财政收入。二是政府为了弥补减少了的财政收入，便采取种种办法把负担转嫁到没有逃亡的农民身上，而这又迫使更多的农民走上了逃亡之路。三是大量流民的存在，引起社会的动荡，成为社会不安定的重要因素。有的流民被迫拿起武器，走上反抗的道路。这也是最终造成唐朝衰落和灭亡的主要原因。这就是土地集中和被统治者活不下去以及统治者无法再统治下去这两方面的关联。关于这个问题，我在《唐末阶级矛盾激化的几个问题》一文中作了比较详细的阐述，① 这里就不多说了。

还有王朝末年的腐败。腐败存在于王朝的各个时期，表现形式和产生的原因不完全相同。但是，直到王朝的中后期，统治者都还能通过制度、政策和行政手段，在一定程度上限制和消除各种腐败现象。而到了王朝末年，从皇帝到执政的高级官员虽然可以解决一些政治军事问题，但唯独不关心老百姓的死活。从某种意义上来说，这是最大的腐败。这是农民生活不下去、统治者统治不下去的最重要因素。

唐文宗太和二年（828）策试贤良，刘蕡在对策中写道：

> 臣闻国君之所以尊者，重其社稷也；社稷之所以重者，存其百姓也。苟百姓之不存，则社稷不得固其重；苟社稷之不重，则国君不得保其尊。故治天下不可不知百姓之情。……今或不然。陛下亲近贵幸，分曹补署，建除卒吏，召致宾客，因其货贿，假其气势。大者统藩方，小者为牧守。居上无清惠之政，而有饕餮之害；居下无忠诚之节，而有奸欺之罪。故人之于上也，畏之如豺狼，恶之如仇敌。今海内困穷，处处流散，饥者不得食，寒者不得衣，鳏寡孤独者不得存，老幼疾病者不得养。加以国之权柄，专在左右，贪臣聚敛以固宠，奸吏因缘而弄法。冤痛之声，上达于九天，下流于九泉，鬼神怨怒，阴阳为之愆错。君门万里而不得告诉，士人无所归化，百姓无所归命。官乱人贫，盗贼并起，土崩之势，忧在旦夕。即不幸因之以疾疢，继之以凶荒，臣恐陈胜、吴广不独起于秦，赤眉、黄巾不独起于汉。②

在一千二百多年以前，把问题提得如此中肯，并直接对皇帝提出这样

---

① 吴宗国：《唐末阶级矛盾激化的几个问题》，《北京大学学报（哲学社会科学版）》1984年第3期。后全文收入福建人民出版社《隋唐五代简史》（2006年）。

② 《旧唐书》卷一九〇下《刘蕡传》。

尖锐的批评，是很不容易的。但当时虽然有让人讲话的气氛，但是皇帝和当政的大臣都把这当成了耳旁风。大臣继续醉心于党争，唐文宗一筹莫展，社会矛盾继续向前发展。

晚唐曾为翰林学士的刘允章上《直谏书》指出：

> 天下百姓，哀号于道路，逃窜于山泽；夫妻不相活，父子不相救。百姓有冤，诉于州县，州县不理；诉于宰相，宰相不理；诉于陛下，陛下不理。何以归哉！……陛下不以万国为心，不以百姓为本。臣当幸归沧海，葬江鱼之腹，不忍见国难危。①

"陛下不以万国为心，不以百姓为本。"可谓切中要害。王朝的兴盛和衰落，这是一个永恒的主题。为什么每一个王朝都经历了它的辉煌，也都逃脱不了衰落的命运？唐太宗提出"国以民为本"，贞观君臣注意"以百姓之心为心"，并为后继者所继承。唐太宗提出的"千端万绪，须合变通"，也成为从贞观到开元不断革新的理论基础。到唐朝后期，也就是唐穆宗以后，随着土地的高度集中，形成了大地主大官僚的巨大既得利益阶层，朝廷中形成了不同的官僚集团。既得利益阶层的形成，影响到经济、社会和政治，乃至于文化等各个领域。从皇帝到执政的高级官员虽然着力去解决一些政治军事问题，但唯独不关心民生，不去调整各种扰民的制度，不去解决各种严重的社会问题，特别是赋役不均的问题，"失所以安民之道"，抛弃了"国以民为本"这个唐初以来的立国之本。这是唐朝末年社会矛盾继续向前发展，农民生活不下去，统治者统治不下去，不可避免地走向了灭亡的根本原因。这也是大唐帝国的兴衰留给我们的说不完的话题。

---

① 《全唐文》卷八〇四。

中篇 | 隋唐制度

08 关于隋唐政治制度史研究

一、关于政治制度史研究

政治制度史，对于普通读者来说，有些人是要了解一个时期政治制度的具体情况；还有一些人是希望了解政治制度发展的规律，并从中得到必要的借鉴和启迪。这就构成了政治制度史的两个主要层面，也就是首先要搞清楚政治制度的基本情况，进而探索它的发展规律。而对搞历史的人来说，政治制度史是进行教学和科学研究必须具备的一项专业基础知识。

中国古代政治制度是中国古代政治文化的重要组成部分，凝结了我们祖先的政治智慧，也留给我们许多宝贵的经验教训。过去，对于古代政治制度主要是强调专制主义这个方面，而对于中国古代政治制度全貌，特别是其中的一些积极因素则多所忽略。

过去强调国家是阶级压迫的工具，是镇压人民的机器，而忽略了一个重要的事实，即国家能否进行统治，一个政权是否能够存在，是以它能否履行必须履行的社会职能，能否保证社会生产的正常进行作为前提的。秦始皇和隋文帝、隋炀帝所实行的制度和所采取的措施都是适应社会需要和国家统一发展的，但是他们滥用民力，赋税徭役超出了人民负担的能力，最后导致了国家的灭亡。后来唐太宗总结隋王朝灭亡的教训时说,"为君之道,必须先存百姓",① 也就是国家的各种措施不能超过人民的负担能力。而一个王朝在刚刚建立和正常发展的阶段,也总是把恢复发展生产和进一步促进社会生产的提高作为一项重要的任务。因此仅仅从压迫和镇压这样一个角度来论述中国古代的政治制度是不全面的。

古代的政治制度,都是建立在当时社会经济发展的基础之上的。不论在哪个时期,各个政府部门的职能都是相对固定的。因此,随着社会的发展和周边形势的变化而出现新的问题时,就需要设立新的官员和部门去解决这些问题。发展到一定阶段,政治体制就会随之发生变化。这是政治制度发生变化的基本原因。皇帝和宰相的矛盾、官僚之间的矛盾,对政治制度的变化会产生影响,但是这种影响只能是对变化起加速和延缓作用,往往构成变化的动因,不是制度变化的主要原因。

二、政治制度的不断调整是经济社会持续发展的前提

成就盛唐之盛的,原因很多,诸如天时、地利、人和等因素。而唐初以来政治制度的不断调整,也是唐朝前期经济能够持续发展的一个重要的条件。例如宰相制度的不断调整、使职的设立、铨选和科举制度的某些调整,无不适应当时经济社会和政治军事形势的需要。因此,研究唐朝前期政治制度的演变和盛唐时期政治制度的实际情况,对于理解盛唐这样一个神秘而迷人的时代,是很有意义的。

隋唐在中国古代政治制度发展上,处在承先启后的转折时期。隋和唐初的三省六部制度和州县制,既是汉魏南北朝以来政治制度的总结,同时也反映了中国封建社会前期向后期的转变,反映了豪强士族的衰落。但是,真正反映社会经济变化和封建经济高度繁荣,适应封建社会后期需要的政治制度,是在武则天到唐德宗时期才逐步形成的。因此,隋唐的政治制度本身也处在一个不断变动的过程之中。唐

---

① 《贞观政要》卷一《君道》。

朝政治制度不仅为唐代社会、经济和文化的发展提供了制度上的保障，而且对唐以后各朝的政治制度也有着深远的影响。

三、研究的重点是处于变动过程中实际运行的政治制度

我们研究的，是每个时期的政治体制、政权结构、运行机制和它们的发展变化，其中主要是决策机制和政府运行机制。

政治制度不是一成不变的，它的稳定程度，由于政治经济条件的不同，时间有时长一些，有时短一些，但总是暂时的、相对的，而变化则是绝对的。而对政治制度作出规定的法令，总是力求保持稳定而不轻易变动。因此，实际实行的制度和法律规定相一致的时候，是不多的。秦和西汉初期建立的一套完整的专制主义中央集权制度，到汉武帝时就发生了很大变化，此后还在不断地变。隋唐虽然在制度的调整上比较及时，但是在法律上也是滞后的。为了弥补和原有法律的矛盾，人们也想出了一些办法。比如中书令和侍中是不掌管行政事务的，但三省体制转变为中书门下体制以后，中书令和侍中作为宰相的同时要掌管决策和行政。这是和原来的法令不相符合的。为了表示和原有的法令不相矛盾，人们采取了让中书令和侍中兼任吏部尚书、兵部尚书等行政职务的做法。政治制度的情况千变万化，很复杂，因此我们研究的重点，是处于变动过程中的实际运行的政治制度，而不是停留在有关制度记载的条文上，以便真实地掌握唐朝前期政治制度的实际情况和政治体制发展变化的脉络。

四、关于文献材料与真实的政治制度

在唐代政治制度的研究中，我们发现一个很有意思的现象：唐宋以来，许多关于唐代政治制度的记载和经过研究所发现的唐朝实际的政治制度，存在相当大的差距。比方说司马光在《资治通鉴》里对于唐朝初年三省体制的描述，尤其是所谓中书出命，门下封驳，尚书执行的说法不是很准确。特别是他对门下省的作用，说得很不清楚。

在这里，他是用宋朝的制度来附会唐朝的制度。对唐玄宗开元、天宝年间政治体制的变化，《资治通鉴》更是一语带过。其实司马光不甚了了，没有搞清楚这个变化的意义。欧阳修在《新唐书·百官志》中所记载的一些唐朝的制度，其实是唐朝后期的制度。例如门下省的给事中在封驳中使用"涂归"这样一种方式，在《新唐书·百官志》中是作为唐朝的制度加以记载的，其实它是唐朝后期的制度，而不是一开始就有的。另外关于"律、令、格、式"的定义，特别是关于"格""式"的定义，也是唐朝后期的。和《旧唐书·职官志》或者《唐六典》比较一下，就可以看到说法是不一样的。

《旧唐书》卷四三《职官志》：

> 凡律，以正刑定罪。令，以设范立制。格，以禁违正邪。式，以轨物程事。

《新唐书》卷五六《百官志》：

> 令者，尊卑贵贱之等数，国家之制度也；格者，百官有司之所常行之事也；式者，其所常守之法也。凡邦国之政，必从事于此三者。其有所违及人之为恶而入于罪戾者，一断以律。

其实就是唐朝人对唐朝的制度有时候也不是搞得很清楚，可以从很多记载看出这一点。如后来的人将翰林学士大书特书为内相。其实内相在唐朝后期仅仅存在很短一段时间，是陆贽担任翰林学士时的事情。再如"北门学士"的问题，"北门学士"分宰相之权，这是大家很熟悉的一个说法。其实北门学士所做的事情不是宰相要做的事情，所以谈不上是分宰相之权。可是唐朝人就已经不是很清楚了。以上这些问题，一直到近些年，在一些论文和教科书中仍然承袭这些成说。

从这里，可以看出两个问题。第一，传统的说法是一种巨大的力量。我们在进行学习和研究的时候，总是以前人的记载、观点和成果作为起点，这是非常必要的。我们进行研究，若不在前人基础上，吸收前人的成果，一切从头来，那显然是一种很笨的、很不科学的方法。但是对前人的成果必须加以分析。这些成果中有些是正确的，有些不一定正确，但在学术史上曾经起过很大的作用，特别是在近人的很多著作中。比方说陈寅恪先生关于唐朝政治制度发表过很多精辟的意见,特别是在一些具体的问题上。但是在总体上,他也有很多错误。然而,我们不能否认陈寅恪先生在推动唐史研究方面所起的巨大作用。我们要进行唐朝政治制度的研究,不能跨过他这一步,必须仔细地去研究他的研究成果,认真地去研究他的方法,从中吸取正确的、有用的东西,抛弃错误的说法。所以说,如果我们不加批判地、盲目地以前人的成果,以文献材料来作为我们研究的起点和根据的话,那是非常危险的。我们这些年来就有这样一种体会:我们的研究过程就是一个不断摆脱宋朝人种种成说的过程。我们只有破除迷信,解放思想,一切从实际出发,从史料出发,从历史出发,才能得出真正的科学的结论。

第二,当代人对当时的历史也不一定就说得很清楚,不要盲目迷信当时人的所谓第一手材料,对这些材料也要进行分析。特别是一些反映社会变化的制度变化,人们往往不是一下子就能感觉到,一下子就能认识到的。他们不了解随着经济社会的发展,制度必然随之发生变化,孤立静止的制度是不存在的。他们往往是用制度是固定不变的这样一种观点,以原有的制度作为一种标准,来评价变化了的制度。所以,当时人也有很多不符合或不完全符合当时实际情况的记载。因此,在我们研究的时候,不仅要注意当时人怎么说和当时人的观点,更要注意考辨和研究当时的实际情况,以及总的发展趋势。只有把握了总的发展趋势,才能正确把握所研究的对象。我们最重要的一个体会是:必须把制度看成是一个不断发展变化的过程。我们要研究的是实际运行的制度,不是书本上、文字上的制度。只有这样,才能真实地掌握唐朝政治制度的实际情况和政治体制发展变化的脉络。这有很大的难度。因为制度不断地变化,是很难把握的。特别是,由于唐朝的社会经济处于一个快速发展过程之中,社会处于一个急剧变化过程中,所以政治制度也处在不断变化的过程中。把握它的发展变化,特别是发展不同阶段的特点和从这一阶段发展到下一阶段变化的关节点,也就是转折点,是需要花大力气,下大功夫的。

五、研究唐代政治制度的有关文献

研究唐朝的政治制度,根据我们这些年的体会,最好是以记载了唐朝开元年间制度的《唐六典》作为基本的材料。因为《唐六典》是唐前期政治制度的总结,它所记载的是当时正在实行的制度,同时它又以小字讲了许多制度的沿革,还记载了当时正在运行但还没有成为法令的一些制度。《唐六典》不仅是对开元时期制度的静态记录,也体现了整个唐前期制度的变化。我们应该以《唐六典》作为基本的材料,同时结合《唐会要》《唐律疏议》《通典》,再结合其他文献材料进行研究。《唐律疏议》是唐朝初年修订的,研究唐朝初年的制度,就需要对《唐律疏议》下更多的功夫。这是少走弯路的做法。当然这里也有一个前提,那就是对《唐六典》的性质和特点有所了解和把握。我在《盛唐政治制度研究》绪论中介绍了在这方面的一些体会和认识,大家可以参考。

关于《唐六典》,简单再做一些介绍。

《唐六典》是唐玄宗下令修撰的。他在《定开元六典敕》中说:"听政之暇,错综古今,法以《周官》,作为《唐典》。览其本末,千载一朝。"[1]

《唐六典》修撰任务下达后,受命编撰的徐坚无从下手,最后决定"以令式分入六司,以今朝六典象周官之制",[2] 也就是模仿周礼六官来叙述现行官制,将令式按内容分类系在有关职官之下。经过十余年的编撰,终于在开元二十六年完成,由时任中书令的李林甫领衔奏上。《唐六典》虽然包含了正在变化中的各种制度,唐朝后期一些官吏也曾引用《唐六典》的条文,但是,《唐六典》毕竟不是作为一部法典来编撰的。就在《唐六典》编撰的后期,在中书令李林甫的主持下,删缉旧格式律令及敕,对原有的法律进行了唐代最后一次大

---

[1] 《旧唐书》卷二六《礼仪志六》大和六年太常博士顾德章议中所引。
[2] 《大唐新语》卷九《著述第十九》。

规模的整理和修订,"又撰《格式律令事类》四十卷,以类相从,便于省览"。① 新定令、式、格及事类于《唐六典》完成前,在开元二十五年九月壬申颁于天下。这个事实说明,《唐六典》虽然包含了正在变化中的各种制度,但不是作为当时政治运作遵循的法典。

所以陈寅恪先生认为:"唐玄宗欲依周礼太宰六典之文,成唐六官之典,以文饰太平。"②

《唐六典》所述制度到底是什么时候的制度?"以令式分入六司"的这些令式都是什么时候的令式?学者一般认为是开元时期的,也有认为是开元二十五年的,如日本学者编著的《唐令拾遗》等。但是,开元时期制度变动很大,律令格式就经过了开元六、七年和二十二年至二十五年两次修订。这种变动,给《唐六典》打下了深深的烙印,给人们留下了一连串的混乱。不能笼统地说凡是《唐六典》上的规定就是开元二十五年的制度。

就总体而言,《唐六典》所述制度主要是开元二十五年正在行用的制度,其中吏部、兵部表现得尤为明显。对于开元时正在变化的制度,在正文中都按变化后的加以叙述。其中开元二十四年、二十五年的变化,都已经写进了正文,并以注文形式加以说明,使人一目了然,知道这是改变后的或新设立的制度。如卷二《尚书吏部》郎中条"凡天下官吏各有常员"条小注。又如卷八《门下省》录事条:"主事四人,从八品下"注:"旧令从九品上,开元二十四年,敕加入从八品下。"但是,这种情况主要用于人员的增减和官品的升降,而开元以前和开元前期新实行的一些制度,其变化则有些有交代,有些没交代。有交代的如集贤院等一些机构和拾遗、补阙等一些官职设立的时间;不论是正文还是注文没有交代的,如节度使、军、镇、圹骑这些在武则天以后以至开元时设立的制度,这就容易让人误认为唐初以来一直如此。

《隋书·百官志》。隋书的十志不是和本纪、列传一起修成的。

---

① 《旧唐书》卷五〇《刑法志》。
② 陈寅恪:《隋唐制度渊源略论稿·职官》,商务印书馆,2011年,第109页。

故历来纪传部分题魏徵撰，志部分题长孙无忌撰。志成书较晚。由于此前所修的《梁书》《陈书》《北齐书》《周书》《隋书》均无志，所以唐太宗命人分别修撰。

《旧唐书·职官志》。《旧唐书·职官志》包括三大部分。一是序论。序论概括地叙述了唐代职官制度的基本情况和变更情况，其中有不少材料是其他史书中没有的。对我们了解唐代职官制度有很大帮助。例如唐代的入仕途径，有关升迁的某些规定等。二是永泰二年（766）官品。三是职官制度本身及其沿革。沿革一般用小注标明。

《旧唐书·职官志》一般认为是照抄《唐六典》。但事实上旧志较六典严密，不像六典有不少相互矛盾的地方。旧志的有关叙述与六典也不尽相同。同时还补充了唐朝后期的材料，如神策军。旧志不是照抄某一本书，而是吸收了各个时期的材料，而主要的是根据韦述在天宝时修成的国史和《唐六典》。

因此，我们在使用《旧唐书》时要注意：一、它记载的主要是唐朝前期的制度。二、不同部分反映的时间是不完全相同的。它虽然消除了《唐六典》的某些明显的矛盾，实际上还是存在内在的矛盾。因此我们在使用时不能拿来就用，必须进行细致的考辨。

《新唐书·百官志》。《百官志序》一般认为出自欧阳修之手，职官制度，也经过了他的删削。他的原则是"采其纲目条理可为后法，及事虽非正，后世遵用因仍而不能改者"。表现了很强的主观性。新志记载的主要是唐朝后期的制度，对于研究唐朝制度的变化具有很大的价值。新志虽然记事简单，但一些材料却是其他史书中没有的。

《新唐书·选举志》。主要是记载唐代的铨选和科举制度。铨选就是官员的选拔、任用制度。其中引用的一些材料断章取义，这是我们在阅读时需要特别注意的。

《新唐书·宰相表》。这是研究宰相制度变化的重要材料。

研究唐代政治制度时，最受重视的莫过于《唐六典》和《通典》。

《通典·职官典》。杜佑在序中说他自己"不达术数之艺，不好章句之学，所纂通典，实采群言，征诸人事，将施有政"。本书成书于贞元七年，正是贞元、元和中兴时改革的发端时期。杜佑通过此书探求"治道之本",从历史上吸取借鉴。总的来说取材还是比较审慎的。但有的地方不够严密,甚至于有断章取义乃至望文生义的地方。还有的地方是以当时的情形附会历史,例如输籍之法,与《隋书·食货志》所述,就有相当大的出入。

《唐会要》。在有关政府机构、官吏和制度的条目中,大量引用了当时的诏敕。从中不仅可以了解政治制度的具体情况,而且可以了解政府机构的变化和运行情况。其中许多材料是其他历史文献中所没有的。

《册府元龟》。宋人所编。有关政治制度材料相当丰富,主要集中在宰辅部、铨选部、台省部、牧守部、令长部。《册府元龟》的材料来源,唐代部分主要是实录,保存了许多比较原始的材料,其中有一些是《旧唐书》《新唐书》《唐会要》《通典》中所没有的。各部有序,综述本部所叙制度的历史发展过程,有其独特的看法,是不可忽视的材料。

《资治通鉴》也是研究政治制度的重要材料。

碑志和笔记小说中也有许多有关政治制度的记载。碑志有具体的年月,唐代笔记小说中有关制度的叙述基本上也都是按照当时的实际情况写的。这些对于我们了解各个时期制度的具体情况及其运行都是生动材料。

在对有关唐代的文献材料的使用上,需要十分谨慎,特别是要力求搞清它们的时间属性,决不能用没有经过严密考证的材料或唐朝后期的材料,直接去说明唐朝前朝的制度。

1999年新发现的天一阁藏明抄本《天圣令》。有关学者经过艰苦的努力,取得了丰硕成果,并完成了《天一阁藏明抄本天圣令校证(附 唐令复原研究)》一书的写作和出版。其中所附的复原的唐令,给我们研究唐朝政治制度提供了重要的新材料。

除了这些文献材料,还有一些专著可以作为我们学习和研究的参考。

09 三省体制的形成和唐朝初年的政治制度

隋唐时期政治制度的发展，经历了由三省制的确立、完善到中书门下体制的建立，由六部寺监到使职系统的变化。

一、三省体制的建立

隋唐最终摆脱了秦汉以来国家体制上家国不分、家国一体的传统，完成了从隋文帝开始的中央政治体制的全面革新。

秦汉以来的政治体制有两个显著的特点：

一是秦汉以来在中央政府中，皇家事务和国家事务还没有分开。汉代九卿中，太常、光禄、卫尉、太仆等寺都是掌管皇帝或皇家事务的。国家还保持了古老的家国不分、家国一体的传统。皇权本身，也始终依托于当时最有势力的集团或阶层。西汉初年是功臣集团，西汉末年是外戚，再以后就是世家大族和士族门阀。皇帝总是要依靠他们来进行统治，让他们担任宰相和高级官吏。随着豪强大族势力越来越大，他们世代担任中央高官和地方佐官，并且把持察举。但是这些都还没有形成制度。直到魏晋之际，世家大族利用九品中正制才完成了门阀制度，并在东晋形成了典型的门阀政治。

除了让世家大族世代担任高官，皇帝也总是要和当时最有势力、最有影响的豪强大族或贵族联姻，以加强皇权和他们的联系。皇后废立也就成了一件重要的国家大事。

这些情况在南北朝时期开始发生变化。江南士族、山东士族和关陇贵族先后开始衰落，从隋朝开始，到唐朝初年全都退出了历史舞台。

二是内廷决策，外廷执行。在宰相上奏，皇帝批准后，要以皇帝的名义颁发诏令执行。宰相没有决策权，也没有发令权，只有谋议权和监督百官执行权。

南北朝以来经济社会的变化也反映在国家体制的变化上。主要表现就是国家事务和皇家事务从逐步分离到完全分离，皇帝的决策权分解为几个层次，其中一些层次转移到外廷。这个变化的最后完成是在隋朝。

《隋书》卷二八《百官志下》：

> 高祖既受命，改周之六官，其所制名，多依前代之法。置三师、三公及尚书、门下、内史、秘书、内侍等省，御史、都水等台，太常……等寺，左右卫……左右领军等府，分司统职焉。

隋朝初年实行三省六部制度，在皇宫外形成了中书省、门下省和尚书省组成的决策、审议和行政机关。尚书省及其下属的吏、户、礼、兵、刑、工六部，负责政务的运作。

三省在南北朝时期就已经存在。中书起草诏敕，门下审署下达，已经逐步形成制度。但两省仍在禁中，也就是在宫内。决策、发布命令的权力仍然保留在皇帝手中。因此这些做法，仍然是皇帝个人行为的延伸。内廷决策和外廷执行的传统仍然保留。中书省和门下省，一方面充当皇帝的顾问，充当皇帝的秘书，同时皇帝生活起居的某些事情也要由门下省负责，它们仍然是皇帝的秘书、咨询和侍从机构，是皇帝个人的附属机构。

南北朝时期，南北各朝基本上以尚书省作为宰相机关，分为上省和下省。尚书上省设于禁中，协助皇帝决策，下省在外廷，负责行政。尚书省已经是一个严密的政权机关。

作为中央政府，同时还有九卿与尚书省并存，二者之间存在职掌上的交叉和混乱。

这些情况都说明了在南北朝时期，三省还处在一个发展的过程之中，还谈不上什么三省体制。有三省，但三省的地位和作用都是不一样的。尚书省是政府机关，门下省和中书省是属于皇帝的附属机关。

南北朝后期是三省体制最后形成的关键时期，到隋朝，才形成了三省六部体制。这中间有关键的几步：

第一步是北周实行六官制度，对秦汉以来，尤其是南北朝以来的制度进行了规整。

北周六官制度是在北周建立前一年，西魏的实际掌权者、北周追尊为太祖的宇文泰主持实行的。秦汉以来，随着经济的发展和政治形势的变化，政治制度经历了不断的变革和调整，从汉武帝设尚书，到南北朝时期设置尚书省，成为宰相机关，同时由尚书各曹负责行政事务，都是在保留原有机关的情况下设立新的机关。所以就造成机构重叠、职责不清这样一种状况。南北朝以来，有很多人都看出了这一点，而且也想解决这个问题，但没有人敢于付诸实践，因为这是老祖宗传下来的，不敢轻易变动。而宇文泰仿照《周礼》实行六官制度，也就是在中央设立天官、地官、春官、夏官、秋官、冬官六官，"以分司庶务"，① 恰恰把这些制度规整起来。而他打出《周礼》的旗号，大家也就不敢反对。南北朝各朝尚书省所属各曹成为各种行政事务的中心。但是尚书省各曹的归属以及各曹和寺监的关系都还没有理顺。北周实行六官制度，不论是行政机关还是事务机关都按照所管事务的性质归总到六官中一个部门。这是理顺关系的第一步。而按照政务的性质来整合政府部门，无疑是一个很大的进步。现在，一般人都说唐朝的制度跟《周礼》相差甚远，有些人说修《唐六典》的时候，要按照《周礼》六官来编《唐六典》困难重重，我不完全同意这个看法。其实，唐朝的制度跟《周礼》六官制度是最接近的。陈仲安、王素先生在《汉唐职官制度研究》一书曾就六官与三省六部职掌进行了比较："如：天官大冢宰总司百官之政，实际相当尚书令、仆射

---

① 《隋书》卷二七《百官志中》。

等职。大司徒、大宗伯、大司马、大司寇、大司空五官,则相当吏、礼、兵、刑、工五部尚书。天官司会相当户部首长。御正、御伯相当侍中、黄门等内侍官员,春官内史相当中书监、令。"①

具体来说就是:

天官大冢宰总司百官之政,实际相当尚书令、仆射等职;

地官大司徒相当吏部尚书;

春官大宗伯相当礼部尚书;

夏官大司马相当兵部尚书;

秋官大司寇相当刑部尚书;

冬官大司空相当工部尚书;

天官司会相当户部首长;

天官御正、御伯相当侍中、黄门等内侍官员;

春官内史相当中书监、令 。

现在看来,吏、户、礼、兵、刑、工这六部制度一直实行到明清,就是因为它基本是包括了政务的各个方面。而北周实行六官制度恰恰是把原来乱七八糟、各种各样的机构都纳入了这样一个系统,这样就为后来政治制度的进一步变革奠定了基础。

关于这一点,陈寅恪先生的意见是非常高明的。他说:"汉魏以来中央政府职官重复,识者虽心知其非,只以世之所习而不敢言,宇文之改革仿周礼托体甚高,实则仅实行其近代识者改革中央政府官制之议,而加以扩大,并改易其名,以符周制耳。"② 陈先生对这个问题是看得很透彻的。这是整个隋唐三省体制形成关键的第一步,但还没有最后形成。

第二步是隋文帝废除了北周六官制度,设立了南北朝普遍设立的三省和六部。隋文帝所设立的三省六部,并不是重复南北朝时的制度,而是在继承南北各朝制度的基础上,对制度做出了重大的革新。为什么说是重大的革新呢?

---

① 陈仲安、王素:《汉唐职官制度研究》,中华书局,1993 年,第 87 页。

② 陈寅恪:《隋唐制度渊源略论稿·职官》,商务印书馆,2011 年,第 107 页。

首先，他用纳言（侍中）和中书令来知政事，也就是外朝的宰相，同时把门下省和中书省迁出禁中，与尚书省共同组成国家机关，建立了三省体制。皇帝成为政府的最高负责人。门下和中书由皇帝身边走出来时，同时也把原来属于皇帝的一部分决策和发令的权力带出来，成为政权机关中书省和门下省的权力。南北朝时期作为宰相机构的尚书上省的决策权也转移到中书省和门下省。这样，门下省和中书省，从皇帝的秘书、咨询、侍御机关变成了国家权力机关，由皇帝的个人附属机关转变为政权机关。

其次，按照类别，把当时主管行政的二十几个曹分门别类归入六部。基本上按类来组成部，这比原来科学多了，不像原来那样混乱。六部统归尚书省掌管。尚书省向职能化的方向发展，成为纯粹的最高行政机关。把主管事务的各个部门归总到寺监。六部和寺监分别构成了政务处理系统和事务处理系统。六部与寺监虽然没有直接的隶属关系，但是在事务的处理上，寺监听命于六部。

第三，把寺监，即九寺、国子监定位为事务机关。同时，成立了侍御机关——殿中省。这是很重要的一步，成立殿中省，所有侍御事务就从中书省、门下省完全分离出来，从而实现了国家事务与皇家事务的最后分离。这是一个过程，秦汉时候，政府机关——九卿中间，有相当一部分负责皇家事务，只有一部分负责国家事务。也就是说，当时还是一种家国不分、家国一体的制度。到了隋文帝时期，把国家机关和侍御机关分开，最后终结了秦汉以来家国一体、家国不分的政治体制。有学者认为，这使得当时的政治体制开始具有近代色彩。

第四，废除郡县佐官由长官辟署的制度，改由中央任免。以此为起点，地方权力向中央集中，尚书省六部的工作内容随之发生了变化，工作量大为增加。原来由低级官吏负责的文案工作改由令史、府史等没有官品的吏担任。在官员系统之外产生了一个吏的系统。吏部尚书牛弘曾经问大儒刘炫："案《周礼》士多而府史少，今令史百倍于前，判官减则不济，其故何也？"刘炫回答说："古人委任责成，岁终考其殿最，案不重校，文不繁悉，府史之任，掌要目而已。今之文簿，恒虑覆治，锻炼若其不密，万里追证百年旧案，故谚云'老吏抱案死'。古今不同，若此之相悬也，事繁政弊，职此之由。"弘又问："魏、齐之时，令史从容而已，今则不遑宁舍，其事何由？"炫对曰："齐氏立州不过数十，三府行台，递相统领，文书行下，不过十条。今州三百，其繁一也。往者州唯置纲纪，郡置守丞，县唯令而已。其所具僚，则长官自辟，受诏赴任，每州不过数十。今则不然，大小之官，悉由吏部，纤介之迹，皆属考功，其繁二也。省官不如省事，省事不如清心。官事不省而望从容，其可得乎？"①

　　第三步是隋炀帝在门下省设立给事郎，"审读奏案"。"审读奏案"，就是审议尚书省呈报给皇帝的奏状、表章。地方佐官改由中央任免，地方权力向中央集中，尚书省政务和各部门事务不断增加，向皇帝的奏报也随之增多。由于政务的决定、审议和批准尚未形成一种分层负责、各有权限，并按一定程式运行的制度，尚书省所有的奏章都要皇帝亲自处理，隋文帝只好亲自动手，于是就变成了中国历史上少有的几个最忙的皇帝之一，大事小事，甚至营造房屋这样细小的事，出给轻微之物，也要向皇帝奏报。隋文帝虽勤于听受，然闻奏过多，一日之内，忙着批答各部门的报告，乃至于太阳下山了还没有吃饭，夜深了还没有睡觉。早起晚睡，废寝忘食，什么事都要管，真是很辛苦。

　　唐太宗和大臣们谈到隋文帝时说隋文帝不肯信任臣下。其实他也是不得已而为之，因为当时还没有建立起一套正常的政务运行机制。为了解决这个问题，隋炀帝在门下省设立给事郎，赋予"审读奏案"的职责。一般的小事情报告给皇帝，皇帝看也可以，不看也可以。大的事情才要向皇帝请示到底如何处理。中书起草的诏令，门下省要进行审核，尚书省处理政务，各种报告也要经过门下省的审核，最后奏报皇帝批准、执行。门下成为整个政务运行枢纽。这个问题就这样解决了。当然执行还是要靠尚书省，有些事务性的工作由寺、监执行。所以隋炀帝在门下省设立给事郎，就使得整个三省在政务运行当中，形成一个按程序分工的有机整体。这样皇帝也不必每天埋头于公文的

---

① 《隋书》卷七五《刘炫传》。

处理，为各种小事情所纠缠，而能集中力量处理国家大事。隋炀帝时期，还有其他一些改革出台，但还没有能够充分实行。比如说宰相制度，隋炀帝找了一些不是中书省、门下省、尚书省长官的人来"知政事"，开启了唐朝的"知政事官"制度。但是这个制度的实施是在隋末开始动乱的时候，所以并没有得到真正的发展。

尚书、门下、中书三省发展到隋朝，最后形成了三省体制。三省体制不仅是三省发展的产物，更重要的是作为宰相机构尚书省职能的分化和皇帝权力的分化的产物。

二、唐朝初年的政治制度

唐朝初年，三省体制发展得更加完善。中央有三省、六部、一台、九寺、三监、十二卫；地方有州、县，还有镇、戍。

贞观元年，唐太宗对黄门侍郎王珪说："中书所出诏敕，颇有意见不同，或兼错失而相正以否。元置中书、门下，本拟相防过误。"①一语道破三省制的精神就是"相防过误"。应该说这在政治制度特别是最高决策行政机关的配置理念上是很高的境界。

中书省和门下省，唐太宗称之为机要之司，近代有的学者称之为中枢机构，是国家政务处理的中心和发号施令的机关。尚书省统领六部，负责政令、行政和有关事务。三省严格按照政务处理程序分工，各有其特殊的职能。

此外，在中央还设有负责各项具体事务的太常寺、大理寺、司农寺、鸿胪寺、太府寺、光禄寺、卫尉寺、太仆寺、宗正寺等九寺，以及国子监、少府监、将作监等三监。唐朝还在中央设立了独立的国家监察机关御史台。

1. 知政事官

在三省体制形成的同时，宰相制度也经历了一个变化的过程。唐

---

① 《贞观政要》卷二《政体》。

朝宰相称为知政事官，由中书省、门下省长官和皇帝指定知政事的官员组成。知政事官在政事堂议决军国大事，构成一个法定的决策群体。立法和决策都需经过一定的程序，最后由皇帝批准执行。决策工作在外朝进行，这与传统的内廷决策、外朝执行有很大的不同。

以知政事官代替仆射为宰相，在宰相制度上是一大变革：以集体取代个人，宰相议决而非谋议，宰相机关按程序分工而不是集中在一个机关。

尽管看上去还是皇帝、宰相，但是这与过去皇帝、宰相的关系却有着很大的不同。

自从秦始皇以来，皇帝在直接决策的时候，总是要和大臣商量的，主要方法有两种：一种方法是把大臣找来一起商量，形式有上朝和廷议、退朝以后和大臣商量。另一种方式是下诏或下令让大臣议。秦始皇即位以后，像确定自己的名号这样的大事，也还是要大臣讨论的。这两种方式经常使用，虽然是一种习惯的程式，但还不是决策过程中必经的程序。在此之外，皇帝还经常和身边的人或者亲信商量。尽管这也是一种习惯的做法，但是比前面两种就更加具有随意性和不透明性。至于日常政务中宰相上奏，皇帝批准，那是一种必经的法定程序，从层次上来看，比皇帝直接决策，要低一个层次。

在皇帝制度的早期阶段，即秦汉时期，国家的最高决策就是这样一种情况。大体上可以说，当时的决策权完全集中在皇帝手中。因此，内廷决策、外廷执行就成为一种传统的说法。

随着尚书省逐步成为宰相机关，这种情况开始发生变化。有事召集大臣商量这种做法延续下来，而下大臣议，则往往通过尚书省。皇帝决策时的一些程序转移到尚书省；从某种意义来说，皇帝决策权的一部分转移到尚书省。因此，南北朝时期尚书省有上省和下省。上省在禁中，下省在外廷。上省在禁中，是为了方便皇帝和尚书省长官商讨政事，进行决策。尚书省仍然是国家政权机关，而不是皇帝的秘书机关。由于上省是在禁中，所以仍然给人以内廷决策的印象。其实情况已发生了变化。

隋朝建立后，隋文帝有意改变南北朝以来尚书仆射独为宰相，主要由皇帝和尚书仆射决策的情况。隋文帝命侍中、中书令知政事，便是重要的一步。隋炀帝进一步任命三省长官以外的大臣知政事，完全突破了以往的宰相格局。但是这种情况，并没有从法令上确定下来。知政事官制度还处在草创的阶段。

唐太宗即位以后，对于知政事官制度即宰相制度和三省制度进行了一系列的调整。

首先它确定中书省和门下省是"机要之司"，是决定军国大事的核心机构，是国家决策发令的中心。同时提高门下省的地位，使之成为上行下达，政务处理的枢纽。侍中在知政事官中的地位不断提高，并且成为执政事笔的首相。

其次是确定中书令和侍中在知政事官中的核心地位。贞观十七年唐太宗同时任命肖瑀、李勣、高士廉这三位二品官"同中书门下三品"。这意味着中书令和侍中在知政事官中核心地位的确立。

再次，尚书省和尚书省长官逐步被排除出宰相机构和宰相行列。

贞观三年，房玄龄、杜如晦为左右仆射。任命后不久太宗对他们说，左右仆射的职责就是广求贤人，随才授任，尚书省一般的事情就不要管了。也就是说让尚书仆射不要管尚书省的事情。他这样做的结果实际上就是把尚书仆射逐步剥离出尚书省。他们名义上还是尚书省长官，但实际上行使不了尚书省长官的职权。贞观十七年尚书右仆射高士廉罢任后，直到唐太宗去世，在长达十六年的时间里不设尚书省的仆射，让尚书左右丞实际上负责尚书省的工作。这样，就在事实上把尚书仆射排除出宰相行列，把尚书省剥离出宰相机关。

这种情况在高宗即位后彻底解决了。唐高宗即位以后不久，贞观二十三年八月，唐高宗以李勣为尚书左仆射、同中书门下三品。这不是一次简单的人事任免。这时中书令和侍中在知政事官中的核心地位已经确立，因此，这就意味着尚书省长官不再是当然的知政事官。如果不加同中书门下三品，就不再是知政事官。因此，这次任免实际标志着尚书省长官从制度上被排除出知政事官即宰相的行列，尚书仆射加"同中书门下三品"始为知政事官的制度从此确立。尚书省同时被排除出宰相机构，成为纯粹的行政职能机构。决策发令和行政的分离最后完成。按照程序分工的三省体制,发展到了顶峰。

在对三省和宰相进行定位的同时,唐太宗还确立了分层决策的机制。他把决策和政务的决定分为几个层次。

第一个层次,也是最高的层次,重大的国家事务由皇帝和宰相及有关大臣商量。

第二个层次,军国之务由宰相在政事堂商量,然后奏请皇帝批准。

第三个层次,一般政务由尚书各司商量决定,六部尚书和尚书都省审核通过以后,上报到门下省。小事门下省审查通过后报皇帝画闻,大事则奏报皇帝批准。

第四个层次,一般事务由寺、监决定,先上尚书省,然后也要报门下省审议。

经过以上这样一些步骤,知政事官制度和三省制度出现了一个新的格局:分层决策,各司其职,相互配合。

从制度上来说,以上的格局到唐高宗初年才最后确定,但是在实际上这种格局在贞观初年就已经形成。

贞观四年唐太宗与大臣谈到隋文帝不肯信任百司、每事皆自决断的问题:

"朕意则不然。以天下之广,四海之众,千端万绪,须合变通,皆委百司商量,宰相筹画,于事稳便,方可奏行。岂得以一日万机,独断一人之虑也。且日断十事,五条不中,中者信善,其如不中者何?以日继月,乃至累年,乖谬既多,不亡何待!岂如广任贤良,高居深视,法令严肃,谁敢为非!"因令诸司若诏敕颁下有未稳便者,必须执奏,不得顺旨便即施行,务尽臣下之意。①

唐太宗没有像隋文帝那样,事事自己一个人决定,而是充分发挥各级政府部门的作用,把决策分解为若干个环节,赋予每一个环节一定的

---

① 《贞观政要》卷一《政体》。

权力，让每一个环节完成一定的任务。从决策到一般政务的运行都严格按照一定的程序进行，最后由皇帝批准执行。在一般情况下，皇帝不能越过中书省和门下省直接发号施令。皇帝本人则成为名副其实的国家政务的最高负责人。这样做并没有改变皇帝集权的原则，目的是为了"于事稳便"。

唐太宗利用知政事官和三省形成的分层决策，把过去皇帝的最后决定权分解为两个部分：一部分是重大事件和五品以上官员的任免，经过一定的严格的程序，最后由自己决定。另一部分是一般性的政务，则由门下省审议决定以后"上闻"，报告给皇帝知道，也就是把一部分决定权分给门下省。这样，皇帝就可以集中精力处理最重大的事情，从而把国家大事的最高决定权掌握在自己手中。

唐太宗所说，"以天下之广，四海之众，千端万绪，须合变通"，虽然是有关政事的处理原则，但制度的调整也是政事的重要内容。因此，唐太宗的这段话为政治制度的及时调整奠定了思想基础和理论基础。对制度进行必要的调整，在唐朝被看作是很正常的事。而"变通"二字也往往成为制度调整时的依据。对政治制度比较自觉地及时进行调整，是唐代社会能够持续发展的重要条件。

知政事官制度实现了政事和行政的分离。这种分离只是一种特定历史时期出现的特殊情况。它的历史作用就是进一步完善了分层决策，使得决策机制更加完善。但这毕竟只是一种过渡。到唐玄宗开元年间，随着三省体制转变为中书门下体制，决策、政事和行政又重新走上合一的道路。

2. 门下省和中书省

门下省长官隋称纳言，唐复为侍中，副长官门下侍郎（正四品上）2人，下有给事中（正五品上）4人，录事（从七品上）4人，主事（从八品下）4人。

侍中作为知政事官即宰相，要与中书令参总国政，而门下省的主要职责，则是出纳帝命，总典吏职，以弼庶务，即审核下行的诏敕，审批百司奏抄，处理日常庶政。

唐朝公文制度，"凡下之通于上，其制有六：一曰奏抄（谓祭祀，支度国用，授六品已下官，断流已上罪及除、免、官当者，并为奏抄），二曰奏弹（谓御史纠劾百司不法之事），三曰露布（谓诸军破贼，申尚书兵部而闻奏焉），四曰议（谓朝之疑事，下公卿议，理有异同，奏而裁之），五曰表，六曰状（蔡邕《独断》：凡群臣上书通于天子者……）"。"其奏抄、露布，侍中审，自余不审。""皆（应为奏抄、露布）审署申复而施行焉。"① 奏抄、露布经侍中最后审定，上奏皇帝，皇帝画可后，送尚书省施行。

负责门下省日常工作的是给事中，其主要任务，一是审读奏抄，"凡百司奏抄，侍中审定，则先读而署之，以驳正违失"。二是审查中书省起草的制敕，制敕有差失或不便施行，驳正奏还。三是大狱三司详决，刑名不当，轻重或失的，要根据法例进行裁决。四是六品以下官的任用，吏部拟定后，由给事中进行审定。

一般都认为门下省的主要任务就是封驳，即审核中书省起草的制敕，这是一种片面的理解。门下省不仅有封驳权，还有审批权，是帮助皇帝处理庶政的主要机构，在唐初中枢机构中具有特殊的地位，故政事堂设于门下省，由侍中执政事笔。长孙无忌起复为司空、房玄龄起复为右仆射、魏徵授太子太师，皆知门下省事，以显示其特殊地位。

中书省，隋初称"内史省"，炀帝改为"内书省"，唐复为"中书省"。主要官员有中书令（正三品）、中书侍郎（正四品上）、中书舍人（正五品上）、主书（从七品上）。

中书令之职，掌军国之政令，盖以佐天子而理大政者也。中书省的主要职掌就是起草以皇帝名义发布的诏书，发号施令和参谋决策，决定大政方针。

唐初以皇帝名义发布的官文书，有诏、制、敕。《唐六典》和《旧唐书·职官志》所记"王言之制有七"，是武则天以后的制度，

---

① 《唐六典》卷八《门下省·侍中》。本讲下文皆据《唐六典》及两《唐书》相关部分，不再注。

其中只有制、敕。这一方面是为了避武则天名字的讳，另一方面也是因为诏、制在内容上已经逐步接近。

七种王言之制，一曰册书（立后、立太子、封王）；二曰制书（大赏罚、赦宥、授五品以上官、厘革旧政）；三曰慰劳制书，"褒赞贤能，劝勉勤劳则用之"；四曰发敕，"谓御画发日敕也"；五曰敕旨，"百司承旨而为程式，奏事而请施行者"，是对现行制度的改革或补充；六曰论事敕书，"慰谕公卿，诫约臣下则用之"；七曰敕牒，"随事承旨不易旧典，则用之"，是宰相奉敕而牒有关部门，内容比较广泛，形式也比较灵活，是对上述几种王言的补充。

七种王言之制中，发敕是对奏抄和有关增减官员、废置州县、征发兵马等事的批复，制书和敕旨则关系到制度的改变，敕旨也关系到日常政务。唐代格、式由制、敕删定编成，其中制即制书，敕即敕旨和发敕。

中书舍人是中书省主要的办事官员。其职掌，一是负责诏敕的起草。"凡诏旨敕制，及玺书册命，皆按典故起草进画；既下，则署而行之。""制敕既行，有误则奏而正之。"二是陈奏表状。"凡大朝会，诸方起居，则受其表状而奏之。国有大事，若大克捷及大祥瑞，百僚表贺，亦如之。"起草诏敕和陈奏表状是唐初中书舍人的主要职掌。三是参议表章。这一职掌是唐高宗、武则天时期逐步产生的。武则天以后，参议表章才逐步成为中书舍人的主要职掌。参议的表章是指上行文书中门下省不审的议、表、状。"凡百司奏议、文武考课，皆预裁焉。""凡有章表，皆商量可否，则与侍郎及令连署而进奏。"即参议表章的主要内容。参议表章这一执掌的增加，不仅是中书舍人职掌的变化，而且表明中书省在决策和政务处理中的地位和作用已经发生变化。中书省不仅起草制敕，而且要帮助皇帝处理臣下向皇帝反映的情况和问题，提出意见和建议，是皇帝决定重大问题时参谋决策的主要机构。

在中枢二省中，给事中和中书舍人是对应的主要办事官员。同时，给事中与中书舍人还与御史三司审查天下冤滞，并参与吏部对内外官吏的考课。

门下省和中书省还设有谏官和史官。谏官有谏议大夫、补阙和拾遗。

谏议大夫四人,正五品上。掌侍从赞相,规谏讽谕。凡谏有五:一曰讽谏,(风之以言,谓之讽谏。孔子曰:"谏有五,吾从风。"《白虎通》曰:"人怀五常之性,故有五谏也。")二曰顺谏,(谓其所不可,不敢逆而谏之,则顺其君之所欲,以微动之,若优游之比。)三曰规谏,(谓陈其规而正其事。)四曰致谏,(谓致物以明其意。)五曰直谏。(谓直言君之过失,必不得已然后为之者。)

左、右补阙各二人,从七品上。(皇朝所置。言国家有过阙而补正之,故以名官焉。垂拱中,因其义而创立四员,左、右各二焉。天授初,左、右各加三员,通前为十员。神龙初,依旧各置二人。其才可则登,不拘阶叙。又置内供奉,无员数,才职相当,不待阙而授,其资望亦与正官同,禄俸等并全给。右补阙亦同。)

左、右拾遗各二人,从八品上。(皇朝所置。言国家有遗事,拾而论之,故以名官焉。垂拱中,因其义而创立四员,左、右各二焉。天授初,左、右各加三员,通前为十员。神龙初,依旧各置二员。才可则登,不拘阶叙。亦置内供奉,无员数,资望、俸禄并如正官。右拾遗亦同也。)左补阙、拾遗掌供奉讽谏,扈从乘舆。凡发令举事有不便于时,不合于道,大则廷议,小则上封。若贤良之遗滞于下,忠孝之不闻于上,则条其事状而荐言之。

史官有起居郎、起居舍人。

起居郎二人,从六品上。(起居郎因起居注以为名。起居注者,记录人君动止之事。)古者左史记事,右史记言,起居郎掌录天子之动作法度,以修记事之史。季终则授之于国史焉。

起居舍人二人,从六品上。起居舍人掌修记言之史,录天子之制诰德音,如记事之制,以纪时政之损益。(自永徽已后,起居唯得对仗承旨,仗下之后,谋议皆不得预闻。长寿元年,文昌左丞姚璹知政事,以为帝王谟训,不可遂无纪述,若不宣自宰相,史官无从得书,遂表请仗下所言军国政要,即宰相一人专知撰录,号为"时政记",每月送史馆。自后因循,录付两省起居,使编录焉。)季终,则授之于国史。

3. 尚书省

尚书省是唐代最高行政机关。尚书省成为纯粹行政机关，有一个发展过程。南北朝时期，尚书仆射是宰相，尚书省是宰相机关。唐初尚书省长官事实上仍是当然的宰相，尚书省在事实上也仍为宰相机关。当时尚书省长官尚书令的职掌是"总领百官"，仍然保留过去作为宰相的职掌。高宗龙朔二年（662）"废尚书令"，左、右仆射正式成为尚书省的长官，从法令的角度来说，仍然享有尚书令的全部职掌。仆射且身居二品高位，而侍中和中书令均为三品，品阶上是不平等的。这些都是和唐初的三省体制不相容的。因此唐太宗在事实上逐步把尚书仆射排除出宰相行列。

在把尚书仆射排除出宰相行列，尚书省排除出宰相机构的同时，尚书省的职能也发生变化。在尚书令的职掌中，除了总领百官，还有"凡庶务，皆会而决之"。按照这个规定，尚书省是有行政决定权的。《旧唐书》卷四三《职官志二·尚书都省》记载，尚书左右仆射的职掌中却是，"自不置令，仆射总判省事"。

庶务是指政务，而省事是指尚书省的事务。二者有着明显的差别。正是这种差别告诉我们尚书省职掌的改变。当时官文书的运行程式和历史事实也都说明，判案虽然是尚书省各部门的日常工作，他们在上行和下行的公文书上也要签字画押，但是没有最后决定权。

由于尚书省职能的改变，都省、部、司的关系也重新定位。

尚书省的首脑机关是尚书都省，下设吏、户、礼、兵、刑、工六部。唐朝前期，六部和都省共同组成尚书省，二者是一个密不可分的整体，分工合作，构成政务处理的中心环节。

尚书省的主要官员有左、右仆射（从二品）、左右丞（正四品上、下）和左右司郎中。尚书左、右丞主持都省的日常工作。左右司郎中，副左右丞所管诸事，省署钞目，勘稽失，以举正稽违，省署符目焉，是都省勾检工作的具体执行者。

都省的职能是"掌举诸司之纲纪与百僚之程式"，具体的工作是：

一、凡需要内外百司处理的文书，都要经过都省，由都省进行登记，注明发出的日期，规定处理的时间即程限，再依内容分发到有关部门处理。在正常情况下，郎中作为经办的判官，应自行主判，不必请示尚书。有些事郎中应向尚书"咨禀"。尚书作为长官，是要进行签署的。各司郎官裁决后，送回都省勾检。当各司的判案有误时，都省有权进行改判。无稽失者送往门下省进行审议。

二、皇帝的诏、制、敕经中书省起草，门下省审议后，由尚书省下发施行。案成则给程以钞之。若急速者，不出其日。若诸州计奏达于京师，量事之大小与多少，以为之节。

三、凡京师各部门的公文，有符、移、关、牒下发到各州的，先送交都省，由都省发出。

四、进行档案管理。唐朝有相当严格的档案制度。

凡文案处理完毕，勾司行朱讫，皆书其上端，记年月日，纳诸库。

凡施行公文应印者，监印之官考其事目无差，然后盖印。并且进行登记，书于历。每月月终送交"库"。

凡是以皇帝名义下发的制敕、通过尚书省下发到地方和各部门的公文，年终要进行整理。京师诸司，来年四月一日送交都省。天下诸州，则本司推校，以授勾官。勾官审之。连署封印，附计帐，使纳于都省。常以六月一日，都事集诸司令史对覆。若有隐漏不同，皆附于考课焉。

"掌举诸司之纲纪与百僚之程式"，也就是说尚书省的主要任务就是监督和管理各部门和百官按照法令和程式对诏敕和文案适时和正确的处理，是对以官文书运行为主要形式的政务运作进行监督和管理，而不是对官文书进行审议和批准，是上下行文书运转的枢纽。

贞观元年，尚书左仆射萧瑀免官，仆射封德彝死，太宗对戴胄说："尚书省天下纲维，百司所禀，若一事有失，天下必有受其弊者。"[①] 全

---

① 《旧唐书》卷七〇《戴胄传》。

国和各部门的日常政务，首先要汇总到尚书省。贞观十一年，刘洎疏云："伏见比来尚书省诏敕稽停，文案壅滞。""比者纲维不举，并为勋亲在位，品非其任。""左右丞、左右司郎中如并得人，自然纲维略举。"① 可见唐初尚书省的主要任务就是转发诏敕，处理文案。

4. 六部

尚书省下设吏、户、礼、兵、刑、工六部，掌管有关的行政政令和事务。吏部设吏部、司封、司勋、考功等四司，"掌天下官吏选授、勋封、考课之政令"。这是《旧唐书·职官志》和《唐六典》关于吏部职掌的记载。就是说吏部掌管全国官吏选任、封爵、勋级、文武官吏考课之政令及相关的具体工作。

户部设户部、度支、金部、仓部等四司，"掌天下田户、均输、钱谷之政令"，掌管全国田地、户口、赋役、财政收支和钱谷出纳的政令。其中户部司分理户口、田地收授和赋税徭役之事。度支司负责国家预算、财政收支和物资调运。金部掌判全国库藏钱帛出纳之事。仓部掌判全国仓储受纳租税，出给禄廪之事。

礼部掌全国礼仪、祭享、贡举的政令，负责五礼的礼仪、祭祀、祭器酒膳、接待外国和各族使者以及贡举的政令和具体工作。

兵部负责全国卫府的名数、武官的选任及地图与甲仗的政令。

刑部负责全国刑法及徒隶、关禁的政令。其中比部司还负责各部门官员俸料以及国家各种经费收支的审计勾覆。

工部负责全国工程营造、屯田、山泽、水利的政令。

六部长官为尚书（正三品），副长官为侍郎（正四品上）。六部各设四司，长官为郎中（正五品上），副长官为员外郎（从六品上），均为2人。其中"头司"即其名与部名相同的，为各部"本司"，其他三司称为"子司"。头司的主要职能是协助尚书、侍郎执掌政令，并负责本部的核心职能事务。各部四司设立的原则不完全相同。其中吏部四司都与官吏的任用考课和勋爵有关，户部四司则是按政务运行

---

① 《旧唐书》卷七四《刘洎传》。

程序来划分，其他各部子司一般多为专门性、技术性、事务性工作。各司郎官主判，案成后送都省检勾。经相关官员（郎中、侍郎、尚书、仆射）签署以后，送门下省审核。

各部官员也不多。除了尚书、侍郎，各司郎中、员外郎，各司设有主事2人（八、九品），另有办事吏员数十人。尚书省二十四司主事及门下中书都事、主书等，唐初选补，皆取旧任流外有刀笔之人。

唐继承隋朝的制度，把性质、职能相近的曹司置于同一部之下，显然更加合理。但它们都有一个共同点，那就是各部、各司的职能都是具体的，固定的，限制在一定范围之内的。唐朝还只是以职能类别归总四司来划分六部，而不是按政务范围来划分六部。还缺少弹性和灵活性。因此，在规定的具体职能之外的事务，各部、司就无权处理。

5. 九寺、三监

九寺、三监负责各项具体事务。

太常寺，"掌邦国礼乐、郊庙、社稷之事"。下设八署，其中太乐署，掌管国家祭祀、宴会时的乐舞，大宴会时设十部伎，亦负责乐人及音声人的教习。太医署，掌医疗之法，设有医师、针师、按摩师、咒禁师。另有诸药医、针、按摩、咒禁博士、助教教授诸生。

光禄寺，掌宫廷宴会和郊庙贡品。

卫尉寺，掌管京师武器和大祭祀，大朝会时的羽仪、节钺、金鼓、帷帘、茵席等物。

宗正寺，掌管皇族的属籍，开元二十五年后并领掌管京都道观和道士的崇玄署。

太仆寺，掌管各地牧监和皇帝的车马。牧监掌群牧养马。沙苑监则掌牧养陇右诸牧牛羊，供宴会、祭祀和尚食所用。

大理寺，"掌邦国折狱详刑之事"。诸司百官犯罪，杖刑以下本部门处理，徒刑以上送大理寺审理；庶人犯流刑、死刑以上，要送大理寺审复，金吾抓获的罪犯，亦送大理寺审理。

鸿胪寺，"掌宾客及凶仪之事"，负责接待外国使臣和少数民族酋长,以及办理大臣的丧礼。唐初并掌管天下僧尼、道士。

司农寺,"掌邦国仓储委积之政令",主要掌管粮仓和粮食的出纳。其属上林署、京都苑总监、京都苑四面监掌皇家苑囿园池之事;太仓署及太原、永丰、龙门诸仓掌仓窖储积之事。

太府寺,"掌邦国财货之政令",负责四方贡赋和百官俸禄的出纳。其属长安、洛阳四市市署,负责市场管理。左藏署掌邦国库藏,天下赋调经太府卿及御史监阅后,纳于库藏。右藏署则收藏四方所献金银、珠贝、玩好之物。常平署则通过贱籴贵粜,平抑物价。

九寺长官为卿,除太常卿为正三品,余均为从三品。副长官为少卿,除太常少卿为正四品,余均为从四品上。各寺均有丞,掌判寺事。

上面说的是九寺,下面再谈三监。

国子监,设祭酒1人(从三品)、司业(从四品下)2人,"掌邦国儒学训导之政令"。有六学,即国子学、太学、四门学、律学、书学和算学。国子学等六学均设有博士、助教。国子学各学生徒入学有等级的限制:国子学招收三品以上、国公子孙,二品以上曾孙。太学招收五品以上及郡县公子孙、从三品曾孙;只有五品以上高官子孙才有资格进入。四门学招收七品以上及侯、伯、子、男之子及一部分庶民子弟;律、书、算学招收八品以下及庶民子。国子、太学、四门诸学学生有能通两经以上的,由祭酒、司业考试合格,可送到礼部参加科举考试,有门荫的可以到吏部参加铨选。

少府监,"掌百工伎巧之政令",并总管各官手工业部门,设有监(从三品)和少监(从四品下)。丞(从六品下)掌判监事。

将作监,"掌供邦国修建土木工匠之政令",下设署、监,负责有关土木兴建的各项事宜,并总管全国工匠。长官将作大匠(从三品),副长官将作少匠(从四品下),亦由丞掌判监事。

此外,还有都水监和军器监,但此二监时设时废,设置时间不长。

九寺三监,就职掌范围而言,太常、光禄、卫尉、宗正等寺和将作监,都是掌管和皇帝、百官和京都有关的具体事务。太仆、大理、鸿胪、司农、太府等寺和国子监、少府监则掌管全国性的事务，有的同时也掌管和皇帝、京城有关的事务，如太仆寺和少府监。

就其性质而言，太常、光禄、宗正、大理、鸿胪等寺都是掌管具体事务的机关。而卫尉、太仆、司农、太府等寺以及国子、少府、将作三监都"掌政令"，是掌管某一类具体事务的行政机关。

就其与尚书省六部的关系而言，尚书六部掌管的是全国性的政令和政务，而九寺三监掌管的则是各种专门业务和具体事务。六部长官为正三品，寺监长官除太常卿为正三品，余皆为从三品，地位大体还是相当的。就机构而言，寺监对六部没有隶属关系。但在业务上，寺、监要接受六部政令，按照政令的要求行事，有关情况要申报六部有关的司。例如，户口、籍账、粮食、钱帛的储运、出纳的指挥归户部的户部、度支、金部、仓部四司。而粮食的仓储、出纳归司农寺。司农寺各仓凭户部仓部司所发符牒和木契支给粮食。钱帛归太府寺，太府寺则凭户部金部司所发符牒和木契支给钱物。土木兴建归工部掌管，而负责组织施工的则是将作监。

关于尚书六部和九寺三监有几点需要注意：

第一点，尚书六部是根据令、式或奉行制敕以掌政令。这是它的总的任务，但这不是说它不管相关的具体事务。一般来说，头司也就是和部同名的、位置在第一的司如吏部司是掌管政令的，其他的司封、司勋、考功各司处理的就是比较具体的事务了。九寺、三监则是根据政令以掌诸事，但是也并不是全不掌政令。卫尉、少府等寺监亦通过政令对其下属机构进行具体指挥。

第二点，六部和寺监从组织机构上来说是平行的关系，不是隶属关系。但在政务处理上则有上承下行的关系。如将作监有关事务要上报工部，工部要上报尚书都省，尚书省还要上报门下省。

6. 御史台和谏官

御史台是国家最高监察机关，负责监督各级政府和官吏，监察百官，推鞫刑狱，监督府库出纳，监察尚书省诸司会议。

长官御史大夫（正三品），副长官御史中丞（正五品上）。

御史台设有：

侍御史4人（从六品下），又称台院，"掌纠举百僚，推鞫狱讼"，弹劾百官的不法行为，奉制敕审讯罪犯，并参与其他案件的审讯。

殿中侍御史6人（从七品上），又称殿院，主要是在殿廷、郊祀和巡幸时检察仪仗，监察百官殿庭失礼或违法言行，巡察两京城内不法之事。

监察御史10人（正八品上），监察御史掌分察百僚，巡按郡县，纠视刑狱，肃整朝仪。又称监院，《旧唐书》卷四四《职官志三》载，监察"掌分察巡按郡县、屯田、铸钱、岭南选补、知太府、司农出纳，监决囚徒。监祭祀则阅牲牢，省器服，不敬则劾祭官。尚书省有会议，亦监其过谬。凡百官宴会、习射，亦如之"。

唐朝御史台统一掌管监察，台院、殿院、监院等三院，职责分工明确，不仅负责纠察官吏的不法行为，还加强了对礼仪和行政机关尚书省及其六部的监察，也逐步建立起对地方行政机关的监察；同时，对财政和钱谷的出纳，对军队也都建立了监督权。唐朝御史台对监察范围内的案件还可以进行审讯，这也提高了御史台的监察权威。《唐六典》卷一三《御史台》："御史大夫之职，掌邦国刑宪、典章之政令，以肃正朝列。"就是对上述职掌的概括。

唐代监察系统运行的特点：

第一，完成了由行政监察到国家监察的转变。汉代御史大夫是副丞相，并不直属于皇帝，而是属于行政系统，因此是一种行政监察而不是国家监察。而唐代御史台完全脱离了各个政权机关，成为直属于皇帝的独立监察机关。

第二，加强对地方的监察。唐太宗就曾命大臣分巡各道，高宗、武则天时期也不断派遣大臣到各地巡视，可以对地方的一些事情根据情况直接进行处理。如狄仁杰巡视江南就属于这种情况。

武则天还专门设立了右肃政台，负责监察地方。光宅元年九月，御史台改为左肃政台，专知在京百官及监诸军旅，并承诏出使。更置右肃政台，专知诸州案察。

唐朝前期把全国划分为十个道，作为监察区，派巡按分巡郡县：

> 凡十道巡按以判官二人为佐，务繁则有支使，其一察官人善恶，其二察户口流散，籍帐隐没，赋役不均，其三察农桑不勤，仓库减耗，其四察妖猾盗贼，不事生业，为私蠹害，其五察德行孝悌，茂才异等，藏器晦迹，应时用者，其六察黠吏豪宗，兼并纵暴，贫弱冤苦，不能自申者。①

第三，加强了对行政的监察。唐玄宗之初，以监察御史6人分察尚书省六部。《唐六典》卷一三《御史台》监察御史条：

> 若在京都，则分察尚书六司，纠其过失，及知太府、司农出纳。……凡尚书省有会议，亦监其过谬。（尚书省诸司七品已上官会议，皆先牒报台，亦一人往监，若据状有违及不委议意而署名者，纠弹之。凡有敕令一御史往监，即监察受命而行。自监察御史已上，每日一人于本司当门直，以检察台中出入及令史领辞讼过大夫之事。若缘辞讼事须推勘者，大夫便委门直御史以推之。）

这标志着唐代国家监察体制已臻于完善，御史台成为完全独立于行政体制之外的监察系统，其职权重心也逐渐从对官员个人行为的监察，转变为对官员所掌行政事务的监察。而行政监察，主要体现为尚书都省的勾检制。

第四，谏官逐步从对皇帝的监督转变为对国家事务的监督，出现了台谏合流的趋势。

唐朝初年谏官分属门下省和中书省，有：

左、右散骑常侍，各2人（从三品），掌侍奉规讽，备顾问应对。

左、右谏议大夫，各4人（正五品上），掌侍从赞相，规谏讽谕。

贞观元年（627）正月制："自今中书、门下及三品以上入阁议

---

① 《新唐书》卷四八《百官志三·御史台》。

事，皆命谏官随之，有失辄谏。"①

天授二年（691），增置左右补阙、拾遗。

左、右补阙各2人，从七品上。"国家有过阙而补正之"，故名补阙。

左、右拾遗各2人从八品上。"国家有遗事，拾而论之"，故名拾遗。《唐六典》卷八《门下省》"左补阙、拾遗条"载：

> 掌供奉讽谏，扈从乘舆。凡发令举事有不便于时，不合于道，大则廷议，小则上封。若贤良之遗滞于下，忠孝之不闻于上，则条其事状而荐言之。

下面是几条白居易为拾遗时的记载。

宪宗元和二年十一月，白居易召入翰林为学士。三年五月，拜左拾遗。献书表示："倘陛下言动之际，诏令之间，小有遗阙，稍关损益，臣必密陈所见，潜献所闻，但在圣心裁断而已。"②

元和四年，"王承宗拒命，上令神策中尉吐突承璀为招讨使，谏官上章者十七八。居易面论，辞情切至。既而又请罢河北用兵，凡数千百言，皆人之难言者，上多听纳。唯谏承璀事切，上颇不悦"。③

白居易尝因论事，言"陛下错"，上色庄而罢，密召承旨李绛，谓："白居易小臣不逊，须令出院。"绛曰："陛下容纳直言，故群臣敢竭诚无隐。居易言虽少思，志在纳忠。陛下今日罪之，臣恐天下各思箝口，非所以广聪明，昭圣德也。"上悦，待居易如初。④

这些事例充分反映了唐代谏官的职能，也反映了唐代君臣关系的特色。

中央除了三省六部九寺三监和御史台，还有秘书省、殿中省和内侍省。

---

① 《资治通鉴》卷一九二唐太宗贞观元年正月己亥条。
② 《白香山集》卷四一《初授拾遗献书》。
③ 《旧唐书》卷一六六《白居易传》。
④ 《资治通鉴》卷二三八唐宪宗元和五年六月白居易尝因论事条。

秘书省掌管图书、修撰和天文，长官为秘书监（从三品），少监为副，秘书郎（从六品上）负责甲乙丙丁，也就是经史子集四部图书的保管。

秘书监下设著作局和太史局。著作局设著作郎（从五品上），负责碑志、祝文、祭文的修撰。太史局设太史令（从五品下），后来改为司天台，司天监为从三品，与秘书监地位相等。掌观察天文，稽定历数，预造下年历。

秘书监、司天监实际上就是国家图书馆和国家天文台。

殿中省，长官殿中监（从三品），负责皇帝的衣食住行。

内侍省负责宫内事务，其官员全部由宦官担任。管理宦官则由内侍（从四品）负责。

7. 地方行政机关

唐朝地方仍为州、县二级。根据户口的多少，州、县被分为上、中、下三级。这样可以根据州、县不同的级别设置不同的部门，选派不同品级的官吏来担任州、县官吏。

州设刺史，上州（4万户以上）刺史，正三品；中州（2万户以上）刺史，正四品上；下州（2万户以下）刺史，正四品下。刺史下设别驾、长史、司马，协助刺史工作。上州和中州设有司功、司仓、司户、司兵、司法、司士等六曹，下州设司仓、司户、司法三曹。各曹设参军事1人。

司功掌官吏考课、选举、学校等事；

司仓掌租赋征收、仓库保管等事；

司户掌户籍、计账、婚、田等事；

司兵掌武官选举、兵甲器仗、烽候传驿等事；

司法掌刑狱的审讯；

司士掌建筑和工匠的管理等事。

各州均有录事参军事1人，负责往来文书的收发和审核；经学博士1人，掌"五经"教授诸生；医药博士1人，以百药救民疾病。

从以上的情况可以看出，上州和中州六曹与尚书省的六部有对应关系,不同的有两点。一点是没有与礼部对应的曹司。另一点是有关财政的曹司有两个,其中司仓不仅与户部对应,而且与少府寺对应。而下州只设司仓、司户、司法三曹,明确地告诉我们,州作为一级的地方政府,它的主要职能就是控制百姓,征收赋税和维持地方治安。

经学博士和医药博士的设立说明了对教育和医药的关注。德宗初年,根据吏部尚书颜真卿的建议,改诸州博士为文学。

县设县令。上县令从六品上,中县令从七品上,下县令从七品下。下设县丞、主簿、县尉(上县从九品上,中、下县从九品下)。京畿及天下诸县令之职,皆掌导扬风化,抚字黎氓,敦四人之业,崇五土之利,养鳏寡,恤孤穷。审察冤屈,躬亲狱讼,务知百姓之疾苦。

县令掌导扬风化,察冤屈,听狱讼,注定籍账,给授田地;传驿、仓库、盗贼、道路虽有专门官负责,县令也要兼知。县丞为县令之副手,主簿负责勾检,县尉分判众曹,"割断追催,收率课调"。此外,还有司户佐、史,司法佐、史等吏员,分别负责各项事务的处理;经学博士,以经学教授诸生。

里是最基层的行政单位,百户为里,设里正1人,负责户口的查核及赋役的征发催督。

州县官员一律由中央任免,年终考核,结果要上报到省,州县各项政务,也要逐级上报。重大政务和案件,都须向上级直至皇帝请示,如死刑,不仅需皇帝的批准,还要复奏。官吏的考试、任免权,地方的财政权、司法权及兵权,全都集中到中央。中央集权进一步加强。

在边疆地区,则设有都护府和都督府、州,都督、刺史由各少数民族的贵族、酋长担任,皆得世袭,称为羁縻府州。

三、保证政府机构正常运转的一整套制度

为了保证政府机构的正常运转,唐朝制定了一整套制度:

一是制定法令,确定各部门的职能、机构和编制。《唐令》中的

《三师三公台省职员令》《寺监职员令》《卫府职员令》分别规定了中央三省六部、御史台、九寺三监和十二卫的职责范围、组织机构和人员编制。《州县镇戍岳渎关津职员令》则规定了地方政府、军事机构的职权和人员编制。

每个机构的职能都有明确的规定，不仅载于令中，而且在作为行政法规和办事规程的格、式中也有。

人员分两部分，一部分是官员，人数不多，吏部、户部只有23人；一部分是吏，人数多一些，吏部266人，户部187人。总而言之，政府机构不是很庞大的。

二是对政务运行程式，包括公文处理的程序、程限，作了严格的规定，并设立勾官负责督查。唐令规定："小事五日程，中事十日程，大事二十日程，徒以上狱案辩定须断者三十日程。其通判及勾经三人以下者，给一日程；经四人以上，给二日程；大事各加一日程。若有机速，不在此例。"① 机速，谓军机急速，不必准案程。应了不了，亦准稽程法。除此之外，都必须在规定期限内办理完毕，不能如期办完就叫作"稽程"。公文的抄写也有日程的限制。制、敕，案成以后颁下，二百纸以下限二日程，过此以外，每二百纸以下加一日程，最多不得过五日。其赦书，计纸虽多，不得过三日。违反令所规定的限日，都属于稽程。官文书稽程，要追究法律责任，并且要给予刑事处分。稽者，一日笞十，三日加一等，罪止杖八十。相关人员也要连坐。

唐朝还设立专门官员对公文处理情况进行监督和检查，这就是公文勾检制度。勾检包括三方面的内容：一为发辰，即受事发辰，也就是各部门收到公文以后进行登记，规定处理的时间。这类似今天的公文收发，但又不是简单的登记，要判断公文的性质和事情大小，并规定处理的时间。二为检稽失，也就是对公文处理情况进行检查，稽即稽程，就是没有在规定的日程内把案件处理完毕。失，即公事失错，也就是案件处理失误。检稽失就是检查有没有在规定日期之内把案件

---

① 《唐律疏议》卷九《职制》。

处理完毕，有没有失误。这是勾检的中心。发辰和检稽失这两项工作由各司录事之类负责。三为署名勾讫，即省署抄目，审查、签字、登记，由录事参军之类负责。

当然，仅仅依靠勾检制度，还是不能完全保证公文处理的效率。唐太宗时期就出现过公文处理严重拖拉的情况。

贞观十一年，刘洎上疏曰："伏见比来尚书省诏敕稽停，文案壅滞。"他在疏中分析造成这种情况的原因："并为勋亲在位，品非其任，功势相倾。凡在官僚，未循公道，虽欲自强，先惧嚣谤。所以郎中抑夺，唯事谘禀；尚书依违，不得断决。或惮闻奏，故意稽延。案虽理穷，仍更盘下。去无程限，来不责迟，一经出手，便涉年载。或希旨失情，或避嫌抑理。勾司以案成为事了，不究是非；尚书用便僻为奉公，莫论当否。递相姑息，唯务弥缝。"① 在正常情况下，郎中作为经办的判官，应自行主判，不必请示尚书。有些事郎中应向尚书"谘禀"，也就是请示报告。作为部的长官，尚书是要进行断决的。疏中还揭露了许多官僚故意拖延，对付程限的办法。那就是案情虽已审清，仍借口手续不完备，退回去。这样便导致"去无程限，来不责迟，一经出手，便涉年载"。那么，怎么解决这个问题呢？"将救兹弊，且宜精简四员，左右丞、左右司郎中如并得人，自然纲维略举，亦当矫正趋竞，岂唯息其稽滞哉！"②

三是按照在政务处理过程中地位和作用的不同，把官吏分为长官、通判官、判官和主典四等，即四等官，并规定了相应的问责制度。例如，尚书省长官为尚书令（正二品）、仆射（从二品）；通判官为左、右丞（正四品）；判官为左、右司郎中（从五品）；主典为主事、令史。大理寺大理卿是长官，少卿及正是通判官，丞是判官，府史是主典。主典，主要协助判官办理文案，为判官判案准备各种文案材料，并提出初步的处理意见。判官分工处理相关政务，负责具体的判案工作。通判官一般是副长官，负责协助长官对于判官的断案做

---

① 《旧唐书》卷七四《刘洎传》。

② 同上。

出裁定，而长官则对政事作最后的决断。"四等官"的规定明确了各层次官吏的职责。在政务处理出现错误时，以此来追究他们应负的法律责任。错误出现在哪一个环节，哪一个环节的官员负主要责任。如主典检请有失，即主典为首，判官为第二从，通判官为第三从，长官为第四从，主簿、录事亦为第四从；如丞判断有失，以丞为首，少卿、二正为第二从，大卿为第三从，主典为第四从，主典以下的主簿、录事当同第四从。如果通判官以上改变判官所判而造成错误的，止坐异判以上之官。这样分清责任人，按照在处理过程中错误发生在哪一个层次，就首先追究这个层次官员的责任，同时也不放过其他环节官员，包括长官的责任的原则，对于保证各级官员各司其职，避免渎职现象的发生是有积极意义的。

《大唐新语》卷四：

> 李日知为司刑丞，尝免一死囚，少卿胡元礼异判杀之，与日知往复至于再三。元礼怒，遣府吏谓曰："元礼不离刑曹，此囚无活法。"日知报曰："日知不离刑曹，此囚无死法。"竟以两闻，日知果直。

这个故事告诉我们，判官所作出的判，长官如果有不同的意见，作出了不同的判决，要告知判官。判官如果坚持原来的意见，可以表示反对。如果相持不下，可以上闻。

四是对官吏失职、违法乱纪、贪赃枉法从法律上规定了具体的处分办法。《唐律·职制律》有关贪污受贿的律条达十四条之多。对主管官员家人在管内受取索要财物，也要处以刑罚。

五是加强了对政务运行过程中各部门及有关官吏的监察。秦、汉之制，御史大夫、副丞相为三公之官。魏晋时御史台虽然已经成为独立的国家监察机构，但其作用时高时低，还不稳定。隋唐时它才完善起来并持续发展下去。唐御史台只向皇帝负责，不受其他部门领导。御史台不仅对中央和地方的官员进行监察，还对礼仪、尚书各部和司农寺、太府寺等进行监察。武则天设立拾遗、补阙。对国家政务中的缺漏不足进行补正拾遗。谏官也不再是单对皇帝个人进行谏诤，而是以整个朝廷政务作为谏议的对象。

四、唐朝初年政治制度的特点

唐朝初年的政治制度不仅为唐代前期经济、社会和文化的发展提供了制度上的保障,而且对唐以后各朝的政治制度也有着深远的影响。如果从中国古代政治制度发展的角度来观察唐朝政治制度,有以下几个特点:

第一,唐朝最终结束了家国一体和贵族门阀政治的国家体制,开启了皇帝—官僚政治体制。

秦汉以来,皇帝虽然要依靠官僚来进行统治,但是在中央政府中,皇家事务和国家事务还没有分开。汉代九卿中,太常、光禄、卫尉、太仆等寺都是掌管皇帝或皇家事务的。国家还保持了古老的家国不分、家国一体的传统。皇权本身,也始终依托于当时最有势力的集团或阶层。

在隋文帝和隋炀帝时期,中书省、门下省摆脱了皇帝秘书咨询机关的性质,从内廷走了出来。中书省、门下省和尚书省一起,并列为国家政权机关。皇帝则成为国家的最高领导人。

隋代还确立了尚书省的最高行政机关的地位。寺监也不再是国家行政机关,而成为掌管各种事务,包括皇帝和皇家事务的机关。

这样,隋朝就最后完成了国家政务与皇家事务的分离。中国古代国家形态已经摆脱了家国一体、贵族政治、门阀政治等早期形态。但直到唐朝初年,前一时期的残余和影响仍然存在,直到唐高宗废王立武才基本告一段落。废王皇后,立武则天为皇后,这件事不仅标志着关陇贵族最后退出历史舞台和门阀贵族政治残余的最后扫除,也标志着从南北朝开始到隋代基本实现的国家体制从皇帝贵族体制到皇帝官僚体制的过渡的最后完成。

第二,规划了后代官僚政治制度的基本框架和运行模式,同时又具有很大的过渡性。隋和唐初所确立的体制及其他相关制度虽然具有很大的开创性,开启了此后一千多年官僚政治制度的基本模式,如各级政府都由官吏负责运转，官吏按才学标准并通过考试由中央任免等。但它仍然具有很大的过渡性。如果说，隋朝是以地方事务向中央集中为契机，初步完成了国家体制和政治体制的变革，那么，唐朝则是随着社会的发展、政府政务和事务的不断增加，政治体制不断革新。唐代政治体制变革的核心内容，就是政府机构在按职能分工的基础上，不断加以调整。

第三，对政治制度比较自觉地及时进行调整，是唐朝前期社会能够持续发展的重要条件。贞观初唐太宗说过："以天下之广，四海之众，千端万绪，须合变通。"① 这虽然是关于政事的处理原则，但制度的调整也是政事的重要内容。因此，唐太宗的这段话为政治制度的及时调整奠定了思想基础和理论基础。对制度进行必要的调整，在唐朝被看作是很正常的事。而"变通"二字也往往成为制度调整时的依据。这样在制度的调整和革新上，唐朝前期在思想上的阻力要比其他朝代，特别是唐以后的朝代小得多。

唐朝前期除了通过制敕对制度进行及时的调整，还对规定各种制度包括政治制度在内的令、式进行过几次大规模的修订。只有对制度和法令进行及时调整，社会才能生气勃勃地向前发展。

第四，在制度和法令的执行上，原则性和灵活性的结合，也是唐代政治运行中的一个重要特色。在《唐律》上就有一些不能怎样，但在特定条件下又必须怎样的规定。对于律令不便于时者，在《唐律》中也规定了进行修改的程序。

《唐律疏议》卷一〇《职制》：

> 诸事应奏而不奏，不应奏而奏者，杖八十。应言上而不言上，（虽奏上，不待报而行，亦同。）不应言上而言上及不由所管而越言上，应行下而不行下及不应行下而行下者，各杖六十。

《唐律疏议》卷一六《擅兴》：

> 诸擅发兵，十人以上徒一年，百人徒一年半，百人加一等，

---

① 《贞观政要》卷一《政体》。

千人绞；(谓无警急，又不先言上而辄发兵者。虽即言上，而不待报，犹为擅发。文书施行即坐。)给与者，随所给人数，减擅发一等。(亦谓不先言上、不待报者。告令发遣，即坐。)其寇贼卒来，欲有攻袭，即城屯反叛，若贼有内应，急须兵者，得便调发。虽非所属，比部官司亦得调发给与，并即言上。(各谓急须兵，不容得先言上者。)若不即调发及不即给与者，准所须人数，并与擅发罪同；其不即言上者，亦准所发人数，减罪一等。若有逃亡盗贼，权差人夫，足以追捕者，不用此律。

有些事情按照规定要上奏皇帝，有些事情按照规定要请示上级。特别是发兵，要经过皇帝的批准，下发相关的文书和鱼符，才能执行。

隋朝末年，李渊担任太原留守，准备起兵取代隋朝。但是手中无兵，因此利用老百姓害怕被征发到辽东前线的心理，散布隋炀帝准备征兵的流言，引起山西北部形势紧张，从而给自己发兵找到了借口。当时山西北部的一支军队进到太原附近，李渊便对隋炀帝派来监视他的两个副留守说：现在形势很紧张了，上奏皇帝的话，路途遥远，来回需要时日。如果出现问题，你我都负不了这个责任。两个副留守只好答应出兵。这样李渊手中就有了军队。他就是利用这些士兵在太原起兵，取代了隋朝。这件事一方面说明了禁止擅自发兵，在当时具有多么重要的意义，所以皇帝总是把兵权牢牢掌握在自己的手中。另一方面也说明，一定条件下的灵活性，在特定条件下，也会被一些人所利用。

尽管如此，唐高祖和唐太宗在制定唐初的制度时，并没有因噎废食，还是坚持了高度集权和灵活分权相结合的原则。上奏皇帝和请示上级，这些都反映了集权。在紧急情况下，可以先不上奏，先不请示，而把决定权交给相关的官员。这又是一种分权。当然，这是一种有条件的分权，目的还是要及时、灵活地处理突然出现的紧急情况。

10 唐朝政治制度的发展变化

一、唐朝前期政治制度的变化

说起唐朝的政治制度，很多人都会回答是三省制或三省六部制。这样回答也许高考时能拿满分，因为过去的教科书就是这样写的。但是根据近年来的研究，这样的回答是不全面也不准确的。

我们要了解一个朝代的政治制度，不是把有关这个朝代政治制度的各种材料简单加以概括，这样只能给人们描述一个不存在于这个朝代任何一个时期的政治制度。我们要着眼于制度的发展变化，力图把政治制度作为一个处在发展过程中的整体来加以把握，要着重研究各个时期实际运行的制度，而不是停留在有关制度记载的条文上。这样才能真实地掌握一个朝代各个时期政治制度的实际情况和政治体制发展变化的脉络。

唐朝政治制度随着社会经济的发展和政治军事形势的变化，是在不断进行变革和调整的，不是一成不变的。三省制在隋炀帝时最后确立下来，在唐太宗、唐高宗时发展完善。到唐玄宗初年，政事堂逐步演变为中书门下，三省体制演变为中书门下体制。

1. 中书门下体制的形成

三省六部的体制适应唐朝初年的情况。唐初的三省是一个完整的体系，但仍然是一种过渡。决策和行政明确分离，各部门职掌固定，少有弹性，这些都不能适应急速变化的经济、政治和军事形势。

先看决策与行政分离。政事堂与中书省、门下省是负责决策和做出重大决定的。宰相每天上午在门下省举行政事堂会议，讨论和决定军国大事和一般行政事务。执行的是尚书省。尚书省在南北朝是可以对一些事情做出决定的。到了唐初，在三省体制下尚书省所作出的各种决定，必须通过门下省的审核，报告给皇帝知道或奏请批准后才能实行。不经过门下省，哪怕是一个小事情，尚书省也决定不了。也就是说尚书省没有自己的最终决定权，也没有发令权。这与宋朝以后，特别是明、清不同。明清的六部本身就可以作出一些决定，直接下发。决策和行政的分离，使尚书省的行政权受到了很大的限制，减少了处理政务的灵活性。真正遇到了什么新的问题，上上下下都要经过一个过程，不是很机动灵活。

再看各部门职掌固定。唐初各部门职掌是由"令"加以规定的，非常具体，没有什么弹性。因此各部门没有灵活处理新出现问题的权力，遇到新的情况就无权处理。而尚书各部据令式以掌政令，遇到新的情况，无令式可循，便也无权法理。

当然，唐朝法令有规定，有些事情在紧急情况下，可以灵活处理。但在一般情况下，就缺少这种灵活性。在唐朝初年，大乱之后经济需要恢复，社会上大部分居民都是自耕小农，整个社会上事情不是太多，边疆事务也不是太多，特别是国家实行休养生息的政策，尽量地减少政务，再加上官吏的素质还不是很高，缺乏灵活处理事务的能力，所以当时这种制度适合唐朝初年社会经济发展的水平，适合当时官员的情况。三省体制在唐朝初年还是有它的生命力的。

那么三省体制为什么逐步发展为中书门下体制？中书门下体制是怎样形成的呢？

武则天以后，唐朝的社会经济加速向前发展，边疆形势也发生了变化。从唐太宗开始，一直到高宗前期，对外战争不断，但战争本身主要是防御和巩固整个唐朝的疆域。高宗时期，东边扩展到鸭绿江，西边扩展到巴尔喀什湖，疆域是很大的，但很多地方不容易管理，事情越来越多。同时，吐蕃也处在上升时期。一方面是社会经济发展，一方面是边疆形势发展，导致政府要处理的事务越来越多。这些新的事务都不在政府各部门原来规定的管辖范围之内，而且原来的法令也管不了这些事情，因而出现了有些事情无令式可循、无部门去管的情况。唐初的政治制度和法令开始不适应迅速发展的新的情况。唐太宗所说的"百司商量，宰相筹画，于事稳便，方可奏行"，① 这样一套政务处理的程式也不适应急速变化的经济、政治和军事形势。问题越来越多，其中有些问题需要通过制度和法令的改变来解决，有些则需要通过行政手段去解决。这样就出现了三个情况：

一、皇帝要亲自处理的奏章越来越多。出现了新情况，无令可循，没有机构来处理，只能上议、表、状，打报告。大臣和有关部门都可以打报告。这些实实在在的现实问题需要皇帝来做出决断。

二、武则天以后不断派出大臣处理各种新出现的问题，皇帝遇有事情就临时派遣使臣，也就是所谓"差遣和使职"。这些差遣和使职一开始是临时设置的，任务完成后就回去担任原来的官职。后来有些使职，主要是一些军事上的和财政上的使职由于客观形势的需要，逐步变成固定的使职，其中比较早也是最重要的就是节度使。由于这些使职是由皇帝临时下令设置的，不在原有的职官系列中，他们只向皇帝负责，而与原来的三省六部等部门并没有法定的统辖和隶属关系。这样在政务的处理上实际上存在两个互不相关的系统。

三、碰到新出现的问题和为了使派出去的官员能够有令可循，皇帝就颁发制、敕进行处分，通过制、敕颁布很多新的处理办法。这些制、敕，包括赦文，是为了解决具体问题而颁发的。其中有一些制、敕中明确指明"以为永式"，便成为令、式的一部分。

在这个过程中，三省的权力逐步向政事堂集中。尚书、门下地位不断下降，并逐步丧失部分职权。这是一个权力从分散到集中，并且回归到宰相手中，宰相重新成为行政首脑的过程。

第二、三种情况就是这样解决的。

再看皇帝怎样解决需要亲自处理的奏章越来越多的问题。

---

① 《贞观政要》卷一《政体》。

皇帝需要阅读的奏章越来越多，怎么办？唐初制度规定，三省六部和各部门职掌范围以内的政务和事务汇总到尚书省以后，送交门下省。门下省根据性质作不同的处理。这都是在令式中有规定的。而各种议、表、状则送交皇帝处理。在太宗和高宗初年，大臣直接送呈皇帝的大多是贺表，皇帝看也可，不看也可，不需要进行处理。进入7世纪六七十年代，随着对外战争的展开和经济的发展，不断出现新的情况，需要向皇帝请示报告，由皇帝来做出决断。皇帝需要亲自处理的议、表、状突然多了起来。这个时期唐高宗的身体出现了一些问题，经常头晕，于是让皇后武则天协助处理。如果只是这样，还可以看作是因为高宗身体问题而采取的一种临时的措施，但问题是这种需要皇帝亲自处理的文书越来越多，高宗加上武则天也处理不过来。怎么办？如果硬着头皮去看，弄不好就会重蹈秦始皇和隋文帝的覆辙，成天埋在公文堆中。所以他们把一些文士以修书为名，召到宫中，帮助阅读和处理这些文书，在当时还是一种明智的选择。但这也说明唐初建立起来的决策机制已经不适应当时的情况，而制度还没有进行相应的调整。

《旧唐书》卷一九〇《元万顷传》："时天后讽高宗广召文词之士入禁中修撰，万顷与左史范履冰、苗神客，右史周思茂、胡楚宾咸预其选，前后撰《列女传》《臣轨》《百僚新诫》《乐书》等凡千余卷。朝廷疑议及百司表疏，皆密令万顷等参决，以分宰相之权，时人谓之'北门学士'。""朝廷疑议"本来是由皇帝和宰相参决，或由宰相提出意见奏请皇帝决定。参决"朝廷疑议"，还可以说是"分宰相之权"，而"北门学士"帮助高宗、武则天看的"百司表疏"，这些文书，本来就是给皇帝看的。唐朝初年皇帝要看的文书有两类：一类是各种政务的处理，先送到尚书省，再由尚书省送门下省处理，最后送交皇帝画可批准；在这个过程中，是要经过作为宰相的侍中审议的，因此谈不上"分宰相之权"。另外一种是直接给皇帝的，没有经过任何处理的，是要皇帝自己看。唐朝初年，这种事情不多，皇帝可以自己处理。现在事情多了，皇帝处理不过来了，"北门学士"是为皇帝代劳，也没有分宰相之权。史书上说"以分宰相之权"，这个说法是片面的，不准确的。

皇帝处理不过来了，总是找人也不是长久之计，这种非制度化的运作不可能长期存在，所以还是要制度化。唐高宗永淳元年（682）在任命四名四品官为宰相时，所加的不是传统的"同中书门下三品""同中书门下平章事"，而是"同中书门下同承受进止平章事"。① 同中书门下三品是明确他们在宰相中的地位，同中书门下平章事则是明确他们的任务。而同中书门下同承受进止平章事，虽然也是明确他们的任务，但是这个任务和过去的平章政事是有区别的。区别就在于承受进止平章事。过去平章政事的主要内容是军国之务，是按照一定程序进行的，而承受进止则是按照皇帝的指令讨论和处理政事。这是一个不起眼但又很重要的变化。说明皇帝的权力和皇帝与宰相的关系都发生了微妙的变化。虽然这种变化还不是制度性的，但是却反映出：一是在政务的运作上，皇帝自上而下的指令增加。皇帝自上而下发出指令，这是君主集权的自然之义；但是从唐朝来说，正如唐太宗所说的，皇帝一般不直接下达指令，而总是把决策过程中的一部分权限交给宰相和各级官吏。高宗末年的这种变化，尽管有特殊的历史条件，但还是可以看作是皇帝集权的加强。这是从形式上来看。二是皇帝在政务的处理上增加了新的内容。这些新的内容既不是那种皇帝和宰相共同讨论决定的国家大事，也不包括在三省职权范围之内的政务，是新出现的，是没有机关和部门管的，也没有相关法令约束。因此，各部门和相关大臣都只好向皇帝报告，由皇帝来处理。否则在当时的制度下，就真的没有人来管了。所以，这也是皇帝集权的一个重要内容。这种集权，也还是一种无奈。因而这种情况不可能长期持续下去。

到武则天时期，开始把原来由皇帝处理的奏章交给中书省来处理。

最初大体是议、表、状从皇帝那里送到中书省，由中书舍人予裁，需要以皇帝的名义用制敕处分的，由中书省商量处理。其余的送

---

① 《旧唐书》卷五《高宗本纪下》。

有关部门处理，参议表章成为中书舍人的一项重要任务。

这些通过皇帝和中书省处理的事情，大多是行政事务。行政事务过去一般是由下而上，主要由尚书省和门下省处理。门下省是政务处理的重要环节。而从高宗以来通过皇帝和中书省处理的行政事务，都是新出现的，都是因为新出现而要通过行政手段解决的问题。这样，又出现了由上而下的行政事务处理系统，中书省便成为这些政务处理的中心环节。中书省直接参与政务的处理，地位就有很大的提高。尚书、门下地位不断下降，并逐步丧失部分职权。这是一个权力从分散到集中，并且逐步回归到宰相，宰相重新成为行政首脑的过程。

经过一个时期的发展，到开元初年有了进一步的变化。凡是需要由中书舍人处理的事件和文书，由中书舍人一人提出意见，其余的中书舍人签字连署以后就直接送给皇帝，不再提出不同意见，也不需要中书令批阅。

开元二年中书令姚崇认为，每个人的意见都不可能完全相同，为了让每个人充分发表自己的意见，他建议其他舍人有不同意见，要事先商量。大事则要写出商量状。与本状一同上奏，并由中书令对两状作出评论，提出自己的意见，再送交皇帝做最后的决定。这实际上是把中书舍人参议表状加以程式化，并且变为中书省的主要任务之一。中书令在行政决策方面的作用也由此得到了肯定。

同时，还有一个意义重大的变化，这就是宰相获得了直接发令权。唐以前，不论是宰相（行政首脑）还是最高行政机构的行政权都是不完整的，不充分的。他们不能独立做出直接发往下级的决定，所有的下行文书都必须以皇帝制敕的方式发出。

唐玄宗开元初年，山东发生蝗灾，根据宰相中书令姚崇的建议，朝廷派御史到各地督促灭蝗。汴州刺史倪若水上奏，认为蝗是天灾，自宜修德，拒不执行杀灭蝗虫的命令。当时朝廷中议论纷纷，很多人认为驱灭蝗虫为不便。唐玄宗很着急，问姚崇怎么办？姚崇对玄宗说："此事请不烦出敕，乞容臣出牒处分。"[①] 姚崇就"牒"地方官倪若水，要求他一定要抓紧灭蝗，结果杀灭蝗虫十四万石。宰相直接出

---

① 《旧唐书》卷九六《姚崇传》。

牒，对于一些日常事务，可以直接进行处分，而不需要经过皇帝批准这一程序。皇帝对具体事务的处分权分化出来，转移到宰相手中。这里所说的宰相直接进行处分，不是指宰相在政事堂集体商议决定，而是由掌握大权的个别宰相进行，说明宰相权力进一步集中，集中到个别人手中。宰相获得了直接发令权，这是一个具有划时代意义的变化，伴随着的是宰相权力的进一步集中，皇帝权力的进一步分化。

发展到这一步，不论是宰相的权力，还是作为宰相机构中书省的权力都发生了重大的变化。

开元十一年中书令张说奏改政事堂曰中书门下，下设吏房、枢机房、兵房、户房、刑礼房等五房，分掌庶政。这样，原来作为最高决策机构的政事堂，也随着改称中书门下而成为最高议政决策机关兼最高行政机关，宰相掌握了从决策、发令到行政的全部权力，实现了决策与行政合一。

简而言之，唐初实行三省体制，三省按照决策、发令和行政，各有自己的职掌。政事堂为宰相议事之所，是最高决策机构。从武则天时期开始，整个政治体制开始发生变化，中书省开始直接参与政务的处理。宰相不仅参与政事堂的讨论决策，而且负责具体政务的运行。开元十一年（723），唐玄宗改政事堂为中书门下，从制度上实现了决策与行政合一，中书门下同时掌握决策和行政大权。三省体制转变为中书门下体制的过程终于完成。这是唐朝政治体制的重大变化，具有划时代的意义。

政治体制度化后，作为中书令的张说的权势空前地加强了。开元十二年宇文融以御史中丞为劝农使，到各地巡视，虽然"事无大小，先牒上劝农使"，也还是要"申中书"，因而张说可以"数建议违之"。① 后来宇文融与苏颋分掌铨选事，宇文融每有奏请，亦"皆为说所抑"。② 尽管这种做法最后导致张说本身的垮台，但也说明在中书门下体制下，作为首相的中书令的职掌和权力确实发生了变化。

---

① 《旧唐书》卷九七《张说传》。
② 《旧唐书》卷一〇五《宇文融传》。

相应以上政治制度的变化还有几个重要的变化。从中枢机构来说，一个变化是中书舍人的名额增加了，基本上符合了中书舍人六人的编制。因为在唐朝前期大部分时期，中书舍人都不满六人。中书舍人就是起草法令，多设无用。现在要他们参与政务的处理，必须基本满员才可以，否则就应付不过来了。

第二个变化是，宰相、知政事官办公的时间变成全天，他们变成专职宰相。中书省和门下省的长官以及尚书仆射加"同中书门下三品"衔的，还有其他一些以本官加参知政事、同门下平章事之类的一些人，作为宰相，原来是上午在政事堂议事，下午回本衙办公。到了开元、天宝年间，宰相开始全天办公。

第三个变化是宰相的人数减少了。唐初以来，宰相人多，着重于政务的议决。在武则天时期，宰相最多时候有十几个人，一般也有五六个人。到开元、天宝年间，特别是开元后期以后，中央决策、行政一体化的体制进一步加强，一切政务都集中到中书门下，而宰相人数进一步减少。开元以来宰相时而两人，时而三四人。张九龄罢相后，一直到天宝末年，始终为两人。宰相人少，重在政务的处理，也就是审议、裁决和施行合一。宰期集权的进一步发展，破坏了集体决策的原则，而大权则完全集中到作为中书令的李林甫之手。另一个宰相则处于陪衬地位。开元二十七年牛仙客为兵部尚书兼侍中，李林甫为吏部尚书兼中书令，总文武选事。官吏的选授也集中到宰相手中。宰相集权达到空前的地步。唐初以来宰相集议，三省按政务处理程序分工的体制被彻底破坏。

还有一个非常有意思的变化，就是当时主要的宰相中书令、侍中，往往都要兼行政职务，都要兼吏部尚书、刑部尚书、尚书仆射等职。这是很值得重视的一个现象，宰相实际上成为行政首脑，制度上发生变化了，法律上并没有加以改变，可是又要让他去处理行政事务，怎么样能名正言顺呢？让他去兼任一个行政职务就可以了。这也说明唐朝本身有它特有的法律观念，采取增加一个衔的做法，以适应制度的变化。当然，这不只是开元、天宝年间的做法，唐初以来也曾经这样做过。

2. 使职系统的发展

高宗、武则天以来，为了处理日益复杂的边疆问题、财政问题和新出现的其他问题，都由皇帝临时派遣大臣担任各类使职前往解决。开元初，使职有了进一步的发展。《唐语林》卷五《补遗》叙述这个过程说：

> 开元已前，有事于外，则命使臣，否则止罢。自置八节度、十采访，始有坐而为使者，其后名号益广。大抵生于置兵，盛于兴利，普于衔命，于是为使则重，为官则轻。

节度使不再是一种临时派遣，而且有了固定的治所。随着节度使的普遍设立，使职开始普遍设立。财政使职开始突出。其中最早也是最重要的是开元九年设立的劝农使，虽为临时差遣，但权力很大。劝农使是为了搜括逃亡农民而设立的。开元九年开始的括户工作，是通过直接派遣监察御史到各地去进行的。唐玄宗所以没有依靠张说来进行这项工作，主要还是因为张说认为括户扰民，对于搜括逃户持反对的态度。在这种情况下，唐玄宗只好采取派遣使臣的办法，把权力交给他们。派出的使臣都带有御史的头衔，他们可以越过御史台长官直接向皇帝报告，和皇帝的关系比起其他的官员也要更近一些。出使加带御史头衔，便于皇帝和他们直接沟通。这也是为了使新的做法具有一种法律上的依据。唐朝人虽然不拘泥于成法，但也时时注意是否合于法律，并想办法使之弥合，依法执政的观念是很强的。

在处理政务的过程中出现一些新的情况，需要有新的机构，因此后来便设立相对固定的使职，其中最重要的是转运使。军事制度和军事布局的变化，影响到整个粮食供应的布局。北方生产的粮食除了供应北方各地，还有相当一部分要储藏到粮仓中去。而北方粮食供应的需求，随着城市人口的不断增加，也有了很大的增长。仅仅依靠北方的粮食是远远不能满足需要的。因此，江淮和江南的粮食从武则天时期起开始运往北方。到唐玄宗开元年间，漕运成为政府越来越重要的工作。开元二十二年，唐设立了转运使，由宰相裴耀卿兼任。赋税的征收、粮食和物资的储存、转运和出纳，也都设立了相应的使职。

在这些处理专门财政事务的使职设立的同时，一部分财政职能部门使职化。财政职能部门的使职化，便于人员调配，在政务、事务的处理上也可以有更大的灵活性。财政使职和财政职能部门的使职化增加了财政各方面事务处理的灵活性和时效性，但同时也破坏了原有的层层隶属关系和政务相承关系（如寺监和六部相关各司），破坏了原有的分权和集权关系。新的分权和集权关系正在形成。

各种使职由皇帝任命，其任务也由皇帝在命使的制书中规定。这样，在政务上就出现了尚书六部和使职两个互不统属的系统。

在新的体制下，皇帝决策主要依靠中书令。但是，议、表、状由中书舍人参议预裁，中书侍郎及中书令连署后进奏给皇帝，皇帝仍需亲自审阅，许多事情也需要由皇帝直接做出决定。进奏的表章，都先呈送给宦官知内侍省事高力士，然后再送给玄宗。玄宗穷于应付或怠于政事时，小事就由高力士处理决定。某些政事，玄宗也与高力士议论。唐初制度规定，宦官不能参与政事。玄宗任用高力士，唐初的情况开始发生变化。

3. 加强中央对地方的控制与分权给采访处置使

在中枢权力集中的同时，还加强了中央对地方的控制。唐初以来，不断向地方派出过巡察使、安抚使、按察使、黜陟使，主要是了解民情，监察地方官吏善恶，这些使节均为临时派遣，无处置权力，也没有固定治所。开元二十二年二月，设立采访处置使，选择贤能的刺史担任。其任务开始时也是监察官吏善恶，但其职权不仅限于奏闻，对于犯有贪污或其他罪行的刺史，采访处置使有权停止他们的职务，并派人代理。后来，一些原来需要报请中央批准的事务，如灾年开仓赈济，也改由采访处置使与刺史研究决定。除了变革旧章，一般事务允许采访处置使"便宜从事，先行后闻"。① 通过这种授权的方式，中央把某些事务的处置权交给采访处置使。采访处置使逐步成为

---

① 《资治通鉴》卷二一三唐玄宗开元二十一年十月是岁分天下为京畿……条。

代表中央总管一道的监察和行政，介于中央和州之间的中央派出机构。这种分权给采访处置使的做法，增加了处理某些事务的灵活性和时效性。

唐玄宗时期制度的调整，适应了当时形势的变化。但从长远来看，制度的调整是曲折的，不是一下就能完成的。开元时期的各项调整，其中有的是正确的，但是也有失误，并且隐含了重大的危机。

从中枢来说，随着三省制度的破坏和使职系统的发展，权力向宰相和皇帝集中。权力向宰相和皇帝集中，造成了两方面的问题。

第一方面，对于宰相和皇帝来说，他们个人的行事是更加机动和灵活了，而从整个权力系统来说，缺乏灵活应变能力的问题并没有解决。因为各个使职的设立，都是针对当时具体情况和新出现的问题。新出现的问题仍然没有机构去管，也就是说在某些方面仍然存在着权力真空。遇有突然发生的情况，离开了宰相和皇帝，整个政权就可能瘫痪。

第二方面，权力过分集中，使宰相破坏原来的制度成为可能。唐初所建立起来的各种制度都贯彻了分权和集权相结合的原则，集权是建立在分权的基础之上的。例如官员的铨选，按照唐初以来的制度，要先由吏部通过铨试，三注三唱，确定名单，再经过吏部尚书上报到门下省。门下省先由给事中审读，最后由门下侍郎和侍中审定，报皇帝画可。天宝十一载十一月，李林甫死后，杨国忠被任命为右相兼文部尚书，也就是中书令兼吏部尚书。第二年春天，杨国忠以文部尚书的身份主持铨选。他把左相陈希烈、给事中、诸司长官都召集到尚书都堂。按照事先由他的手下官吏拟定的名单，对选人唱注。一次就完成了报皇帝画可前的所有环节。并且宣布："今左相、给事中俱在座，已过门下矣。"① 于是门下省不复过官。

从军事上来说，募兵制和节度使制度的实行，不仅造成了财政上的巨大压力，而且出现了内轻外重的军事布局。同时地方分权加强，采访处置使由节度使兼任，使地方军政合一，这就使地方反抗中央的

---

① 《资治通鉴》卷二一六唐玄宗天宝十二载正月壬戌。

可能性大大增强了。

这些制度调整上的失误，终于导致了安史之乱，并且使唐朝政府无法集中力量在最短的时间内平定叛乱。

二、唐朝后期政治制度的演变

安史之乱以后，肃宗、代宗、德宗时期都是兵荒马乱，战争不断。这个时期的政治制度处在急剧的摇摆和变化过程之中。

1. 宰相制度

唐朝初年，决策和行政分离。宰相负责决策，尚书省负责执行。宰相不管具体政务，而负责具体政务执行的六部和尚书省不论大事小事，都没有最后决定权，分层决策机制还不完善。到了开元、天宝年间，宰相两方面都管起来，但也造成了权力过分集中。

肃宗、代宗、德宗时期，情况发生了变化。宰相制度一度陷于混乱，同时宰相进一步向职能化方向发展。到了唐德宗贞元时期，也就是唐德宗的晚年，经过了仆固怀恩兵变、泾原兵变等等之后，局势刚刚稳定下来，百废待兴。宰相崔造建议，命宰相分判尚书六曹，一个宰相负责一两个部。唐德宗接受了这个建议。以一个户部侍郎和一个刑部侍郎负责财税方面的事情，一个宰相负责兵部，一个宰相负责刑部，一个宰相负责吏部、礼部，一个宰相负责户部、工部。第二年，李泌做了宰相。唐德宗对他说：军事、钱粮的事情由你管，吏部、礼部由张延赏管，刑罚由浑瑊管。还是继续上一年的做法。李泌说："至于宰相，天下之事咸共平章。若各有所主，是乃有司，非宰相也。"[①] 唐德宗听了之后，也无话可说，接受了他的意见。实际上，德宗还是认为，"凡相者，必委以政事"。[②] 这两种看法，我们且不说前面的宰相分判六曹，太具体了。李泌说的"天下之事咸共平章"，

---

① 《资治通鉴》卷二三二唐德宗贞元三年六月李泌初视事条。
② 《资治通鉴》卷二三三唐德宗贞元四年二月咸阳人或上言条。

就是讨论研究国家大事，实际上是唐朝初年宰相的任务，认识还停留在唐初作为知政事官时宰相的职掌上。而唐德宗说的"必委以政事"实际上是开元、天宝以后宰相另外一个方面的任务，反映了宰相进一步向职能化方向发展的现实。当然，这里还有一点是唐德宗不愿意说的。那就是他不愿意看到唐玄宗时期李林甫、杨国忠那样，一个宰相大权独揽。他也不愿意看到唐代宗时期朝廷中的各种矛盾。唐德宗将大权掌握在自己手里，所有事情由他自己决定，自己做最高行政机关的首脑，这实际上就是取消中书门下的决策权，取消首相。当然，这不是说他没有自己的参谋人员，前有陆贽，后有李泌，还有其他一些人。他也听取了别人的一些意见，但这些人都是作为他个人的参谋、顾问，而不是作为政府机构来承担这样一种职掌、职能。从表面上来看这好像是一种倒退，但是我们从开元、天宝所暴露的矛盾来看，这实在是退一步进两步所必须经过的过程。如果把这两种观点调和起来，应该是恢复到开元、天宝时期的宰相制度。

唐德宗命令宰相分管一两个方面的事务，关于这件事情怎么看？我想，恐怕不能完全否定。从政治制度的演变来看，恐怕还是有它特别的意义。从武则天以后逐步出现很多使职，尤其是固定的使职。这许多使职有的是在同一个领域，但是互不相统。怎样把这些零散的使职规整起来，加强统一管理？这从开元、天宝时期开始，就在不断地探索。如设立总判度支事，并让宰相兼任，把财政使职统一起来让一个人掌握。唐德宗进一步尝试解决这个问题，他命宰相分判尚书六曹。在行政权进一步扩大、分化，使职纷繁，行政部门使职化的情况下，一些相类的部门只有六部以上级别的官员才能统一管。提出让宰相各自掌握一两个行政方面，不论唐德宗等人是否意识到这一点，实际上就是通过把同一类事务和部门归一个宰相掌管，把各个方面的使职加以规整，使之成为使职系统，以便加强统一管理所做的一种尝试。

2. 唐朝后期形成的使职大致可以分成若干个系统

（1）知制诰：翰林学士、中书舍人或以他官兼之。起草诏令原来是中书舍人的职掌，但是后来渐渐地，有些其他官员，被给以

"知制诰"的名义，让他参加诏令的起草。翰林学士也参加起草制诰。这些都反映了皇帝权力的进一步集中，皇帝在决策和发令上，地位进一步提高。

（2）在选举方面，知选事、知贡举（吏部、礼部）。铨选，原来为吏部的工作，现在专门指派官员"知选事"来负责；甚至不是吏部的官员，也可以"知选事"，主持铨选的工作。"贡举"原来是吏部，后为礼部的事情，现在由"知贡举"来负责。这些都是由皇帝直接任命的。

（3）在军事方面，判兵部承旨（兵部）、节度使。除了在地方上设节度使、观察使系统之外，在中央，往往出现"判兵部"这类的使职，兵部本来由兵部侍郎负责，但必须加"判兵部承旨"，一方面负责兵部事务，另外一方面负责处理有关军事方面的政令，但都是承旨处理。

（4）财政方面，三司：度支、盐铁转运、户部。唐玄宗开元年间，漕运成为政府越来越重要的工作，并且在开元二十二年设立了转运使，由宰相裴耀卿兼任。相应的，赋税的征收、粮食和物资的储存、转运和出纳，也都设立了相应的使职。这些使职虽然直属中书门下，但不在原来户部系统之内，缺乏统一的领导，因此，天宝年间，玄宗命杨国忠专判度支事，全权处理全国的财政收入及粜籴、折纳和转运的问题。安史之乱以后，财政使职经过精简，趋向系统化，在八、九世纪之交（贞元年间，785—805）形成了度支、盐铁转运、户部等财政三司。宪宗元和六年，以刑部侍郎、盐铁转运使卢坦为户部侍郎、判度支；京兆尹王播为刑部侍郎，充诸道盐铁转运使。

（5）司法方面，三司、三司使（刑部、大理寺、御使台）。

总而言之，经过从开元到贞元半个世纪的发展，使职系统基本上形成了。一方面出现了很多使职，另外一方面，原有的机构使职化，即必须加上一个使职，才能行使原有的职掌。尽管当时六部和使职并存，但它们之间的相互关系如何协调，已经逐步形成了一套行之有效的办法，整个政务能够比较正常地运转了。

随着使职系统的完成，到唐宪宗时期，重新恢复了宰相制度。和开元、天宝时期一样，平章政事和处理庶政（政事）重新成为宰相的两个主要职掌。这是一件很重要的事情，正是因为宰相拥有这样一些权力，所以唐宪宗时期才能够进行各项改革，才能够削平藩镇，否则朝廷的力量是无法集中起来的。政治制度本身的改革对当时政治形势的发展起了一个很积极的作用。

3. 翰林学士的职能也被定位为帮助皇帝谋议与起草内制

关于翰林学士，不能把它看死。因为它在各个不同时期，所起的作用是不完全相同的。但有一点是很明显的，在行政权扩大，皇帝把决策权进一步集中到自己手中的情况下，从唐德宗到唐穆宗期间，翰林学士充当了皇帝的顾问，在谋议和协助皇帝决策上发挥了很大作用。同时，翰林学士和中书舍人以及其他知制诰的官员，成为制敕的起草者。大家知道，陆贽在唐德宗时期担任翰林学士，很多事情都是通过陆贽处理，他被称为"内相"。这当然是一种很特别的情况。到了唐宪宗时期，翰林学士在帮助决策方面也是起了很大的作用。翰林学士虽然和皇帝关系密切，但是翰林学士与南北朝时期的中书、门下不一样，它不是一个内廷机构，应该说它也还不是一个国家机关。翰林学士的办事机构在大明宫里的位置也非常微妙，半里半外。大家可以拿大明宫的地图来看一看，它的位置非常有意思，给人的印象，它既是内廷又是外廷。这正好适合翰林学士在这个时期主要是充当皇帝参谋的定位。但是从总的发展来看，翰林学士最主要的任务还是帮助起草诏令，主要是一些内制。

这样，到了唐朝后期，中央政府机关形成了由宰相机关中书门下、六部和使职系统这两个主要的部分组成的格局。中书门下是宰相机关，六部和使职系统则是各类行政和事务机关。当然寺监也存在，翰林院也存在，很多机关都存在，但是最关键的还是中书门下和六部、使职系统这两个方面，这个格局一直延续到宋朝。

4. 宦官干政

唐朝中后期出现了宦官干政，出现了神策中尉、枢密使和翰林院使。穆宗以后还有枢密使二员，以宦官充任，得知机密，与两中尉合称四贵。这些对当时的政局，对唐代后期历史发展都发生了重大影响，但是从历史发展来说，不过是一些插曲。随着时间的推移，这些都退出了历史的舞台，而中书门下和六部、使职系统这个格局一直延续到宋朝。这是说中枢机构、宰相机关的变化。

长期以来，人们只看到唐朝三省体制，而对开元时期形成的中书门下体制则缺少认识。即使对三省制，从宋朝以来，人们也一直把注意力集中在中书出令、门下封驳和尚书省执行上。这固然是三省体制的重要内容，但不是它的全部内容。近几十年来学者把对唐代政治制度的认识向前推进了一大步，不仅注意到门下省对上行文书的审议驳正、中书门下体制的形成，还注意到独立国家监察机关的确立，以及司法三司和知贡举、知选事的设立。如果抛开传统三省制的观念，客观地来进行分析，就会发现隋唐政治体系中存在着决策立法、行政、司法、考试、监察等五个系统。当时虽然没有明确的五权分立的思想，但是却存在一个实实在在的五权分立的政治制度系统。五权分立，而最后集权于皇帝。虽然从制度上来说，司法和考试还没有明显独立，但是通过设立贡院，皇帝亲临考试现场和颁布赦令时皇帝亲临，使它们都具有由皇帝亲自统理，直接听命于皇帝的性质。孙中山五权分立的思想是深深根植在深厚的中国传统政治文化土壤之中的。隋唐时期是中国古代政治制度的一个重要转折时期，如同一切转折时期一样，充满了多样性、萌芽性、超前性和不稳定性。在以后的发展中，这五个系统并没有像在隋唐时期一样均衡地向前发展。

11 隋唐军事制度的发展

一、隋和唐朝初年的军事制度

1. 隋朝对府兵制的改革

北周武帝扩大了府兵征募范围。隋统一全国后,隋文帝对府兵制进行了重大改革。

一是确定了府兵番上宿卫制度。除了出征和戍边,定期轮流到京师宿卫,也成为府兵的一项重要任务。设立左右卫、左右武卫、左右武侯、左右领、左右监门、左右领军等十二军府(炀帝大业三年改为十二卫),作为到京师宿卫府兵的统领机关。

二是实行兵农合一。原来军人由军府统一管理,不属州县。他们南征北战,居无定所,实际上还是一种兵农分离的职业兵。开皇十年(590)五月隋文帝下诏:"凡是军人,可悉属州县,垦田籍帐,一与民同。军府统领,宜依旧式。"① 把府兵全家归入州县户籍,他们家庭的土地和应负担的赋税和普通百姓一样,都登记在户籍上。而府兵本人则保留府兵的身份,由军府统一管理。府兵制最后完成了兵农合一的转化。

与此同时,隋文帝还决定罢去山东、河南及北方缘边之地设置的军府。这样,军府就集中在关中,有利于加强中央对地方的控制。

---

① 《隋书》卷二《高祖纪下》。

隋文帝还在要害之地实行总管和亲王出镇以控制地方的做法。开皇十年江南豪族叛乱后，减少总管，又对出镇亲王进行了调整。

2. 唐朝初年的征兵制度、禁卫制度、镇戍制度

（1）征兵制度：唐朝前期继续实行兵农合一的府兵制。府兵制是征兵制的兵役制度。府兵即卫士，由地方政府取六品以下子孙及白丁无职役者点充。拣点之法，财均者取强，力均者取富，财力又均先取多丁。每三年拣点一次，成丁而入，六十而免。卫士在地方由折冲府统领，平时在家生产，农闲时由折冲府组织习射，并轮流到京城宿卫。遇有战争，则要应征出征。宿卫和出征时免除本人课役，但要自备武器、甲胄和衣粮。遇有战事，除了征发府兵外，唐政府还临时招募士兵。这些非卫士的临时募行者，称为"征人"。征人不是志愿应募，而是强制征发，征发的标准与卫士同。征发时巧诈以避征役者要受到严厉的法律制裁。

（2）禁卫制度：中央有警卫军。十二卫统领到京城宿卫的卫士。左右卫、左右骁卫、左右武卫、左右威卫、左右领军卫负责宫廷警卫和朝会仪仗。左右候卫（龙朔二年改为金吾卫）负责宫中及京城昼夜巡逻，维持治安。各卫设大将军1人（正三品）、将军2人（从三品）。各卫统有40个至60个折冲府。还有三卫，五品以上官吏子孙可充当三卫，即亲卫、勋卫和翊卫。三卫均有品阶，称为卫官。此外，还有左右监门卫，负责宫门的守卫和出入管理；左右千牛卫负责宫殿侍卫和皇帝的仪仗。

唐前期还有禁军，守卫宫城北门。唐高祖留太原从兵3万人充宿卫，称为"元从禁军"（又称"屯营兵"），守卫宫城北门。唐太宗贞观十二年于玄武门置左右屯营，其兵名飞骑。又于飞骑中选才力骁健善骑射者，号为百骑，作为皇帝的侍卫。高宗龙朔二年改左右屯营为左右羽林军。武则天时，百骑扩大为千骑，中宗时扩大为万骑。左右万骑与左右飞骑均隶属左右羽林军，开元以后称为"北门四军"。

十二卫所领卫士驻屯于皇城南门朱雀门内，称为"南衙"，禁军守卫宫城北门，称为"北衙"。通过北门，可以进入皇帝居住之所，

唐前期历次宫廷政变，均与北衙禁军的向背有关。

在地方设有折冲府，即兵府。为了保持中央对地方的控制力量，折冲府有40%设立在关中。关中附近的河南和河东（今山西境）也设有较多兵府。设有折冲府的州叫"有军府州"，未设的叫"无军府州"。为了保持稳定的兵源，有军府州的民户不得迁往无军府州。折冲府设有折冲都尉1人，左右果毅都尉各1人。上府统领卫士1200人，中府1000人，下府800人。卫士300人为团，有校尉、旅帅；50人为队，有队正、队副；10人为火，有火长。

（3）镇戍制度：唐初边地设有镇、戍，负责镇捍防守。镇有镇将、镇副以及录事、仓曹参军事（中、下镇无）、兵曹参军事等官员。上镇有兵500人，中镇300人，不到300人的为下镇。戍有戍主，上戍有兵50人，中戍30人，不及者为下戍。再下还有烽候，每烽大致相距三十里，负责举烽报警和观察敌情。

（4）军队调动制度和行军制度：唐朝尚书兵部是军事行政机关，只负责武官任免及地图、军卫、兵器等军事行政事务，不参与战争的指挥。唐朝初年没有专门的作战指挥机关。战争的决策由政事堂和皇帝作出。

遇有战事，由皇帝临时遣将发兵。领兵出征的亲王称"元帅"，文武官担任统帅则称"大总管""总管"。

发兵和调动军队有一定的制度和程序。唐代《军防令》规定："差兵十人以上，并须铜鱼、敕书勘同，始合差发。若急须兵处，准程不得奏闻者，听便差发，即须言上。"在正常情况下，必须凭皇帝的敕书和左鱼符（左鱼符须与折冲府所藏右鱼符合上），才能发兵。情况紧急，来不及奏请发兵，可以根据情况调发，但须立即报告朝廷。对于擅发兵和急需发兵而不及时调发和不给兵者，处分是一样的。《唐律》规定，"十人以上徒一年，百人徒一年半，百人加一等，千人绞"。①

大将出征，皇帝即赋予指挥全权。临军对敌，士卒有不听命者，

---

① 《唐律疏议》卷一六《擅兴》"擅发兵"条。

大将可以相机处置。监察御史监军，主要是了解战绩，并不干预军事指挥。战争结束后，将归于朝，兵归于农。

唐朝前期实行这种建立在征兵制基础上的寓兵于农的军事制度，除了宿卫京师和宫城的禁卫军，没有常设的战斗部队，边地也没有庞大的镇戍部队，从而大大降低了国家的军费开支。即使进行战争，也都放在冬闲季节。这对减轻百姓负担，保证社会经济的恢复和发展，具有重要意义。军府集中于关中及其附近地区，将领不能长期专兵，这也有效地保证了中央对武装力量的控制。

为了鼓励将士英勇作战，提高军队战斗力，唐朝设置了勋官，授予作战有功人员。① 唐朝勋官共分十二转，十二转上柱国，比正二品；十一转柱国，比从二品；……七转轻车都尉，比从四品；五转骑都尉，比从五品；二转云骑尉，比正七品；一转武骑尉，比从七品。这就是《木兰诗》中所说的："归来见天子，天子坐明堂。策勋十二转，赏赐百千强。"策勋十二转就是授予最高级的勋官十二转上柱国。现在一般都说《木兰诗》是北朝民歌，但从诗中"策勋十二转"来看，我们现在看到的《木兰诗》是在唐朝最后写定的。有人由于对唐勋官制度不了解，对这句诗的注释也不太准确。所以了解一个时代的政治制度，对准确把握有些文艺作品形成的过程和断代，对深入了解文艺作品的背景和内涵往往也是很重要的。

唐的《医疾令》规定，"诸行军及作役之处，五百人以上，太常给医师一人。五千人以上给二人。自此以上，率五千人加一人"。②

《军防令》规定："征行卫士以上，身死行军，具录随身资财及尸，并付本府人将还，无本府人者，付随近州县递送。"《兵部式》规定："从行身死，折冲赙物三十段……队副以上，各给绢两匹，卫士给绢一匹，充殓衣，仍并给棺，令递送还家。"《唐律》还规定："诸从征及从行、公使于所在身死，依令应送还本乡，违而不送者，

---

① 关于勋官，请参考《中国史纲要》（增订本）上册第六章第二节，北京大学出版社，2006年。
② 《唐医疾令复原清本》，《天一阁藏明钞本天圣令校证（附 唐令复原研究）》下册，中华书局，2006年，第577—580页。

杖一百。若伤病而医食有阙者，杖六十，因而致死者，徒一年。"①

综上所述，唐朝初年军事制度的特点，第一是继续实行兵农合一的征兵制，军队来源主要是自耕小农。第二是内重外轻的军事布局。第三是对士兵权益的保护和尊重。这对调动农民参加府兵和士兵作战的积极性有着重要的意义。

二、骑兵的发展

骑兵的发展也是唐朝初年军事上一大特色。隋平江南，用的是步兵和水兵。防御北方的突厥，则是步骑兼用。隋开皇十八年，突厥达头可汗犯塞，以杨素为灵州道行军总管。"先是，诸将与虏战，每虑胡骑奔突，皆以戎车步骑相参，舆鹿角为方阵，骑在其内。素谓人曰：'此乃自固之道，非取胜之方也。'于是悉除旧法，令诸军为骑阵。达头闻之大喜，曰：'此天赐我也。'因下马仰天而拜，率精骑十余万而至。素奋击，大破之，达头被重创而遁，杀伤不可胜计，群虏号哭而去。"② 至唐，唐太宗东征西讨，李靖、李勣打败突厥，大败吐谷浑，使用的都是骑兵。唐朝初年的骑兵，来自关中、河北、山东的农民。这是十六国北朝以来北方民族融合的一个积极成果。唐朝不修长城有各种原因，而骑兵的强大是一个重要的因素。

以骑兵为主要兵种的战略战术有了很大的发展。李世民的军事思想和李靖的《李卫公兵法》都是在这个基础上产生的。

李世民在战争中善于运用骑兵去完成各项战争任务。大业十三年，历山飞别将甄翟儿率领农民起义军二万余人进入西河郡（今山西汾阳），逼近太原。李渊统步骑五六千人南下镇压，相遇于雀鼠谷口。因寡不敌众，乃使用轻骑突袭，以精骑数百，分为二队，自左右夹击，从而取得了胜利。这在骑兵的战略战术上是一个很大创造。当时参加了这一战役李世民后来几次利用这种战术取得胜利。

---

① 《唐律疏议》卷二三《杂律》征行身死不送还乡条。
② 《隋书》卷四八《杨素传》。

武德元年，盘踞金城的薛举前来攻打泾州（今甘肃泾川），李世民率兵抵御。浅水原之战，薛举乘唐军不备，暗中派兵从唐军阵后发起进攻，唐军被打得大败。和李世民一起率兵迎战的宰相刘文静因此被罢官。这两次战役，得胜一方所使用的战术，都是抓住了对方弱点，充分发挥轻骑机动灵活、运动迅速的特点，出敌阵后或左右攻之，从而击溃敌军。经过这两次战役，李世民很快掌握了这种战术。在第二次对薛举子薛仁杲作战时，李世民即以其人之道还治其人之身，采取了类似的战术。战场仍在浅水原。接战时，李世民一面派兵到浅水原南布阵，摆出决战的架势，同时，率兵迂回到敌军阵后，出其不意，发起进攻，并亲率精骑数十突入敌阵，一举击溃了薛军。李世民击溃敌军后又率轻骑乘胜追击，穷追不舍，进围薛仁杲所据之析摭城（在今甘肃泾川县东北），使敌人的溃兵不能入城坚守。薛仁杲被迫出降。

这两次战争对于李世民军事思想的发展具有重要的意义，一是他懂得了以己之强对敌之弱，也就是军事运筹学的思想。二是他掌握了骑兵战术的要领。这为他后来所向披靡，战无不胜打下了基础。在此后的战斗中，他都注意利用骑兵突入敌阵或出敌阵后，出奇制胜。在对窦建德的作战中，他也使用了这种战术。

武德三年春秋之交，刘武周部将宋金刚被迫从浍州（今山西翼城）北撤。李世民率轻骑追击，一昼夜行二百余里，转战数十合。他自己两天不吃饭，三天不解甲，终于击溃了宋金刚的军队。决战后能够这样乘胜追击没有骑兵是不可能的。

李世民对骑兵战术作了精辟的论述。武德九年（626）李世民说："吾自少经略四方，颇知用兵之要，每观敌陈，则知其强弱。常以吾弱当其强，强当其弱。彼乘吾弱，逐奔不过数十百步。吾乘其弱，必出其陈后反击之，无不溃败。所以取胜，多在此也。"① 这是从他父亲李渊打败历山飞和他自己被薛举打败这一正一反的经验中总结出来的。

---

① 《资治通鉴》卷一九二唐高祖武德九年九月上尝言条。

唐初大将李靖不仅善于用兵，对古代军事理论也颇有研究。他的军事论述，除《通典·兵典》所引《大唐卫公李靖兵法》片断外，还保存在宋神宗时整理校正的《李卫公问对》一书中。他认为，善用兵者，不论采用通常的战法，还是采用变化莫测的作战手段，均需因时制变。有时还需要正兵变为奇，奇兵变为正，奇正相变，因敌制胜。只有认识到奇正之变，才能理解虚实的运用。关于《孙子兵法》"攻则有余，守则不足"的理解，他突破了前人以兵力不足为弱，兵力有余为强的观点，认为敌未可胜，则我且自守。待敌可胜，则实施进攻。把攻守看作是战争不同阶段的作战手段。他强调审将和教阅士兵的重要，认为将领的才能直接决定战争的胜负。能察敌之强弱，断地之形势，观时之宜利，就可以取得胜利。只有教阅士兵，使士兵和将领都熟习主帅的战法和军令，主帅才能灵活指挥，因时制变。他还强调，要了解士众，激励士兵的胜气，使人人自奋，则锐不可当。

三、节度使制度和募兵制度的确立

1. 边防制度的演变和节度使制度的确立

随着周边民族的发展和边界形势的变化，要害地区开始常驻军队，镇戍制度逐步为军、镇制度所取代，并且逐步形成了屯防和军区制度。

在唐朝以前，对中原王朝形成威胁的主要是北方的游牧民族。中原王朝所采取的对策主要是两条：一是修长城、烽、燧；二是遇有情况临时调兵遣将，进行战争。战争的决定权集中在皇帝手中。

唐朝初年在边疆实行所谓"镇戍制"，在边地设立镇、戍，类似于我们今天的"哨所"。发现情况，举烽火，打报告，中央研究之后再发兵，耽搁的时间是很长的。不过当时北方游牧民族行动还是有一定的规律，还可以应付。但是从唐太宗晚年开始，边地形势发生变化。对中原王朝形成威胁的，不仅有北方的民族，而且有西北和东北乃至西南的民族；不仅有游牧民族，而且有农耕的民族。特别是各民族已经开始了自己独立的持续发展，力量壮大了。唐太宗贞观十四年唐攻占高昌，以高昌之地为西州，原为西突厥所据的可汗浮图城为庭州（今新疆吉木萨尔北），并置安西都护府于交河城，留兵镇守；高宗、武则天以后，边疆形势越来越严峻，还用原有那些办法是不行的。

随着力量的强大，吐蕃开始向外发展。从662年到670年，吐蕃势力曾三次出现在新疆天山南路的西部。每次人数不多，很快退去，对新疆地区的形势和对丝路交通，影响都不大。唐蕃主要相持于青海一线。671年吐蕃与唐大战于青海大非川，论钦陵（禄东赞之子）将兵40万，大败薛仁贵。676年吐蕃又向唐进攻，678年大败唐军于青海。高宗集侍臣商讨对策，议论很多，最后也没有讨论出什么结果。最后还是给事中皇甫文亮提出"且令大将镇抚，畜养战士；仍命良吏营田，以收粮储。必待足兵足食，方可举而取之"①的方针。唐高宗实际接受了这个方针，他先后任命黑齿常之为河源军（今青海西宁）经略大使，薛仁贵为瓜州刺史，并在河陇一带设置屯田。黑齿常之在河源一带广置烽戍70余所，开屯田5000余顷，岁收百余万石，由是战守有备。陇右形势趋于稳定，河西丝路也继续畅通。

由此可见，由于形势的变化，唐太宗时已在庭州（今新疆吉木萨尔北）留兵镇守；在唐高宗时期，更开始边地驻扎重兵，实行屯防，一方面屯田，一方面驻兵，边防制度已经开始发生变化。

这种情况在武则天统治时期进一步发展，除了青海河湟地区、河西走廊，进一步推广到现在的宁夏地区。开始都是临时的，后来逐渐固定了，即唐长孺先生所说的"军区制"。镇戍制度为屯防制度所代替，在边地开始设立越来越多地设立军、镇。新设立的军、镇和唐初镇戍的镇不同，每一个军、镇有大使、副使以及相应的官吏，所辖的军队在五千人、一万人以上。最后发展为节度使制度，总揽一个地区的军事。这就是由临时的派遣转变成固定的使职了。到开元初年终于形成了唐开元十节度。唐朝在今天新疆、青海、甘肃、宁夏、山西、北京和辽宁设立了九个节度使，并且不断增加其兵员。

---

① 《唐会要》卷九七《吐蕃》。

2. 募兵制取代征兵制和外重内轻局面的形成

在节度使普遍设立的同时，中央也停止了府兵番上，而招募强壮为𬴊骑，在中央实现了禁卫军合流。开元初左右羽林军有左右飞骑与左右万骑。开元十二年停止府兵番上宿卫后，招募强壮为𬴊骑，分隶十二卫。开元十六年，改𬴊骑为左右羽林军飞骑，改变了𬴊骑的隶属关系，使之成为禁军的一部分。禁卫军合流后，中央有了一支由皇帝直接控制的数量可观的职业化常备军，不仅用于宿卫，有时也用以出征。二十六年，又以左右万骑为左右龙武军，形成了"天子四军"。

边镇兵也开始由主帅招募。开元二十五年五月诏："宜令中书门下与诸道节度使各量军镇闲剧，审利害，计兵防健儿等作定额；委节度使放诸色征行人内及客户中召募，取丁壮情愿充健儿长任边军者，每岁加于常例给田地屋宅，务加优恤，使得存济。"① 二十六年正月制："朕每念黎氓，弊于征戍……所以别遣召募，以实边军，赐其厚赏，便令长往。今诸军所召，人数向足，在于中夏，自可罢兵，既无金革之事，足保农桑之业。自今已后，诸军兵健，并宜停遣，其见镇兵，并一切放还。"②

中央停止向边镇派遣兵防健儿，并将现有镇兵一律遣返，这就从制度上确定边镇兵从此由节度使招募充任。从开元十一年招募长从宿卫充禁军开始的由征兵制向募兵制的过渡，至此基本完成。此后，安西、河西、幽州、朔方等镇的兵健都是就地招募，其中还包括相当数量的胡人。内地兵役征发相应减少。但陇右等边镇地区人口稀少而兵额甚多，仍需从山东地区征派。二十九年诏中提到，"诸军行人，皆远离乡贯"。天宝三载也提到"诸军行人，远为边扞，修短之分，虽有定期，从役而终，良深轸念"。天宝八载上尊号大赦诏中更明确提到，"其百姓有频经镇戍者，已后差点之次，不在取限"。③ 开元二十

---

① 《册府元龟》卷一二四《帝王部·修武备》。
② 《册府元龟》卷一三五《帝王部·愍征役》。
③ 同上。

六年正月制中所云"诸军兵健,并宜停遣,其见镇兵,并一切放还"并没有得到切实的实行。同为开元二十六年修成的《唐六典》卷五《尚书兵部》兵部郎中条注中所云"是后,州郡之间永无征发之役矣"只是制度初定时的一种理想罢了。

募兵制取代了征兵制以后,中央除了禁卫军以外,不再像实行府兵制时期一样,有随时可以调动的军队。为了应付日益严峻的边疆形势,唐朝政府只得不断增加节度使的兵员。天宝元年边镇兵达到49万人,而中央禁卫军只有八九万人。内地各州几乎就没有军队。这样就形成了军事布局上外重内轻的情势。这样一种态势是非常危险的。

唐朝后期在藩镇割据,内地节度使频频叛乱的情况下,军事制度发生了两个重大的变化,一个是皇帝直接控制的军事力量神策军的建立。二是宰相开始获得部分军事指挥权。详见后述。

还有唐朝末年地方军事力量的兴起,也是一个需要进一步深入研究的问题。

所谓唐朝末年地方军事力量的兴起包括几个方面的内容:

一是唐朝后期社会矛盾日益尖锐,唐朝政府开始加强了地方军事力量,并在一些地区设立了镇。这个镇既非唐朝初年镇戍制度下的镇,也不是武则天以后的军镇,而是在内地设立的小规模军事据点。

二是在农民起义所到之处,地方设立土团以自保。

三是军人和地方势力结合,形成武装集团。在镇压黄巢的过程中,河南、山东、山西、淮南、皖南、江浙等地兴起了许多新的藩镇。王建先后据有西川和东川。杨行密战胜淮南各武装势力,尽有淮南之地。刘建峰尽有湖南之地。闽地的王潮则是在占据汀、泉二州后,由建州土豪、福建观察使陈岩表为泉州刺史,陈岩死后,占有全闽的。其间经历了一个外来势力与本地势力结合的微妙过程。王潮统治福建后,仍与陈岩、黄滔这两个建、泉大族通婚,以巩固他们的联合。不论是本地区人建立的,还是外来军人建立的,南方各国中除前蜀、后蜀和楚,都任用了大量本地区人为文臣武将。

12 隋唐时期的法律制度

一、隋和唐朝初年的法律制度

1.《隋律》具有开创意义的变化

中国古代的法律制度，是不断地发展变化的，有时律条没有变化，但是通过注解和执行，事实上发生了变化。

从立法精神、法律的结构和律条繁简来看，西晋是一变，北魏又是一变，隋朝则是一大变。西晋的变化主要是法律的儒家化、律令的分离和律条的精简。看起来变化很大，实际上是对汉以来以儒入法的总结。而北魏律则突破了盗贼为首的篇目设置，突出了户婚。这才是真正具有开创意义的变化。突出户婚，说明当时政府把控制户口放到了首位。这是和北魏政府通过实行三长制和新的田令（即所谓均田制），把豪强大族控制的乡里组织和广大农民转移到政府手中相适应的。

隋文帝修订《隋律》，对于北魏以来律的结构和律条的变化进行了总结，又有了新的发展。首先在篇目设置上，把"卫禁"和"职制"放在首位，然后是"户婚"等篇目。这在以往各朝的律中是从来没有的。南朝梁、陈的律仍然沿袭李悝《法经》盗贼为首的做法。北魏律、北齐河清三年律和北周律虽然突破了贼盗为首的格局，也远未形成隋《开皇律》这样的篇目结构。

隋朝建立以后也把搜括隐漏和逃亡的户口作为一项重要的工作，

但少有成效。因为当时的赋税和刑法太重，百姓不愿意接受政府控制，同时原有的地方官吏不肯积极地推行这项工作。也就是说制度和政治体制上还存在着严重的问题。隋文帝和高颎很快就认识到这一点，所以反过来先减轻赋税和刑罚，同时将原来地方长官辟举地方佐官的制度改为地方官吏一律由中央任免。也就是说，不管要推行什么政策，都需要依靠各级政府和官吏。这一点反映到《隋律》的修订上，就把维护皇权的《卫禁》和保证政府机构正常有效运转的《职制》放到了首要的地位。从北魏开始以律的篇目变化为标志的律体系的变化最后完成，这是中古政治体制从门阀贵族—官僚制过渡到官僚制在法律制度上的反映，在中国刑律发展史上具有划时代意义。

《隋律》的划时代意义不仅表现在篇目的变化上，还表现了以下几方面：

第一是刑罚的减轻。隋文帝废除了鞭刑及枭、辕（车裂）等极端残酷的刑罚，缩小连坐的范围，非谋叛以上，无收族（祖孙兄弟，伯叔父兄弟之子）之罪。

第二是法律条文的精简。"更定新律。除死罪八十一条、流罪一百五十四条、徒杖等千余条，定留唯五百条。""自是刑网简要，疏而不失。"① 比起以往的律文，确是简化得多。

第三明确提出了"十恶"，并标于篇首。汉律就把"不道""不敬"列为重罪。北魏律规定：大逆不道处以腰刑。南朝梁律有"谋反""降""大逆"等重罪。陈律有"不孝""内乱""恶劣"。《北齐律》，有"重罪十条"，包括"反逆""大逆""叛""降""恶劣""不道""不敬""不孝""不义""内乱"等儒家伦理道德内容。《隋律》明确提出了"十恶"。

第四是确立了上告和死刑复审制度。民有枉屈，可以逐级上告。至尚书省仍不理，可以向皇帝申诉，"听挝登闻鼓，有司录状奏之"。② 开皇十二年还规定，天下死罪，诸州不得便决，皆令大理寺

---

① 《隋书》卷二五《刑法志》。
② 同上。

复审,然后上尚书省奏裁。把司法权集中到中央,可以减少地方官吏的任情枉法,这是士族地主衰落、地方事权降低的结果。

开皇五年(585),隋文帝要求各级官吏明习律文,亲自判案。六年,又"敕诸州长史已下,行参军已上,并令习律,集京之日,试其通不"。①

2.《唐律》和唐朝的法律体系

唐朝的法分为律、令、格、式四类,经过唐初几次修订,到太宗贞观十一年基本确定下来。

首先来看《唐律》。"凡律,以正刑定罪",②是有关违反法令后量刑定罪的规定。唐朝建立以后,对《隋律》进一步修订。《隋律》及其修成后新的规定均为《唐律》所继承,并有了很大的发展。唐高宗初年又制定了解释律文的律疏,与律条具有同样的法律作用。《律疏》彻底取代了"决事比"和"法例",使法律更加严格和具有可操作性。后来将《唐律》和律疏合编,这就是流传下来的《唐律疏议》。《唐律疏议》是流传下来的我国现存最早也最完整的成文法典。

唐律分为12篇、30卷,共502条。

卷一《名例》规定了唐律的一般原则。在篇首的疏议中,除了概述律的发展历史,还阐述了唐律以礼为本,礼、法并用的思想,指出:"德礼为政教之本,刑罚为政教之用,犹昏晓阳秋相须而成者也。"在律条中首先规定了五刑:笞、杖、徒、流、死(绞、斩)。还规定了十恶:谋反(谓谋危社稷)、谋大逆(谓谋毁宗庙、山陵及宫阙)、谋叛(谓谋背国从伪)、恶逆(谓谋杀祖父母、父母,杀伯叔父母、姑、兄姊、外祖父母、夫、夫之祖父母和父母)、不道(谋杀一家非死罪三人、支解人、造畜蛊毒、厌魅)、大不敬、不孝、不睦、不义、内乱。并依次规定各种人在触犯刑律时的不同处理方法,

---

① 《隋书》卷二五《刑法志》。
② 《旧唐书》卷四三《职官志二》。

以及其他共同性问题。

《名例》之后，依次是《卫禁》《职制》《户婚》《厩库》《擅兴》《贼盗》《斗讼》《诈伪》《杂律》《捕亡》《断狱》等篇。

《唐律》篇目及其次序源自隋《开皇律》。这样的安排，把维护皇权和保证政府机构正常有效地运转放到了首位，把对百姓的控制放到了突出地位，然后再涉及民事和刑事的各个方面。

《唐律疏议》卷第九《职制》23 条中，开头的 6 条就是，置官过限及不应置而置、贡举非其人、刺史县令等私出界、在官应直不直、官人无故不上、之官限满不赴。其后 14 条是有关侍御的。最后三条是关于稽缓制书官文书、被制书施行有违、受制忘误。卷第十《职制》19 条中，制书官文书误辄改定、上书奏事犯讳、上书奏事误、事应奏不奏、事直代判署、受制出使辄干他事、指斥乘舆及对捍制使、驿使稽程、乘驿马赍私物等条都是围绕公文书运作、出使的。卷第十一《职制》17 条中，奉使部送雇寄人、长吏辄立碑、有所请求、受人财为请求、有事以财行求、监主受财枉法、事后受财、受所监临财物、因使受送遗、贷所监临财物、役使所监临、监临受供馈、率敛所监临财物、监临之官家人乞借、去官受旧官属士庶馈与、挟势乞索等 14 条都是有关官吏贪赃枉法的。

维护尊卑贵贱的等级制度，维护封建的伦理道德，保护公私财产，保持社会稳定等原则，也都贯彻在唐律的各篇律条之中。这也是中古政治体制从门阀贵族—官僚制过渡到官僚制在法律制度上的反映。

再看令、格、式。

"令，以设范立制。"① 是关于各项制度的规定。除了有关政府机构的 7 个职员令，还有祠、户、选举、考课、关市、医疾、狱官、营缮、丧葬、杂令等 27 个令，共 30 卷，1546 条。唐令现已不存，散见于《唐律疏议》《唐六典》《唐会要》《旧唐书》以及其他文献中。日本仁井田陞曾广泛搜集中国的古代文献，并参考日本依据唐《永徽令》编成的《养老令》，编成《唐令拾遗》一书，复原或部分复原

---

① 《旧唐书》卷四三《职官志二》。

唐令700余条。近年来通过对1999年发现的《天一阁藏明抄本天圣令》的研究，学者复原了的《唐令》的部分内容。①

> 据有关记载，《天圣令》原书为30卷，现存抄本为后10卷。……经"课题组"的点校、整理后统计，这10卷《天圣令》共存12篇，293条令文。其各篇后附的未行用《唐令》，共有221条令文。两者合计，共有令文514条。由于《天圣令》基本上是参照《唐令》制订的，"课题组"已参据《唐令拾遗》、《唐令拾遗补》和有关史料，初步将其中的267条复原为《唐令》，只余有19条未能复原。加上各篇后附的《唐令》221条，共计有《唐令》488条，近4万字。其中《田令》、《赋役令》、《捕亡令》基本上全部复原，其余各篇多数仅有两三条尚未复原。这使我们可以比较完整地看到《唐令》后10卷12篇的全貌。②

格、式，《唐六典》卷六《尚书刑部》"刑部郎中员外郎"条、《旧唐书》卷四三《职官志二》皆云："格以禁违正邪，式以轨物程事。"这是唐朝初年的制度。《新唐书》卷五六《刑法志》则云："格者，百官有司之所常行之事也；式者，其所常守之法也。"对式的解释基本上是一致的，式可以看作是行政法规和办事细则，是对令的补充。式以尚书省各司及秘书、太常、司农、光禄、太仆、太府、少府及监门、宿卫等名其篇目，垂拱时又加计账，共33篇。敦煌文书中的《P.2507开元水部式残卷》为我们提供了具体的例证。而《旧唐书》和《新唐书》对格的解释却相去甚远。这里牵涉到唐朝法律制度的变化。敦煌文书中的《P.3078、S.4673神龙散颁刑部格残卷》，内容即为违反某事的处罚条例，实际上是律的补充。开元户部格残卷及《宋刑统》卷二六所引《户部格》、《白氏六帖事类集》卷二四所引《金部格》，则为各种禁令，与《唐六典》所云"禁违正邪"亦合。而敦煌文书开元兵部选格片断及其中所引《兵部格》，

---

① 即《天一阁藏明抄本天圣令校证（附 唐令复原研究）》，中华书局，2006年。
② 宋家钰：《明抄本北宋〈天圣令〉的重要学术价值》，《光明日报》2007年1月12日。

《唐摭言》卷一所载《会昌五年举格节文》，则与《新唐书》所云"百官有司之所常行之事也"合。

格、式在南北朝时并无严格区别。格的含义则更为宽泛，有时是作为禁令，有时是对某些事项的具体规定。唐武德初年有53条格，后并入《武德律》，则具有律的性质。贞观中修定律令的同时，又删武德、贞观以来敕格3000余件，定留700条，以为格，以尚书省24司为篇目。高宗初年，分格为两部，曹司常务者为《留司格》，留本司行用；天下所共者为《散颁格》，颁于天下。此后几经修订，特别是垂拱元年在删改格式的同时，又以武德以来、垂拱以前诏敕便于时者，编为新格2卷，神龙元年，又删定垂拱格及格后敕，把制敕对律、令、式的补充和修改，另编为新格和格后敕，把格的内容加以扩大，便逐步形成了禁防条例与具体办事条例并存的情况，《新唐书·刑法志》所云"常行之事"，说的就是这种变化后的情况。

开元以来制度上的各项变革，到开元二十五年基本上告一段落。这些变革有些是以单行制敕颁行的；有些则是在德音、赦文中集中提出。一个赦文往往包括若干项变革，各级官员不易掌握。有些变革是对原有制度的修改，与原有令式也多有相违。因此，从开元二十二年开始，由李林甫主持对律令格式进行修订。李林甫与牛仙客及明法之官崔见等，"共加删缉旧格式律令及敕，总七千二十六条。其一千三百二十四条于事非要，并删之。二千一百八十条随文损益，三千五百九十四条仍旧不改，总成律十二卷，《律疏》三十卷，《令》三十卷，《式》二十卷，《开元新格》十卷。又撰《格式律令事类》四十卷，以类相从，便于省览"。① 十五年九月奏上，颁于天下。《唐律》在制定的时候，即具有一定的适应性，并规定了比附的原则，以便保持律的稳定性，故这次修订变动不大。令是各项制度的规定，由于各项制度仍处在不断调整的过程中，加之唐朝统治者还不愿彻底抛弃旧制度，因此也没有做大的修订，因而造成了某些令与实际情况的严重脱节。《通典》卷二《食货二·田制下》在引录开元二十五年《田令》

---

① 《旧唐书》卷五〇《刑法志》。

时注云:"虽有此制,开元之季,天宝以来,法令弛坏,兼并之弊有逾于汉成哀之间。"这就造成了令在政治生活中影响的日益削弱。而根据制敕宣布的一些新的规定或对旧制所做的调整整理而成的格式,就成为日常政务的准绳。这次修订中删改的大多便是格式。

对于律令不便于时者,在《唐律》中也规定了进行修改的程序。这个规定对保证法令根据现实情况的变化而不断进行修改具有重要的意义。只有对法令进行适时的修改,才能保证社会持续的发展。不仅如此,在唐朝前期,还不断对法令进行整理和修订。一方面对原有的律令进行修订,同时对制敕中有关的新的规定进行整理,编入格式,作为日常政务的准绳。

二、唐代法律体系的变化

唐律有律令不便辄奏改行的规定,为律令的修订提供了法律上的依据。同时也说明,在当时法律体系中律令处于首要地位。

律令的修订通过两种方式完成:一种方式是通过"诏""制""敕"。"诏""制""敕"在唐朝初年都存在,武则天就改"诏"为"制",使二者合一。在新颁行的"制""敕"里有很多新的规定,其中有一些具有普遍意义的,在诏令中明确指出"以为永式",开始成为新的法令。这是一种方式。

另外一种方式是,上述情况越来越多,所以到了一定时期,皇帝下令要把这些"制""敕"中新的规定加以编排。这有一个发展过程,而在这个发展过程中,完成了唐代法律体系的变化。

《唐会要》卷三九《定格令》:"龙朔二年(662)二月,改易官名,敕司刑太常伯源直心等重定格式。"(《旧唐书·刑法志》略同)一改过去律令格式同时删改的格局,只限于重定格式。这种变化说明法律体系已经开始有了微妙的变化。

唐高宗仪凤元年(676)制:"自永徽已来,诏敕……其有在俗非便,事纵省而悉除;于时适宜,文虽繁而必录。随义删定,以类区分。……仍令所司编次,具为卷帙施行,此外并停。"① 主要是把诏敕中"在俗非便"或"于时适宜"的"随义删定,以类区分"。尽管这次立法活动缺乏其他史料的印证,但是,把诏敕类别区分,这完全是有别于过去的新的立法内容。

《旧唐书》卷五〇《刑法志》记载,"至仪凤中,官号复旧,又敕左仆射刘仁轨……删缉格式"。因为"官号复旧"而"删缉格式",也是把"格式"作为修改的对象。格式的含义及其在法律体系中的地位开始发生变化。这些是唐代法律体系开始变化的重要信号。

武则天时期又前进了一大步。

《旧唐书》卷五〇《刑法志》:垂拱元年(685),武则天又敕内史裴居道等十余人删改格式。在删改格式的同时,"又以武德已来、垂拱已前诏敕便于时者,编为新格二卷。则天自制序。……其律令惟改二十四条,又有不便者,大抵依旧"。《旧唐书》卷六《则天皇后本纪》又记:垂拱元年(685)三月,"颁下亲撰《垂拱格》于天下"。

这是一组极为重要的材料,它至少说明:

第一,"其律令惟改二十四条,又有不便者,大抵依旧",律令虽有不便者,也不进行大的改动。说明唐朝政府已经开始放弃对律令的修订。

第二,"以武德以来,垂拱以前诏敕便于时者,编为新格二卷",诏敕和新格成为最便于时用的法律文件。从立法来说,把重点放在删改格敕和把诏敕便于时者编为新格。立法活动从内容到形式都发生重大变化。

第三,格也开始被赋予全新的意义,即《新唐书·刑法志》所云"常行之事"。"律""令""格""式"在制敕中的排列顺序往往颠倒为"格""式""律""令"。中宗在改周为唐的制书中,在关于军镇应支兵的新规定后面用的是"永为格例,不得逾越"(《唐大诏

---

① 《唐大诏令集》卷八二《政事·刑法·颁行新令制》。

令集》卷二将此制误命名为《中宗即位赦》）。

第四，武则天自为序，并亲颁于天下，说明这次立法活动与立法内容和形式变化的意义都是非同一般的。

神龙元年，又删定垂拱格及格后敕，把制敕对律令、式的补充和修改，另编为新格和格后敕，把格的内容加以扩大，便逐步形成了禁防条例与具体办事条例并存的情况，《新唐书·刑法志》所云"常行之事"，说的就是这种变化后的情况。把制敕对律、令、式的补充和修改，另编为新格和格后敕，成为此后立法活动的主要内容。

需要说明的是，格所以被用来编集诏敕，是因为格原来就是"编录当时制敕，永为法则，以为故事"。① 只是原定的格只编录某些特定内容，而新格则是编录便于时者，内容扩大到律令和式。

这种做法中宗、睿宗时继续下去。

值得注意的是景云元年初睿宗敕删定"格式律令"。说明从武则天定新格开始的唐代法律体系的变化、转折已基本完成。开元元年删定格式令，重点仍在格式。开元六年删定律令格式，至七年奏上时律令式仍旧名，从删定时间不长，且未记载删缉情况来看，是继续了垂拱元年律令虽有不便于时者，大抵依旧的做法，改动是不大的。格则曰开元后格，删定的重点仍在格。

《唐大诏令集》卷七九《至东都大赦天下制》所记"令式格敕有不便者，先令尚书省集议刊定"。此赦文颁于开元五年二月，值得注意的是"律令格式"之称改为"令式格敕"。此"令式格敕"虽然也反映唐前期法律体系的变化，但更重要的是说明唐朝政府已经放弃了对律的修订。"式格敕有不便者"，说明这时敕已取得与令式格同样的地位。"令式格敕由尚书省集议刊定"，说明重点在于各种行政制度和行政法规。

以上从垂拱元年到开元六年，立法活动的重点，一是把制敕删定为格，编为新格，二是对已编成的格进行删定。这与开元五年《至

---

① 《旧唐书》卷五〇《刑法志》。

东都大赦天下制》所记"令式格敕有不便者,先令尚书省集议刊定"是一致的。而"令式格敕"的提法,把敕与令式格提到同等的地位,实际上反映了法律体系开始由格式律令向敕令格式过渡。

(开元)十九年,侍中裴光庭、中书令萧嵩,又以格后制敕行用之后,颇与格文相违,于事非便,奏令所司删撰《格后长行敕》六卷,颁于天下。①

这说明:

一、开元后格制定十二年后新颁布的制敕,就出现了颇与格文相违的现象。过去似乎还没有这样的记载,这说明在此期间社会情况变化急剧,新的问题不断出现,而朝廷针对这些问题,及时做出反应,制定了许多新的法令,以取代旧的不合时宜的规定。但又没有明令废止旧的规定,因而出现了与格文相违的情况。

二、这种情况也说明,朝廷用发布制敕的办法来取代已有的律令格式中的某些内容,已经变得很经常了。唐初以令式来规定各种制度的律令体系完全被突破。在法律体系中制敕不仅取得了高于令式的地位,而且取得了高于由制敕删缉而成的格的地位。

格后敕特别是格后颁行的制敕才是此后最重要的日常行用的法律文件。穆宗"长庆三年(823)十二月二十三日敕节文:御史台奏,伏缘后敕,合破前格,自今以后,两司检详文法,一切取最向后敕为定。敕旨宜依"。②

尽管制敕取得了最高的法律地位,但是一直到文宗时仍有格后敕的编纂。特别是文宗以后还注意了制敕中新的刑罚规定与原来唐律中刑罚规定的矛盾。开成四年两省详定《刑法格》。大中五年敕修《大中刑法总要格后敕》,七年修成《大中刑法统类》十二卷,敕刑部详定奏行之。适时归整这种做法是在没有明令废除原有律令的情况下,消除制敕与原有规定矛盾的一种选择。它至少申明了当

---

① 《旧唐书》卷五〇《刑法志》。
② 《宋刑统》卷三〇《断罪引律令格式》门。

前哪些规定可以不必遵循，而哪些应该而且必须遵循。应该说这是一种灵活的、明智的、务实的选择。它既保持了国家法律的连续性和严肃性，又保证了法律的适时性和实用性，使国家政治和社会生活有一个可以遵循的规定，是原则性和灵活性的统一。它既反映了唐太宗所确定的"须合变通"的原则，也奠定了宋代敕令格式法律体系的基础。

13 隋唐时期的选官制度

一、隋朝九品中正制的废除和新选人标准的确立

南北朝时期，随着豪强士族的衰落，军功、才学的原则逐步提出。南齐末年萧衍提出"唯才是举"。西魏苏绰提出选举要"不限资荫"。

隋朝建立后，在选官制度上迈出了几大步：

第一，正式废除九品中正制，用人不讲门第。东汉以后，由于豪强大族的发展，形成了所谓的门阀制度，做官都看门第的高低，没有门第就不能做官。只有高门才能够做大官。隋文帝废除了按照门第选官的九品中正制，从制度上最终取消了任用官吏时门第的限制。选官不限资荫，在选拔官吏的时候不看门第，而看才能，并且明确地提出了才学的标准。这样不仅能从更加广阔的范围选拔优秀人才，也给普通百姓做官打开了一扇门。这是南北朝以来官吏任用标准上一个很大的变化。

第二，取消州郡佐官由长官辟举的制度，地方官员一律由中央吏部任免。从汉朝以来州郡的长官都是由中央任命的，但是属官都是他到任以后在当地征辟，由当地的人士担任。一开始，在西汉初年还是看地方上有哪些贤能的人，把这些人选拔出来。后来随着豪强大族势力的强大，选拔的都是这些豪强大族的人，豪强大族担任地方佐官就变成了他们控制地方行政的一种办法。豪强大族能够长期存在，这和

他们在政治上掌握了地方政权有很大的关系。隋朝为了防止地方官和地方势力相勾结，还规定，刺史县令任期三年，佐官为四年。刺史县令三年以后就要轮换走人。另外还规定地方官的父母和十五岁以上的儿子不能带到任上，目的都是防止地方的豪强通过各种办法和地方官勾结起来，控制地方的行政。

第三，开始实行科举制度。科举制从察举制的母体中脱胎而出，成为国家纯粹按才学标准选拔文士担任官僚的考试制度。才学标准也有了更加合适的形式。

二、唐朝对官员素质的要求

唐朝继承和发展了隋朝的选官制度，在选官制度上有许多创新，在中国古代选官制度的发展上，处于承先启后的地位。唐代以考试选用官吏的制度和科举制度，奠定了此后历朝培养和选拔官员制度的基础。而唐玄宗时期提出的没有担任过州县官不能担任中央中高级官吏，也成为唐以后各朝选拔中央官吏的基本原则。

从隋朝开始，对于官员在政治运作中的作用都是非常重视的。前面已经说过，在隋律和唐律中，第一章是《名例》，这是一个总则，第二章是《卫禁》，是保卫皇帝、皇宫的，第三章是《职制》。《职制》被提到很特殊的地位，也就是把保证政府机构的正常运转放到了一个非常突出的地位，而要保证政府机构的正常运转，关键就是官员。

按照什么样的要求、什么样的标准去选拔官吏，直接影响到官吏的培养并决定了官吏具有怎样的素质。唐朝继承隋朝，对官员的素质有多方面的要求。

选拔和任用官吏的标准，在不同时期是不一样的。东汉以后，由于豪强世族的发展，门第成为选拔官吏的主要标准。所谓门第的高低就是候选者的经济地位和政治地位，他的祖上有多少代做官，他们家的经济实力和政治实力怎么样。门第高的可以做高官，门第低一些的可以做低一级的官吏，没有门第就不能做官。这种情况在南北朝时期就开始发生变化了。南北朝时期，随着豪强世族的衰落，按照军功、按照才学来选官的这样一些原则被逐步提出来。南齐末年，后来的梁武帝萧衍就提出了"唯才是举"，西魏的苏绰提出了"不限资荫"，就是按照才能，不按照门第去选拔官吏。

下面我们来看看唐朝对官员的素质有什么要求。

第一，唐朝政府任用官员的总的原则，简单地说就是德行才学。贞观二年，唐太宗就对身边的大臣说："今所任用，必须以德行、学识为本。"明确地提出了以德行学识选人是用人的基本原则。当时的谏议大夫王珪说："人臣若无学业，不能识前言往行，岂堪大任。"①这是贞观君臣对于广任贤良、重视官吏的一个基本认识，其中包括了文化的要求、政事处理能力的要求，也包括了德行的要求、道德品质的要求。应当说德行品质、文化、政务处理能力这三项对官员的基本要求，在这次对话中都明确地提出来了。唐朝初年，不是仅仅说出这些原则，这些原则通过铨选，特别是通过其中的铨试这样一个环节，具体地落实下来。在唐朝，不通过铨试，也就是身、言、书、判的考试，就不能做官。这是一个总的要求。

第二，对在职官吏也有总的要求或者说共同要求，还有一些对各类不同官员的具体要求。

总的要求就是所谓四善：一是德义有闻，二是清慎明著，三是公平可称，四是恪勤匪懈。德义有闻就是道德品行为众人所称赞。清慎明著就是做官很清廉谨慎。公平可称就是办事情很公平、没有私心。恪勤匪懈就是勤勤恳恳。这是对一切官员的共同要求。

那么除了共同要求以外，对每个具体岗位上的官员也有具体的要求，也就是所谓二十七最。唐朝对二十七类官员都提出了具体的要求。

这里我们只简单介绍几项，比如"一曰献可替否，拾遗补阙，为近侍之最"。就是对皇帝身边的大臣来说，要对皇帝不断提出建议，什么事情可以做，什么事情不可以做，什么事情有遗漏，什么事

---

① 《贞观政要》卷七《崇儒学》。

情有缺点，就赶快提出来，这就是近侍之最。"二曰铨衡人物，擢尽才良，为选司之最。"就是说在考核人物的时候能够把贤良之人、有才能之人都提拔出来，这是负责人事工作的、选拔官吏的官员的最佳表现。"决断不滞，与夺合理，为判事之最。"一般官员都要处理公务，唐朝也是通过公文文书运作，对于各项事务做出决定，这个决定就叫判。那么你在判的时候能够及时地把工作处理完毕，而且处理得很合理，这就是处理各项具体政务的人的最好表现。"推鞫得情，处断平允，为法官之最。"就是说你在审理案子的时候，处理得非常公平，非常合理，这就是法官的最佳表现。对于学官，要求"训导有方，生徒充业"。就是你在教育的时候，教育有方，学生都努力学习，这就是学官最佳的表现。"赏罚严明，攻战必胜，为将帅之最。"这个意思很清楚。"礼义兴行，肃清所部，为政教之最。"这实际上是对地方官的要求，地方礼义兴行，社会安定，没有盗贼，这就是政教之最。"功课皆充，丁匠无怨，为役使之最。"所谓功课皆充就是要做的事情都能够很好地完成，而被役使的工匠没有怨言，这是役使之最。唐朝不断地征发徭役，从事各种劳动，负责这种事的人的标准是什么呢？就是一方面你要把事情做好，另一方面还要善待这些劳动者，要使他们无怨。"边境肃清，城隍修理，为镇防之最。"① 边境上很安宁，防御工事都修得很好，这是边防镇将考核的一个主要的标准。

　　四善、二十七最这样一些标准，不仅仅是一种口头上的标准，而是每年都要进行考核的。唐朝有"考课"的制度，到了年底每一个人把自己的表现写出来，然后本部门的人集中起来，大家讨论，提出意见，最后评判等级，这在当时还是有相当的民主性和透明性的。而这个等级还要送到中央，由吏部的考功司和各部门的代表、各个地方代表讨论，最后决定。考核的等级和官吏的经济利益，和官吏的升迁紧密联系在一起。如果考核不合格，就要降薪或停发薪水，甚至要停止工作。

---

① 《唐六典》卷二《尚书吏部》。

这种考核等级分九等，上、中、下，上、中、下里又有上、中、下，被评为中上以上的等级是可以越级提升的。所以这种考课对当时的官吏是起到了一种很好的激励作用，也起到了一种很好的监督作用。这是因为它程序很严密，过程很民主、很透明，最后还与官员的升迁、俸禄联系在一起。

为了鼓励官员提高道德操守，还有清白状，就是说如果在地方上表现很好、很清廉，那么各级部门就可以给你写清白状，在升迁的时候也会得到优待。对于在地方上有突出贡献的官员、受到民众爱戴的官员，还允许老百姓为他们立生祠、德政碑。树碑立传是很多官员梦寐以求的事情，历代官员都是这样，都希望自己的美名传下去。唐朝政府规定，凡德政碑和生祠，都必须是政绩可称者，州为申省，省司勘覆定，奏闻，才能树碑建祠。不是说谁想立就立，而是要经过一定程序，最后皇帝批准才行。所以做得好不好，是要老百姓说了算的。

比如说狄仁杰，《狄公案》等等只是后人编造的故事，狄仁杰在唐朝是一个很杰出的政治家。他在地方工作阶段也为老百姓做了很多的好事情，所以很多地方给他立生祠，给他树立德政碑。一直到元朝，在北京昌平的雪山村还建有狄公祠，他的碑在20世纪五六十年代还竖立在雪山村，现在不知道被移到什么地方去了。在河北大名、江西彭泽、甘肃宁县，都有狄仁杰的生祠或者德政碑。其中狄仁杰在魏州的生祠还有一段曲折的经历。狄仁杰去职后，他的儿子狄景晖后来也到魏州担任司功参军。他为官贪暴，为民所恶，魏州百姓乃毁仁杰之祠。但魏州民众对狄仁杰的功德并未忘怀，唐开元十年（722）十一月，狄仁杰祠堂得以重修。安史之乱中，狄仁杰祠堂遭到彻底破坏。元和七年（812）根据百姓的意愿，田弘正又重建狄仁杰祠堂。魏州百姓对狄仁杰始终充满感情。

这是对在职官吏总的要求和对各类官员的具体要求。

第三，是在政务运行过程中，在处理政务时对官员的要求。就是要求官员严格按照制度办事，要执行上级的指令，包括皇帝的制、敕，同时要求对不合适的制、敕和上级的规定提出意见，目的是为了"相防过误"。这里有些具体的要求，比如严格按程式办事、建立问责制度、对制敕不妥当的地方必须提出意见等，这些在前面各讲中都已提到过。

唐朝还有任期制，一般为三年或者四年。到期以后，要重新到中央参加铨选，重新分配工作。六品以下的官员还要参加一次考试。中央的官员到地方，地方的官员到中央，这样的一种任期制、轮换制，能上能下，看起来很简单，做起来是很不容易的，这在唐朝也有一个过程。

四是法律上的要求，也就是对官员行为的约束。实际上前面所说的官员在执行公务时必须遵守的规定，也是法律规定。我们这里说的主要是怎样对官员行为中一些比较敏感的方面来进行约束，主要是两个方面：一是渎职，二是贪赃枉法。在《唐律》的《职制》中关于贪污受贿的律条共有14条。唐律共有500条，关于贪污受贿就有14条，对于主管官员的家人在管内接受贿赂、索要财物也要处以刑罚。

《唐律》中对于官员的约束还有一点值得提出来，就是对于请托，处分是很严厉的。对有所请求者，笞五十。如果主司就是有关主管部门同意了，就视为同罪，也是笞五十下。如果已经实行了，那就每人杖一百。如果是收人钱财而为之请求，那就按照贪污罪加二等来处理，一尺以上笞四十，即只要你收了一尺的布就要打四十鞭子，罪重的就要流放。如果收了贿赂以后枉法，处罚就更重。

这些都牵涉对官员素质的要求，要求他们出以公心，克勤克俭，认真负责，要勇于负责，勇于提出意见。这些要求看起来很简单，做起来并不简单，因此需要法律的保证。

三、唐朝的选官制度

现在一般都认为唐朝的科举制度是世界公务员制度的萌芽，其实这是一种误解。唐朝选和举是分开的。举是科举，选是铨选，在唐朝的选官制度中最重要的一条就是做官都需要经过考试，这才是真正的世界公务员制度的萌芽。

关于中国古代选官制度还有一种误解，以为科举制度就是选官制度。从宋朝以后可以这么说，但也只能说科举制度是选官制度的一部分。宋朝以后，科举及第后，根据考试成绩的高低分配不同的官职，类似于我们在20世纪80年代以前，大学毕业以后就分配工作。唐朝不是这样，唐朝科举仅仅是一种取得做官资格的考试，要做官，还要参加铨选。即使是宋朝以后除了科举，也还有其他的选官渠道，所以把科举和选官等同起来不是很确切的。

唐朝要做官，首先要取得做官的资格，也就是一种出身。唐朝要取得出身资格有三个途径：

第一个是门荫。当朝五品以上高级官吏的子孙，可以根据祖父、父亲官位的高低，或者是进入宏文馆、崇文馆、国子监的国子学、太学学习，然后通过考试，最后参加科举得到官职；或者是担任皇帝的侍卫，也就是所谓的千牛和三卫，达到一定的年限后，考试合格，也可以参加铨选。那么根据父祖官位的高低，可以获得不同品阶的官职，父祖的官位高，那么起家的官就高。门荫和门第不同，门第相对固定，是根据你的祖先历朝官位的高低以及家族经济实力定出的一种社会等级，而门荫是给当朝官吏也就是现任官吏的一种政治特权。

第二个是杂色入流。杂色入流比较复杂，主要的是流外入流。唐朝的官分九品，叫作流内官。唐朝除了官以外还有吏，也分九品。这里所说的吏就是中央政府各个部门负责具体工作的人，叫作流外官，但他们实际上是吏而不是官。他们工作一定年限，经过了若干考，考核过关，最后考试合格以后也可到吏部参加铨选，可以获得官职。至于地方小吏，不属于流外官，是不能做官的。

第三个就是科举。

通过这三个途径，可以取得做官的资格，即出身。但仅仅是有资格、有出身还不行，要做官还需要参加铨选。任官期满以后，要重新做官也需要参加铨选。唐朝选官程序一般是这样的：六品以下的官是由吏部提出意见，尚书省送到门下省进行审核，最后报告给皇帝知道以后任命，策授。六品以下的选官过程就叫铨选。五品以上的官是需要宰相提出名单，皇帝批准以后敕授，即皇帝下敕来发委任书。

唐朝选官制度的核心，就是做官必须通过考试。官员任用和提升都需要经过一定的机关和一定的程序。不论是什么人，首先必须通过各种出身考试，获得做官的资格。然后还要到吏部参加铨选，通过身、言、书、判的考试。武官则要到兵部参加铨选，通过试能、较异，审其功能而定其留放。南北朝后期提出来的才学标准有了具体的表现形式。虽然由于等级的存在，还不能在考试的科目和标准面前人人平等，但在一定都要参加考试这一点上，是一律平等的。

为了培养官僚，隋唐政府办了很多学校。在中央，国子监长官祭酒（祭酒一员，从三品）、司业（司业二员，从四品下），掌邦国儒学训导之政令，统管国子学、太学、四门学、律学、书学和算学。州县有州学、县学。

国子学、太学、四门学主要学习儒家经典。据《旧唐书》卷四四《职官志三·国子监》，律学"以律令为专业，格式法例亦兼习之"。书学"以《石经》《说文》《字林》为专业，余字书兼习之"。算学学习十部算经，都是学习专门学问。

不论中央或地方的学校，生徒入学都有等级的限制。国子监国子学、太学、四门学各学生徒学成考试合格，保送参加科举考试。

下面侧重介绍唐代官员的选授制度。在《唐律疏议·名例》中把五品以上官员称为通贵，也就是高级官员。在官员的选授上，对五品以上官员和六品以下官员的做法是不一样的。

1. 五品以上官的选授

五品以上官员由宰相提出名单，皇帝批准后制授。《旧唐书》卷四二《职官志一》："五品已上，旧制吏部尚书进用。自隋已后，则中书门下知政事官访择闻奏，然后下制授之。三品已上，德高委重者，亦有临轩册授。自神龙之后，册礼废而不用，朝迁命官，制敕而已。六品已上，吏部选拟录奏，书旨授之。"

知政事官访择闻奏，宰司进拟，可见五品以上官的选授在唐初就是由宰相在政事堂讨论决定。

五品以上官授官前不再经过考试。五品以上官虽然不考试，但也是经过一次次考试，不断升迁才达到五品的。而且在授予官职前，还需要宰相在政事堂讨论，然后奏请皇帝批准。其才学、政绩也是经过严格考核的。

进入三品、五品有一定的规定。自武德至乾封（618—668），应入三品者皆以恩旧特拜，一般官员进入三品是很困难的。入五品者根据铨选时计考进阶的情况，如可进至从五品下阶，便可奏请批准。每年有一定名额，但没有出身者需历若干考。武则天时期开始对出身后历考做出了规定，此后不断增加。入五品者由8考增至12考，开元时增至16考以上，并且必须先居六品以上官，本阶正六品上。入三品者也由25考增至30考以上，且须先居四品以上官，本阶正四品上。对亲贵高官子弟的限制进一步加强。

2. 六品以下官的选授

六品以下官敕授，由尚书省负责，其中文官由吏部，武官属兵部，谓之铨选。

下面对唐代铨选制度进行简单的介绍。

铨选开始于冬十月上旬至下旬。应选者可分为两大类：一类是任满或其他原因罢免之后重新应选的官员。第二类是通过各种途径获得出身者，包括科举出身者、流外官以及散官、勋官当番期满考试合格者，还有罢免官者。

罢免官者情况各异：有以理去官者，有因侍奉或本人生病解官者，有"责情及下考解官者"。据《唐六典》卷二吏部郎中员外郎条："背公向私，职务废缺为下中；居官谄作，贪浊有状为下下。"同条又云："若私罪下中已下，公罪下下，并解现任，夺当年禄，追告身，周年听依本品叙。"

有"犯罪除免而复叙者"。《唐律疏议》卷三《名例》"除免官当叙法"条："诸除名者，官爵悉除，课役从本色，六载之后听叙，依出身法。"疏议曰："叙法依选举令，三品以上，奏闻听敕；正四品，于从七品下叙；从四品，于正八品上叙；正五品，于正八品下叙；从五品，于从八品上叙；六品、七品，于从九品上叙；八品、九品，并于从九品下叙。若有出身品高于此法者，听从高。'出身'，谓借荫及秀才、明经之类。准此令文，出身高于常叙，自依出身法；出身卑于常叙，自依常叙。故云出身品高者，听从高。"

"免官"条："免官。谓二官并免。""疏议曰：'二官'为职事官、散官、卫官为一官，勋官为一官。此二官并免，三载之后，降先品二等叙。"

"除免官当叙法"条："免官者，三载之后，降先品二等叙。免所居官及官当者，周年之后，降先品一等叙。"

3. 官吏选授的具体做法

第一步，颁格。"凡选，始于孟冬终于季春。先时，五月颁格于郡县，示人科限而集之。"①

第二步，取解。"则本省或故任取选解，列其罢免善恶之状"，取得解状，限十月至尚书省，"过其时者不叙"。②

第三步，考核。吏部根据应选人的解状、籍书、资历和考课情况进行审核，"每岁，选人有解状、簿书、资历、考课，必由之以核其实"。③ 到省后，根据选人的解状，"乃考核资绪、郡县乡里名籍、父祖官名、内外族姻、年齿形状、优劣课最、谴负刑犯，必具焉"。④ 对选人的资历、名籍、考课进行考核。

在进行资格审查的同时，还要对文书格式进行审查。《封氏闻见记校注》卷三《铨曹》："选曹每年皆先立版榜，悬之南院。选人所通文书，皆依版样，一字有违，即被驳落，至有三十年不得官者。"这项考核工作在总章二年（669）前由"铨中自勘责"。⑤ 总章二年后设南曹（选院）后，即由掌选院的吏部员外郎负责。核实后，乃上三铨。

第四步，联保。应选者到省后，除了考其功过，审查籍书、资历，还要"以同流者五五为联，以京官五人为保，一人为识，皆列名结款，

---

① 《通典》卷一五《选举三·历代制下》。
② 《新唐书》卷四五《选举志下》。
③ 《唐六典》卷二《尚书吏部》吏部郎中员外郎条。
④ 《通典》卷一五《选举三·历代制下》。
⑤ 《通典》卷二三《职官五》郎中条。

不得有刑家之子，工贾殊类及假名承伪、隐冒升降之徒"。①

第五步，铨试。考核完毕，然后进行铨试。铨试的内容是身、言、书、判，称为四才，亦云四事。标准是：身，取其体貌丰伟；言，取其言辞辩正；书，取其楷法遒美；判，取其文理优长。

具体做法是，选人集中后，先试判两道，以观其书、判。试判之后，进行面试，以察其身、言，谓之铨。

身、言、书、判的考试一般是这样的，身、言主要是进行口试，这两个项目实际上是同时进行的，书、判这两个项目也是同时进行的，看判的时候就可以看出字写得怎么样。曾经有这么一个故事，说有一个人铨选没通过，他就找到主考官，说我这个判写得不怎么好，主考官说你这个判确实写得不怎么样，可是你的字写得更不怎么样，所以书、判是同时考的。

第六步，试铨之后，根据四才、三实，较之优劣而决定是否授予官职。所谓三实就是德行、才用和劳绩。四才皆可取，则先德行，德均以才，才均以劳，劳必考其实而进退之。授予官职者为留，不得者为放。即按照四才、三实定其优劣而决定留放。"得者为留，不得者为放。"② 这是针对已经担任官职的，也就是根据他的考课、档案，来看看这个人的德行如何，工作能力如何，有没有什么显著的事迹，根据这三项然后来决定去留。留下来可以分配工作、分配官职，不合格的就不授予官职了。

"然后据其官资，量其注拟。"③ 最后还要面谈，询其便利而拟其官，谓之注。选人对所注之官如不同意，可以提出。如果三次都不同意，可以参加下一次铨选。吏部确定任官名单，以奏抄的形式送门下省审核，然后上闻。中书省以敕旨的形式批复后，由吏部发给告身。

武官则到兵部参加铨选，通过试能、较异，审其功能，而定其留放。"凡试能有五，（五谓长垛、马步射、马枪、步射、应对。互有优

---

① 《通典》卷一五《选举三·历代制下》。
② 《新唐书》卷四五《选举志下》。
③ 《旧唐书》卷四三《职官志二》。

长，即可取之。）较异有三。（三谓骁勇、材艺及可为统领之用也。）审其功能，而定其留放，所以录才艺、备军国、辨虚冒、叙勋劳也。然后据其资劳，量为注拟。（五品已上送中书门下，六品已下量资注定。其在军镇要籍，不得赴选，委节度使铨试其等第申省。）凡官阶注拟团甲进甲，皆如吏部之制。凡大选，终于季春之月，所以约资叙之浅深，审才略之优劣，军国之用在焉。"①

唐初制度，入仕后升迁以4考为限，4考中中，进一阶，有一中上考，再进一阶，一上下考，进两阶。如果每考中中，至少需16年才能提升一品。

这是针对已经担任官职的，也就是根据他的考课和档案，来看看这个人的德行和工作能力如何，有没有什么显著的事迹，根据这三项来决定他的去留。留下来可以分配工作、分配官职，不合格的就放了。授予官职的叫留，不授予官职的叫放。

这个过程就是说要做官一定要经过考试，做了官以后，还要经过不止一次的考试，一级一级地往上升迁。五品以上不需要考试了，但是在每一次转换工作的过程中，也还要受到严格的考核。这一次一次的考试就是看你是不是具有一定的经史知识、文化水平和判案能力、政务处理能力。这里简单说一下，经史知识和文化水平不是一回事情。经是指他对当时的一些重要经典，我们现在叫儒家经典，即《诗》《书》《礼》《易》《春秋》等的掌握程度。史就是对历史掌握的程度，要求官吏具有一定的历史知识。前边说过，王珪对唐太宗说过，"不能识前言往行，岂堪大任？""前言往行"在经书里固然有一些，但大量的是在史书中。文化水平这里主是指文字掌握的能力，能不能写文章，有没有文采。

对于普通老百姓来说，可以通过杂色入流做官。普通百姓做了流外官，也就是中央各部门的吏，经过一定年限考试合格后可以参加铨选，获得官职，但不能做高级官，顶多做到七品。至于获得勋官的，大部分是参加军队的农民，文化水平很低，尽管从规定上来说，他们

---

① 《旧唐书》卷四三《职官志二》。

轮换到政府机关服役，经过一定的年限也可以参加铨选，但是由于文化水平很低，他们很难通过考试取得参加铨选的资格，所以说他们获得官职的可能性不是很大。对一般老百姓来说，只有通过读书，参加科举这样一条路，才能够进入官场、实现梦想，就像《枕中记》中的卢生那样。从武则天时期一直到开元前期，官员基本都是这样产生的。

唐朝选举制度贯彻了通过考试、量才录用的原则。这在中国古代选官制度上具有划时代的意义，是中国古代政治文化的重大发展，也是中国古代文明的伟大成就。

有两个问题再补充说明一下：

(1) 在怎样的情况下可以越级升官或破格提拔？有三种情况：

一是清望官、清官。《旧唐书》卷四二《职官志一》"职事官资，则清浊区分，以次补授。又以三品已上官，及门下中书侍郎、尚书左右丞、诸司侍郎、太常少卿、太子少詹事、左右庶子、秘书少监、国子司业为清望官。太子左右谕德、左右卫左右千牛卫中郎将、太子左右率府左右内率府率及副、太子左右卫率府中郎将、（已上四品。）谏议大夫、御史中丞、给事中、中书舍人、太子中允、中舍人、左右赞善大夫、洗马、国子博士、尚书诸司郎中、秘书丞、著作郎、太常丞、左右卫郎将、左右卫率府郎将、（已上五品。）起居郎、起居舍人、太子司议郎、尚书诸司员外郎、太子舍人、侍御史、秘书郎、著作佐郎、太学博士、詹事丞、太子文学、国子助教、（已上六品。）左右补阙、殿中侍御史、太常博士、四门博士、詹事司直、太学助教、（已上七品。）左右拾遗、监察御史、四门助教（已上八品。）为清官。自外各以资次迁授。"《旧唐书》卷四三《职官志二》吏部尚书条："其有历职清要，考第颇深者，得隔品授之，不然即否。"《唐六典》卷二吏部尚书侍郎条："若都畿清望，历职三任，经十考已上者，得隔路（品）授之。不然则否。（谓监察御史、左右拾遗、大理评事、畿县丞簿尉，三任十考已上，有隔品授者。）"与此同时还规定："凡出身非清流者，不注清资之官。（谓从流外及视品出身者。其中书主书、门下录事、尚书都事，历任考词、使状有清干及德行、言语，兼书、判、吏用，经十六考已上者，听拟寺监丞、左右卫及金吾长史。）"

二是清白著称，强干有闻。《旧唐书》卷四三《职官志二》吏部郎中员外郎条："凡内外官有清白著闻，应以名荐，则中书门下改授，五品已上，量加升进，六品已下，有付吏部即量等第迁转。若第二第三等人，五品已上，改日稍优之。六品已下，秩满听选，不在放限。"

《唐六典》卷二吏部郎中员外郎条："凡内外官清白著称，强干有闻，若上第，则中书门下改授：（清白著称，皆须每任有使状一清、考词二清，经三任为第一等，两任为第二等，一任为第三等。其都督、刺史既无考词，每使状有一清字，亦准任数为等第。强干有闻科等第亦准此，其科等第一等同清白第二等。）五品已上，量加进改；六品已下，至冬选量第加官。若第二、第三等人，五品已上，改日稍优之。六品已下，不待秩满，听选，加优授焉。"

三是制科和科目选。《通典》卷一五《选举三·历代制下》载，制科"文策高者特授以美官，其次与出身"。

《新唐书》卷四五《选举志下》："凡试判登科谓之'入等'，甚拙者谓之'蓝缕'。选未满而试文三篇，谓之'宏辞'；试判三条，谓之'拔萃'。中者即授官。"

（2）考课、叙阶与选的关系。

凡居官以年为考，六品以下，四考为满。叙阶之法中有"以劳考"一项，《唐六典》卷二吏部郎中员外郎条载："谓内外六品已下四考满皆中中考者，因选进一阶，每二中上考又进两阶，每一上下考进两阶。若兼有下考，得以上考除之。"

考第不仅决定官员的升迁，还与官员的经济利益相联系。考在中上以上，每进一等，加禄一季；中中守本禄；中下以下，每退一等，夺禄一季。

凡任职事官以后，每年即需进行考课。四考任满得替，应选时即根据考课等第进阶授官。因此，至少从制度上说，官吏的升迁和超升，是和他们在任期间的表现紧密联系在一起的。

对于在职官吏，唐朝建立了考课制度。考课制度秦汉时即已实行，秦汉地方官在每年年终，由郡国派"计吏"携带"计簿"前赴中央"上计"，报告生产、税收、财务、户口、刑狱情况，并接受考课。考课时要对官员依治绩排序，史料所见某郡守"治平为天下第一""盗贼课常为三辅最"之类，就是这种情况。其他各级各类官吏也有考课。唐代考课工作由吏部考功司负责。凡应考的官员，先由自己写出一年的工作情况和功过，本部门及本州长官对众宣读，议其优劣，定为九等考第。然后再按照本部门规定的各等第的名额校定。在京各部门直接送尚书省，地方则由朝集使送至尚书省。考校完毕，京官集应考之人对读注定，外官对朝集使注定。

考课有统一的标准，就是前面提到的四善二十七最。

考课等级与官员的待遇和提升紧密地联系在一起。考课时的等级即按善最多少来定，一最以上，有四善为上上。一最以上或无最而有二善为中中。政事粗理，无善无最为中下。爱憎任情，处置乖理为下上。背公向私，职务废阙为下中。居官谄诈，贪浊有状为下下。职事粗理，无善无最，这是对官员最起码的要求。列入下考，就要解除职务。

流外官有四等考第：清谨勤公，勘当明审为上。居官不怠，执事无私为中。不勤其职，数有衍犯为下。背公向私，贪浊有状为下下。每年对定，具簿上省。其考下下者，解所任。

四、官员选拔中逐步出现的几个问题

唐玄宗开元年间，在选官问题上有三件令人瞩目的大事。

第一件事是考试县令，试以安人策。开元四年有人向玄宗汇报，说今年放的那些县官都不行，唐玄宗就在他们入谢的时候在宣政殿召见全体新授县令，亲临问以安人策，即治人之策，也就是做了县令以后怎么安民。结果二百多人中就有二十余人被退回到原来的职位。策试成绩最差的四五十人被放归学问，也就是让他们回家去好好念书。这件事虽然是空前绝后，但却反映出当时官员政治文化素质低下的现实，同时也是一个信号，就是朝廷对中级官员在政治上和文化上开始提出了更高的要求。

第二件事是对高级官员提出，"不历州县，不拟台省"。台省官员

要有州县基层工作的经历。一般的知识分子科举出身以后，都希望留在京城做官，不愿意到地方去做官。那怎么办？玄宗初年，左拾遗内供奉张九龄上疏言："县令、刺史，陛下所与共理，尤亲于民者也。今京官出外，乃反以为斥逐，非少重其选不可。"① 就是说地方是靠刺史和县令来进行治理的，是"尤亲于民者也"，是亲民之官，"今京官出外，乃反以为斥逐"，而现在京官出任外官就被认为是一种贬斥，就是降官、降职，他认为这是很不正常的。唐玄宗接受了这个意见，于是，开元三年六月诏，县令、州刺史有业绩者可调任京官，"京官不曾任州县官者，不得拟为台省官"。② 即京官没有担任州县官的经历的话，就不能够担任中央尚书省、门下省、中书省三省的负责官员。这对提高官员素质、丰富官员的政治阅历是非常重要的一个原则。

原则是提出了，但真正的贯彻很难，需要采取一系列的措施。有一次中央的一些高级官员被任命为州刺史，而且唐玄宗特别举行宴会进行欢送，可是有一个官员，还是不高兴，还是觉得被贬出去了，唐玄宗大怒，就真的把他贬了。这并不能解决问题。这个问题要得到解决还是需要时间的，还需要各个方面的一些变化。

强调地方工作经历，开始时固然是为了强调地方官的重要，为了纠正重京官、轻地方官的风气，但却有着更为深刻的历史背景。不管当时的执政者是否意识到，提出不历州县不拟台省是在科举逐步成为高级官员主要来源的情况下，对于通过考试选拔官员的铨选制度的一个重要补充。虽然要认识到这一点并在铨选中真正贯彻这个原则，还需要走很长一段路，但它的提出在中国古代选官制度史上仍然具有划时代的意义。这个原则到宋代才基本落实下来。

这样做在当时受到两种因素的阻挠，一是文人轻视实际工作，不愿从基层做起。二是轻外重内，都愿意做京官。但是由于入仕人数不断增加，获得官职越来越难。玄宗时就出现了岑参这样"功名只向马上取"，在节度使幕府任职以求出路的文人。安史之乱以后，到地方担

---

① 《新唐书》卷四五《选举志下》。
② 《册府元龟》卷六三五《铨选部·考课》。

任幕职更加普遍。

第三件事是循资格和科目选的实行。开元中期以后，为应对应选官员越来越多的问题，开始实行循资格，以资历作为参加铨选的资格，以待平常之士；设立科目选，并继续实行制举，以选拔杰出人才。这在官员选用的制度上也是一个重大的举措。

随着政治的稳定和社会的安定，获得做官资格的人不断增加，而官缺有限，每年铨选时得不到官职的人越来越多。北魏时就出现了"停年格"。唐高宗时裴行俭设立"长名榜，引铨注期限等法。又定州县升降、官资高下，以为故事。仍撰谱十卷"。①吏部侍郎李敬玄又委托新增置的吏部员外郎张仁祎，"造姓历，改状样、铨历等程式"。经过这些改革，"铨总之法密矣"，也就是说，铨选制度至此趋于完善了。②

这次改革的核心内容之一是长名榜的设立，严格考试资格的审查，在进入考试之前将一些条件稍差的人加以黜落。所谓长名榜，是指对选人参选资格进行审查后，根据选人的条件排出名单，将当年不能参选者予以公布的文告，也称为"长名驳放"。资格审查是一项很繁杂的工作，此次改革，针对的许多都属于资格审查程序中的问题，如所谓姓历、状样、铨历等，都是有关选人的各种档案材料和申报手续。由于选人渐多，文书繁密，检核文状排出长名颇费时日，造成许多选人在京等候长名结果，滞留日久，虚费资粮。所以开耀元年（681）崇文馆直学士崔融在议状中提出，"选人每年长名，常至正月半后。伏望速加铨简，促以程期"。③

考试录用既难以有真正客观的标准，如果不建立起严格的参选资格的限制，不公正的情况就难以从制度上加以避免。其后果就是，善于钻营者不断升迁，守法持正之人，有的出身二十余年仍不能入仕任官。

为了根本改变这种状况，玄宗开元十八年（730），侍中裴光庭在其父裴行俭设长名榜限制参选条件驳放不合格选人的基础上，制定

---

① 《唐会要》卷七四《吏曹条例》。
② 《新唐书》卷四五《选举志下》。
③ 《册府元龟》卷六二九《铨选部·条制》。

了"循资格",确立了以资历作为获得参加铨选资格的客观依据。具体做法是,"凡官罢满,以若干选而集,各有差等,卑官多选,高官少选,贤愚一贯,必合乎格者乃得铨授。自下升上,限年蹑级,不得逾越"。① 这是以资历作为参选资格的制度化。

循资格以资历作为获得参加铨选资格的依据,使一般官吏可以稳步升迁。如果完全按照资历取人,不仅限制了才能之士的选拔和优秀人才的升进,也不能满足高级职位和各领导部门对具有较强决策能力和杰出领导才能的人才的需求。因此,在此前后又正式设立了科目选。选人有格限未至者可到吏部试文三篇,谓之博学宏辞科,试判三条,谓之拔萃科。考试合格即可授以官职。开元二十四年,又把高宗、武则天以来不定期指定考官将应选者所试之判考为等第的做法,固定为每年进行的经常性制度,以便从应选中挑出优秀者,给以科第,称为平判入等。不论是博学宏辞科、拔萃科,还是平判入等,都由吏部主持,属于铨选的范围。由于制举是皇帝临时下制举行,不是经常进行的,而上述吏部科目都是每年举行的,因此,在优秀官吏的选拔和科举出身者迅速入仕和升迁上,科目选起了重要的作用。

循资选官的做法为唐以后各朝所沿用。各个朝代对于杰出人才的破格任用和快速升迁也都有自己的一套做法。

唐玄宗的三大举措只有循资格和科目选是制度化的,在开元、天宝时期真正落到实处的,也只有循资格。因而在选拔和培养具有杰出政治才能人才上,出现了严重的问题。唐玄宗有他祖母武则天为他准备的一大批人才。而在选拔任用年青官员时,他采取了同时提拔和重用长于文学和精于政事的两派人物。一批官吏因文学才能而被提拔到高级职位。这些科举出身的官员,由于是沿着文学之路上升的,普遍缺少政治实践、政治才能,因而他们无力解决日益复杂的各种政治、军事问题。到开元二十三年前后,武则天给他留下的人才,都退出了历史舞台。剩下一个张九龄,也是文学胜于政事。唐玄宗只好重用缺少经史知识,但却有卓越行政才能的吏治派官员。李林甫有卓越的行

---

① 《通典》卷一五《选举三·历代制下》。

政才能,解决了许多实际问题。但是,他们在采取一些重大措施时,由于缺乏理论上的指导,也不能从历史上吸取经验教训,结果造成严重失误。其中后果最严重的,是政府赋予节度使很大的权力,却没有采取任何限制和防范的措施。安禄山终于凭借自己手中的兵力发动了叛乱。这是没有吸取历史上尾大不掉之患的教训,缺乏远见的结果。这也从一个侧面说明按照什么标准和运用什么方法培养选拔人才的重要。

从唐朝后期的情况来看,既具有丰富的经史知识和政治见识,又具有卓越的行政才能的官员,仍然是很少的。因此,有的皇帝便只有两种人才并用。唐宪宗既重用裴垍、李绛,又重用李吉甫,便是一个典型的例子。

针对唐朝后期科举不取子弟的问题,会昌四年,李德裕对唐武宗说:"然朝廷显官,须是公卿子弟。何者?自小便习举业,自熟朝廷间事,台阁仪范、班行准则,不教而自成。寒士纵有出人之才,登第之后,始得一班一级,固不能熟习也。则子弟成名,不可轻矣。"[①]李德裕借此提出了朝廷显官需要具备的素养。从他所说的"自熟朝廷间事,台阁仪范,班行准则"来看,实质上是把政务运行中的程式化因素神圣化。明朝让进士观政于诸司,在翰林院等衙门者,称庶吉士,在六部等衙门者仍称进士。让这些进士观政,也是让他们见习政务。这样单纯强调行政经验,而不是强调基层政治实践,过分看重程式,而不是解决实际问题的能力,忽略了任何重大政务的决定和执行,都不是程式所能解决的。这样只能培养出只会等因奉此、维持现状的官僚,而不可能培养出解决实际问题的政治人才。

关于中国古代选官制度,有一种误解,认为科举制就是选官制度。宋以后选官与科举合一,科举是选官制度的重要部分,甚至是最重要的部分。但是,除了科举,还有其他选官渠道。还有,古代官员是实行任期制的,隋唐以后,官员任期制确定下来。任期满后,根据考课等级和朝廷需要,重新授予官职。此外,官员的调动和升降,地方官员调任中央官员,中央官员调任地方官员,都是选官制度的重要内容。

---

① 《旧唐书》卷一八上《武宗本纪上》。

14 唐代科举制度

一、科举制度的产生

科举制度作为官吏选拔的一种考试制度，是经济社会和文化发展到一定程度的产物。尽管它的很多因素在此之前就已经产生并且发展到相当高的程度，但是作为一个完整的系统制度只有在条件成熟之后才能够出现。

早在汉武帝时期就产生了察举制度。汉朝初年只有二千石以上大官的子弟和拥有十万钱家产而又不是商人的富人可以送子弟到朝廷为"郎"。这就是"任子"和"赀选"制度。高级官吏多由这些二千石子弟担任。郡县主要官吏由朝廷任命，一般官吏则由长官辟召。

汉武帝时，开始实行察举制度。汉文帝十五年（前165）诏诸侯王、公卿、郡守举贤良能直言极谏者，汉文帝亲自策试。汉武帝建元元年（前140）诏举贤良方正直言极谏之士，汉武帝亲自策问以古今治道及天人关系问题。由皇帝临时下诏察举贤良的特科正式形成。汉武帝元光元年（前134），"初令郡国举孝廉各一人"。[①] 岁举孝廉的察举常科也初步建立。汉武帝还在京师建立了太学，置博士弟子五十人，学成后考试合格可授予官职。这样，一般平民的子弟就可以通过察举和学校获得官职。这是一个由贵族世袭任官到一般平民按才能任

---

① 《汉书》卷六《武帝纪》。

官的过程。

东汉顺帝阳嘉元年（132），"初令郡国举孝廉，限年四十以上。诸生通章句，文吏能笺奏，乃得应选"。① 岁举孝廉也建立了考试制度。阳嘉之制实行后，儒生、文吏被郡守举为孝廉后，如果不能通过中央的考试，便不能获得官职。而郡守的举荐，又是到中央参加考试的前提。随着豪强大族经济力量的发展，豪强大族也逐步操纵了本州郡的政治。因此，东汉中叶以后，察举和辟召就为豪强大族所垄断。最后发展到魏晋的九品中正制，虽然出身授职还要通过两汉以来的察举和辟召等选官的程序，但是被察举和辟召的条件首先是门第。门第成为做官的先决条件。

南北朝以来，随着豪强士族的衰落，在官吏选拔问题上出现了几个新的情况。

一是按照才能选任官吏的问题，重新被提了出来。萧衍在南齐末年上表中就提出，"设官分职，惟才是务"。② 在他即位为梁武帝以后，天监八年（509）更下诏："其有能通一经，始末无倦者，策实之后，选可量加叙录。虽复牛监羊肆，寒品后门，并随才试吏，勿有遗隔。"③ 诏中把能通一经作为参加策试的唯一条件，并特别指出，虽寒品后门，都可以随才试吏。西魏苏绰在所拟《六条诏书》的第四条中也指出，"自昔以来，州郡大吏，但取门资"，而"门资者，乃先世之爵禄，无妨子孙之愚瞽"。明确提出："今之选举者，当不限资荫，唯在得人。"④ 他们都否定了按照门第选任官吏的原则。

二是社会上私学的兴起，同时国子学开始招收普通百姓子弟。梁武帝天监四年设立五馆，"五馆生皆引寒门俊才，不限人数"。⑤ 这些都为下层士人进入官吏行列创造了条件。

三是察举制度重新受到了重视。南朝和北朝都恢复了举秀才、举

---

① 《后汉书》卷六《顺帝纪》。
② 《梁书》卷一《武帝本纪上》。
③ 《梁书》卷二《武帝本纪中》。
④ 《周书》卷二三《苏绰传》。
⑤ 《隋书》卷二六《百官志上》。

孝廉的制度。梁的五馆"馆有数百生,给其饩廪。其射策通明者,即除为吏"。① 一些寒人子弟通过明经试策的方式进入了仕途。此后,举明经逐步取代了举孝廉,形成了秀才、明经两科并立的局面。北周也实行了举明经的制度。

四是南北朝时期还出现了自举这种新的考试制度的萌芽。北齐时,马敬德"将举为孝廉,固辞不就,乃诣州求举秀才。举秀才例取文士,州将以其纯儒,无意推荐。敬德请试方略,乃策问之,所答五条,皆有文理,乃欣然举送"。② 这在当时虽然还只是一个偶发的事件,但也说明应举者已经可以采取一些主动行为,以争取举送,而不是坐等地方长吏察举。

尽管在南北朝,察举制度仍被士族、贵族用作入仕的工具,特别是在南朝,秀才科几为高门所垄断,但是,通过考试按才能选官的原则毕竟是重新提出来了。而学校向寒门开放和自举的萌芽,不仅动摇了地方长官举荐这一察举制度的基础,也为朝廷从一般百姓中选拔贤才开辟了道路。这些都是在旧制度内部产生的新制度的萌芽。

隋朝建立后,隋文帝废除了九品中正制,并废除了州郡长官辟举佐官的制度。各级官吏包括地方佐官一律由中央任免。官吏的任用不再受门第的限制,平民百姓也可以做官。

开皇七年(587)正月,"乙未,制诸州岁贡三人"。③ 各州每年须向朝廷举送三名才学出众的士人,参加国家举行的考试,正式设立了每年举行的常贡。由于此前已明令废除九品中正制,取消了门第限制,因此平民百姓也可以通过这个途径做官。隋文帝时常贡的科目,主要有秀才和明经。秀才在魏齐梁陈,主要是考文学才能。北周平北齐后,宣帝宣政元年(578)诏:"州举高才博学者为秀才。"④ 把才学作为举送秀才的标准。至隋,秀才"试方略",进一步提出了政治见识方面的要求。而杜正玄、杜正藏、杜正伦三兄弟尽管不是平民中

---

① 《梁书》卷四八《儒林传序》。
② 《北齐书》卷四〇《马敬德传》。
③ 《隋书》卷一《高祖纪上》。
④ 《周书》卷七《宣帝纪》。

最早得中秀才的，却是在废除九品中正制，实行新制度后平民秀才中的佼佼者。杜正伦在唐高宗时还做到宰相。因此，岁贡三人参加明经、秀才的考试，可以看作是从察举制向科举制（隋唐称贡举，科举是后人据宋明制度的习称）过渡的关键的一步，也可视为科举制的开始。科举制度终于从察举制的母体中脱胎而出，逐步成为唐朝以后考选官吏的一种主要制度。

隋炀帝即位后，保留秀才、明经科，同时新设立了进士科，并继续察举孝廉。

进士科试时务策。由于社会上重视文学之风很盛，加之隋炀帝爱好文学，"于是后生之徒，复相放效……缉缀小文，名之策学，不以指实为本，而以浮虚为贵"。① 进士科实际上走上了文学之科的道路。

这样，经过几百年的演变，开科考试在隋炀帝时就形成了秀才、明经和进士三科并立的格局，形成了层次不同，要求各异，有完整体系的一整套制度，成为国家纯粹按才学标准选拔文士担任官吏的考试制度。新的在经过学习的文士中按照才学标准通过考试选拔官吏的原则也找到了实现它的最好形式。科举制终于最后形成。

唐朝继续沿用"贡举"这个名称，《唐律疏议》卷九《职制》贡举非其人条："疏议曰：依令诸州岁别贡人，若别敕令举及国子诸馆年常送省者为举人。""诸州岁别贡人"，也是察举制留在新产生的科举制身上的一个胎记。

科举制度是由察举制度发展而来，萌于南北朝，始于隋而成于唐。

科举与察举的主要区别在于：

一是科举可以自己报名应考，而察举是由地方官举荐。

二是科举一律要通过考试，而察举有时不需要考试。科举是完全按考试成绩来进行选拔，没有其他附加条件，而察举则不然。西汉武帝时，贤良等特科虽然要进行策试，但其要求是直言极谏，主要不是才学。常科孝廉在东汉顺帝阳嘉改制前的二百六十六年间，基本上是

---

① 《旧唐书》卷一〇一《薛登传》。

不进行考试的。这个时期占去了察举常科实行时间七百一十四年的百分之三十七。实行考试后，取士标准也不纯以才学，还有德行等其他标准。特别是到阳嘉改制，孝廉实行考试时，由于豪强大族经济力量和政治力量的发展，州郡官吏察举时，豪强大族子弟受到优先考虑，门第成为察举时首先考虑的条件。东晋、南北朝时期秀才、孝廉和明经虽要考试文学和经术，但在豪强士族衰而不落，九品中正制继续实行的情况下，主要还是士族入仕的一种途径，还不是完全按才学标准从广大文士中选拔官吏的制度。

三是在选官制度中，科举越来越成为中高级官员的主要来源，而察举只是选官制度中的一种，地位也是时高时低。

二、唐代科举制度

唐代科举分为常科和制科。

常科包括秀才、明经、进士、明法、明书、明算六科。

秀才科为最高科等，试方略策五条，要求文理兼通。唐朝初年，年轻士子醉心于词华而很少留心经史和经世治国的方略。多把试方略策视为畏途而不敢应举。永徽二年（651）便废除了秀才科。

明经要求通两经，考试两部儒家经典。唐朝规定，正经有九：《礼记》《左传》为大经，《毛诗》《周礼》《仪礼》为中经，《周易》《尚书》《公羊春秋》《穀梁春秋》为小经。应试者须通二经，或一大一小，或两中经。同时要求兼习《孝经》《论语》和《老子》。考试方式在唐朝初年的五十年间是按照经的章疏试策，着重于对经义的理解。对于有抱负的士子来说，只要努力，就可以通过这些经典的学习，博古通今，探求经世治国的道理。通过明经科选拔出了一批经世治国之才。张文瓘、裴行俭、裴炎、李昭德、狄仁杰等一大批活跃在唐高宗末年和武则天时期的杰出政治家，都是通过明经科选拔出来的。

但是，一些只求出身，急于入仕的人，也从这种办法中找到了捷径，出现了"如闻明经射策，不读正经，抄撮义条，才有数卷"① 的情况。他们不是认真学习应举时要考的两部经书，而是把与对策有关的章疏义条抄录下来进行背诵。结果有些人连章句也不解。为了纠正这种情况，调露二年（680）决定，加试帖经。帖经的具体办法是，"帖经者以所习经掩其两端，中间开唯一行，裁纸为帖，凡帖三字"，② 将举子所学儒家经典的两端覆盖，中间只留下一行，再把其中一些字蒙住，让考试者填充。开元时制度，明经先帖经，然后口试并答策，取粗有文理者为通。原来每经要帖十条，答对六条以上才算通过。开元二十五年敕：诸明经先帖经，通五以上。帖既通而口问之，一经问十义，得六者为通。问通而后试策，凡三条。三试皆通者为第。③加试帖经的本意是为了迫使士子去阅读和背诵正经的原文，但是由于帖经通过以后才能试策，因此经书的背诵程度成为明经及第的先决条件。后来随着应举者的不断增加，帖经的难度也越来越大，帖经的成绩终于成为明经录取的主要标准。

帖经是很荒谬的，就是考应举人背诵的程度。把两端蒙起来中间空两个字让应举人填，而且专门出那些很容易搞混的题，这样就更加迫使应举人埋头书本去死记硬背，压抑了学者的独立思考和创造精神。举明经者"比来相承，唯务习帖，至于义理，少有能通"，④ "当代礼法，无不面墙。及临人决事，取办胥吏之口而已。所谓所习非所用，所用非所习者也"。⑤ 所以说明经考试科目的变化导致这些明经出身者只会死记硬背，既不懂儒家经典，也不知道历史，甚至闹出这么一个笑话：一个考明经的，人家说骆宾王，他说我知道骆宾王。我前几天还碰到他了，他是某个亲王的儿子。他不知道骆宾王是武则天时期的著名诗人，而以为他是唐朝皇室的某一亲王。这种情况下的明经科，不仅选拔不出杰出的政治家，连担任一般官职，也很难称职。

---

① 《唐大诏令集》卷一〇六《政事·贡举·条流明经进士诏》。
② 《通典》卷一五《选举三·历代制下》。
③ 《唐六典》卷四《尚书礼部》礼部尚书侍郎条。
④ 《唐会要》卷七五《贡举上·明经》。
⑤ 《通典》卷一七《选举五·杂论议中》。

在唐朝前期，明经和进士的地位是不相上下的，明经的地位甚至比进士还高一些。到唐后期，进士科就成了主要的科目，成为高级官吏的主要来源，而明经科地位就下降了，成了一般中下级官员的主要来源。明经出身者能做到高级官员的已经很少了，能够做到宰相的就更少了。在唐朝安史之乱以后，明经出身的一共只有六个人做到了宰相，而进士出身的宰相却很多。

进士，唐初试时务策五道。其中包括经、史、时务等三个方面的内容，已包含了对官员在文化和学识上的三项基本要求。这与过去单纯强调经术，或片面强调文史法律有很大的不同。这不仅在当时，就是从今天来看，也具有很高的认识水平。这与唐初唐太宗所重用的主要官员大多具备这样的素质并且有着丰富的政治阅历有密切的关系。只是在具体实行上并没有把这些作为要求提出来。

当时衡量策文好坏的标准，主要是看文章的词华，不是看文章的内容。加之策问的题目又多雷同，因此就出现了前引永隆二年（681）《条流明经进士诏》中所列举的情况："进士不寻史传，唯读旧策，共相模拟，本无实才。所司考试之日，曾不拣练，因循旧例，以分数为限，至于不辨章句，未涉文词者，以人数未充，皆听及第。"应举者不是熟读经史，学习文律，而是把模拟旧策作为学习内容，结果造成应举者乃至录取者文化水平的下降。针对这种情况，唐高宗接受刘思立的建议，决定进士加试杂文两道，并帖小经。在武则天称帝前后的一段时间里，帖经和试杂文曾经暂时停止了一个时期。中宗复位后又恢复了三场试。据《唐六典》卷四《尚书礼部》礼部尚书侍郎条："凡进士先帖经，然后试杂文及策，文取华实兼举，策须义理惬当者为通。（旧例帖一小经并注，通六已上；帖《老子》兼注，通三已上，然后试杂文两道、时务策五条。开元二十五年，依明经帖一大经，通四已上，余如旧。）"这是开元前后的制度。杂文最初所试为士子们所熟习的箴、表、铭、赋之类，直到天宝年间才专用诗、赋。

不论是对策，还是试杂文，都使用骈体文，并且包括各种文体，因此，收集了从先秦至梁诗文辞赋的诗文总集《文选》以及解释词义、规范语言的《尔雅》，就成为士子在准备进士考试时的必读之书。

杂文专用诗、赋后，由于文学取士已经成为一种传统，特别是当权的吏治派官吏有意识地把进士科变成文学之科，因此到开元、天宝之际，诗赋反成为进士科录取的主要标准，进士科成了文学之科。一批诗人如崔颢、祖咏、王昌龄、王维等通过进士科涌现出来。科举出身的士人担任高级官吏的也大为减少。《儒林外史》第十三回中马二先生说："到唐朝，用诗赋取士；他们若讲孔孟的话，就没有官做了，所以唐人都会做几句诗：这便是唐人的举业。"认为唐朝进士科就是考试诗赋，诗作得好就能够考中进士。这是一种误解，这种情况存在的时间并不很长，大概也就是半个世纪，即从玄宗后期经代宗到德宗的前期，也就是从天宝到建中（742—783）年间。

到了德宗贞元以后就开始变化了，还是恢复到以策文作为录取的标准。安史之乱以后，不少人对诗赋取士提出了批评。同时，当时纷乱的政治军事形势，要求通过科举选拔出能够应付这种复杂局面的人才。大历以后，古文运动也伴随着改革、中兴的浪潮逐步兴起。这些都深刻地影响到进士录取标准的变化。进士录取时不仅恢复了过去以对策成绩、策文好坏作为录取的主要标准，而且策文好坏的标准也发生了很大的变化，从过去重文辞演变为重内容。三场试的格局虽然没有改变，但是由于录取标准的变化，从进士科中选拔出了一批比较合乎当时需要的杰出人才。在元和中兴中发挥重要作用的裴垍、李绛、裴度，古文运动和新乐府运动的主要人物韩愈、柳宗元、白居易以及一批活跃在中晚唐政治舞台上的著名人物，都是在贞元、元和时期进士及第的。

唐后期围绕诗赋、策问的争论，宋的经义、明的八股文，以及儒家经典由以"五经"为主转变为以"四书"为主，都与科举考试的录取标准有关。

从唐到宋，考题越来越难，"凡举司课试之法，帖经者，以所习经掩其两端，中间开唯一行，裁纸为帖，凡帖三字，随时增损，可否不一，或得四、得五、得六者为通。（后举人积多，故其法益难，务欲落之，至有帖孤章绝句，疑似参互者以惑之。甚者，或上抵其注，下余一二字，使寻之难知，谓之'倒拔'。既甚难矣，而举人则有驱联孤绝、索幽隐为诗赋而诵习之，不过十数篇，则难者悉详矣。其于平文大义，或多墙面焉。)"①

主要是因应举人数不断增加，科举考试已经不把选拔优秀人才作为第一目的。考试的目的在很大程度上是把大多数应举者排斥在外，而又给大多数应考者一种公平、平等的感觉。

明法的考试内容为《唐律》和《唐令》。律令各试十帖，策试十条（律七条，令三条），要求识达义理，问无疑滞，主要是选拔法律人才。

明书考试《说文》和《字林》，取通训诂，兼会杂体者为通。主要是帖试。帖试通过后，还要口试和试策，是选拔通训诂的语言文字学人才的科目。

明算试《九章算术》《海岛算经》《孙子算经》《五朝算经》《张丘建算经》《夏侯阳算经》《周髀算经》《五经算经》《缀术》和《缉古算经》等十部算经，取明数造术，辨明术理者为通，是选拔数学人才的专门科目。

参加常科的应举者，有馆学的生徒和自己在州县报名参加考试的"乡贡"。

馆学的生徒指弘文馆、崇文馆和国子监各学的学生。学生学成考试合格，举送到尚书省参加科举考试。

乡贡，参加贡举的，除了国子监的生徒，不在馆学的，自己向本贯州县报名。先由县进行考试，然后再由州府考试。合格者发给解状，举送到尚书省参加考试，谓之"乡贡"。

这就是《新唐书》卷四四《选举志上》所说的，"不繇馆学者谓之乡贡"，"由州县者曰乡贡"。"乡贡"，亦称为"宾贡""宾荐"，但到晚唐，外国人参加科举者稍多，"宾贡"多用来指称参加科举的外国人。终唐之世，"宾贡"没有成为一个科目。

---

① 《通典》卷一五《选举三·历代制下》。

州县举送的科目主要是明经、进士和明法。诸州贡人有人数的限制,规定上州岁贡三人,中州二人,下州一人。但有茂才异等,亦不限于常数。因为京兆(长安)、同州、华州(俱在今陕西境内)解送的录取比例最大;而解送名单上列为前十名的,有时全部及第,一般也十得其七八,所以玄宗天宝后士子"莫不去实务华,弃本逐末"。①务华中的一项,就是冒籍。韩愈感慨:"今之举者不本于乡,不序于庠,一朝而群至乎有司,有司之不之知也宜矣。"②所以,下邽人(今陕西渭南)白居易举进士时,为宣城(今安徽宣城)所贡;和州(今安徽和县,一说苏州)人张籍,则为韩愈本人在徐州主试时所荐送。

唐初乡贡严格按规定进行。到唐朝后期,报名取解不受籍贯限制,可于所在地或投奔地取解,有时甚至不经过考试就发给解状。

主司,唐初以来,常举由吏部考功司主管。唐太宗贞观以后则由考功员外郎(从六品上阶)专掌。开元时应举者增多,仅为从六品的吏部考功员外郎,既无力上抗高官的嘱托,也无力应付不第举子的喧讼。开元二十四年(736)又发生了举子顶撞考功员外郎李昂的事件,于是由吏部转归礼部主管,并由礼部侍郎(正四部下阶)一人专掌贡举,称为知贡举。有时亦委派中书舍人和其他官员知贡举,称为权知贡举。同时,专门设立贡院作为办事机构,设立印信,作为权力的凭证。

应举者每年十月由州县和馆监举送到尚书省,由吏部或礼部进行考试。凡是考中的称为及第。应进士举的举子称作"进士"或"乡贡进士",及第后称作"前进士"或"前乡贡进士"。唐朝后期,新及第的进士要向主持贡举的官员谢恩,此后知贡举的官员被新及第的进士称为"座主",新及第的进士则是座主的"门生"。

唐代进士或明经及第,只是获得出身及做官的资格,并不直接授予官职。要做官,还需要到吏部参加铨选,铨试合格,才能授予官

---

① 《唐摭言》卷一《两监》。
② 《韩愈文集》卷四《进士策问十三首》。

职。唐代选和举是分开的,到宋朝才实现选举合一。

科举出身者授官时的叙阶之法:"秀才上上第,正八品上;已下递降一等,至中上第,从八品下。明经降秀才三等。进士、明法甲第,从九品上;乙第,降一等。若本荫高者,秀才、明经上第,加本荫四阶;已下递降一等。明经通二经已上,每一经加一阶。"[1]

制举是由皇帝临时确定科目,下制进行考试的。科目很多,如才堪经邦科、文以经国科、武足安邦科、智谋将帅科、文辞雅丽科、下笔成章科、贤良方正科、能直言极谏科,乃至才高未达沉沦下僚科、乐道安贫科等,差不多有一百多个科目,各个时期不同,每一次只有几个科目。常举可以自己报名参加,已有官职者不能应举。而制举一般人和在职官员都可以参加,在唐玄宗开元前需要经过推荐,开元以后可以"自举",即自己报名参加。制科的着眼点是选拔优秀的人才,制科及第后,一般人"文策高者特授以美官,其次与出身"[2]。在职官吏则可以立即提升官职,而且可以不止一次参加。这对优秀人才的脱颖而出是一个很好的机会。武则天大开制科,很多人都被提拔起来了,如果你真正不行,把你考核下来就行了。门开得很大,但考核很严。

在唐代,科举只是选拔官吏的几种途径之一。在各个不同时期,它在官吏选拔和人才培养上所处的地位和所起的作用,是各不相同的。

唐朝初年,科举每年录取的人数很少,从武德五年到显庆六年(622—661)的四十年间,进士及第的一共只有290人。通过科举入仕的官员在官员总数中是微乎其微的。绝大多数官员都来自于门荫入仕和杂色入流。

高宗总章(668—683)年间开始,科举录取名额有所增加。虽然科举入仕的在入流者总数中的比重仍然很小,但是在高级官吏特别

---

[1] 《唐六典》卷二《尚书吏部》吏部郎中员外郎条。
[2] 《通典》卷一五《选举三·历代制下》。

是在宰相中，明经、进士、制科等出身的比重在不断上升。高宗时宰相41人中，科举出身者13人，已近三分之一。唐玄宗开元元年至二十二年期间，宰相27人中科举出身者18人，占总数的三分之二。在这些科举出身的高级官员中，中下级官员和一般家庭出身者的比重也在上升。这是一个值得注意的现象，说明科举制为一般百姓子弟步入仕途，达到高位打开了道路。而在上升为高级官吏的科举及第者中，制科对于他们的迅速升迁，起了重要的作用。因为制举考试对策，应举者可以充分发表自己对时政的见解，提出解决的方略；朝廷通过策试可以及时发现经世治国的人才，并逐步把他们提拔到重要的岗位上去。

在高级官吏中科举出身者的比重不断上升的同时，从开元时起，明经的地位急剧下降。这是因为加试帖经后，明经科应试者便只注重儒家经典的背诵，因而明经及第者多无真才实学。而进士科由于沿着文学之科的道路发展，也使得进士及第者缺乏政治才能，无力去解决日益复杂的社会政治军事问题。因此，开元二十四年以后，以门荫入仕的李林甫和流外入流的牛仙客为首的一些吏干之士，很快就取代了以张九龄为首的一批科举出身的文学之士在最高统治机构中的地位。在唐玄宗开元时期及第的进士登台阁、做高官的比重也大幅度下降。直到唐德宗（779—805年在位）时期，由于进士科考试内容和录取标准的改变，一大批经世治国之才通过进士科被选拔出来，并且很快进入最高统治机构，担任各项重要官职。唐宪宗（805—820年在位）时的宰相29人中，进士出身的达到了17人。进士出身者在宰相中开始占据多数，六部尚书中，进士出身者也在大半数以上。① 进士出身者在宰相和高级官员中占据了绝对优势，进士科成为高级官吏的主要来源。这不论在唐代的职官制度和选举制度上，还是在中国古代的职官制度和选举制度史上，都具有划时代的意义。

---

① 吴宗国：《唐代科举制度研究》第八章第三节"三、进士科成为高级官吏的主要来源"，北京大学出版社，2010年，第164—165页。

三、科举对唐代社会发展的影响

1. 科举对于社会道德观念的影响

科举制度对于社会的影响,一方面是对文风的影响。另一个方面是对人们的思想走向、社会道德观念、社会价值观念和社会风气的影响。高宗上元元年(674),刘峣在所上的疏中说:"国家以礼部为考秀之门,考文章于甲乙,故天下响应,驱驰于才艺,不务于德行。夫德行者可以化人成俗,才艺者可以约法立名,故有朝登甲科而夕陷刑辟,制法守度使之然也。"他还说:"至如日诵万言,何关理体;文成七步,未足化人。"① 指出了当时"不务于德行"的普遍情况及严重后果。

天授三年(692),左补阙薛登在上疏中进一步指出:"今之举人,有乖事实。乡议决小人之笔,行修无长者之论。……察其行而度其材,则人品于兹见矣。徇己之心切,则至公之理乖;贪仕之性彰,则廉洁之风薄。……夫竞荣者必有竞利之心,谦逊者亦无贪贿之累。自非上智,焉能不移;在于中人,理由习俗。若重谨厚之士,则怀禄者必崇德以修名;若开趋竞之门,邀仕者皆戚施而附会。附会则百姓罹其弊,洁己则兆庶蒙其福。故风化之渐,靡不由兹。"②

刘峣和薛登的意见是非常中肯的。他们所指出的问题,从后来的历史发展来看,其影响是很严重的。可惜他们的这些意见并没有被广泛接受。直到安史之乱,一大群高级官员,其中包括相当一部分科举出身的高级官员投靠安禄山,这才引起了朝野的重视,并且在朝廷内部掀起了一场关于科举的辩论。

2. 科举推动了文化的普及

随着科举越来越成为选拔官吏的主要渠道,越来越多的科举出身

---

① 《通典》卷一七《选举五·杂论议中》。
② 《旧唐书》卷一○一《薛登传》。

者晋身高级官吏，科举开始成为广大知识分子追逐的目标。

经过几十年的恢复和发展，农村的两极分化有所发展，富裕群体开始扩大。农村社会的变化影响到整个社会。一般农民试图改变自己的境遇，如薛仁贵应募从军，并开始在政治上谋求出路。魏元忠所云，"夫建功者，言其所济，不言所起；言其所能，不言所借。若陈汤、吕蒙、马隆、孟观，并出自贫贱，勋济甚高，未闻其家代为将帅"，"臣闻才生于代，代实须才，何代而不生才，何才而不生代。……夫有志之士，在富贵之与贫贱，皆思立于功名，冀传芳于竹帛"，① 就反映了他们的这种心情。一些富裕的农村居民有了读书学习的经济基础，而唐朝的选举制度又给他们提供了这种可能。

唐人沈既济在谈及科举制度时说道："太后颇涉文史，好雕虫之艺。""太后君临天下二十余年，当时公卿百辟，无不以文章达，因循日久，浸以成风。"② 武则天用人不看门第，而是看是否有政治才能。她注意从科举出身者中间选拔高级官吏，科举出身者做到高级官吏的越来越多。特别是武则天"以爵禄收人心"的做法，更使他们大规模地进入了各级政府，并且迅速升迁到各级政府的负责岗位。这就大大刺激了士人参加科举的积极性，更刺激了一般人读书学习的热情。天授三年（692），左补阙薛登在上疏中谈到当时举人的情况，"策第喧竞于州府，祈恩不胜于拜伏。或明制才出，试遣搜扬，驱驰府寺之门，出入王公之第。上启陈诗，唯希歆唾之泽；摩顶至足，冀荷提携之恩。故俗号举人，皆称觅举。觅为自求之称，未是人知之辞"。③ 他们都希望在科举考试中得到达官贵人的赏识和提拔。各级官吏虽然随时都有被酷吏罗织罪名丢掉脑袋的危险，有的做官不旬月辄遭掩捕族诛，但也还是"竞为趋进"。这种情况一直延续下去。这也就是沈既济所说的"浸以成风"，即社会上读书学习逐渐成为一种普遍的风气。开元、天宝年间"父教其子，兄教其弟"，"五尺童子

---

① 《旧唐书》卷九二《魏元忠传》。
② 《通典》卷一五《选举三·历代制下》。
③ 《旧唐书》卷一〇一《薛登传》。

耻不言文墨焉"① 的社会风气，就是从武则天时期开始的。这里所包含的内容，不仅仅是一般意义上的文化的普及，而是推动了文化的全面发展。著名的诗人和文学家崔颢、李峤、宋之问、沈佺期、杜审言、陈子昂，都是在这个时期涌现出来的。雕塑、绘画、音乐、舞蹈，也达到前所未有的水平。可以说，从武则天时期开始，科举的影响已经及于整个社会。

天宝以后一个时期进士科以诗赋取士，对唐诗的繁荣也起了促进的作用。

随着进士科的发展，行卷之风盛行起来。行卷的主要内容是上启呈诗，即送上一封信加上自己的诗赋，甚至于传奇小说，以便得到有影响的人物的赏识，为自己制造声誉，为科举及第打开方便之门。

3. 科举推动了社会教育的发展

科举制度对教育的影响主要体现在两个方面。

首先是科举考试的内容、考试方式和录取标准对于广大学子的影响，科举成为教育的指挥棒。

科举考试的内容影响到广大知识分子的学习内容。明经不论是唐初考试经义，还是后来加试帖经，学习内容是比较明确的。而进士科除了五经，还学习什么？唐朝初年，对策是进士科唯一的考试科目，但当时录取的标准主要是看策文的文采。刘峣上书所云："况古之作文，必谐风雅，今之末学，不近典谟，劳心于卉木之间，极笔于烟云之际，以此成俗，斯大谬也。"② 说的就是在这种标准下士子们学习的情况。神龙以后，三场试格局确定下来，杂文成为考试的重要内容。

对策使用骈体文，杂文则包括了箴、表、铭、诗、赋。策文和杂文虽然文体不同，但在录取标准上，它们有一个共同的特点，那就是注重词华。因此，收集了从先秦至梁各种文体诗文辞赋的诗文总集

---

① 《通典》卷一五《选举三·历代制下》。
② 《通典》卷一七《选举五·杂论议中》。

《文选》，就成为士子在准备进士考试时的必读之书。开元、天宝以后一个时期之内，杂文主要考试诗赋，诗歌的好坏成为录取的主要标准。应试诗的诗题又大部分来自文选，《文选》仍然是从事进士举业的一项重要学习内容。①

但是知识分子的学习并没有一直按照单纯学文的路子向前发展。随着贞元、元和之际中兴浪潮的兴起和古文运动的展开，从唐德宗贞元末年开始，进士科录取标准也开始发生变化。策文内容成为衡量文章好坏的主要标准。知识分子学习的内容也开始有了很大变化。他们不仅学作文，而且力图做到"文者以明道"。

考试内容、考试方式和录取标准的变化对社会的影响更加直接。进士科考试情况如前所述，既有不好的影响，也有好的影响。而明经科在唐初按照经的章疏试策的时候，就逐步出现了前述"如闻明经射策，不读正经，抄撮义条，才有数卷"的情况。调露二年（680）明经加试帖经后，明经科考试便只注重儒家经典的背诵。帖经的难度也越来越大，而举明经者"比来相承，唯务习帖，至于义理，少有能通"，②"当代礼法，无不面墙。及临人决事，取办胥吏之口而已。所谓所习非所用，所用非所习者也"。③ 因而明经及第者多无真才实学，其消极作用就大于积极作用了。这也是导致明经地位下降的一个重要因素。

科举制度影响教育的第二个方面，就是科举考试内容、考试方式和录取标准的变化，导致了学校教育的内容与科举不相吻合，从而对国子监各学和州县学产生了巨大的冲击。除了私人讲学，民间私学随之兴起。玄宗时虽然设立了广文馆，吸收从事进士业者，并且规定参加科举必须由两监，但这丝毫没有改变各级学校的情况和私学的发展趋势。

---

① 孟二冬：《论唐代应试诗的命题倾向之一——以李善注本〈文选〉为重心》，《孟二冬文集》下卷，高等教育出版社，2007年。

② 《唐会要》卷七五《贡举上·明经》。

③ 《通典》卷一七《选举五·杂论议中》。

4. 科举制与官僚制度的发展

首先，科举制改变了官员的素质。武则天以后官员中科举出身者的比重越来越大。从公元 9 世纪初，即唐贞元、元和之际开始，进士科成为高级官吏的主要来源，而明经则主要充任中下级官吏。

明经从科等上来说高于进士，二者地位原来不相上下，直到开元时还有不少大臣是由明经出身的。到唐后期情况发生了很大的变化，明经做到宰相的只有六人，元稹、路随大概是从明经出身做到宰相的最后两个人。明经科主要成为选拔有一定文化水平的中下级官吏的科目。这种变化虽然使明经科的地位下降，但却使中下级官吏的文化素养进一步提高。

进士科录取的标准在贞元、元和时期发生了重大变化，逐步成为中高级官吏的主要来源。其实这里关键就是怎么样才能通过进士科培养和选拔出既有德行、学识，又有政治才能的人才。开元、天宝时期，进士科也好，明经科也好，主要的是注重做文章，对于儒家经典，对于道德修养，对政务处理能力，对政事的借鉴这些都放到了次要地位，也就是说参加进士考试的这些人一心做文章，对国家的命运、社会的情况、统治的理论、问题解决方略都是不大注意的。那么怎样才能使考试制度改变这种状况，而选拔出比较全面的人才？这是改革的关键。关键不在于科目设置的改变，而在于考试录取标准的变化。进士科在唐玄宗天宝末年到唐德宗时期，曾经以杂文，就是以诗赋的好坏作为录取的标准，所以把这个矛盾推到了顶点。那么要改也好办，即恢复对策在录取中的主要地位，同时要以对策的内容作为录取的主要标准。这样就可以把一些既有抱负，又有学问、见识和能力的人选拔上来。这个改革基本上是在唐德宗的后期，就是贞元年间到唐宪宗元和时期完成的。当时按照新的标准确确实实选拔出了一批人才，活跃在唐朝后期的政治舞台上。而这样的选拔标准成为整个官吏培养选拔的巨大动力和杠杆。指挥棒变了，所有的知识分子的读书学习也都朝着这个方向变化。这也更加促使青年士子努力学习经史，关心时事。

不论是进士科还是明经科举出身的官员，都要从地方基层官员做起。在唐朝后期，"不历州县，不拟台省"已经制度化，没有担任过州县官不能担任中央的中高级官吏，从此成为唐以后各朝选拔中央官吏的基本原则。而充当节度使、观察使的幕僚，更是科举及第后快速升迁，入朝为官的捷径。唐朝后期，北方形成了藩镇格局，在其他地方也有节度使、观察使这样一些设置，也就是在州县之上，中央之间，还有一个所谓的道。从制度上来说，它是中央派出机关，而不是一级行政机关，但又类似一级行政机关。安史之乱之后，地方的权力增加了，地方的待遇提高了，而且在地方做了官以后，到中央的可能性也增加了；担任地方节度使、观察使做幕僚的话，可以担任宪官，比如监察御史，而担任了宪官以后，就进入了升官的快车道，所以当时愿意到地方做官的反而增加了。地方刺史、节度使入朝为六部、三省长官或宰相，中央大员出为地方刺史、节度使。这样进进出出，克服了唐朝前期轻外官，轻视地方经历，轻视政治实践的弊病，这对于士大夫官僚总体素质的提高，具有不可估量的意义。

唐朝后期，士人走向基层，有的成为州县官员，有的成为节度使的幕僚。做州县官吏，不仅增加了他们的实际经验，而且是他们做到高级官吏，进入台省的必要条件；而成为节度使的幕僚，不仅是一种快速升迁的途径，而且提高了士人的社会地位和社会影响，还可以了解和熟悉地方情况。州县工作的经历，从士大夫官僚成长的角度来看，有着深远的意义。而总的来说，既有经史知识和实践经验，又有政治见识和行政管理能力的复合型官员在唐代还处在成长的过程中，还没有作为一个群体出现。

其次，这种变化的意义不仅在于官吏总体文化水平的提高，而且使下层百姓可以通过科举考试取得做官的资格，继而进入各级政府，上下处于流通状态。这样不仅加强了上下的交流，使政府有了更加广阔的基础，而且年轻官员的锐意进取也增加了政府活力。

科举制保证了一个长存不衰，而其成员又是不断变动、上下交流的士大夫阶层。它既为各级政府提供了源源不断的官僚来源，又使得国家官员具有相当的进取精神和一定的文化素养。而这正是组织强有力的政府，增强国家控制能力，保证大一统的必要条件。

5. 科举制影响了社会基层结构的变化

科举的发展不仅引起了官员素质的变化，还深刻影响了社会基层结构，并且成为社会等级再编制的杠杆。

唐太宗沿袭北魏以来各朝定姓族等级的做法，于贞观八年（634）命高士廉等定天下氏族。最初的目的还仅限于审定旧的士族郡姓，并没有提出什么特定的原则。只是到《氏族志》修成时，见崔民幹被列为第一等高门，唐太宗才提出修定《氏族志》的目的是要"崇重今朝冠冕"，并且规定修定的原则是"不须论数世以前，止取今日官爵高下作等级"，① 即按照现任官职来划分等级，这是一个全新的原则。它与北魏孝文帝时既承认现时权贵，也承认过去的冠冕，只要祖先曾为高官，即可列入士族，有很大的不同；而与唐令所规定的按现任官品等级来确定政治经济特权，是完全一致的。

文宗前后出现了"衣冠户"的提法，含义还不是很明确。唐武宗会昌五年（845）诏明确规定，江淮百姓，只有"前进士及登科有名闻者"方可称为"衣冠户"，才可以享受免除差役的特权。其余"纵因官罢职，居别州寄住，亦不称为衣冠户。其差科色役，并同当处百姓流例处分"。② 这个诏令不仅把官员中的科举及第者和其他出身者区别开来，而且赋予进士及登科有名闻者以特殊的身份。"衣冠户"由诏令规定为"前进士及登科有名闻者"的专有称号，成为一个特殊的群体。科第成为确定一部分人的社会等级和政治特权的依据。这不论在社会等级编制，还是在科举制的发展上，都具有重要意义。

唐代除出现了衣冠户，还形成了由落第举人即乡贡进士和乡贡明经构成的举人群体。"乡贡进士""乡贡明经"作为一种头衔而广泛使用。

---

① 《旧唐书》卷六五《高士廉传》。
② 《全唐文》卷七八武宗《加尊号后郊天赦文》，又参《唐大诏令集》卷七一《会昌五年正月三日南郊赦文》。

乡贡明经、乡贡进士，凡是获得这些贡举人称号的，不过表明他们已取得了应举的资格，并不表明他们的社会身份，更不是一种头衔。而对于已经及第的前进士、前明经就不同了。他们既然已经及第，也就是取得了出身，即做官的资格。因此，在他们还没有获得官职就去世时，往往以他们这个仅有的身份作为头衔来书写他们的碑志。到开元、天宝之际，在为别人撰书碑志时冠以乡贡进士、乡贡明经头衔的多了起来。唐朝后期，以乡贡进士、乡贡明经为头衔撰写和书写志文的更多，在《千唐志斋藏志》《金石萃编》《八琼室金石补证》和《全唐文补遗》中都有记载，这里不再列举。

以乡贡进士作为墓主的头衔写入志题，中唐已经出现，但更多见于晚唐，如：

大和元年（827）：唐故乡贡进士京兆韦府君墓志铭并序。

大中九年（855）：唐故乡贡进士孙府君墓志。①

这说明，参加科举而没有及第的人数越来越多，已经在社会上形成一个新的群体，成为一个特殊的社会阶层。虽然国家对这种情况没有表示承认，但是已经得到社会的认可。他们虽然科举没有及第，但是他们参加了州县的考试和考核，取得了参加科举的资格。在参加科举考试过程中，他们与同辈建立了相当多的联系，其中包括科举及第进入官场的举人。而在他们的后面还有许多没有取得参加科举考试资格的士子。这种情况使他们在地方处于一种特殊地位，受到人们的尊重。这是一个非常值得注意的社会现象。

北宋则出现了士人家族。到明清，由有功名的包括举人、进士和退休官僚在农村构成了一个特殊的绅士阶层。国家赋予他们许多政治、经济特权。不论是唐代的衣冠户和举人阶层，还是北宋的士人家族和明清的绅士阶层，尽管他们在地方上是一股强大的势力，但他们的利益与其说是地区性的，还不如说与中央有更密切的关系。因为他们所依赖的主要不是财产和家族，而恰恰是中央政府即朝廷所实行的科举制，因此，他们一方面成为地方政权的基础，同时也成为联系中

---

① 均见《千唐志斋藏志》。

央和地方的纽带。

6. 科举的发展和社会价值观的变化

科举的发展改变了原有的仕进道路，彻底摧垮了周隋以来的用人标准和价值观念。

唐朝后期绝大部分高级官吏都是由进士科出身，因此不论是高级官员要维持自己家族的地位，还是普通平民要改变自己的境遇，都把能否考上进士看作是唯一的道路。

隋文帝虽然废除了九品中正制，选举不分门第，但是在隋末唐初，家世和军功在官位的升迁上还起着重要的作用。西魏北周时期兴起的关陇贵族尤其如此。例如窦威，他的先世在西魏、北周均为第一等高门。父窦炽入隋后拜太尉。窦威"诸昆弟并尚武艺，而威耽玩文史，介然自守。诸兄哂之，谓为书痴"。守秘书郎十余年，"学业益广。时诸兄并以军功致仕通显，交结豪贵，宾客盈门，而威职掌闲散"。诸兄笑他"名位不达，固其宜矣"。①

这种尚武、尚贵戚的风气到唐初虽然有了很大的变化，政府起用了大量才识之士，但门荫仍为入仕正途。门第对于个人和家庭的发展来说，仍然起着重要的作用。一般没有门第和官爵的平民，起家仍以军功为第一捷径。故贞观末薛仁贵想改葬父母，改换风水以改变自己的处境时，他的夫人劝他从军"图功名以自显，富贵还乡，葬未晚"。仁贵听了夫人的话，应募从军。果然以军功擢授从五品上阶武散官游击将军，很快迁右领军中郎将。② 高宗初年征辽，"百姓人人投募，争欲征行，乃有不用官物，请办衣粮，投名义征"。③ 就是因为有官职和勋赏吸引着他们。

而到唐朝中叶以后，参加举业和科举出身的官员的家族被称为士族。士族的概念发生了很大的变化。是否科举及第，是否参加过科

---

① 《旧唐书》卷六一《窦威传》。
② 《新唐书》卷一一一《薛仁贵传》。
③ 《旧唐书》卷八四《刘仁轨传》。

举，成为社会等级地位和享有某些政治特权的重要标准。这些都深刻影响社会价值观念的变化。唐人传奇白行简《李娃传》中郑氏父子从断绝关系到父子如初，沈既济《枕中记》中卢生黄粱梦的故事都生动地反映了这一点。

我们先看《李娃传》的故事。郑生为山东第一等高门荥阳郑氏后裔，父为刺史，本人有文才，有一定声誉。其父爱而器之，曰："此吾家千里驹也。"希望他通过科举而青云直上，来保持家族的兴旺。可是郑生到了长安，很快就被城市的声色搞得迷迷糊糊，最后流落街头，父亲也和他断绝父子关系。后来李娃赎身收留了他，郑生听从了李娃的劝告，发奋读书，在进士及第后，又应制举直言极谏科，策名第一，授成都府参军。郑生上任路上，恰逢其父由常州刺史升任成都尹兼剑南采访使。父子在剑门相遇。荥阳公不仅认了儿子，"吾与尔父子如初"，并且以大礼迎娶曾经为娼的李娃为媳，过去因有辱家门而断绝父子关系的事一笔勾销。这里根本的一条，就是因为科举，特别是进士科这时已经成为仕进的唯一正途。虽然科举及第不一定能青云直上，但是要青云直上，却必须科举及第。因此，对于荥阳公来说，儿子进士及第，制举登科并获得正七品下阶的参军官职，不仅意味着败子回头，更重要的是，这样一来，门庭的延续和光大就有了保证。郑生又成了"吾家之千里驹"，故而不仅父子相认，而且对于帮助儿子取得功名起了极大作用的李娃也打破了门第、等级的偏见，得到大礼迎娶。

《李娃传》虽然还不无门阀观念残余影响，但更主要的是强调科举在决定一个人的命运和一个家族的前途上所起的作用。科举不仅可以改变一个人的处境和社会地位，而且可以影响一个家族的兴衰。故事中荥阳公的言行举止形象地表明，当时高官权贵们已经把家族的希望寄托在子弟的科举及第上。

我们再看《枕中记》。和《李娃传》中的郑生不一样，《枕中记》的主人公卢生，是一个"衣短褐，乘青驹，将适于田"的少年，是一个既没有门第，父祖又没有官职的平民百姓。他在邸中歇息时长叹息所表述的，就是希望凭借自己的学艺，通过科举入仕，建功树名，使家肥族昌的理想。

后来卢生梦中娶清河崔氏女，举进士科登第，释褐秘书省校书郎，应制举登科转渭南尉，迁监察御变，转起居舍人知制诰，三载出典同州。后来出将入相，建功立业，中间虽经坎坷，一次被贬，一次被流放，但最后被招为中书令，封燕国公。观其梦中一生，"出入中外，徊翔台阁，五十余年，崇盛赫奕"。他的五个儿子，也或以进士，或以门荫入仕。

这是开元前后平民入仕，青云直上的典型道路。魏知吉、张说都是通过这条道路进入最高统治机构，厕身高官权贵行列的。

魏知古，先世和父祖均无记载，出身于平民家庭，进士及第后，一步一步做到宰相。

张说，据《新唐书·宰相世系表》，祖无官，父亲是一个八或九品小官。张说本人制举出身，授太子校书，累转右补阙。武则天时曾任凤阁舍人。中宗、睿宗时历任黄门侍郎、工部侍郎、兵部侍郎。玄宗开元初征拜中书令、封燕国公。其后出为相州刺史，迁右羽林将军、兼检校幽州都督。开元七年检校并州大都督府长史、兼天兵军大使。九年召为兵部尚书、同中书门下三品，十一年为中书令。张说虽出将入相，位极人臣，但仕途也颇为坎坷，曾配流钦州，又出为相州刺史，最后被人奏弹，免去了相职。他的一生，与《枕中记》中卢生梦中的一生，极为相似。

魏知古和张说是两个突出的例子。《枕中记》中有很多他们的影子。从《枕中记》中封燕国公看，沈既济很可能即以他们作为卢生的原型。而其他平民或下级官吏的子弟，也无不沿着这条科举入仕的道路而做到中高级官吏。因此，《枕中记》并不是一个纯虚构的梦境，而是在现实生活中确实存在的。正因为如此，科举对一般士子才能有那样大的吸引力。正如沈既济在《词科论》中所云："故太平君子，唯门调户选，征文射策，以取禄位，此行己立身之美者也。父教其子，兄教其弟，无所易业。大者登台阁，小者仕郡县，资身奉家，各得其足，五尺童子，耻不言文墨焉。是以进士为士林华选，四方观听,希其风采。每岁得第之人,不浃辰而周闻天下。"①

但是,科举录取名额有限,特别是唐朝后期进士科开始成为高级官吏用来世袭高官的工具,一般平民和下级官吏的子弟能循着科举这条路入仕并爬上去的,总是少数。因此,对多数士子来说,到头来还是一场黄粱梦。

7. 几个严重的问题

随着进士科成为高级官吏的主要来源,科举开始为高级官吏所把持,出现了几个严重问题。

其一是座主、门生问题。掌贡举的主司被称为座主,在他主持下的进士科考试及第者称为门生,同时及第的则称为同年。唐德宗贞元以后,由于高级官吏中科举出身者特别是进士出身者不断增多,并开始占多数,主司的地位不断提高,进士科出身者源源不断地成为高官,以提携和感恩为纽带的座主、门生关系开始具有实际意义。座主、门生的关系,已经不仅是一种礼仪上和名分上的关系,而且有了报恩等具体内容。这与建立在学术传授基础上的师生关系显然有着巨大的差别。进士科出身的官吏利用座主、门生的关系和同年关系结党营私,进行党争。

其二是高级官僚子弟问题。高级官吏利用科举制度中的不完善环节,把科举制度作为世袭高官的工具。这种情况引起了朝野的广泛反对。因而在一个时期内,主持科举考试、担任知贡举的官员,凡是高官子弟,一律不予录取。

其三是应举而不能及第的人越来越多。

唐朝末年,科举开始为高级官吏所把持,应举而不能及第的人也越来越多,不少人老死科场,及第以后不能顺利升迁的也越来越多。这些人开始成为不安定的因素。他们中的一些人成为藩镇幕僚,有的成为后来地方割据势力的支持者。不满的情绪在一些人中间滋生起来,《新唐书》卷一八五《王铎传》记载,"李山甫者,数举进士被

---

① 《通典》卷一五《选举三·历代制下》。

黜，依魏幕府，内乐祸，且怨中朝大臣"。这是一条很有典型意义的材料。还有一些人铤而走险，走上反抗的道路。黄巢就是"屡举进士不第，遂为盗"，① 最终走上了公开与朝廷对抗的道路。

许多失意士子成为割据政权的支持者。五代统治者对此有深切的体会。怎样通过科举制度笼络广大士人，成为五代时期统治者和学者关注的问题。各个王朝都有意设法利用科举来调节中央和各地区、上层和下层的关系。通过科举把各地区的成员吸收到朝廷，把民间一些下层的英才引向上层社会，这已成为五代以后各朝的共同举措。这对于扩大政府的统治基础，增强政府活力，增加国家力量，都具有举足轻重的作用。五代时王定保在《唐摭言》卷一"述进士上篇"中说，唐太宗看到新进士鱼贯进入端门，高兴地说："天下英雄入吾彀中矣。"这是不符合事实的，唐初进士科还没有后来那样重要，唐太宗还不可能有这样的认识。但这却符合五代时一些人的看法，此时科举已成为统治者笼络人才的一种手段。北宋开始扩大录取名额，还实行特奏名的制度。并且实现了出身、入仕的合一。进士出身者不需要经过再次考试，直接授官。录取时按成绩分出名次，按不同名次授予不同官职。康熙皇帝对此说得更加透彻：非不知八股为无用，然舍此无以牢笼人才。

这些问题都是在科举制度发展过程中出现的，是科举制度还没有完全成熟的表现。在进一步的发展中，问题也就得到了解决。北宋开始实行殿试制度，让及第者都成为天子门生，就是为了防止主考官和考生产生座主门生的关系。北宋实行特奏名制度，也是为了给久举不第者一个出路，使科举制度能够更好地笼络广大士人。

唐代科举对于社会的影响是广泛的，诸如社会生活、社会风气乃至娱乐和城市夜生活也都与科举制度的实行和发展有着密切的关系。这些影响有的只是暂时的，有的则长期对社会发生作用。其中考试的指挥棒作用，科举对于学风和整个社会风气、社会价值观念的影响，以及统治者利用科举制度选拔英才，调节上下层关系等方面都有许多好的经验，也有不少失败的教训，都需要我们更加深入地研究。

---

① 《资治通鉴》卷二五二唐僖宗二年六月冤句人黄巢亦聚众数千人应仙芝条。

下篇　经济与文化

15 盛唐气象——引领东亚的灿烂文化

　　唐玄宗开元、天宝年间，是唐代最辉煌的时期，被人们艳称为盛唐。1958年林庚先生在《盛唐气象》一文中把盛唐气象赞扬为一种蓬勃的思想感情所形成的时代性格，是盛唐时代精神面貌的反映。

　　当我们透过盛唐文化去思索它的特点，体会它给我们的感受时，就会认识到，所谓盛唐气象就是：蓬勃的朝气，青春的旋律，博大的内容，恢宏雄壮的气势，雍容华贵的风度，昂扬向上、坚定执着的进取精神，生动自然、兼容并蓄的开放性格，多种多样的表现形式和艳丽明快的色彩。这也就是唐文化的特点。盛唐气象在中国古代文化史上是灿烂辉煌的，也是空前的。它令人振奋，令人神往，具有其独特的魅力。

　　唐朝在思想文化方面，采取一种开放的、兼容并蓄的态度。对传统的，对外来的，对当时的各种思想、各种文化，它都是采取一种很宽容的态度，吸取它们好的东西，为我所用。能够这样，自信是首要条件，而这种自信是源于唐朝正处在一个蓬勃向上发展的时代。

　　唐朝的学者、文人和艺术家，在传统文化的基础上，最大限度地利用各种思想材料，包括外来佛学中的许多思想材料，最大限度地吸取各种艺术形式和表现手法，包括民间的，以及十六国以来传入内地的少数民族和外国的乐舞、绘画、雕塑，创造出了具有中国气派，又含有异域风采，绚丽多姿、光辉灿烂的大唐文化。

　　从各种思想、宗教（儒、释、道）和文艺形式（诗词、书法、绘画、雕塑、乐舞）的成熟,史学、地理学和科学技术的创新和发展,以及起着承先启后、继往开来、引领世界的作用来看,唐朝是一个伟大的文化复兴的时代。

一、唐朝初年对传统文化的继承

作为一个国家来说,对待传统文化的态度,不仅是关系到当代文化能否发展创新,更是有关国家兴亡的一个大问题。特别是对于一个新建立的王朝,国家能不能兴盛,能不能长治久安,跟它对待传统文化的态度有密切的关系。

春秋战国时期的百家争鸣,诸子百家从不同的角度,提出了各种不同的学说,为秦统一全国,建立专制主义中央集权的统一帝国作了理论上的准备。先秦诸子对于建立政权后怎样进行统治,用什么理论和思想去教化人民也进行了许多探讨。秦始皇正是接受了法家思想,重用法家商鞅,才顺利统一了六国;他还利用法家的思想材料和包括秦在内的七国的历史经验,建立了帝国政权和各项制度。但是他崇尚法家,排斥其他的传统文化。焚书坑儒,固然是要禁绝以古非今的不满情绪,但这同时也割断了秦与其他传统文化的联系。这样就不可能利用传统文化中其他各家的思想材料来构建巩固新的统一帝国所需要的意识形态体系,不能建立起一套适应大一统帝国的统治理论和统治方法。秦朝的速亡跟他的这种态度是分不开的,这是一个深刻的历史教训。所以汉高祖刘邦尽管并没有什么文化,但是王朝建立以后,他还是让叔孙通制定朝仪,让陆贾编了一本《新语》,把儒家学说和法家学说很好地结合起来,作为一种统治理论。

唐朝在中国历史上成为一个繁荣昌盛、辉煌灿烂的王朝,成为中国古代历史上的一个黄金盛世,这也是和唐朝初年对传统文化的重视分不开的。对传统文化的吸收和创新,直接影响到唐朝历史的发展,首先是唐朝初年的发展。

唐太宗曾对公卿说,自己"少从戎旅,不暇读书。贞观已来,手不释卷,知风化之本,见理政之源。行之数年,天下大治,此又文过古也"。① 这段话形象地说明学习和继承传统文化,在确定唐太宗贞观时期总的方针和各项政策,形成贞观之治过程中所起的伟大作用。应该说,在对待传统文化方面,在学习传统文化方面,学习得这么努力认真的,作为一个政治群体、统治群体,在中国历史上很少有像贞观君臣做得那样好的。他们不光是言必孔孟诸子,语必历代兴亡,并且结合现实进行讨论,最后根据讨论的结果,制定各项政策措施。这就是历史上有名的"贞观君臣论治"。"贞观君臣论治"的大部分内容,都收录在吴兢所编撰的《贞观政要》一书中。司马光在《资治通鉴》中也根据自己的理解收录了部分内容。

贞观君臣所以重视传统文化,是与他们对传统文化的认识和态度分不开的。

魏徵在所编撰的《隋书》卷三二《经籍志一》的序论中,对《经籍志》所收之书有一个总的评价:"虽未能研几探赜,穷极幽隐,庶乎弘道设教,可以无遗阙焉。夫仁义礼智,所以治国也,方技数术,所以治身也;诸子为经籍之鼓吹,文章乃政化之黼黻,皆为治之具也。"把经史子集各类书籍的作用归结为"弘道设教",认为它们"皆为治之具也"。这就是唐初最高统治集团对传统文化的基本看法。

《经籍志》中,把五经和经学提到突出的地位,而把儒家、道家和法家放在诸子之首,与其他诸子并列。对两汉以来的经学、史学都有自己的看法,并提出一些批评性意见。而对于诸子则引用《易》曰:"天下同归而殊途,一致而百虑。"认为它们都具有"兴化致治",也就是进行教化,使天下大治的作用。对于儒、道、小说、兵、医、方各家,在评论中,不抑此扬彼,也不独尊一家,而是分别指出它们在"兴化致治"方面所起的作用。四部之末还附录了道、佛经典。对于道、佛,《经籍志》认为:"道、佛者,方外之教,圣人之远致也。俗士为之,不通其指,多离以迂怪,假托变幻乱于世,斯所以为弊也。故中庸之教,是所罕言,然亦不可诬也。"②

---

① 《贞观政要》卷一〇《论慎终》。
② 《隋书》卷三五《经籍志四》。

按照这样的思想，魏徵在编纂《群书治要》时，摘要汇集了"五经"、诸子百家和历代史籍的主要内容。《群书治要》尽管只是一本摘编，但正因为它是摘选，从中可以看出它对传统文化，既不是全部否定和排斥，又不是无保留地全盘吸收，而是根据"本求治要""鉴览前古"的精神和编纂者的理解，把传统文化中的精华，有分析地加以摘选、归类和编排，编纂成书，使之成为贞观君臣学习和接受传统文化的教科书。正如魏徵在《群书治要序》中所云："用之当今，足以殷鉴前古。"① 这就为贞观君臣把中国传统政治思想提升到一个新的高度提供了丰富的思想材料。

唐朝初年并没有停留在对传统文化的整理和总结上，而是在认真学习传统文化的基础上，结合唐朝初年的实际情况，利用传统文化的思想材料，并吸收外来文化，进行了许多新的创造，表现出一种尊重传统、兼容并收、批判继承、继往开来的态度。

二、理论上的自觉与创新：唐代经学与史学

唐代传记和碑志上颂扬文士最常用的一句话是："博通经史，善属文。"这是唐代对士人个人文化素养的基本要求。唐朝判断一个人的文化素养，主要是看他有没有深厚的经学和历史知识，能不能写文章。写诗也是当时人们文化素养一个很重要的方面，而且是社会生活中一个很重要的部分。这也有力地推动了当时经学、史学和文学的发展。

1. 唐代经学

对于唐代的经学，历来儒生对它评价不高。他们不了解或者不愿意了解，唐代初年的经学是政治家的经学，不是儒生的经学，也不是思想家的经学。儒生的经学，主要是学术上的研究，或咬文嚼字，穷其枝叶；或探求义理，归于修养。出发点和归结点都是理论的研究，

---

① 《全唐文》卷一四一。

具有一定的经院性。思想家的经学则是从他们所处的时代需要出发，利用传统经学的思想材料，来架构适应时代需要的理论。

政治家的经学，主要是作为一种指导实践的理论，出发点和归结点都是当时的实际情况。而对经学本身来说，则是在新的情况下加以新的发挥。

就经的本源来说，它原本就是古代政治理论、政治实践和政治历史的记录。学究式的探讨固然可以搞清某些词语的意义，但与经文的本意却未必切合。因为他们缺少政治实践，对经文很难有真切的理解。汉学如此，宋学也不例外。

对于唐代经学，历来认为它只是对两汉以来经学的总结和对南北朝经学的融合，而忽略了唐朝经学的发展，忽略了经学在唐朝初年架构唐代政治制度和政治思想方面所发挥的巨大作用，以及在儒学研究中新命题的出现。

唐代是全面运用"五经"的时代，是中国古代政治思想、政治制度集大成的时代。

《尚书》《周礼（周官）》在架构唐代政治制度和政治思想方面发挥了理论基础的作用。礼的制度内容从北周到隋唐受到特别的重视，这意味着礼经历了一次从伦理到政治的回归。唐朝中叶以后，经学又经历了从以"五经"为主到以"四书"为主的转变，这意味着礼又一次从政治到伦理的转变。

唐初经学在总结、交融和学习的基础上，结合历史，根据当时实际情况而加以运用。贞观君臣论治谈到"五经"、诸子，都不是生搬硬套，而是结合当时的实际情况加深了对"五经"内容的理解，并且进行了新的发挥。这种发挥有的可能更切合经文的本意。有的则把经文中两个相关的概念贯通起来，使内涵更加丰富，如"变通"。还有的则对经文加以引申，得出了新的结论，如"天子者，有道则人推而为主"。这样不仅使五经中许多范畴、概念和观点扩大了外延，而且使其内涵也发生了变化。因为唐朝初年的经学是与实际密切结合的经学，所以说是平易近人的、生动活泼的、具有丰富内容的。它没有故弄玄虚，也不空谈仁义，更没有大谈性命。

贞观时期，对"五经"进行了整理和注疏，编撰了《五经正义》。《五经正义》不仅是继承隋朝总结南方和北方经学的工作，以及适应学校和科举考试的需要对经典进行整理，而且把贞观君臣在日常政务的讨论中，引经据典时所赋予的新义，也反映在《五经正义》的注疏中。如前面谈到的"变通"的思想发展为"以变则通"。

从唐初经学发展的过程来看，《群书治要》可以让我们看到当时学习"五经"的重点。《贞观政要》可以让我们看到唐初政治家对"五经"学习、运用和发挥的过程。《五经正义》则是对唐初经学的记录和总结。

唐初经学一个显著特点是重视"五经"特别是《周易》《尚书》和《周礼》中的辩证观点、民本思想和政治管理理论，并加以发挥。贞观君臣论治多引"五经"，重点在王道和礼。引用《尚书》的内容，大部分来自《虞书》《夏书》，重点是帝道和王道。王道之说是早期的儒家政治学说，主要是统治理论和治国方略，民本思想是其重要内容。引用《周易》则主要出自《系辞》，内容涉及发展、变通的观点，君臣关系等。"五经"中间还有大量的篇幅是关于制度和礼仪的。从北周开始，对"五经"中关于制度和礼仪的学说加以运用，而唐朝设置了吏、户、礼、兵、刑、工六部，这样的政治制度则与《周礼》有着惊人的相通之处。从某种意义来说，《周礼》有关政治制度的设想，北周作了最初的摸索，经隋到唐，才得到最好的实践。《贞观政要》和《唐六典》是这方面最好的记录。

而有些论者从宋明理学的立场出发，不去全面研究唐代在经学上有什么发展，不去认真研究《五经正义》的唐人疏中有什么新的内容，不从唐代文献中研究唐人对经学有什么新的发挥，简单地认为唐人所说非三皇五帝之道，实在是离经叛道。

但是社会是不断向前发展的，出现了一系列新问题，特别是在新的社会等级已经形成以后，怎样说明新的社会秩序，在新的情况下怎样进行统治，怎样建立适合新的经济社会的包括伦理道德问题在内的意识形态体系，单靠"五经"和传统的经学已经不能够解决。"五经"中虽然也有像《大学》《中庸》这样可以为建立新的意识形态体系和伦理道德观念提供思想材料并加以发挥的篇章，但又为其他内容所淹没。建立新儒学已经不能以"五经"为主要依托。

《论语》一直都受到重视。唐朝后期韩愈在《原道》中，率先把《大学》中的修身、齐家、治国平天下的思想提出来并加以发挥；把儒家的道统止于孟子，突出了《孟子》的地位。柳宗元则着重阐述了中庸思想。这些都为《大学》独立成书和《孟子》《中庸》入经铺平了道路，是经学从突出"五经"到突出"四书"转变过程中重要的一环。这也正是韩愈、柳宗元在新儒学建立过程中不可磨灭的贡献。

安史之乱以后，人们对这场动乱，特别是安禄山叛军进入长安后许多官员投降安禄山的表现进行了反思，并由此引发了关于科举录取标准的一场论争。在这场论争中，贾至认为，"试学者以帖字为精通，而不穷旨义，岂能知迁怒贰过之道乎？考文者以声病为是非，而唯择浮艳，岂能知移风易俗化天下之事乎？是以上失其源，下袭其流，乘流波荡，不知所止，先王之道，莫能行也。夫先王之道消，则小人之道长；小人之道长，则乱臣贼子由是出焉。臣弑其君，子弑其父，非一朝一夕之故，其所由来者渐矣。渐者何？儒道不举，取士之失也"。并明确指出："今取士，试之小道，不以远大者，使干禄之徒，趋驰末术，是诱导之差也。所以禄山一呼，四海震荡，思明再乱，十年不复。向使礼让之道弘，仁义之风著，则忠臣孝子比屋可封，逆节不得而萌也，人心不得而摇也。"①

贾至等认为安禄山、史思明之所以能够发动叛乱，是与科举考试帖经和试杂文，使得"儒道不举"有直接的关系，提出要变人伦、修德业、习先王之道，以改变士风。这场论争由于形势的变化和条件还不成熟，没有继续下去，但论争中提出的举儒道、修德业却成为贞元、元和时期思想文化上的一个重要主题。士大夫的道德修养成为越来越重要的课题。

尔后韩愈、李翱等文士相继发表了关于人性的议论。儒家的人性

---

① 《旧唐书》卷一九〇中《贾至传》。

论在新的条件下又开始得到新的发展,并成为儒学继续发展中的一个重要组成部分。在宋代理学中,"存天理,灭人欲"成为一个重要的命题。

韩愈鉴于佛道流行,儒道不兴,作《原道》① 以明先王之道,鼓吹复兴儒学。

在《原道》中,韩愈论述了儒家道统传授之渊源:"尧以是传之舜,舜以是传之禹,禹以是传之汤,汤以是传之文、武、周公,文、武、周公传之孔子,孔子传之孟轲。轲之死,不得其传焉。"他把道之传授止于孟轲,而不提汉儒,实际上是对汉以来经学的否定。他不像唐初突出周、孔,而把孔、孟直接联系起来,开宋儒突出孔、孟的先河。

韩愈在《原道》中,把《大戴礼记》第四十二篇《大学》请了出来,援引"古之欲明明德于天下者,先治其国;欲治其国者,先齐其家;欲齐其家者,先修其身;欲修其身者,先正其心;欲正其心者,先诚其意",省去其后的"欲诚其意者,先致其知;致知在格物",指出"然则古之所谓正心而诚意者,将以有为也",突出了"修身齐家治国平天下"这个主题。韩愈吸取了佛教禅宗直指人心、见性成佛之旨,而利用《大学》来阐明其说,把抽象之心性与具体的政治社会组织加以融会贯通,也就是《大学》中所说的:"意诚而后心正,心正而后身修,身修而后家齐,家齐而后国治,国治而后天下太平。自天子以至于庶人,壹是皆以修身为本。"韩愈在这里不是抽象地谈心性、修身,而是与治国平天下联系起来,是要"将以有为也"。这样就与禅宗的心性之说区别开来。除了韩愈,李翱也在《复性书》三篇中发表了关于人性的议论。儒家的人性论在新的条件下又开始得到新的发展,并成为儒学继续发展中的一个重要组成部分,奠定了宋代新儒学的基础。在宋代理学中,"存天理,灭人欲"成为一个重要的命题。利用传统文化的思想材料,吸取佛教禅宗和当时各家思想,建立新儒学,建立适合时代需要的道德行为规范的工作

---

① 《韩愈文集》卷一。

进入了新的阶段。士大夫的道德修养问题，后来都没有离开修齐治平这个主题。韩愈把《大学》加以发挥，并且把孟子加以突出，推进了新儒学的发展，他的最大贡献就在于此。思想道德问题从来就是有识之士关注的一个重大问题。无怪乎北宋文学家、思想家、政治家苏轼在《潮州韩文公庙碑》中称赞韩愈在思想学术上的贡献是"道济天下之溺"。

韩愈还在《原道》中提出了皇帝、官、民的社会等级次序，想要建立一种对当时社会等级的社会认同，以使人们各安其分，取得社会的平衡和和谐。但是唐朝后期毕竟是一个走下坡路的时代，各种社会矛盾都在迅速地向前发展，鼓吹这样一种等级思想，显然不能为广大百姓所接受，不可能成为人们共同的信仰和行为准则。脱离了政治上的革新，想去建立一个保护现存社会的意识形态体系，这是根本不可能的。这也构成了韩愈和柳宗元的悲剧。

韩愈曾经两次被贬逐。第一次在唐德宗晚年，他上书数千言，言辞很激烈，德宗看到后很生气，怒贬他为连州阳山令，量移江陵府掾曹。第二次在唐宪宗元和十四年。宪宗命宦官到法门寺迎佛骨，韩愈上疏谏停。宪宗看后怒甚，要把他处以极刑。裴度、崔群等为他向宪宗求情。宪宗道："愈言我奉佛太过，我犹为容之。至谓东汉奉佛之后，帝王咸致夭促，何言之乖剌也？"① 最后还是把他贬为潮州刺史。这也就是韩愈《左迁至蓝关示侄孙湘》中"一封朝奏九重天，夕贬潮阳路八千"诗句的由来。诗中还有两句："欲为圣朝除弊事，肯将衰朽惜残年。"表明韩愈这次上书和德宗时一样，出发点和归结都是朝廷。

而柳宗元则更多地着眼于民，也就是普通的老百姓。柳宗元，贞元十九年为监察御史。唐顺宗即位后，他参与了王伾、王叔文的革新活动。宪宗继位后，柳宗元与刘禹锡等八人被贬。柳宗元先是被贬为邵州刺史，在道再贬永州司马。元和十年，移为柳州刺史，此后他就再也没有踏上中原的土地。元和十四年十月五日，柳宗元卒于柳州，

---

① 《旧唐书》卷一六〇《韩愈传》。

时年四十七岁。

柳宗元在《封建论》①中分析了自天子、诸侯、县大夫至于里胥产生的过程，指出"封建非圣人意也，势也"。提出了历史发展中"势"这个概念。在《贞符》②中他没有强调皇帝、官、民之分，而是指出帝王"受命不于天，于其人"。在《送薛存义之任序》③中他还指出，"凡吏于土者，若知其职乎？盖民之役，非以役民而已也。凡民之食于土者，出其什一佣乎吏，使司平于我也"。官不是奴役百姓的，而是"民之役"，要役于民，是要为老百姓做事，听老百姓使唤的。种地的老百姓拿出收入的十分之一来雇佣官吏，为的是要他们公平地为老百姓办事。柳宗元的出发点和归结都是民。

2. 唐代史学

"以史为鉴，可以知兴替"，史学在唐代一直受到重视。唐代史学的成就表现在以下几个方面。

第一，更加明确史学在提供历史经验、兴化致治和个人修养中的作用。

唐朝非常重视经史知识，判断一个人的文化素养，主要看他是否"博通经、史"，史学成为士人个人素养的一项重要内容。

大家都知道"二十四史"，而"二十四史"中有八部是在唐朝初年由国家主持修成的，占了总数的三分之一。其中有六部是在唐太宗时期修成的。这就是《晋书》《梁书》《陈书》《北齐书》《周书》和《隋书》。另外还有两部《南史》《北史》是在唐高宗时期修成的，也离唐太宗时期不久。贞观大臣中有很多人参加了唐朝初年史书的编撰工作，宰相魏徵总知其务。唐太宗还亲自为《晋书》的《武帝（司马炎）纪》和《王羲之传》写了赞论。皇帝亲自参与史书的修撰，在中国古代历史上是空前的。可以看出唐朝初年对总结历史经验，对

---

① 《柳河东集》卷三。
② 《柳河东集》卷一。
③ 《柳河东集》卷二三。

历史书的编写是非常重视的。大规模编写史书也显示出贞观时期宏大的气魄和对传统文化的尊重。

唐朝确立了官修史书的传统,贞观时设立了史馆,修撰本朝历史,并由宰相监修。官修国史从此成为固定的制度。而"监修国史"逐步成为宰相的重要加衔,一个荣誉称号。盛唐时期韦述完成了高祖至玄宗朝《国史》113卷,对唐朝前期的历史作了一个全面的总结。

第二,扩大了史学的范围。唐朝后期出现了《通典》《元和郡县图志》等史学和地理学著作。《通典》是我国第一部典章制度通史。杜佑认为:"夫理道之先在乎行教化,教化之本在乎足衣食。……夫行教化在乎设职官,设职官在乎审官才,审官才在乎精选举,制礼以端其俗,立乐以和其心,此先哲王致治之大方也。"因此他"实采群言,征诸人事,将施有政"。[①] 编写了《通典》200卷,以食货为之首,其后依次是选举、职官、礼、乐、刑、州郡、边防。叙事基本上止于天宝之末。《通典》的出现反映了中国古代史学经历了一个从资治到经世,从政化到民生的过程。

第三,笔记小说的涌现。笔记小说不是唐代新出现的,唐代笔记小说不同于前代主要有两点:一是数量大大增加,超过了过去小说的总和。二是出现了传奇小说。

初盛唐时期的笔记小说数量不多,只有张鷟的《朝野佥载》、刘悚的《隋唐嘉话》、崔令钦的《教坊记》等数种。到唐德宗以后传奇小说大批涌现,笔记小说的创作也较前活跃。李德裕《次柳氏旧闻》、郑处诲《明皇杂录》、李肇《国史补》、范摅《云溪友议》、段成式《酉阳杂俎》、张读《宣室志》等,或记朝野轶事,或记各种题材的故事。唐末五代时期(880—960)。笔记小说在数量上超过前两个时期。王定保《唐摭言》、孟棨的《本事诗》、孙棨的《北里志》、皇甫枚的《三水小牍》等,或追怀盛唐遗事,或专注某一题材,如科举、诗歌、市井轶事。

传奇小说是和市井文化同时兴起的,给人们提供了城市和农村生

[①] 《通典》卷一《食货一》。

活的广阔画面。它既反映了官僚士大夫在科举成为入仕正途下,把个人和家庭的希望寄托在个人和子弟科举及第上的生动事实,也反映了下层民众为了追求现状的改变和来世的幸福,在净土信仰和善恶报应思想中寻求解脱的情景。各种类型的爱情故事,包括狐鬼神仙的故事,也都隐含了人们对恶的鞭挞、善的歌颂和对幸福美好生活的追求。

笔记小说提供了许多正史中没有的史料,传奇小说虽然故事是虚构的,但其中有关职官、地理的内容大体都是按照当时的实际情况描述的,而故事的内容也反映了当时的社会现实,因此也都具有史料的价值。司马光的《资治通鉴》就大量引用了唐代笔记小说的材料。

第四,史学理论和史学批评的开展。《隋书·经籍志》史部后序说:"夫史官者,必求博闻强识,疏通知远之士,使居其位,百官众职,咸所贰焉。是故前言往行,无不识也;天文地理,无不察也;人事之纪,无不达也。"对史家的素养提出了明确的要求。

盛唐时出现了刘知幾的《史通》,是我国第一部系统的史学理论著作。《史通》对中国唐朝以前的史籍作了全面的分析和批评,对史书的编纂提出了自己的看法。

刘知幾还提出史学三长。刘知幾在答郑惟忠问史才时,指出,史才必须兼备才、学、识三长。他把才比作生产的技能,学比作材料和工具。他对于识,尤加重视。他说:"犹须好是正直,善恶必书,使骄主贼臣,所以知惧。"① 他认为才、学、识三者必须结合。在《史通》里,他说:"假有学穷千载,书总五年,见良直不觉其善,逢抵捂而不知其失……虽多亦安用为。"② 他反对史家阿世取容,挟私受贿,主张"仗气直书,不避强御","肆情奋笔,无所阿容"。③ 在《史通》卷一四《惑经》篇里刘知幾特别强调说:"良史以实录直书为贵。"强调史家要敢于据实直书。

---

① 《旧唐书》卷一〇二《刘子玄传》。
② 《史通》卷一八《杂说十条》。
③ 《史通》卷七《直言》。

对经学和史学的重视，反映了唐代从最高统治者到一般士大夫理论上的高度的自觉。贞观元年三月，唐太宗对侍臣谈到用人"须以德行学识为本"时，谏议大夫王珪对答道："人臣若无学业。不能识前言往行，岂堪大任。"① 仅用"前言往行"四个字，就把经史知识用形象的语言生动地表达出来，不能不说这也是一种创造吧。贞观二年，太宗谓侍臣曰："朕今所好者，惟在尧、舜之道，周、孔之教，以为如鸟有翼，如鱼依水，失之必死，不可暂无耳。"② 唐贞观十七年，魏徵去世后，唐太宗明确地指出了以史为镜可以知兴替的意思。

不论是广大政治家对史学的重视，还是诸多史学家对史学新的探索与创新，都不像当年司马迁那样，只是少数人甚至是个人的行为，而是一种具有群体性的自觉活动。

以二十四史、《资治通鉴》《通典》为代表的传统史学，其纪传体和编年体的体裁，使其不仅成为记录历史的工具，而且成为传统文化的载体。许多传统文化的内容，都是通过史书得以流传下来的。要了解和研究传统文化，首先就必须认真地研究历史。

三、开放与包容，发展与创新：唐代佛教的中国化

唐朝的宗教，不论是中国原有的道教，还是由印度传入的佛教都有了很大的发展。除了宗教本身发展的特点，也有时代的发展赋予它们的特性。

隋文帝出生在寺院中，从小由尼养大，笃信佛教。隋炀帝杨广在作为晋王坐镇扬州时，于开皇十一年（591）十一月受菩萨戒，由南方著名的宗教领袖天台宗的创立者智𫖮大师担任戒师。

唐太宗原本并不信佛，但在玄奘归国后，他对佛教特别是佛学有了相当的认识。贞观二十三年（649）四月二十五日，唐太宗至翠微宫，特召玄奘陪同。在唐太宗生命晚期，玄奘经常陪伴他，为他讲说

---

① 《贞观政要》卷七《崇儒学》。
② 《贞观政要》卷六《慎所好》。

佛法及五印度见闻。至五月，太宗疾笃，犹留玄奘于宫中。

贞观二十三年五月十八日玄奘曾翻译《甚希有经》一卷，沙门大乘钦笔受。《甚希有经》中有这样一段内容，"世尊告阿难曰……以是当知，造佛形像及窣堵波，所获福聚不可思议不可比喻"。唐太宗曾"问因果报应及西域先圣遗芳故迹。皆引经酬对。帝深信纳。数攘袂叹曰：'朕共师相逢晚，不得广兴佛事。'"①《甚希有经》就是"引经酬对"的经典之一。这些都反映了唐太宗在他生命最后阶段内心深处的挣扎和寻求精神解脱的努力。

五月二十四日，玄奘还特别为唐太宗重新翻译了《般若波罗蜜多心经》（《心经》），②帮助唐太宗平静地走完他人生的历程。当时唐太宗"疾笃"，召长孙无忌入含风殿。唐太宗躺在床上，"竟不得有所言，因令无忌出"。③与玄奘有着特殊因缘的《心经》自然也就成为玄奘帮助唐太宗渡过最后"苦厄"，走向彼岸的不二法门。《心经》就是在这样一个特殊情况下翻译出来的。五月二十六日，太宗卒于含风殿。

武则天从在感业寺做尼姑，利用《大云经》登上皇帝的宝座，到晚年把神秀"追赴都，肩舆上殿，亲加跪礼"，④也和佛教结下了不解之缘。

佛教在唐朝的发展，一是不少宗派在唐朝最后形成，如天台宗、法相宗、华严宗、净土宗、禅宗、密宗等。每一个宗派都有自己尊奉的经典和独特的教义，有自己的寺院，以一个寺院作为讲说某部或几部佛经的中心，并有自己的势力范围和传法的体系。

二是佛经的大量翻译。玄奘为了求取真经，不畏艰难险阻，不达目的誓不止休，在世界历史上写下了辉煌的一页。他的大无畏的探险经历，鼓舞了一代又一代人走向更远的世界。玄奘取经回来以后，西

---

① 《大慈恩寺三藏法师传》卷七。
② 《开元释教录》卷八《总括群经录上之八·般若波罗蜜多心经》，"贞观二十三年(649)五月二十四日于终南山翠微宫译，沙门知仁笔受。"
③ 《资治通鉴》卷一九九太宗贞观二十三年四月上苦利增剧条。
④ 《旧唐书》卷一九一《神秀传》。

行取经的高僧数量大增。

玄奘从印度回国以后，开展了大规模的佛经翻译工作。贞观十九年九月六日，唐太宗让他于弘福寺翻译从印度带回来的佛经。玄奘在政府的支持下，组织译场。除他本人口译，还有证义12人，缀文9人，字学证梵语、梵文各1人，笔授、书手若干人。唐太宗不仅与玄奘书信往来，还专门为翻译完成的佛经写了《大唐三藏圣教序》，称赞玄奘"引慈云于西极，注法雨于东垂"。时为太子的李治也在序记中称赞玄奘，"以中华之无质，寻印度之真文"。反映了唐太宗父子开阔的视野、宽广的胸怀和开放的心态，显示出贞观时期宏大的气魄和对外来文化的尊重。

从贞观三年到元和六年，一共翻译了佛经372部，2159卷。其中玄奘共译出佛经75部，1335卷，内容包括瑜伽、般若、大小毗昙等。义净译出61部，261卷，着重于律典；不空译出61部，260卷，都是密宗经典。

三是禅宗和净土宗成为最为盛行的宗派、观音形象转变为女身和观音信仰的流行。

阿弥陀佛、顿悟即可成佛、大慈大悲救苦救难观世音菩萨，也就是佛教中的净土宗、禅宗和观音信仰，这些中国化的、在民间影响最大的佛教信仰，是在唐代最后形成和开始广为流行的。

净土宗没有烦琐的教义和高深的理论，善导倡言，只要称念"阿弥陀佛"，现生即可"延年转寿，长命安乐"，"行住坐卧，常得安稳；长命富乐，永无病痛"。长期念佛，死后则可得到佛的接引，往生西方安乐净土，修行方法简单易行。因此，净土信仰不论在上层社会，还是在民间都得到最广泛的流行。

再说禅宗。说到禅宗，不能不提到的是慧能和他的《坛经》。"菩提本无树，明镜亦非台。本来无一物，何处惹尘埃。"南海卖柴出身，时在黄州东禅寺破柴踏碓的慧能因为作了此偈，从而成为禅宗的六祖。事情的缘起是这样的：禅宗五祖弘忍命弟子作偈，想从其中发现能见本性者以传衣钵。大徒弟神秀作偈曰："身是菩提树，心如明镜台。时时勤拂拭，勿使惹尘埃。"弘忍认为神秀未能见本性。慧能见此偈后，便写下了"菩提本无树"这一偈。弘忍见到慧能的偈后，对他说，"不识本心，学法无益。若识自本心，见自本性，即名丈夫"，便把衣钵传给了他。后来慧能在岭南韶州大梵寺传法，提倡顿悟见性。慧能认为，"一切万法，尽在自身（一作心）中"，"皆是本心生万种法"，万事万物都存在于本心中。从这个基本点出发，他提出"本性是佛，离性别无佛"，只要认识到这一点，除去各种杂念，"一刹那间，妄念俱灭，若识自性，一悟即至佛地"，即可"见性成佛"，脱离苦难。慧能据此还提出，"随所住处，恒安乐"。要人们逆来顺受，忍受苦难，从自己的内心中去寻求解脱。

慧能传法时的言行，被记录下来，这就是《坛经》。天宝以后，慧能的禅法在中原大为流行。一个破柴踏碓的勤杂工悟出的道理，却在士大夫中引起了巨大的反响，这是因为其中提炼了许多生活中的道理。这对于生活相对贫乏的士大夫来说，反而是很难做到的。正如慧能所言："欲学无上菩提，不得轻于初学。下下人有上上智，上上人有没意智。若轻人，即有无量无边罪。"与此相应，文人画的起点也是吴道子，而不是贵族李思训。

观世音，在南北朝时期即简称观音。由于所本佛经的不同，因而有不同的观音。到唐朝，不同的观音形象统一起来，以大慈大悲救苦救难为基调，成为中年女性的形象。

四是伴随着佛教的盛行，佛教艺术在唐代也空前繁荣。寺庙建筑、寺庙和石窟寺的壁画、雕塑集中体现了唐代的佛教艺术。石窟寺的雕塑和壁画，这是我们今天还能看到的。寺庙及其雕塑和壁画，除了山西五台南禅寺、佛光寺的部分建筑及塑像和佛光寺的壁画，其他的都已荡然无存。寺庙石雕，我们还可以看到一些，例如北京云居寺的密檐式石塔、西安安国寺遗址和成都万佛寺遗址出土的石雕造像。俗讲和变文也是佛教艺术的重要组成部分。

道教在唐朝受到特别的重视。唐朝皇室追尊老子李耳为其祖先，道教的地位提到了佛教之上。唐代道教主要有上清派和正一派。玄宗时对道经进行搜求和编目，并诏令传写，以广流布。炼丹术是道教重要方术之一，唐代金丹黄白术一类的书颇多。

佛教和道教在上层社会和民间广泛流传，产生了巨大的社会影响。而佛学思想和道家思想在思想界的影响更是广泛而深远。

虽然最高统治者对儒、佛、道三家的态度是不断变化的，但基本上都还是三教并用。武则天为皇后时曾提倡读《老子》，后又崇尚佛教，但在她称帝前却又"御明堂，大开三教，内史邢文伟讲《孝经》，命侍臣及僧、道士等以次论议"。① 玄宗时没有进行过三教论议，但他亲注《孝经》、老子《道德经》和《金刚般若经》颁布天下，恢复并进一步强化了三教并用的格局。《孝经》自汉魏、南北朝以来即为初学者启蒙读物，玄宗舍其他儒家经典而独崇《孝经》，固与其以孝化天下的思想有关，但也从另一个侧面说明，儒学从总体上来说，已进入一个前所未有的低潮之中。

唐朝统治者三教并用，促进了佛学思想和道家思想对儒学的渗透。韩愈尽管对佛、道采取批判的立场，但还是吸收了许多佛学思想。柳宗元更是认为，佛教经典中的一些内容是和儒家经典相通的。正是利用了这些思想材料，唐朝后期的思想家做出了许多新的创造，为宋代理学的发展创造了条件。

北朝时从波斯传入的祆教在唐朝进一步传布。基督教的别支景教和摩尼教在唐代开始由波斯传入中国。今西安市碑林藏有《大秦景教流行中国碑》，敦煌洞窟还发现了《大秦景教三威蒙度赞》，它们都是中外文化交往的历史见证。伊斯兰教亦在唐朝由大食传入中国。

四、从庙堂到世俗，从融合到创新：文学艺术

开元、天宝时期不仅是诗歌的黄金时代，也是文化艺术全面成熟、全面繁荣、全面创新的时期。不论是梨园法曲、乐舞，还是书法、雕塑、绘画，都在吸收传统文化、民间文化和外来文化的基础上逐渐成熟，都具有从庙堂到世俗，从融合到创新这两大特点。苏东坡说："君子之于学，百工之于技，自三代历汉至唐而备矣。故诗至于

---

① 《旧唐书》卷二二《礼仪志二》。

杜子美，文至于韩退之，书至于颜鲁公，画至于吴道子，而古今之变，天下之能事毕矣。"①

1. 唐朝是一个诗的王国。

盛唐文化中成就最大、品位最高、影响最广的是诗歌。这是中国古典诗歌的黄金时代。唐朝最著名的诗人贺知章、王维、岑参、高适，还有诗仙李白、诗圣杜甫，都出现在这个时代。

唐诗不仅众体兼备，在诗歌形式和艺术上达到了一个前所未有的水平，而且深入社会各个角落，送别，宴会，都要赋诗，诗歌成为社会生活的一部分。不论是从文学的角度，还是从历史的角度，都要关注这样一个独特的历史现象。

唐诗现存约五万五千首，诗人约三千七八百人。这还不包括近年出土的长沙窑瓷器上题写的上百首唐诗。除了文人和官吏，普通百姓中也不乏诗人。"行人南北尽歌谣"（《敦煌曲子词·望远行》）、"人来人去唱歌行"（刘禹锡《竹枝词九首》）就是民间口头传唱诗歌的写照。敦煌发现的民间传写的词"敦煌曲子词"，更是突破诗的五言、七言形式。普通人虽然不一定善于写诗，但对诗歌都有着浓厚的兴趣。开元时，王之涣与王昌龄、高适三人都颇负诗名，每有新的作品，乐工就抢着谱曲演唱。有一天他们一起去旗亭，正巧梨园名伶也陆续来到。昌龄等道："我辈擅诗名，未定甲乙。可观诸伶讴诗，以多者为优。"一伶唱王昌龄二绝句，一伶唱高适一绝句。之涣曰："乐人所唱皆下里之词。"一会儿，一佳妓唱道："黄沙远上白云间，一片孤城万仞山。羌笛何须怨杨柳，春风不度玉门关。"复唱二绝，皆之涣词。三人大笑曰："田舍奴，吾岂妄哉！"诸伶竟不谕其故，昌龄等因话其事。诸伶竟拜曰："肉眼不识神仙。"三子从之酣醉终日。② 王之涣、王昌龄旗亭赛诗的这段佳话流传至今。白居易写诗不尚艰难，每写成一篇，必读给他家的老太太听，要她能听懂才最后定稿。"童

---

① 《苏轼文集》卷七〇《画题跋·书吴道子画后》。
② 《唐才子传校笺》卷三《王之涣》。

子解吟长恨曲，胡儿能唱琵琶篇。文章已满行人耳，一度思卿一怆然。"唐宣宗在《吊白居易》中这样写，也是称赞白居易的诗通俗易懂，流传非常广泛。不论是王之涣、王昌龄，还是白居易，他们都力图把诗歌送到群众中间，说明诗人已经不局限于自我。应该说，这是一种很高的境界。

唐代诗歌的繁荣有它特定的历史条件。首先是诗歌的艺术形式在南北朝时期已趋于成熟。中国诗歌有悠久的历史，西周时期的诗经形式还比较简单，四个字一句，是把口头流传的民歌整理而成。战国时期出现了"楚辞"，屈原是"楚辞"最具代表性、成就最高的诗人，也是中国历史上第一个伟大的诗人。他的作品形式比较自由，是从四言诗到五言诗和七言诗的过渡。汉代有乐府诗，主要也是收集民歌整理而成。乐府诗形式多样，打破了诗经四字一句的格式，逐步趋向五言。东汉诗人吸收了这种新的形式，开始写五言诗。经过魏晋南北朝长期的创作实践，诗人们积累了丰富的创作经验，既有利用诗歌反映现实，描写田园山水等内容的经验，也有利用声律、对偶等艺术技巧的经验，还有运用四言、五言、七言、乐府、古诗、新体诗等体裁形式方面的经验。这些都是诗歌发展的前提条件。但是，诗歌发展到南朝也走上了形式主义的道路。宫廷诗人一味追求形式上的华美，严重阻碍了诗歌的发展。这种风气在唐朝初年仍然有着严重的影响。

冲破这些影响经过了几代人的努力。唐高宗、武则天时期，也就是公元7世纪后半个世纪，诗坛已经开始活跃。到唐玄宗开元、天宝年间，唐诗进入了全面繁荣的时期。社会经济的繁荣，文化教育的普及，加上诗人，特别是一批平民出身的诗人，对社会和个人前途都充满了信心，他们积极进取，以诗歌来表达自己的理想追求，抒发自己的思想感情。这就冲破了传统的一味追求形式华美的诗风，把诗歌创作推上了一个新的天地。

高宗武则天以后，唐代诗歌出现了两个很有意思的现象。一个是送别、思念亲人的诗多了起来。王勃的"海内存知己，天涯若比邻"，王维的"独在异乡为异客，每逢佳节倍思亲"，已经足以使人动容；而王维的《送元二使安西》，"渭城朝雨浥轻尘，客舍青青柳色新。劝君更尽一杯酒,西出阳关无故人",更是千古绝唱。再就是以登高为主题的诗歌开始成为一股潮流。从"白日依山尽,黄河入海流。欲穷千里目,更上一层楼"开始,到"会当凌绝顶,一览众山小",以登楼和登山为载体,抒发自己的情怀,充满了高瞻远瞩、视野开阔、胸怀宇宙的博大气概。与此同时,也有很多描绘山河壮美的诗歌,例如"黄河落天走东海,万里写入胸怀间"(李白《赠裴十四》)、"飞流直下三千尺,疑是银河落九天"(李白《望庐山瀑布》)。这些都是盛唐精神的表现。

开元二十三年以后,尽管进士科正在转向以诗赋成绩作为录取的主要标准,但由于玄宗改变了文学、吏治并用的用人原则,重用吏治派官吏,以文学入仕变得艰难了。一些诗人走向边塞,在节度使那里当幕僚,寻出路。这样,边塞、闺怨便成为一些诗歌的重要内容。著名诗人岑参的《送李副使赴碛西官军》中有:"功名只向马上取,真是英雄一丈夫。"就是当时现实情况的写照。由于他在现今新疆生活过一段时间,因而能有"忽如一夜春风来,千树万树梨花开"(《白雪歌送武判官归京》)和"一川碎石大如斗,随风满地石乱走"(《走马川行奉送出师西征》)这类描写边塞风光的诗句,大大扩大了诗歌表现的空间。王昌龄的《闺怨》描写闺中少妇春日走上翠楼,"忽见陌头杨柳色,悔教夫婿觅封侯",则从另一个方面反映了当时的现实。另一部分不得意的诗人,其中包括一些已经做到高级官吏但又不能再提升的诗人,如王维,则在山水田园诗中,寻找精神寄托。

只有李白,不甘寂寞,继续顽强地谱写他的命运交响曲。

李白作为一个诗人是可爱的。但是他的思想也具有双重性。早年为了个人的发展,他对于权贵,绝不像他后来在《梦游天姥吟留别》诗中所写的:"安能摧眉折腰事权贵,使我不得开心颜。"

开元二十年,李白三十二岁。这一年他写下了《行路难》:

> 金樽清酒斗十千,玉盘珍羞直万钱。
> 停杯投箸不能食,拔剑四顾心茫然。
> 欲渡黄河冰塞川,将登太行雪满山。
> 闲来垂钓碧溪上,忽复乘舟梦日边。

> 行路难,行路难,多歧路,今安在?
> 长风破浪会有时,直挂云帆济沧海。

虽然有一种莫可奈何的迷茫,但是"长风破浪会有时,直挂云帆济沧海"。李白对于未来是充满希望的。

开元二十二年,李白三十四岁。在襄阳拜见荆州长史韩朝宗。写下了著名的《与韩荆州书》:

> 白闻天下谈士相聚而言曰:"生不用万户侯,但愿一识韩荆州。"何令人之景慕,一至于此耶!岂不以有周公之风,躬吐握之事,使海内豪俊,奔走而归之,一登龙门,则声誉十倍。所以龙盘凤逸之士,皆欲收名定价于君侯。愿君侯不以富贵而骄之,寒贱而忽之,则三千宾中有毛遂,使白得颖脱而出,即其人焉。①

其实杜甫在长安的岁月和李白很相似。试看他在天宝七载所写的《奉赠韦左丞丈二十二韵》:

> 甫昔少年日,早充观国宾。读书破万卷,下笔如有神。
> 赋料扬雄敌,诗看子建亲。李邕求识面,王翰愿卜邻。
> 自谓颇挺出,立登要路津。致君尧舜上,再使风俗淳。
> 此意竟萧条,行歌非隐沦。骑驴十三载,旅食京华春。
> 朝扣富儿门,暮随肥马尘。残杯与冷炙,到处潜悲辛。

开元二十四年,贡举转归礼部侍郎掌。张九龄罢相,以李林甫、牛仙客并相。这一年李白三十六岁,写下了《将进酒》:

> 君不见,黄河之水天上来,奔流到海不复回。
> 君不见,高堂明镜悲白发,朝如青丝暮成雪。
> 人生得意须尽欢,莫使金樽空对月。
> 天生我材必有用,千金散尽还复来。
> ……

---

① 《李太白全集》卷二六。

> 钟鼓馔玉不足贵，但愿长醉不复醒。
> 古来圣贤皆寂寞，惟有饮者留其名。
> ……
> 五花马，千金裘，
> 呼儿将出换美酒，与尔同销万古愁。

诗歌已经透露出几多无奈。

天宝元年（742），李白四十二岁，得到唐玄宗召他入京的诏书，他在《南陵别儿童入京》一诗中表达了自己高兴的心情和宏大的抱负："游说万乘苦不早，著鞭跨马涉远道。……仰天大笑出门去，我辈岂是蓬蒿人。"

但是李白很快就失望了。天宝三载他离开长安，次年终于在《梦游天姥吟留别》中喊出："安能摧眉折腰事权贵，使我不得开心颜。"这实际上是诗人在不断的追求中思考现实的结果。正是这种理想和现实的矛盾，造就了李白这样一位充满浪漫情怀的伟大诗人。

杜甫的诗歌与李白的有着完全不同的思想内容和风格。杜甫科举和仕途都不顺利，他虽然有着"读书破万卷，下笔如有神"的功底与才气，有着"致君尧舜上，再使风俗淳"的宏大抱负，也还是在长安"骑驴十三载，旅食京华春"，长期过着"朝扣富儿门，暮随肥马尘。残杯与冷炙，到处潜悲辛"的生活。早在天宝十载，他就写出了《兵车行》《丽人行》这样揭露现实的诗篇。但是，如果没有安史之乱，他就不可能写出被后人称为诗史的诸如《北征》《春望》、"三吏"和"三别"等忧国忧民的诗篇。如果没有安史之乱中流离失所、寄人篱下、到处奔波的经历，他也写不出《茅屋为秋风所破歌》《秋兴八首》那样感人的篇章。安史之乱不仅给盛唐来了一个不平凡的结尾，也造就了杜甫这位被称为诗圣的伟大诗人。

唐代宗上元二年（761），五十岁的杜甫在成都草堂写下了《江上值水如海势聊短述》，其中有："为人性僻耽佳句，语不惊人死不休。"

宝应元年（762）又写下了《戏为六绝句》：

其一
庾信文章老更成，凌云健笔意纵横。
今人嗤点流传赋，不觉前贤畏后生。
其二
王杨卢骆当时体，轻薄为文哂未休。
尔曹身与名俱灭，不废江河万古流。
其五
不薄今人爱古人，清词丽句必为邻。
窃攀屈宋宜方驾，恐与齐梁作后尘。
其六
未及前贤更勿疑，递相祖述复先谁？
别裁伪体亲风雅，转益多师是汝师！

从这些诗歌中，特别是其中"不薄今人爱古人""转益多师是汝师"等诗句中，不仅可以看到杜甫对先辈和传统文化的态度，也可以看到他的诗歌创作中"语不惊人死不休"的精神。这可以看作是杜甫对自己诗歌创作的一个总结。而后来在夔州所创作的《秋兴八首》，更是使他的诗歌无论在内容、意境，还是在艺术上都达到了一个空前的高峰。

在中唐改革浪潮的推动下，为了表达新的思想，在文体上发生了巨大的变化，人们抛弃了骈体文，改用古代散文体写作，这也就是所谓的古文运动。一时名家辈出，韩愈、柳宗元是其中的佼佼者。

2. 书法艺术的成熟和发展

唐初是中国楷书艺术的成熟时期，出现了欧阳询、虞世南、褚遂良、冯承素等大书法家。南北朝后期，不少书法家融合北方碑版体方严遒劲的风骨和南方书简体疏放妍妙的气韵，开始探索创造新的书写体。

唐承隋制，五品以上官员死后立碑，贵族、官员和平民均可设置墓志。树碑立志成为一种社会风尚。公文、图书和佛经的抄写量大大增加。碑志要求字体典雅、端庄，抄写则要求规范、整齐，都要求一种统一、美观、实用的字体。吏部铨选时要考书法。这些都推动了唐代书法的发展，并决定了唐代书法尚法度的特点。

唐太宗喜爱书法，特别喜欢王羲之的书法，花大价钱到处搜罗，唯独没有得到《兰亭序》。最后他得到了《兰亭序》，十分珍爱，每日临摹，长期不懈，而且命书法家虞世南、褚遂良、欧阳询、冯承素等四人进行临摹。四人都在保持原作神韵的基础上发挥出个人的风格，没有离开唐朝初年继承和创新这个主题。《兰亭序》也因为有摹本而得以广泛传世。

《集王羲之圣教序》是长安弘福寺僧怀仁应众僧要求，在唐太宗支持下，花了二十几年工夫，集皇室所藏王羲之行书真迹而成，后镌刻成碑。此碑不仅保留了王羲之书法原貌，而且在章法和选字上都颇具匠心，对书法艺术没有一定修养的人很难看出《集王羲之圣教序》是集字而成。

这两件书法史上的大事对于王羲之书法的普及，对于提高王羲之书法在人们心目中的地位具有重要的作用。

书法艺术在盛唐时期有新的发展。

一是草书的成熟和发展。张旭继承二王，字字有法，又效法张芝草书之艺，在孙过庭、贺知章之后，大量使用连笔，创造出潇洒磊落、变幻莫测、气势壮美的狂草。旭自言，始见公主担夫争道，又闻鼓吹，而得笔法意，观公孙舞剑器，得其神。

二是颜真卿的楷书开一代新风。他师从张旭，在欧阳询等初唐书法家的基础上进行了新的创造，代表作品有《千福寺多宝塔碑》《麻姑仙坛记》等。他把篆书的中锋和隶书的侧锋结合起来，用笔匀而藏锋，外柔内刚，字画如棉裹铁；字的屈折处圆而有力，如折钗股。他的书法笔力雄壮，形体敦厚，气势雄浑，气象浑厚。

3. 初唐、盛唐人物画取得了非凡的成就

唐代绘画题材走向世俗化、生活化，即使是宗教题材的绘画，也充满了生活的气息、世俗的内容。各种绘画形式，在唐朝发展成熟，山水画、人物画和花鸟画，在唐朝都已经成为主要的绘画形式。而随

着文人画的兴起，绘画已经不仅仅是适应宫廷和宗教的需要，不仅仅是对客体的反映，而是用来表现人们的思想感情，抒发自己的情怀。这也推动了唐代的绘画从古代向近代的转变。

绘画的艺术表现形式和绘画技巧在唐代也发生了质的飞跃。不论构图、线条和色彩，还是透视方法的运用，都使唐朝的绘画和过去的绘画，有很大的不同。

唐朝初年的绘画，仍然以人物画为主，并且和当时的政治生活和社会生活紧密地联系在一起。

阎立本曾画《秦府十八学士图》《凌烟阁功臣图》。流传下来的则有现存于美国波士顿博物馆的《历代帝王图》和现藏于故宫博物院的《步辇图》。阎立本所画的《历代帝王图》中的帝王，尽管一个个都神态各异，极具个性，但大部分是孤立地、静止地一个人站在那里。而他的《步辇图》中的唐太宗、宫女、吐蕃使臣禄东赞和官员的群像，则更加具有动感。

《步辇图》在构图上注重人物的主次、相互关系，在表现上注重人物的神态、动作，通过线条的运用，特别是透视的运用，把当时的场景立体地、动态地表现出来。看似简单的一幅人物群像，不仅包含了丰富的历史内容，并且直观地告诉我们，中国古代的人物画，已经达到了一个前所未有的水平。

唐代卷轴画流传到今天的屈指可数。而作为初唐到盛唐绘画主要形式的宫廷、陵墓、寺庙和石窟寺的壁画则全景式地向我们展现了唐代人物画和山水画的面貌及其所达到的高度。

虽然殿堂和寺庙的壁画我们已经看不到了，但是在敦煌莫高窟和一些石窟寺，以及西安、洛阳等地的唐墓中，保存了大量唐代的壁画。

不论是宫廷、陵墓，还是寺庙和石窟寺的壁画，题材更为广泛，也更加世俗化。即使是宗教题材的壁画，也具有强烈的生活气息。以敦煌莫高窟为例，北朝壁画，以佛传、本生和因缘故事为主，唐代壁画则以各种经变画为主。前期壁画中，观无量寿经变、阿弥陀经变、东方药师经变、弥勒经变等净土内容的经变画比重最大，画面色彩华贵绚丽，构图丰满典雅，除了端坐中央的佛和侍立两旁的迦叶、阿难以及菩萨、罗汉，还有正在演出的舞蹈和伴奏的乐队。作为背景的宝池莲花、珍禽异鸟、殿阁楼台，更烘托出一种热烈欢乐的气氛。净土经变中的亭台楼阁和音乐舞蹈，与其说是描绘西方极乐世界的美景，还不如说是歌颂人间的欢乐。净土经变之外，维摩经变也非常生动。居士维摩诘与前来探病的文殊菩萨辩论的题材自南北朝以来就受到人们的喜爱。北魏云冈石窟的维摩诘雕像，面带微笑，怡然自得。而莫高窟103窟盛唐时的维摩诘形象兴奋热烈，须眉奋张，目光如炬，形象地反映了盛唐时人们豪放、自信、进取的心态。

特别是昭陵和乾陵的陪葬墓，由于是皇家和亲贵等级，其中的壁画不仅形式多样，而且通过形象的准确捕捉、线条的巧妙运用，特别是透视的巧妙运用，在艺术表现上出现了令人意想不到的惊人效果。

当我们走进懿德太子的墓道时，在《阙楼图》和《仪仗图》前，突然发现前面的阙楼巍峨壮丽，墓道仪仗队伍气势庄严，两边人物迎面站立，狭窄的墓道向两边扩展了很多，就像置身于阙楼前的广场一样。这也是当时艺术家想要达到的艺术效果。

通过这一组两壁对称的《阙楼图》和《仪仗图》，我们可以看到唐朝前期的画家对于透视的认识已经达到的广度和深度，他们对于透视原则的运用已经是如此巧妙和得心应手。欧洲是在14世纪文艺复兴时期，透视理论和焦点透视的运用达到很高的水平，但也没有出现这种类型的作品。尽管如此，许多艺术史家在谈到唐代绘画时对唐代壁画都没有给予足够的重视和应有的评价，更没有谈到这些以人物为主要对象的壁画对于透视的巧妙运用，及其所达到的高度和惊人的艺术效果。一些西方艺术史家在他们的著作中对唐代的人物画只字未提，给人们提供了一幅不确切的世界艺术画卷。甚至还有不少人认为中国画只有散点透视，甚至认为中国画不讲透视；也有人认为中国的人物画产生不了立体的效果。

有这样的看法是不奇怪的。

第一方面，从人们对绘画的认识来说，总是把卷轴看作是中国画的正宗。而现在流传下来的卷轴画，唐以前的不仅数量很少，有的还是长卷。而这个时期对于透视的认识和运用还不是很充分的。如顾恺之的《洛神赋》，其中的山水还是人大于山，水不容泛。流传下来的卷轴画大部分是唐中叶特别是宋以后的，而这个时期中国画开始进入了一个新的时期，具有许多新的特点，一是由于透视运用的成熟，山水画从唐朝前期开始，有了飞速的发展，散点透视成为山水画经常使用的透视方法。这就让一些对中国绘画发展历史缺乏了解，没有深入研究的人们产生误解，误认为散点透视是山水画专用的。二是随着文人画的发展，绘画的目的不仅是客观地表现人物、山水、花鸟的神韵，而且同时要抒发画家个人的情怀。表现在画面上，是对客体有了更多的提炼和升华；在表现方式上，也有新的突破。

第二方面，从人们的欣赏习惯来说，总是按照焦点透视的观点从正面去欣赏画面上的内容。唐墓壁画是20世纪六七十年代才陆续出土的，很多人都没有机会亲密接触这些壁画。而有些画只有在类似现场的环境中，按照一定的角度才能真正看到作者所要表现的意图。《阙楼图》和《仪仗图》就是画家根据壁画的目的和现场的具体情况，按照人们行进时不断变化的视角来确定一系列的一个或几个透视点，再通过构图、线条和色彩，完成整个画作。因此只有在行进的过程中通过不断变换的特定的角度欣赏，才能充分领略这些壁画的神韵。而通过发表的壁画，仅仅从正面去看，往往是看不出这些奥妙的，甚至还会感到画面有些呆板。更何况现在发表的壁画，包括较早的1974年文物出版社出版的《唐李贤墓壁画》《唐李重润墓壁画》和2011年河北教育出版社出版的《中国墓室壁画全集：隋唐五代》，由于版面大小和当时印刷水平的限制，大多是特写或局部的画面，让人很难一窥墓室壁画的全貌。

第三是缺少对中西绘画史的全面了解和比较。不是从中西绘画发展的历史中去探讨绘画发展规律，而是把西方绘画发展某个阶段的特点和观点，特别是把文艺复兴时期的绘画和理论，看作是绘画发展的普遍规律。这是不符合绘画发展的实际情况的。以透视为例，不论是中国洛阳玻璃厂东汉墓壁画《夫妇宴饮图》，①还是意大利庞贝附近罗马时期"帕布里厄斯·法尼厄斯·西尼斯特别墅"卧室中的一幅壁画，② 都已经在二维画面中画出了立体效果。

不能不提到，由于透视运用的成熟，山水画在唐朝前期有了飞速的发展。隋代展子虔的《游春图》已经摆脱过去人大于山或水不容泛的情况，完全符合透视原则。但与盛唐时期吴道子、李思训和王维的山水画相较，还是有天壤之别。

吴道子，年轻时做过画工，玄宗招为内教博士。玄宗遣他在大同殿画嘉陵江三百里山水，一日而就。李思训善画金碧山水，开工笔山水先声。王维则首创水墨山水。苏轼说他诗中有画，画中有诗。他的画对后世文人画影响很大。唐代画家在创作时，不仅追求形似和神似，而且强调立意和用笔，把客体的描绘和主观感情的抒发结合起来。

花鸟画在唐朝后期也成为独立的画种，虽未有卷轴画流传下来，但在1991年发现的北京八里庄唐开成三年墓中保留了一幅长290厘米，高156厘米的牡丹图。壁画中除了作为主体的牡丹，还有芦雁、秋葵、百合等花卉和花间飞舞的彩蝶，是难得一见的早期花鸟画。

山水、花鸟卷轴画的兴起，说明绘画已经从宫廷、寺庙中走出来，成为文人士大夫抒情写意的工具。相应地，画家也开始摆脱画匠的身份，成为士大夫的一个组成部分。

唐代画家在向传统、向前辈画家学习上不遗余力。唐初画家阎立本在荆州看到张僧繇的旧迹，初看时说道："定虚得名耳。"第二天又去看，说道："犹是近代佳手。"第三天再去看，才看出了一些门道，说道："名下定无虚士。"于是坐卧观之，留宿其下，十日不能去。③

唐代画家在创作时，还很注意外师造化，在人物画的创作中有使

---

① 关于此画，可参见韦娜《略论汉代壁画在中国绘画史中的地位》，《考古与文物》2005年第4期，第62—65页。

② 参见〔美〕克莱纳、马米亚《加德纳艺术通史》，湖南美术出版社，2013年，第196—197页。

③ 《隋唐嘉话》卷中。

用模特的。段成式记载长安宝应寺,"今寺中释梵天女,悉齐公妓小小等写真也"。① 王维善画,有人把一幅按乐图拿给他看,图上无题识,王维看后慢慢说道:"此霓裳第三叠最初拍也。"客不以为然,于是招来乐工按曲,果然如王维所言。② 不论是按乐图的作者,还是王维,如果对霓裳羽衣曲的演奏没有细致入微的观察,是不可能做到这一点的。创作山水画,也往往要实地观察写生。玄宗天宝中,忽然想到蜀中嘉陵江山水,于是派吴道子从驿道前往写生。及回日,玄宗问其状。吴道子奏道:"臣无粉本,并记在心。"玄宗让他在大同殿图画,嘉陵江三百里山水,一日而毕。当时李思训也以山水擅名,亦画大同殿壁,数月方毕。玄宗道:"李思训数月之功,吴道玄一日之迹,皆极其妙也。"③ 绘制壁画,一般是先要画出草图的,也就是粉本或画本,好的粉本流传到各地。

4. 唐代雕塑

唐代雕塑,主要包括石窟寺造像、陵寝前的石雕和墓葬中的三彩陶俑。

就我们现在能够看到的而言,最能体现初唐英雄主义和国家统一情结的,莫过于昭陵六骏。

最能体现盛唐精神的,一是洛阳龙门奉先寺的卢舍那佛,以及遍布全国各地的大佛。二是敦煌莫高窟的菩萨、力士塑像。三是唐三彩马和各种陶俑。

虽然从形式来说这些都是服务于皇室、贵族和宗教的,但是艺术家们还是通过生动的造型,把盛唐时期的价值观念和审美情趣倾注到他们的作品中去。洛阳龙门奉先寺的卢舍那佛雕像,高 12.66 米,旁有比丘、菩萨、天王和力士像,兼具初唐的规模宏大与盛唐的气势宏伟。从艺术上来说,卢舍那佛雕像把传统文化、外来文化和当时的审

---

① 《酉阳杂俎》续集卷五《寺塔记上》。
② 《新唐书》卷二〇二《文艺中》。
③ 《太平广记》卷二一二《画三·吴道玄》。

美观念进行了完美的结合，体现了盛唐艺术风格。

唐代各地还出现了一批大佛。其中塑像有敦煌莫高窟的北大佛和南大佛，分别高33米和26米，均为弥勒坐像。还有大历十一年（776）年的涅槃像，长15米。陕西彬州大佛寺大佛、宁夏固原须弥山石窟大佛、四川安岳释迦牟尼涅槃图，都是气象雄伟的佛教造像。四川乐山大佛，高71米，是弥勒坐像，由整体山岩雕凿而成。乐山大佛规模宏大、气势雄伟，有着独特的震撼人心的艺术魅力。

敦煌莫高窟的彩塑共有两千多尊。菩萨被塑造得端庄秀丽，丰盈健美，完全是盛唐时期少女形象的写照。天王、力士身躯魁伟，气势威武，体现了唐代武士的英雄气概。

彩陶马千姿百态、神采飞扬，反映了人们昂扬向上的精神状态。鲜于庭诲墓中出土的载乐骆驼俑，载有五个胡人组成的乐队，更是把当时中西经济、文化交流的盛况和人们开放欢乐的心态形象地结合起来。

5. 乐舞

唐朝人热爱舞蹈。"李白乘舟将欲行，忽闻岸上踏歌声。"踏歌是当时广为流传的集体舞蹈。在乡村、城镇乃至宫廷节庆活动中，人们手袖相连，踏地为节，边歌边舞，反映了当时人们充满欢乐，热爱生活的情怀。

唐代民间还出现了沿街卖唱的歌者。还有许多著名的歌唱家、演奏家和舞蹈家，如李龟年善歌，公孙大娘善舞剑器，裴旻善剑舞。

开元三年，年仅四岁的杜甫在郾城观公孙氏舞剑器浑脱，五十年后对那浏漓顿挫的风采记忆犹新，写出有名的诗篇《观公孙大娘弟子舞剑器行（并序）》。吴人张旭善草书，曾经在邺县数见公孙大娘舞西河剑器，自此草书长进，豪荡感激。吴道子观看了裴旻剑舞，见其出没神怪，乃挥毫益进，很快画成一幅颇为壮观的壁画。正是因为这些盛唐独舞具有独特的震撼人心的魄力，才给诗人、书法家和画家带来了无比的激情和巨大的启迪。他们在艺术上的成就，舞者也是有一份功劳的。

近年发现的李勋墓、执失奉节墓和苏思勖墓的壁画都绘有乐舞图。唐礼泉县郑仁泰墓还出土了釉陶乐舞女俑。陕西三原县焦村唐代李寿墓石椁上有线刻立部伎演奏图和坐部伎演奏图。这些都形象地说明贵族、官僚和豪富人家往往都有自己的乐队和舞者。

谈到唐代乐舞，不能不说到宫廷乐舞。因为宫廷的乐舞机关太常寺不仅集中了全国最优秀的乐舞人才，而且有条件引进和吸收外国和周边民族乐舞的精华，代表了当时乐舞的最高水平。

唐代宫廷音乐经历了十部伎、坐立二部伎和法曲的发展过程。唐太宗把唐高祖继承自隋代的九部乐改为十部乐，包括燕乐、清商乐等内地音乐，西凉、龟兹、疏勒、高昌等西域各族音乐，康国、安国、天竺、朝鲜等外国音乐。作为燕乐的十部伎，虽然是为宴会助兴，但它首先还是一种传统的礼仪，著于《乐令》，仍然是宫廷礼乐的一部分。坐立二部伎则打破十部伎各部的界限，二部之下各部均以乐曲命名。因此，坐立二部伎的出现，标志着在传统音乐的基础上，对外来音乐的大胆吸收和完美融合，使乐舞开始摆脱宫廷礼仪的束缚，更加具有观赏性和娱乐性。而玄宗时出现的法曲，则纯是宫廷娱乐，除了吸收外来成分和少数民族音乐，还广泛吸收了民间音乐，从而更加贴近生活，更加富有生气，更能引起听者的共鸣。因此，法曲和梨园教坊的设立，标志着宫廷音乐从礼仪性乐舞到娱乐性乐舞的转变。

虽然我们不能亲历其境去直接欣赏盛唐的乐舞，但是我们从壁画，特别是敦煌壁画和留存下来的乐谱和舞谱，以及根据这些所做的复原，仍然可以感受到它的风采。

娱乐文化的发展，是盛唐文化的一个重要内容，乐舞是其重要组成部分。他如马球、围棋等体育活动以及打猎、郊游、饮酒、吟诗等，无不反映当时人们丰富多彩的生活和欢乐豪迈的心情。

城市坊市制度的破坏和乡村集镇的兴起，使社会生活有了很大的变化，带来了城镇居民活动时间和空间的变化。

茶馆酒家、青楼瓦子的繁盛，大大改变了三月三和忽闻岸上踏歌声的淳朴风情。这也构成了孟浩然、李白和杜牧诗作的外在差别。而市井文学也随之兴起,其中唐人传奇和词的参与者主要是文人,而说唱和其他的形式则是下层民众喜爱的艺术形式。正是他们,开启了五代和宋文化的新篇章。

五、引领东亚:汉字文化圈的形成

唐朝不仅对前一阶段传入中国的各种外国文化进行了融合和创新,而且先进的唐朝文化传播到周边国家,形成了汉字文化圈。

隋唐时期中外交流更是进入一个新的时期,交流的地区和国家扩大了许多,远至波斯湾乃至非洲东海岸。交流的内容也丰富了许多,除了传统的宗教、艺术、物质上的交流以外,经济乃至科学技术的交流都有进一步的发展。把自己最好的东西送出去,把人家最好的东西拿进来,这完全是一种开放的、兼容并蓄的胸怀。但又不是无条件地全送出去,技术本身和具有战略意义的东西是不轻易示人的;也不是无条件地全盘接受外来的东西,而是要经过吸收、消化和创新,最后使之完全成为本土化的东西。敦煌、吐鲁番壁画的粉本是最好的证明。洛阳奉先寺的卢舍那佛像则可以说是这方面最完美的典型。这也是黄河文化能够日新月异,不断创新的一个重要条件,也是艰苦奋斗、开拓进取这种黄河文化精神的具体表现。

唐文化对周边国家产生了巨大的影响。唐代亚洲一些国家正处在新的发展阶段的起始时期,对吸收外来先进文化有着空前的热情,唐文化正好适应了它们的这种要求。

日本堀敏一教授在《隋唐帝国与东亚》中写道:"古代东亚国家之所以向中国朝贡,以各种不同的形式和中国发生关系,是因为各民族的国家形成比中国迟,所以有必要向中国学习其国家机构的建制及其运作。在这个时代,东亚各国与中国的交往,是以此为中心展开,并因此获得各种文化的。中国的国家机构建制及其运作,规定于律令之中。因此,对于各国而言,重要的是学习此律令,引入律令所规定的各项制度。"①

唐朝初年，圣德太子派遣的留学生高向玄理、南渊请安和学问僧僧旻在中国停留二三十年之后先后回国，把唐朝的官制、田制介绍到日本，他们是大中兄进行大化革新的参谋和顾问。

进入8世纪后，唐朝的影响进一步加强，日本开始全面接受唐朝的文化。元明、元正两位女天皇执政期间（707—724），国都迁到仿照长安城建成的平城京（奈良），开始了日本历史上著名的"奈良时代"（710—794）。在她们的推动下，日本加强了对中国文化的学习与吸收。719年，日本政府下令全国百姓服饰仿效中国，改为右襟。724年起还准许官吏有财力者可以在屋顶上铺瓦，把墙壁涂白，把柱子漆红。唐的琴棋书画、衣饰、屏风、文房四宝，都传入了日本，日本奈良东大寺正仓院保存有许多这类文物。那时，日本朝野以模仿唐朝的一切为时尚。

随着对唐文化了解的加深，遣唐使都挑选博通经史、娴习文艺和熟悉唐朝情况的人担任。遣唐使的随行人员中还有一些医师、阴阳师、乐师等，是为了进一步深造和求解疑难而被派来中国的。遣唐使、留学生、学问僧带来彩帛、香药、珍宝等，带回乐器、书籍、经卷、佛像等。留学生吉备真备把中国在科学上取得的新成就介绍到日本。

9世纪初，僧人最澄、空海来华。他们原已精通汉文，因此在短短的三年中，就学习了多方面的知识，回日后，不仅在佛教上，而且在文学、艺术、绘画、雕塑等方面，都做出了很大的贡献。空海（法号遍照金刚，追封弘法大师）带回大批真言宗（密宗）的经典，在日本建立了真言宗。根据崔融《唐朝新定诗格》、王昌龄《诗格》、元兢《诗髓脑》、皎然《诗议》等书排比、编纂了《文镜秘府论》。这是一本专论诗文格律、文章作法的书，是为帮助日本人学习汉文和汉文学而编写的，其中保存了许多中国已经散失了的著作和材料，

---

① 〔日〕堀敏一著，韩昇、刘建英译：《隋唐帝国与东亚》，云南人民出版社，2002年，第131页。

1975年由人民文学出版社校印出版。空海编写的《篆隶万象名义》是关于中国文字学的重要著作。唐人的文集，在9世纪后大量输入日本，白居易的诗歌尤其受到日本人的喜爱。日本人还利用草体汉字表示声音，创造了平假名；利用楷体汉字偏旁表示声音，创造了片假名。这种字母一直沿用到今天。

去日本的唐朝僧人鉴真对中日文化交流也有很大贡献。鉴真（688—763），姓淳于，扬州人。他在十多年中，经过六次努力，才实现渡海的愿望，于天宝十三载到达日本。这时他已双目失明，年近七旬了。鉴真把戒律传到日本，同时还把佛寺建筑、佛像雕塑的艺术和唐朝医药学介绍过去。日本现存的唐招提寺及卢舍那佛，就是鉴真及其弟子修造的。

新罗等国也全面学习唐代先进的文化，与日本等国一起形成了汉字文化圈（唐文化圈），确立了东亚文化的特色。

在日本的奈良、京都，韩国的庆州，至今还保留了不少具有唐文化因素或直接来自唐朝的文化遗存。日本奈良东大寺卢舍那大佛，依稀可以看到我国洛阳龙门奉先寺卢舍那大佛的影子。鉴真和尚主持建造的唐招提寺大门上红色横额"唐招提寺"是日本孝谦女皇（749—758）所书，字体仿王羲之、王献之。

中国人民的伟大发明造纸术、雕版印刷术和医药学也在唐代开始传入东西方国家。是唐朝对世界文明的发展做出的重要贡献。

纸——棉纸在7世纪从中国传到阿拉伯，在9世纪传入意大利。在此前后，纸也传入印尼、斯里兰卡和印巴次大陆。义净在这些地区抄写佛经所用的纸都是通过海舶从中国运去的。

造纸术——从6世纪开始，传入朝鲜、越南和日本，西传则在751年怛逻斯战役之后。此役高仙芝为大食兵所败，中国战俘把造纸术输入撒马尔罕，并由此传入阿拉伯国家。793年波斯开始造纸，794年巴格达建立了第一个造纸厂。以后又传到了西亚的大马士革。那里所造的纸销售到欧洲的希腊、意大利等地。后来，阿拉伯人又把造纸法传入欧洲和非洲。900年或早一点造纸术传入埃及，1100年前后传入摩洛哥，1150年前后西班牙才开始造纸。至于印、巴的造纸术是由中国直接传入还是由阿拉伯国家间接传入,则是一个待考的问题。

印刷术——中国雕版印刷术的发明在隋唐之际,唐初玄奘就曾雕印佛像,8世纪又传入朝鲜、日本,日本现存有据说是在宝龟元年(770)印制完成的《陀罗尼经》。印刷术传入阿拉伯国家可能在9世纪末或10世纪初。在埃及的法雍曾发现了10—14世纪的印刷品,其中最早的一种是10世纪初在木板上刻的一段《古兰经》。一般认为,雕版印刷术在12世纪传到了埃及。

中国的炼丹术和硝在八九世纪也传入阿拉伯国家,阿拉伯人把硝称为"中国雪"。脉术也在唐代传入阿拉伯,阿维森纳(980—1037)《医经》中诊脉部关于脉的浮沉、强弱的叙述,与中国脉经所述相同。中国的绫锦织机和陶瓷制造技术也传到了阿拉伯国家。造纸术和印刷术的西传,对欧洲历史的发展具有深远的影响。

16 科学技术对造就盛唐的意义

科学技术在唐朝的发展，这是大家都已经注意到的课题，但是科学技术在唐朝历史发展中到底起什么作用，科学技术与盛唐到底有什么关系，这却是一个唐史研究中大家似乎已经意识到，但又没有充分展开的问题。关于唐代科学技术的各个领域，专门史的学者已经取得了许多成果，并且提出了许多新的见解。科学技术在几部中国通史、中国文明史、唐史的专著中也都是不可或缺的章节，但是大多停留在孤立的学科内容的介绍上，科学技术在唐朝历史发展中所起的作用，科学技术对于造就盛唐的作用，还远远没有引起足够的注意。

一、冶铁技术的提高和以耕犁为中心的农具的革新

对于唐代的科学技术，人们经常注意的是天文、历法、数学等理论性较强的学科，而往往忽视技术领域所取得的成果。

科学技术对于造就盛唐，具有举足轻重的意义。

事实上，技术的进步对于社会进步和发展，具有决定性的意义。对于天文、历法、数学等理论性学科的发展也具有决定性的意义。

科学技术进步对经济社会发展意义最大的，在古代首先是冶铁技术的提高和以耕犁为中心的农具的革新。在以农耕为主要生产方式的古代社会，耕作工具集中代表一个时期的生产力，决定一个时期的生产面貌、生产结构和社会结构。进入铁器时代以后最先进的耕作工具

就是耕犁，而耕犁的改进和普遍使用则取决于当时冶铁的技术水平和冶铁业普及的程度。

从历史的发展来看，一种新的技术和工具，从发明到应用，从开始运用到普及，是一个反复的、漫长的过程。

欧洲在 12 世纪前后曾经经历了一次农业革命。其标志是重犁的使用和三田制的推广。① 正是在农业革命的基础上，欧洲逐步完成了从中世纪到近代的转型。

中国从秦始皇统一全国进入帝国时期以后，农业也经历了两次重大变革。

第一次是随着生铁冶炼技术的发展，从西汉中叶开始的使用大犁和深耕的推进。汉武帝以后经济社会的进一步发展，东汉时期崔寔在《四民月令》中所记载的农业生产方式的展开，都是在这个基础上进行的。

第二次则是随着南北朝时期灌钢技术的改进、完善，炼钢技术从官府向民间转移和铁产量的提高，② 北方耕犁轻便化，南方江东犁即曲辕犁的发明和使用，犁耕，包括传统的大犁在各地推广。

关于这个过程，杨宽先生在《中国古代冶铁技术发展史·序言》中作了这样的概述：

> 中国在封建社会前期之所以能够出现像战国、秦、汉那样物质精神文化高度发展的阶段，显然与当时高度发展的生产力水平有关，与当时高度发展的冶铁技术水平也是分不开的。中国在战国、秦、汉时期，生铁冶炼技术有较快的发展，铸造铁器技术又有了长足的进步，铸铁柔化处理技术也达到了先进水平，因而韧性铸铁的工具特别是农具得到了广泛的使用，这样当然有助于农

---

① 〔美〕朱迪斯·M.本内特、C.沃伦·霍利斯特：《欧洲中世纪史》第七章"经济起飞与社会转变，约 1000—1300 年·农业革命"，上海社会科学院出版社，2007 年，第 167—170 页。

② 林寿晋：《东晋南北朝时期矿冶铸造业的恢复与发展》，《历史研究》1955 年第 6 期。

业生产的发展。至少到公元前1世纪的西汉后期，中国人民就创造了生铁炒炼成熟铁或钢的技术，这项发明又比欧洲要早两千多年，欧洲要到18世纪中叶才创造"炒钢"技术。至迟在公元5—6世纪的南北朝时代，我国人民又发明了"灌钢"冶炼法，这种以生铁水灌注熟铁的炼钢方法是中国人民独特的创造，这在世界钢铁冶炼技术发展史上是值得大书特书的。到封建社会后期的唐、宋时代，这种炒钢和灌钢技术以及锻造技术又有进一步的发展。中国在封建社会后期之所以能够出现像唐、宋那样物质精神文化进一步高度发展的阶段，应与当时冶铁技术和社会生产力的进一步发展有密切关系。唐、宋时代由于炼钢技术和锻造技术的进一步发展，使得锻造的大型钢刃熟铁农具代替了过去铸造的小型薄壁韧性铸铁农具，从而提高了农业生产技术，使农业生产得到进一步的发展。①

成书于唐代的《夏侯阳算经》中有这样一段内容：

今有生铁六千二百八十一斤，欲炼为黄铁，每斤耗五两。问为黄铁几何？

答曰：黄铁四千三百一十八斤三两。

术曰：置生铁数，以一十一两乘，以一十六两除之，即得。

今有黄铁四千三百一十八斤三两，欲炼为钢铁，每斤耗三两。问钢铁几何？

答曰：钢铁三千五百八斤八两一十铢五絫。

术曰：置黄铁数，以一十三两乘之，一十六两除之，即得。②

这虽然只是一道唐代的应用数学题，但却包含了丰富的历史内容。"生铁炼为黄铁，黄铁炼为钢铁。"首先，这不是简单的生产过程，

---

① 杨宽：《中国古代冶铁技术发展史·序言》，上海人民出版社，2014年5月，第11—12页。

② 《夏侯阳算经》卷中"称轻重"。

而是反映了从南北朝到隋唐钢铁冶炼技术取得的空前的、具有伟大历史意义的成就。东汉末年出现了灌钢技术。《北史》卷八九《綦母怀文传》记载北齐綦母怀文"造宿铁刀,其法,烧生铁精以重柔铤,数宿则成刚"。灌钢技术经过綦母怀文的重大改进和完善,[①] 使钢的品质大大提高,产量大幅度的增长成为可能。其次,《夏侯阳算经》作为应用数学题库收入了生铁炼为黄铁,黄铁炼成钢铁用料的计算方法,说明这种计算方法已经成为一种具有普遍性的社会需求。这也从一个侧面说明唐代已经广泛利用灌钢技术冶炼钢铁。

这就为以耕犁为中心的农具改革提供了物质基础,使犁铧有可能变得轻巧和锐利。犁的改进和犁耕的推广不仅为单位面积产量的提高、耕地面积的扩大和南方广大地区的开发创造了条件,而且使得农民在生产上更加具有个体性和独立性,从而激发了他们在生产上的积极性。不论是向国家登记户口、田产的自耕农民,还是向地主租种土地的农民,他们都力图在种子、口粮、生产生活的各种必要开支以及国税或地租所需之外多生产出一些粮食和其他产品,包括经济作物和作为家庭副业的手工业产品。这样农民就可以借此扩大自己的生产规模,改善自己的生活,而且为社会提供了大量的、主要是粮食的剩余生产物。地主也可以因此而增加地租的收入,并且把收入的粮食和其他产品投入市场以换取货币和各种产品。只有粮食多了,社会财富才能够积累,社会分工才能扩大,手工业、商业和文化才能发展,城市才能够繁荣。唐朝前期经济社会的发展,盛唐经济的繁荣和文化的辉煌就是这样形成的。唐朝的农业生产支撑了整个唐朝的繁荣。

唐朝以后,耕犁没有大的发展。因此直到近代乃至19世纪80年代,我们仍可看到唐代耕犁的影子。近代江南水田耕犁与陆龟蒙在《耒耜经》中所述的江东犁(曲辕犁)是一脉相承的。北方使用的步

[①] 卢嘉锡总主编:《中国科学技术史·矿冶卷》第十章"古代炼钢技术"第五节"灌钢",科学出版社,2007年,第627—629页。李众:《中国封建社会前期钢铁冶炼技术发展的探讨》之六"杂炼生鍒的灌钢工艺",《中国冶金史论文集》,《北京钢铁学院学报》编辑部,1986年,第65—66页。华觉明:《中国古代金属技术:铜和铁造就的文明》第八章第二节"三魏晋南北朝冶铁业",大象出版社,1999年,第319—320页。

犁与唐代使用的比较轻便的犁也很相像。特别有意思的是，在 20 世纪 80 年代，我们在甘肃河西走廊不仅看到了出土的重达八九公斤的唐代大犁，而且看到田间几台二牛抬扛曳引的大犁同时进行耕作的壮阔场景。①

二、生产中的广泛应用，进一步推动了数学的发展

钢铁冶炼技术的重大进步，不仅为农具的改进完善和推广，为土地的大面积开垦创造了条件，而且为重大土木工程和水利工程提供了有力的工具。隋朝大兴城和东都洛阳的修建、大运河的开凿，能在短期完成，除了可以调集大量人力，科学技术的提高和比较好的工具是必要的条件。而这又推动了数学、建筑学、水利学和机械学的发展。

开凿运河和大规模城市建设等工程施工计算的实际需要都对计算提出了要求。《夏侯阳算经》《缉古算经》就是为了满足当时工程计算需要产生的。正如王孝通在《上缉古算经表》中所说"《九章·商功篇》有平地役功受袤之术，至于上宽下狭、前高后卑，正经之内，阙而不论，致使今代之人不达深理，就平正之间，同敧邪之用"，②因而作《缉古算经》。在当时看来，数学不是一门理论学科，而是一门应用学科。不论是建筑、水利、冶炼，都要运用数学。

《缉古算经》全书 20 题中，第二题至第十四题是修筑台、堤、河道以及修筑各种粮仓、粮窖等问题。为了解决这些问题，在学习和总结前人成果的基础上，王孝通用几何方法而不是代数方法导出了三次方程式解法。这是中国现存古算经中有关三次方程最早的记载。

早在 19 世纪 20 年代，日本著名的数学史家三上义夫就说过："唐王孝通之《缉古算经》，使用三次方程式以解各种问题。……中国成立三次方程式，乃在阿剌伯之前；而由术文推得之方程式解法，

---

① 傅玫：《河西的犁》，《丝路访古》，甘肃人民出版社，1982 年，第 124—134 页。
② 《全唐文》卷一三四。

亦与发达于阿拉伯者全不同也。"① 王孝通研究三次方程所得到的成果，比阿拉伯人（10世纪之后）和意大利的斐波那契（13世纪）都早得多。英国李约瑟说："三次方程最早是在《缉古算经》中发现的，这部书问世的年代肯定是在公元625年前后。像往常那样，这些方程是从工程师、建筑师和测量人员的实际需要产生的。"② 数学在生产中的广泛应用，进一步推动了数学的发展。

高宗时还由李淳风等人审定并注解了《周髀算经》《九章算术》《孙子算经》《五曹算经》《夏侯阳算经》《张丘建算经》《海岛算经》《五经算术》《缀术》《缉古算经》等十部算经，作为国子监算学的教本。这是对中国古代数学一次全面的总结。郭金彬教授指出：

> 《算经十书》已构成了具有中华民族自身特色的传统数学思想，并且由于这传统的延续使得其思想精粹愈加灿烂。中国古代数学及数学思想，自春秋战国至西汉中期确立了体系之后，一直到唐朝，基本上是沿着《九章算术》这条主线传统式地发展的。在这期间，由于生产水平的提高和科学技术的进步，数学和数学思想也不断得到提高，《九章算术》的数学体系得到充实、丰富和发展，也出现了不少超出《九章算术》范围的研究成果。到了宋元时代，我国传统数学达到鼎盛时期，走在世界数学的前列。③

三、医药学的总结、传承和开拓发展

隋唐是中国古代医药学一个重要的发展时期。

首先是总体水平的提高。《隋书·经籍志三》对隋朝的医学典籍进行了总结，并对疾病的病因和治疗原则进行了概括的描述：

---

① 〔日〕三上义夫：《中国算学之特色》，商务印书馆，1933年，第34页。
② 〔英〕李约瑟：《中国科学技术史》第3卷，科学出版社，1978年，第79、80页。
③ 郭金彬：《"算经十书"数学思想简论》，《厦门大学学报（哲学社会科学版）》2003年第1期（总第155期）。

> 医方者，所以除疾疢，保性命之术者也。天有阴阳风雨晦明之气，人有喜怒哀乐好恶之情。节而行之，则和平调理，专壹其情，则溺而生疢。是以圣人原血脉之本，因针石之用，假药物之滋，调中养气，通滞解结，而反之于素。其善者，则原脉以知政，推疾以及国。《周官》，医师之职"掌聚诸药物，凡有疾者治之"，是其事也。鄙者为之，则反本伤性。故曰："有疾不治，恒得中医。"

这也是唐朝初年对于医方、医药学的基本理解，大体反映了唐朝初年医药学的总体水平。

在《唐六典》卷一一《殿中省·尚药局》中有这样一段内容：

> 凡药有上、中、下之三品。（上药为君，养命以应天；中药为臣，养性以应人；下药为佐，疗病以应地，递相宣摄而为用。）凡合药宜用一君、三臣、九佐，方家之大经也，必辩其五味、三性、七情，然后为和剂之节。五味谓酸、咸、甘、苦、辛，酸属肝，咸属肾，甘属脾，苦属心，辛属肺。三性谓寒、温、平。七情谓有单行者，有相须者，有相使者，有相畏者，有相恶者，有相反者，有相杀者。其用又有四焉，曰汤、丸、酒、散，视其病之深浅所在而服之。诊脉辨寸、关、尺之三部，以调四时沉、浮、滑、涩之节，而知病之所在。在胸膈者，先食而后服药；在心腹者，先服药而后食。

对合药和诊候的理论和原则作了具体的论述。虽然是对侍御医的要求，但也反映了唐代在临床诊断、处方等方面的医药学水平。

其次是在长期医疗实践的基础上分科有了相当的发展。太医署下设立了医、针、按摩、咒禁四科，医又分体疗、疮肿、少小、耳目口齿、角法等科。在《诸病源候论》和《千金方》中有妇科、儿科等专门的论述。还出现了一些分科治疗方面的专门著作。

最后是在医疗机构和医学教育方面有了完整的体系，从医疗的对象而言，可以分作官方和民间两个方面。从官方来说，有尚药局、太医署和州县医博士。尚药局的服务对象是皇帝和皇室，太医署的服务对象主要是在职的所有官员和退休的五品以上官员和其他按照规定需要服务的人员。

在中央还有女医。唐《医疾令》:"诸女医,取官户婢年二十以上三十以下、无夫及无男女、性识慧了者五十人,别所安置,内给事四人,并监门守当。医博士教以安胎产难及疮肿、伤折、针灸之法,皆按文口授。每季女医之内业成者试之,年终医监、正试。限五年成。"[①] 从"别所安置,内给事四人,并监门守当"看,女医是一个由宦官掌管的独立机构,服务对象则是后宫的众女。

州、县两级,州由司功参军掌管医疗之事,州县医药博士以百药救民疾病。

从民间来说,有家传其业者,有私自学习、了解医疗者,还有名医及名医子弟。

太医署还是中央主要的医学教育机构,培养医师、针师、按摩师、咒禁师等医务人员,由博士进行教学,其考试、登用如国子监之法。

唐朝政府还通过格、式和《医疾令》对医疗事务和各类医疗人员的培养选拔作了具体的规定。"诸医生、针生,初入学者,先读《本草》《脉诀》《明堂》。""次读《素问》《黄帝针经》《甲乙》《脉经》,皆使精熟。""诸教习《素问》《黄帝针经》《甲乙》,博士皆案文讲说,如讲五经之法。"医生在学习诸经后,分业学习体疗、疮肿、少小、耳目口齿、角法,要求"各专其业"。医生和针生还要"各从所习,钞古方诵之"。还要跟随上手医即有经验有水平的医师,学习合和、针灸之法。

唐《医疾令》规定了太医署医师、针师等和诸州医师巡患的制度,"诸医师巡患之处,皆于所在公廨给食"。"巡患之处,所疗损与不损",都要由患处官司把情况报太常寺,作为升迁和降职的根据。"太医署,每岁常合伤寒、时气、疟痢、伤中、金疮诸药,以备人之

---

① 《唐医疾令复原清本》,《天一阁藏明钞本天圣令校证(附 唐令复原研究)》下册,第 577—580 页。

疾病者。"诸州也要"任土所出药物可用者，随时收采，以给人之疾患。皆预合伤寒、时气、疟痢、疮肿等药。部内有疾患者，随须给之"。①

国家还先后颁发了国家编定的药典《唐本草》《开元广济方》和《贞元集要广利方》。

医药学总结传承和发展方面，隋朝巢元方的《诸病源候论》，唐朝孙思邈的《千金方》、王焘的《外台秘要》、王冰注的《黄帝内经素问二十四卷》，都是中医的经典著作。

孙思邈（581—682），一生致力于医学临床研究，对内、外、妇、儿、五官、针灸各科都很精通，边行医，边采集中药，边临床试验，是继张仲景之后中国第一个全面系统研究中医药的先驱者。他针对"晋宋以来，虽复名医间出，然治十不能愈五六，良由今人嗜欲太甚，立心不常，淫放纵逸，有阙摄养所致耳"，"末俗小人，多行诡诈，倚傍圣教而为欺绐，遂令朝野士庶，咸耻医术之名"② 的实际情况，系统总结唐代以前医药学成就，结合自己的临床经验，撰写了《千金要方》《千金翼方》。两部巨著 60 卷，收药方论 6500 首，合称为《千金方》，被誉为我国最早的一部临床医学百科全书。

当今论者论及孙思邈和《千金方》的时候，多强调其所论"大医精诚"，而忽略其所论大医习业第一。孙思邈针对末俗小人"多教子弟诵短文，构小策，以求出身之道，医治之术，阙而弗论"，③ 在《千金方·诸论·论大医习业第一》中指出：

> 凡欲为大医，必须谙《素问》《甲乙》《黄帝针经》、明堂流注、十二经脉、三部九候、五脏六腑、表里孔穴、本草药对，张仲景、王叔和、阮河南、范东阳、张苗、靳邵等诸部经方，又须妙解阴阳禄命，诸家相法，及灼龟五兆、《周易》六壬，并须

---

① 《唐医疾令复原清本》，《天一阁藏明钞本天圣令校证（附 唐令复原研究）》，下册，第 577—580 页。
② 《全唐文》卷一五八《千金要方序》。
③ 同上。

> 精熟，如此乃得为大医。若不尔者，如无目夜游，动致颠殒。次须熟读此方，寻思妙理，留意钻研，始可与言于医道者矣。又须涉猎群书，何者？若不读五经，不知有仁义之道。不读三史，不知有古今之事。不读诸子，睹事则不能默而识之。不读《内经》，则不知有慈悲喜舍之德。不读《庄》《老》，不能任真体运，则吉凶拘忌，触涂而生。至于五行休王，七耀天文，并须探赜。若能具而学之，则于医道无所滞碍，尽善尽美矣。

他强调指出，医者必须谙熟《素问》等诸部经方，把学习医学经典放到了首位。

至于"大医精诚"，也不是简单地论述医德，而是强调疾病的诊断是"至精至微之事"，必须用心精微。故学者必须"博极医源，精勤不倦"，不断提高自己的医道，这就是"精"。

> 凡大医治病，必当安神定志，无欲无求，先发大慈恻隐之心，誓愿普救含灵之苦。若有疾厄来求救者，不得问其贵贱贫富，长幼妍媸，怨亲善友，华夷愚智，普同一等，皆如至亲之想。亦不得瞻前顾后，自虑吉凶，护惜身命。见彼苦恼，若己有之，深心凄怆。勿避险巇、昼夜寒暑、饥渴疲劳，一心赴救，无作功夫形迹之心。如此可为苍生大医，反此则是含灵巨贼。

这就是"诚"。

唐太宗《赐真人孙思邈颂》："凿开径路，名魁大医。羽翼三圣，调和四时。降龙伏虎，拯衰救危。巍巍堂堂，百代之师。"[①] 这个评价是恰如其分的。

盛唐时期流行的《素问》由于长期战乱，且为手抄本私下传授，因此"世本纰缪，篇目重迭，前后不伦，文义悬隔……或一篇重出，而别立二名；或两论并吞，而都为一目；或问答未已，别树篇题；或脱简不书，而云世阙……诸如此流，不可胜数"。[②] 王冰《重广补注黄帝

---

① 《全唐文》卷四。
② 《全唐文》卷四三三《黄帝内经素问序》。

内经素问》二十四卷，对黄帝内经进行了科学的整理，对其中的医学理论有颇多的发挥。《黄帝内经》得以广为流传，王冰功不可没。

王冰还发展了中医运气学说。运气学说是研究太阳系五颗行星的运转和地球本身六种气候的变化，及其对人体和疾病的发生、发展的影响的学说。运气学说在唐以前的文献中仅《难经》《伤寒论》中略有涉及。王冰整理《素问》时补入了客观反映运气学说的《天元纪大论》《五运行大论》《五常政大论》《六微旨大论》《六元正纪大论》《气交变大论》《至真要大论》等七篇大论，比较系统地论述了运气学说。王冰通过其注疏的运气七篇大论及其所撰写的《玄珠密语》，进一步阐发了运气学说，使中医理论有了更为广泛的基础，对病因、疾病预防和治疗具有重大意义。

科学技术的发展对唐朝的发展起着不可估量的作用，使当时中国在农耕、纺织、冶金、手工制造等方面处于世界先进水平。

唐朝最重要也是最伟大的科学技术成就是雕版印刷术和火药的发明。关于这两项发明，有不少最新的研究成果，在这里就不赘述了。影响人类历史进程的四大发明，唐朝就占了两项。造纸术也是在唐代通过中亚、阿拉伯传入西方。这是唐代对世界文明发展的伟大贡献。

17 唐代农业的发展

一、唐朝初年经济的恢复

1. 唐朝初年的经济社会情况和经济的恢复

说到唐朝,人们首先会想到的,一个是唐太宗贞观之治,一个是唐玄宗开元之治。不少人都会提出这样的问题,为什么会出现开元、天宝那样一个光辉灿烂的时期?

我们先看一看大的背景。

农业在中国古代社会是经济发展的基础。农业的发展除了农业生产力,还有农村的经济结构和社会结构。所谓经济结构,我们这里主要是指农村的社会分工,所谓社会结构主要是指农村的土地占有情况和社会关系。

唐朝初年的经济结构和社会结构,相对来说都是比较简单的。农业是主要的经济部门,手工业、商业都还没有发展。社会上存在大量小农,地主、商人的数量都不是很大。当时正处在南北朝到唐宋社会变迁的转折时期,秦汉魏晋以来的豪强大族地主,也就是士族门阀地主在南北朝时期已经衰落。隋末唐初十几年的动乱中,社会经济固然受到了极大的破坏,已经衰落的山东士族、江南贵族和关陇集团也都受到了严重的打击。唐高祖李渊曾经很形象地说,"前代亲族,莫不诛夷"。① 唐太宗也形象地描述了山东士族的境地,说他们是"名不著于州闾,身未免于贫贱"。②

隋唐和秦汉一样,都经历了一个土地由分散到集中,自耕小农由多到少的过程。但是由于生产力发展水平的不同,土地集中的方向也就不同。秦汉以后发展起来的是豪强大族土地所有制。它的特点,一是豪强大族中一个家族可以长期稳定占有其土地,土地所有权相对来说是稳定的。二是农民的人身依附关系很强。之所以出现这样的情况,是因为生产力还不很高,商品和货币关系还不很发展。南北朝时期社会生产力有了很大发展,南方和北方也各自形成了统一的局面。伴随着这个过程,士族门阀开始衰落,涌现出了大量的个体小农。北魏的均田制就是在这种情况下实行的。

隋朝建立和统一全国以后,这种情况继续向前发展。隋朝政府采取了一系列的措施,把农民控制到国家手中。隋炀帝所以能够新建那么多工程,就是因为国家控制大量的劳动力。

唐朝建立以后,随着经济的恢复和生产力的发展,土地兼并开始发展,土地逐步集中。由于生产力的提高以及商品货币关系的发展,出现了土地所有权转移相对加速的情况,一个家族不能长期保留其土地。国家和地主对农民的控制也相对削弱。

这是一个大的背景。

下面我们通过唐代经济发展的过程,来探索这个问题。

先看唐朝初年的情况。经过隋末唐初十几年的动乱,社会经济受到严重破坏。李世民武德九年八月继位,直到十一月,还在和大臣讨论"止盗"的问题。唐太宗讨论时说,"民之所以为盗者,由赋役繁重,官吏贪求,饥寒切身,故不暇顾廉耻耳",③ 就是说还有一些农民没有回到本乡本土从事生产劳动。

因此,要恢复经济,首先要使广大农民回到土地。这里需要解决

---

① 《资治通鉴》卷一八五唐高祖武德元年六月乙酉条。
② 《贞观政要》卷七《论礼乐》。
③ 《资治通鉴》卷一九二武德九年十一月丙午条。

两个问题。一是如何对待参加过各种武装集团的农民。二是怎样使农民取得所占有的土地的产权。这两个问题解决不好，社会就不可能安定下来，经济也不可能得到恢复。

第一个问题，唐高祖解决得不好。唐太宗继位后在魏徵的帮助下，认识到当时民心思安，民心思定，采取了"去奢省费，轻徭薄赋，选用廉吏，使民衣食有余"①的政策。并立即让魏徵到山东、河北地区安抚太子李建成的支持者。社会很快地安定下来，这个问题得到了解决。

由于采取了这些措施，自耕小农占了农村居民的大多数。自耕农的大量存在，使社会财富有比较广泛的基础，使国家有一个比较坚实稳定的财政基础。同时，在按丁征收租庸的制度下，自耕农大量存在，地主不必把赋税转嫁到佃户身上，能保证租佃制和地主经济得到比较正常的发展。

关键是第二个问题。当时荒废的土地很多，农民要占有一块土地是很容易的。但是很多土地原来都是有主的。农民把土地开垦出来以后，如果原来的主人回来了，就会发生产权纠纷。不解决这个问题，农民就不可能放心大胆地下力气把土地开垦出来，经济也就不可能迅速得到恢复。因此确定农民对已经占有的土地的产权，对于调动农民开垦土地的积极性是至关重要的。这是每一个王朝新建立的时候都会碰到的问题。而一般来说，荒地不论古今，国家都享有最高主权，荒地的处分权都掌握在国家手里。

国家对于土地产权的处分，其中包括荒地的处分，在各个不同时期有不同的做法。

秦始皇的办法是，"令黔首自实田"，即令百姓向国家申报自己实际占有的土地，由此确定百姓对土地的产权，并据此征收赋税徭役。还有等级占田和限田，也就是"以功劳名田宅"。

西晋有占田制，在土地法令中增加了限田的规定。

北魏田令，一是限田，二是关于土地处分，主要是荒地的处分的

---

① 《资治通鉴》卷一九二武德九年十一月丙午条。

规定，同时限制土地买卖。由于当时有均给天下之田的诏令，所以历来也称之为均田制。

唐朝继续实行所谓均田制，具体的做法是，依据新颁布的《户令》《田令》《赋役令》，农民在登记户籍的时候要向政府呈交"手实"，写明家中的人口和土地占有数量。然后政府按照《田令》的规定，把他们申报的土地占有数量登记在户籍簿上，并注明每丁永业田多少亩，口分田多少亩。这些土地在《唐律》中称为私田，并有专门的条文保护私田不受侵犯。这样农民对土地的占有就取得了政府的承认和保护。同时注明每户的丁口数，政府据以征收赋税和征发徭役。这也就是所谓的"均田制"，基本上还是秦始皇的"令黔首自实田"，只是制度规定得更加严密一些罢了。

由于采取了这些措施，农民回到土地并获得了土地产权。其间虽然"霜旱为灾，米谷踊贵，突厥侵扰，州县骚然。帝志在忧人，锐精为政，崇尚节俭，大布恩德。是时，自京师及河东、河南、陇右，饥馑尤甚，一匹绢才得一斗米。百姓虽东西逐食，未尝嗟怨，莫不自安"，经过几年的努力，"至贞观三年，关中丰熟，咸自归乡，竟无一人逃散。其得人心如此"。① 到了贞观四年（630），"天下大稔，流散者咸归乡里，米斗不过三四钱，终岁断死刑才二十九人，东至于海，南极五岭，皆外户不闭，行旅不赍粮，取给于道路焉"。② 这是唐朝经济发展的起点，为此后唐朝经济、政治的发展打下了基础。

2. 关于唐代均田制的几点说明

一是所谓均田制，不是一种土地所有制，而是由政府所颁布的田令、户令所规定的关于土地登记、占有和处理的法令。田令规定了土地占有的最高限额，也就是田令中规定的各种人，主要是丁男给田（受田）多少亩，也就是户籍上的应授田。应授田又分为永业田和口分田。按照规定永业田都传给子孙，而口分田身死以后要交还国家。

---

① 《贞观政要》卷一《政体》。
② 《资治通鉴》卷一九三唐太宗贞观四年十二月元年关中饥条。

国内关于均田制的研究和讨论，是从 1954 年以后逐步展开的。1954 年《历史研究》杂志发表了侯外庐的《中国封建社会土地所有制形式的问题》和邓广铭的《唐代租庸调法的研究》两文。侯文提出，在我国封建土地所有制中，居于支配地位的是皇族土地所有制，君主是最高的地主，人民的土地使用权由君主赐予。此文发表后，引起了中国封建社会土地所有制形式的讨论。均田制是讨论中的重要议题之一，争论的焦点是土地国有制还是私有制。邓文则提出，唐初所宣布的所谓均田令，自始就不曾认真推行过，下令之后确曾做过的工作，只是把全国各地民户私有的土地一律更换名称，凡在一户丁口平均二十亩的数量之内的，一律改称为世业田；超出此数之外的，一律改称为口分田。既丝毫不触及土地私有制度，也不是把政府所掌握的无主荒地真正照此规定分授给没有土地或土地很少的农民使用。所以唐初的均田令实际上还应算是一种具文，在其时社会经济的发展上是不曾起过任何作用的。

此后，围绕均田制是否实行、均田制的性质，以及均田制的产生等问题展开了讨论。20 世纪 60 年代后期到 70 年代中期虽然停顿了一个时期，到 80 年代又重新出现了一个讨论的高潮。和五六十年代的研究不同，这个时期学者广泛吸收了国外学者的研究成果，充分利用敦煌吐鲁番的文献材料，并注意从中国古代土地法令、户籍法令发展来把握从北魏到隋唐均田制的发展。其中宋家钰的《唐朝户籍法与均田制研究》（中州古籍出版社，1988 年），是这个时期关于均田制最好的论著。笔者在《均田制讨论综述》（《文史知识》1986 年第 4 期）对 1986 年以前的情况作了简要介绍，大家可以参考。

对于唐代田令之所以出现各种不同说法，关键是对田令上给田（授田）、受田和还田的理解不同。从字面上讲，给田、授田是指国家把田地授给官吏或百姓，受田则是指官吏或百姓接受国家授给的田地。但实际情况并非如此。

"给田"，不是由国家按每丁百亩或若干亩把土地平均分给农民，也不是由国家主动把荒地分给农民。所谓给田多少亩，即户籍上的"应授田"，是指农民可以占有或请垦田的最高限额。北齐清河三年

(564)令对此说得非常明确:"职事及百姓请垦田者,名为受田。"①唐令规定:"诸五品以上永业田,皆不得于狭乡受,任于宽乡隔越射无主荒地充(即买荫赐田充者,虽狭乡亦听)。其六品以下永业田,即听本乡取还公田充。"唐的田令还规定:"凡授田,先课役后不课役,先无后少,先贫后富","诸买地者,不得过本制"。② 说明给田、授田不是实授而是可以占有土地的限额。官员和百姓可以根据这个限额向国家请受荒地、无主田以及绝户田、没官田和还公田。户籍簿上的已受田,则是农民实际占有的土地。国家将这些土地登记在户籍上,也就是国家对该户土地产权的承认。根据敦煌户籍簿和文献记载,已受田远远不足应授田之数,且与应授田没有任何对应关系,也说明给田并不是实授。因此,给田、授田的基本含义就是限田和公田,包括荒地的请受,以及对官人和百姓实际占有土地的产权的确定。

还田,唐田令规定,占田者身死则口分田收入官。《唐律疏义》卷一三《户婚律》也载明里正"若应受而不授,应还而不收,应课而不课,如此事类违法者,失一事笞四十"。在敦煌、吐鲁番民户占地不足的情况下,一般都传给子孙。在中原,唐初尽管荒地很多,且宽乡占田不限,但农民都是按自己的实际耕种能力去占有土地的,一般是每丁30亩。唐朝前期一个六口之家的自耕农,平均占地六七十亩,均不足受田数。唐田令规定:"其退田户内,有合进受者,虽不课役,先听自取,有余收授。"一般土地都传给子孙。同时,口分田在一定条件下也可以出卖,因此不会出现还公的问题。只有在绝户、逃死的情况下,才会发生还田问题。可是还的,不仅仅是口分田,也包括永业田。在吐鲁番退田、给田文书中,官府从农民那里收回的土地,主要有还公、逃死、户绝三大类。因此单纯口分田收入官,一般不会发生。

---

① 《隋书》卷二四《食货志》。
② 《附:唐开元田令复原清本》,《天一阁藏明钞本天圣令校证(附 唐令复原研究)》。下同。

所以，永业田、口分田的区分，只在户籍登记上才有意义，而实际上没有区别。在《唐律·户婚律》中，永业田、口分田、墓田的占有者都称为"本主""地主"，对这些田地都视为私田而加以保护。对于"盗耕种公私田""妄认盗贸卖公私田""在官侵夺私田""盗耕人墓田"者，都要视情节轻重，处以刑罚。就产权而言，法律上强调的是公田和私田，而不是永业与口分。这是值得注意的。公田在唐代大体包括政府经营的官田（职田、公廨田、屯田、驿田）、还公田（绝户、逃死、罪没、自动退还）、荒地。对此，国家拥有最高主权，可以直接进行处分。私田即民间所有的土地，包括永业田、口分田和籍外田（宽乡）。这说明，国家承认私人对土地的产权是不能随意侵犯的。

二、由发展走向繁荣——开元、天宝盛世

1."忆昔开元全盛日"

从唐高宗时期开始，唐朝的经济由恢复走向发展。到武则天时期，开始走上走向繁荣。到唐玄宗，终于进入了开元、天宝盛世。

关于开元、天宝盛世，有几条当时或稍后留下来的材料。

第一条是诗人杜甫的《忆昔》。杜甫是经历过这个盛世的，他在诗中写道：

> 忆昔开元全盛日，小邑犹藏万家室。
> 稻米流脂粟米白，公私仓廪俱丰实。
> 九州道路无豺虎，远行不劳吉日出。
> 齐纨鲁缟车班班，男耕女桑不相失。

第二条是《全唐文》卷三八〇元结的《问进士第三》。他也经历过这个盛世，稍后于杜甫，他写道：

> 开元、天宝之中，耕者益力，四海之内，高山绝壑，耒耜亦满，人家粮储，皆及数岁，太仓委积，陈腐不可校量。

这是对"公私仓廪俱丰实"的形象写照。

第三条是杜佑据天宝计账，在《通典》卷六《赋税下》记载，天宝时国家每年向农民征得的粮食为2500余万石。天宝八载（749）国家太仓及各地仓储的粮食总数达1亿石，相当于国家4年的粮食收入。这是对"公私仓廪俱丰实"的具体说明。

杜佑在《通典》卷七《食货七·历代盛衰户口》中还对开元、天宝年间的情况作了更加生动的描述：

> 至（开元）十三年（725）封泰山，米斗至十三文，青齐谷斗至五文。自后天下无贵物，两京米斗不至二十文，面三十二文，绢一匹二百一十文。东至宋（今河南商丘南）、汴（今河南开封），西至岐州（今陕西凤翔），夹路列店肆待客，酒馔丰溢。每店皆有驴赁客乘，倏忽数十里，谓之驿驴。南诣荆、襄（今湖北荆州、襄樊），北至太原、范阳（今北京），西至蜀川（今四川成都）、凉府（今甘肃武威），皆有店肆，以供商旅，远适数千里，不持寸刃。

第四条是《通典》卷一五《选举三·历代制下》礼部员外郎沈既济曰：

> 以至于开元、天宝之中，上承高祖、太宗之遗烈，下继四圣治平之化，贤人在朝，良将在边，家给户足，人无苦窳，四夷来同，海内晏然。

他强调的也是粮食的丰足、社会的安定。

不论是经历了开元、天宝盛世的杜甫、元结和杜佑，还是只在这个时期度过了童年的沈既济，他们都强调了这个时期粮食的丰足、行旅的方便和社会的安定。我想这也是构成盛世的几个基本因素。而其中他们特别强调的是粮食的丰足，这是为什么呢？因为只有粮食丰富，百姓才能够丰衣足食，社会才能安定，社会分工才能扩大，经济才能走向繁荣。

在古代经济结构中，农业是主要的产业。我们考察一个时代的经济发展水平，首先就是看它的农业发展水平。怎样看一个时期的农业发展水平呢？主要从两个方面。一个方面是当时的农业生产工具、耕作制度以及水利灌溉、作物品种和肥料等生产力因素，另一个方面是当时的土地开垦情况、单位面积产量和人均粮食产量。单位面积产量是农业生产技术提高的结果，人均粮食产量则反映了当时耕地面积、人口和单位产量之间的关系，是以上各种因素共同作用的结果，是一个时期农业发展水平的综合指标。

开元、天宝时期人均粮食产量是多少呢？开元、天宝时期，人均粮食产量达到700斤。这是一个空前的水平。

8世纪末，陆贽谈到，当时京畿之内即关中地区，"私家收租，殆有亩至一石者，是二十倍于官税也。降及中等，租犹半之"。①"泾大将焦令谌取人田，自占数十顷，给与农，曰：'且熟，归我半。'"②说明唐代地租率一般为50%，可见当时关中的亩产量在1石至2石之间。

至于当时一般产量，《通典》卷七《食货七·历代盛衰户口》载，开元十八年，宣州刺史裴耀卿在所上论时政疏中说："营公田一顷，不啻得之，计平收一年不减百石。"9世纪前期，李翱在《平赋书》中说："一亩之田，以强并弱，水旱之不时，虽不能尽地力者，岁不下粟一石。"③可见在八九世纪，通常是把亩产1石看作是平均亩产量。（唐1亩合今0.783市亩，1石粟合今40.5千克。唐亩产粟1石，合今1市亩51.5千克。）

经过隋末唐初的战乱，唐朝初年只剩下了200多万户。因此唐太宗推行鼓励寡妇再嫁，奖励生殖的政策。经过百余年的繁衍，到天宝十三载，国家控制的户口增加到900余万户，5200余万口。而据杜佑在《通典》中估计，如果把隐漏的逃户、隐户都计算在内，当时的实际户数当在一千三四百万户左右。当时一般是每户6口，按此计算，这个时期的总人口已经达到8000万人。有的学者按实有1300万

---

① 《资治通鉴》卷二三四唐德宗贞元十年四月陆贽疏。
② 《资治通鉴》卷二三二唐代宗广德二年十一月丁未条考异。
③ 《全唐文》卷六三八。

户以上,每户5口至6口推算,天宝时全国人口总数也在7000万人上下。

杜佑在《通典》卷六《赋税下》估计,天宝时政府青苗簿上所登记的耕地约为620万顷。汪篯先生在《唐代实际耕地面积》一文中估计,唐天宝时,实有耕地面积约在800万顷至850万顷之间。耕地中除去休耕地和种植桑麻等经济作物的土地,种粮地当不少于交纳地税的620万顷。单位面积产量也达到亩产1石。唐1亩合今0.783市亩,1石粟合今81市斤。唐亩产粟1石,合今1市亩103市斤。[1]

据此推算,盛唐时代全国每年产粮可达6亿石,合今近250亿千克,平均每人占有粮食约350千克。[2]

即使实有人户按1400万户,每户6口计,人均占有粮食亦可达300千克。而在经济比较发达的地区,每户占地六七十亩的情况下,人均粮食可达400千克至450余千克。

唐朝人均产粮达到300多千克,这毕竟是一个奇迹。而出现这一奇迹的秘密就在于,由于天时、地利、人和的原因,盛唐时人口的数量、耕地面积和单位面积产量都达到了一个非常良好的比例。而且其中耕地面积还随着人口的增长而不断扩大,使得这个比例能够保持相当长的一段时间。这是唐朝得天独厚之处。

2. 唐朝前期农业发展的条件

开元、天宝时期,人均粮食达到约700斤。上面介绍了这个数字是怎么得出来的,现在讲讲为什么能够达到人均粮食700斤。唐代所以能够达到这个水平,可以从两个方面来看。一方面是农业生产技术以及相应的土地开垦和人口增长,另一个方面是当时的自然条件和社会结构、生产关系。

我们先看第一个方面。当时农业生产技术、人口和土地都处在一

---

[1] 汪篯:《汪篯汉唐史论稿》,北京大学出版社,2017年。
[2] 胡戟:《从耕三余说起——我国传统小农经济的生产效率和生产结构问题》,《中国农史》1983年第4期。

个有很大的发展空间的时期。

(1) 从农业生产技术来说，关键是农业生产工具和耕作制度。农业生产工具的发展有赖于生产经验的积累。但是经验的积累，要想落实到工具的改进上，还有赖于冶铁技术的提高和冶铁业的普及。从战国的铁口犁发展到汉朝能够深耕的大犁无疑是一个巨大的进步，但这也是和当时的冶铁水平相联系的。当时铁的硬度还不够高，犁铧如果不大就不足以破土深耕。南北朝时期冶铁有两个重要的变化：一个是冶铁技术提高，从而使铁的硬度有了大幅度的提高，这样就可以使耕犁变得更加轻巧；还有一个就是冶铁业摆脱了官府的控制，由官府扩展到民间。这就为耕犁的改进和普及提供了条件。南北朝以来犁铧开始逐步变小。犁壁也更加接近近代，犁辕变短，并且使用曲辕，便于转弯。这样的犁只要一头牛牵引便可以前进。既便于深耕，又便于操作。一人一牛便可完成犁田的工作。这与汉代一开始六个人才能完成耕作相比，是一个巨大的变化。

进入唐代，北方的犁基本上已经定型。既然作为基本生产工具的犁已经定型，那么生产工具上的发展空间到底在哪里呢？主要在三个方面：

一是北方犁的普及和推广。

二是江东犁的发明，南方牛耕的普及。

南方牛耕的普及是与江东犁的发明分不开的。江东犁就是长期以来人们所说的曲辕犁。曲辕犁的问题是一个关系到唐代农业生产力发展水平的重要问题。相当时期内，差不多在所有的著作中，特别是在教科书中，都把这种江南使用的犁说成是唐代普遍使用的犁，并且按照陆龟蒙记载，详细说明了 11 个部件的作用。之所以产生这种不符合唐朝实际情况的说法，与当时学者普遍对农业生产缺乏了解，对各个地区因土壤气候条件不同而在生产工具和耕作制度上的差异缺少认识有密切关系。20 世纪 60 年代有的学者注意到了这个问题，结合考古材料和文献材料，对唐朝使用的犁提出了新的看法。80 年代初，不少学者有了农业生产的体验，并有机会到各个地区进行实际考查，同时结合考古材料，对唐代各个地区的农业生产的情况和耕犁进行了研究，并且给曲辕犁加上了江东犁的称号。

根据晚唐陆龟蒙《耒耜经》的记载，曲辕犁由11个部件构成，犁辕为曲辕，便于回转，操纵灵活，可以一牛牵引，适合在南方水田耕作。同时改进了犁壁，可将翻起的土推到一旁，以减少前进阻力，而且能翻覆土块，以断绝草根的生长。《耒耜经》的出现，说明南方耕犁已经基本定型。这种犁出现后在江南逐渐推广，成为当时最先进的耕具。

三是以犁为中心的配套农具的系列化和发展完善。耕后平地、碎土的耙、碌碡，南北方也都普遍使用。其他锄、镰等农具在唐代也都有改进。这样，不论是北方的旱田农具，还是南方的水田农具，从耕作、中耕到收割的农具，都进一步完善并系列化。

耕犁和配套农具到唐代已经发展成熟，此后一千两三百年，直到20世纪五六十年代，基本没有变化。有些地区如甘肃河西走廊，甚至到80年代基本没有变化。

耕作制度也是农业生产技术的一个重要方面。牵涉到土地的利用效率，以及作物品种、施肥和水利等各方面的问题。唐朝以前作物基本上是一年一茬，唐代北方两年三熟的轮作复种制发展成熟。不少地区在麦子收获以后，继种禾粟等作物，可以两年三熟。南方的农业种植技术更有显著进步。水稻种植面积大大增加，广泛采取育秧移植、插秧的方法。这就为在同一片土地上复种麦子或其他作物创造了条件，两年三熟的耕作制逐渐在南方推广。有些地方栽培早稻，六七月收割后还可以种一茬晚稻，可以一年两熟。

耕犁的改进、配套农具的发展完善和轮作复种制的发展成熟，提高了农业生产水平，提高了单位面积产量。

（2）从耕地面积来说，唐代可以开垦的土地大量存在。大量可垦荒地的存在，使耕地可以随着人口的增长而不断扩大。农民因各种原因失去土地后，可以重新回到土地上进行耕种而无失业之虞。

唐朝的土地法令也就是田令和后来武则天对农民逃亡采取放纵的政策，也给土地的不断开垦留下了广大的法律空间。唐朝前期土地被大量开垦出来，到开元、天宝年间，土地得到了空前的开发。随着垦田的扩大、新的居民区的增加，在福建、江南等地新增设了一些州县。福建汀州，浙江明州（今宁波）、婺州（今金华）等州，安徽婺源、青阳、太平，福建尤溪，湖北唐年，重庆壁山，江西永新、大庾、南丰等县，都是武则天、唐玄宗时期设立的。即使在经济素称发达的苏南，也陆续设立了一些新县。贞观时润、常、苏、湖四州有16县，天宝时增至23县。新增7县中除武进县外，其他各县离州治都较远。

（3）从人口来说，到天宝十三载，国家控制的户口增加到900余万户，实际户数当在一千三四百万户左右，总人口已经达到8000万人左右。

南方农业在唐朝前期有很大发展，并有多余的粮食可以运出。一直持续到20世纪八九十年代的南粮北运，就是从开元时期大规模展开的。运河中南来北往的船只，是盛唐的一道重要风景线。

物价长期保持稳定。从725年到755年（开元十三年至天宝十四载）30年间，洛阳的米价一直保持在每斗15文到20文上下，青、齐则保持在每斗5文上下。这在古代是很不容易的，反映了农业生产的持续发展和粮食的丰富。地区差价在这里表现得很明显。也说明洛阳米贵，居大不易的情况早在开元、天宝年间就已经存在。

开元、天宝时期社会安定，经济繁荣，国势昌盛，文化灿烂，都是建立在农业生产发展、粮食丰富的基础之上的。有了这样一个厚实的物质基础，当时社会分工才可能扩大，人们才有可能去发展手工业和商业。而伴随着整个生产的发展，经济结构和社会结构也发生了巨大的变化，并出现了文化的繁荣。没有这样一个雄厚的物质基础，就不可能有唐朝的繁荣昌盛和盛唐气象。而支撑着这个基础的，是广大的农民。

这是整个经济的繁荣的前提。

下面我们来看第二个方面，当时的自然条件和社会结构、生产关系，也就是天时、地利、人和。

开元、天宝时期，在公私仓廪丰实，人均粮食达到约七百斤的背后，除了生产技术、土地开垦、人口增殖这些因素，还有气象、生态、小农的大量出现等自然赋予的或前代留下来的条件，还有当朝的土地重新集中、农民逃亡、租佃制的发展、政府的政策措施等一系列问题。

（1）天时。从天时来说，在经过东汉至南北朝的比较寒冷的时期以后，7世纪中叶，中国的气候变得暖和起来。公元8—9世纪，长安能生长梅树，而到11世纪，北方就不知有梅了。由于气候比较暖和，生长季节较长，也有利于轮作复种制的推广。

（2）地利。从地利来说，主要是两点，一是可以开垦的土地大量存在，耕地可随着人口的增长而不断扩大。二是生态，黄河安流。从中国古代历朝的历史发展来看，治理黄河始终是一个大问题，而唐朝黄河一直比较平静。

由于黄河中游地区和河套地区变农为牧，东汉以后，黄河出现了一个长达800年之久的安流时期。东晋十六国时期，北方的植被、草原和森林得到进一步恢复。北魏以后，虽然农耕区比较迅速地向北发展，但直到隋代，今山西、陕西北部，仍以畜牧为主，今泾川以南一带，也还是农牧兼重。这样，就不致造成大量的水土流失。因此，黄河在隋唐两代基本上保持了稳定状态。虽然也曾有过十余次决口，但都限于较小地区，很快恢复安流，没有形成严重的灾害和影响。五代、宋、元以后，黄河经常决口泛滥的情况，在唐代还没有发生过。这样，国家和地方可以把更多的精力放在农田水利上。唐代北方的水利工程，大多以兴利为主，而不是以防害为主。河工的征发也可以大大减少。北方原有的河流得到充分的利用，通济渠和永济渠也长期畅通无阻。长江流域，洞庭湖在东晋南朝之际形成了面积巨大的湖泊，彭蠡泽（鄱阳湖）在唐代也大为扩展。除了灌溉之利，洞庭湖调蓄长江洪水，彭蠡泽调蓄江西五河之水，减少洪水期入江的水流量，都大大减轻了洪水对长江中下游的威胁。但是随着土地的不断开发和经济的发展，唐朝后期生态不平衡的问题，已经在一些地区显露出来。五代时太湖流域频繁的水旱，既是天灾，也是人祸。

（3）人和。除了天时、地利，还有人和。所谓人和，这是套用一句老话，主要是农村土地占有情况和经营方式的变化，以及政府的相关政策措施。

农村土地占有情况、经营方式的变化，主要是小农的大量出现，土地重新集中和租佃制的发展。

先说当时的生产者，也就是农民，包括自耕农、佃农。

秦朝和汉朝初年都存在着大量的自耕农。西汉中期以后随着豪强大族大土地所有制的发展，自耕农开始减少。北魏实行均田，说明开始出现大量小农，但还处在一个发展过程中。

隋朝和唐朝初年都存在大量的自耕农，占据农村居民的大多数。尽管由于土地兼并日益加剧，使自耕农在农户总数中的比重有所下降，但从政府控制户口的不断增加来看，直到天宝年间，自耕农还是大量存在的。

农民自己占有土地，自然是使生产发展的有利条件。而开元年间赋税制度和兵役制度改革后，农民的赋役负担比较平稳，也使农民有可能安心地从事生产。天宝年间国家所征收的粮食和绢布，相当大的一部分就是由他们生产出来的。

自耕农的大量存在，可以保证地主经济能够比较正常地发展。在按丁征收租庸的制度下，自耕农是赋税的主要负担者，因而国家对于地主潜停的客户即佃户采取放任的态度，地主就不必把很重的赋税负担转嫁到佃户身上，租种地主土地的农民也就有可能更加积极地去发展自己的生产。这也保证了租佃制和地主经济比较正常地发展。

自耕农经济本身是不稳定的，加上中国封建社会商品货币关系的不断发展，自耕农的分化是必然的，他们的土地逐步被地主所兼并也是必然的。如果仅仅是依靠自然分化，那么土地集中将是一个漫长的过程。而在中国这样一个专制主义中央集权的国家里，临时的政治军事事件和随之而来的大规模征发，以及不可抗拒的自然灾害，都会促使自耕农失去土地，破产逃亡。流民、逃户问题，始终是困扰历代王朝的一个严重问题。从表面来看，农民的逃亡、流动不仅影响到国家的财政收入、兵员来源，而且影响到社会的安定。

历代农民逃亡或成为流民的情况是不一样的。例如汉武帝时的流民二百万，引起了社会的动荡不安。这主要是因为当时几次打匈奴，征发规模太大，超出了农民负担能力，农民因而破产逃亡。而这个过程是因为政府行为产生的，遍及全国主要地区，时间集中，因此破产逃亡的农民不能很快地回到土地。东汉末年的流民，由于豪强大族的发展和政治的腐朽，也不能很快回到土地，最后发展为黄巾大起义。从7世纪末到8世纪中叶，自耕农土地逐步减少，自耕农在农民中的比重逐步下降，土地迅速集中到地主手中。武则天、中宗时尽管"天下户口，亡逃过半"，① 但是没有引起严重的社会动荡，部分因为前面已经谈到过的，他们对土地兼并和农民逃亡都采取了纵容的态度。

土地兼并和农民逃亡是一个问题的两方面。一方面农民因土地被兼并而逃亡，另一方面逃亡以后由地主招纳，成为地主的佃户。

唐代佃户和汉魏以来的佃客、部曲不同，他们的身份是"良民"，不是"贱民"。不能以任何借口杀死，也不能以各种名义买卖或赏赐，人身地位不具有世袭的性质。同时，由于佃户一般不向国家申报户口，不需要负担国家的赋役，因此他们比一般自耕农具有更加稳定的生产条件。而地主向农民主要是征收实物，无偿劳役包括为地主护院相对减少。地主一般不再对生产进行组织和统筹安排，对生产的干预和监督也都减少了，这样农民就可以比较自由地支配自己的劳动时间，安排自己的生产活动。在这样的条件下，农民可以通过增加在土地上的投资、增加劳动时间、改进生产技术等各种方式来发展自己的生产，力争在地租、种子和口粮之外，再生产出一部分剩余生产物，用来扩大自己的经济规模。这就给生产的发展提供了可能性。虽然佃户还要向地主租赁房屋，借贷种子粮食，地主则通过典贴和高利贷来世代束缚农民，但总的来说，伴随着土地兼并、土地集中而发展起来的租佃制在当时还是有利于生产的发展的。唐玄宗对于土地兼并和别停客户，并没有采取厘革的具体措施，也没有横加干涉，实际上是继承了武则天时期的放纵政策，是明智的做法。

但是就唐朝而言，这只是一部分逃亡农民。另外还有很多逃亡农

---

① 《旧唐书》卷八八《韦思谦传附韦嗣立传》。

民逃到地广人稀、唐朝政府统治力量相对薄弱的地区去开垦土地。因此唐朝逃亡的农民都可以很快地回归土地耕种的生活。尽管逃亡的规模很大，但是生产不仅没有受到影响，而且继续向前发展，整个社会是安定的。

下面再谈土地集中、地主经济的发展对经济发展的作用。

小农经济既不可能积累大量的财富，除了日常的生活和生产用品，对商品没有更大的需求。在小农经济占优势的情况下，是不可能造成社会经济繁荣的。

白居易有一首诗《朱陈村》描写了当时农村的生活：

> 徐州古丰县，有村曰朱陈。去县百余里，桑麻青氛氲。机梭声札札，牛驴走纭纭。女汲涧中水，男采山上薪。县远官事少，山深人俗淳。

村民在"有财不行商，有丁不入军。家家守村业，头白不出门"的自给自足的情况下，过着"黄鸡与白酒，欢会不隔旬"的生活，很难扩大自己的生产，社会分工、手工业和商业不可能有大的发展。

而地主经济的发展不仅为社会财富的积累提供了可能，并且产生了对各种商品的需求，从而为手工业产品以及其他产品提供了广阔的市场。

下面这个故事形象地反映了一个刚刚发家的农村居民走向城市的过程。"洪州胡氏子，亡其名。胡本家贫，有子五人，其最小者，气状殊伟。此子既生，家稍充给。农桑营赡，力渐丰足。乡里咸异之。其家令此子主船载麦，溯流诣州市。未至间，江岸险绝，牵路不通。截江而渡，船势抵岸，力不制，沙摧岸崩。穴中得钱数百万，乃弃麦载钱而归。由是其家益富，市置仆马，营饰服装。咸言此子有福。不欲久居村落，因令来往城市。稍亲狎人事。行及中道，所乘之马跪地不进。顾谓其仆曰：'船所抵处得钱，今马跪地，亦恐有物。'因令左右斫之。得金五百两，赍之还家。他日复诣城市，因有商胡遇之，知其头中有珠，使人诱而狎之，饮之以酒，取其珠而去。初额上有肉，隐起如球子形，失珠之后，其肉遂陷。既还家，亲友眷属，咸共嗟讶之。自是此子精神减耗，成疾而卒，其家生计亦渐亡落焉。"①因此，没有地主经济的发展，就不可能有手工业、商业的繁荣。

安史之乱以后，北方经济虽然受到了很大的破坏，但在藩镇割据的情况下，当权者为了维持自己的存在，还是采取各种措施，使经济得到恢复。而南方的经济得到更加迅速的发展，开始赶上了北方。特别是地主经济在这个过程中加速发展。这里所说的地主经济的发展，一方面是指地主的数量增加，另一方面是说每一个地主占有的土地的数量增加了。贞元十年（794），陆贽在《均节赋税恤百姓六条》的第六条中说：

> 今制度弛紊，疆理隳坏，恣人相吞，无复畔限。富者兼地数万亩，贫者无容足之居，依托强豪，以为私属，贷其种食，赁其田庐，终年服劳，无日休息，罄输所假，常患不充。有田之家，坐食租税，贫富悬绝，乃至于斯。厚敛促征，皆甚公赋。今京畿之内，每田一亩，官税五升，而私家收租，殆有亩至一石者，是二十倍于官税也。②

与此同时，地主土地所有权转移相对加速，地主不再像东汉至魏晋那样，长期保有其土地。不肖子三变的说法："不肖子弟有三变：第一变为蝗虫，谓鬻庄而食也。第二变为蠹鱼，谓鬻书而食也。第三变为大虫，谓卖奴婢而食也。"③ 就形象地说明了这个问题。

三、从战时困难财政到两个赋税系统的形成

赋税徭役制度是制约农业发展的重要因素。

中国古代赋税制度发展到唐朝中期实行两税法，发生了巨大变革。先不说别的，仅仅是赋税的名称就发生了很大的变化。从汉朝一直到唐朝初年，国家向农民征收的土地税，称为租。而税的含义则比

---

① 《太平广记》卷第三七四《灵异》引《录异记》。
② 《全唐文》卷四六五。
③ 《太平广记》卷二五六《嘲诮四·唐五经》。

较广泛。"十五税一""田之租税"指的都是田租。"山海池泽之税"则是指各种杂税。地主向农民收取的地租往往也叫税。西汉董仲舒有一句很有名的话,"或耕豪民之田,见税什五"。① 这里所说的税就是收取地租。唐朝初年实行租庸调制度,虽然租庸是按丁来征收的,但这也是以农民都占有一定数量的土地并且向国家进行登记作为前提的。所以从本质上来说,仍然是土地税。这种情况一直持续到唐玄宗开元、天宝年间。

唐朝首先以税的名称征收的赋税是地税。地税是从隋朝的义仓(社仓)发展而来。唐太宗时曾规定,自王公以下到普通百姓,根据占有土地的多少,每亩交纳粮食二升,以备荒年救灾。唐高宗时改为按户等交纳,并且逐步把名称改为地税,成为一个正式的税种。8世纪以后,在皇帝的诏令中就经常出现"诸州百姓免今年租税"的提法,这里所说的税就是指地税,这是租税在唐朝首次并用。而到8世纪末唐朝实行两税法以后,租就从赋税制度中退了出去,成为农民向地主交纳地租的专称。

1. 流通领域赋税制度的确立

安史之乱以后,到唐德宗建中元年,完成了赋税徭役制度两个方面的改革。

一个方面是流通领域赋税制度的确立。

在安史之乱以后,战时财政中萌发了新的赋税制度。

安史之乱的过程中,大量的农民失去土地,成为地主的佃户;还有大量农民逃亡他乡,脱离了国家的控制。国家控制的户口大量减少,财政收入受到了严重的影响。而战争的开支还在不断地增加。政府财政陷入了严重的危机。为了解决战时财政困难,唐政府实行盐的专卖即榷盐制度,并开始征收商税。

758年盐铁铸钱使第五琦开始实行食盐由官府专卖。政府在产盐的地方设立监院,以每斗10文钱的价格统一收购食盐,由官府在各

---

① 《汉书》卷二四上《食货志第四上》。

地加价到110文出售。760年刘晏接任盐铁使，对专卖制度加以改进。政府统一收购以后，把低价收购来的食盐加价卖给商人，由商人转运到各地出售。官收官卖变成官收商卖，而官府则从中获取高额的差价。这实际上就是一种盐税，是政府在流通领域所征收的一种特别的税。由于食盐是日用生活必需品，不论什么人都需要食盐，因此盐税的征收面很宽，能够有效地提高政府的财政收入。

汉武帝时曾经实行过盐的专卖。后来时行时断，始终没有成为一个固定的税种。隋和唐朝前期都没有实行盐的专卖。而从第五琦、刘晏以后，食盐专卖不仅成为唐朝重要的财政收入，而且为后代一直延续下去。不仅如此，唐朝还先后对茶叶、铁实行专项收税，对商品流通征收商税。商税成为国家越来越重要的收入。盐的专卖本来是在国家无法正常征收赋税的情况下，所采取的一种具有临时性质的措施，可是却以此为起点，在传统的赋税系统之外，发展出了一个新的赋税系统。这两者都是由政府在流通领域征收，意味着在原来以人丁土地为本的传统赋税系统以外，又开始增加了一个流通领域的赋税系统。

2. 两税法的施行

传统的赋税徭役制度的改革。开元、天宝年间，在赋税、色役的征收中实行了折纳制度和纳资代役的制度，并且出现了新税制的萌芽——地税和户税。安史之乱以后，由于战乱中人口大量迁徙，土地占有情况也发生了很大变化，唐朝政府已经不可能按照旧的制度和旧的户籍来征收赋税。唐代宗继位以后，开始对赋税制度进行整顿。首先要求按照现有户口征税，不能按照旧户籍把逃亡农民的赋税摊派到邻里身上。接着要求按财产的多少和户等的高低去征收赋税和差派徭役，第五琦还奏请夏麦每十亩税一亩，又先后几次下令按户征钱和按田亩征税。唐德宗继位以后，接受宰相杨炎的建议，废除唐初以来一直征收的租、庸、杂徭，在原有的地税和户税的基础上，实行两税法。

两税法的一个基本原则，大家都很熟悉，即《旧唐书》卷四八《食货志上》所说的"户无主客，以见居为簿，人无丁中，以贫富为差"。

两税法的主要内容：在现住地登记户口，按照实际占有土地的多少交纳粮食，按照户等的高低交纳钱币，也就是把土地财产作为赋税征收的标准。每年按夏、秋两季交纳。商人在所在地按收入的三十分之一征税。

首先，这样的原则以及两税征收的具体方法，实现了土地制度、赋税制度、户籍制度的全面变革。唐朝初年的土地制度、户籍制度和赋税制度是联系在一起的。从秦始皇开始，土地制度和赋税制度的一个基本原则就是"令黔首自实田"，然后按人头交纳赋税。唐朝以前，赋税征收以人丁和户口为主要标准。从北魏到唐朝初年，租一直是按丁征收的。要实现这一点，必须要有户籍制度作为保证。在这种情况之下，国家对百姓的人身控制非常严格。百姓不能随便迁移，私自迁移到其他地方的，被称为逃户。成年男子逃亡一天要处以鞭打三十下的刑法。这就是唐朝以前三位一体的制度。通过两税法，完全突破了这样的原则。两税法按土地财产征收，不仅改变了以人丁作为赋税征收主要标准的做法，而且相应地，国家对农民的人身控制相对削弱。其实，从武则天统治时期开始，对于农民的逃亡、迁徙和地主潜停客户就采取了放纵的政策，而两税法施行以后则是从法律上提供了这种可能性。这对于农民转移到其他行业，扩大社会分工是有积极意义的。应该指出，唐代户等是根据财产和人丁决定的，因此两税法还是保留了人丁的因素。赋税和人丁完全脱节，那是在九百多年以后，清朝雍正皇帝实行地丁合一，摊丁入亩时才得以实现的。

其次，取消了土地占有数量和买卖的限制。

两税法按照土地财产征收，是地主大土地所有制发展的必然结果。在自耕小农占有的土地比重越来越小，而地主官僚占有的土地越来越多的情况下，只有按照土地实际占有情况来征收赋税，才能符合各个阶级、各个阶层的负担能力，国家才能征收到比较多的赋税。但是，地主为了逃避两税，就竭力隐瞒土地，降低户等。国家只有不断核实土地占有情况，才能保证国家的赋税收入。唐朝后期，统治阶级日益腐朽，放弃了这方面的努力。北宋王安石变法中的方田均税法、明朝张居正改革中的丈量土地，都是为了解决地主隐瞒土地的问题。

两税法的征收标准是符合社会经济发展的实际情况和需要的，但是某些具体做法存在着严重超前的情况。首先是两税法实行的时候，取消一切徭役。而事实上，国家所需要的各种徭役，还不可能通过雇佣来实现，因此不久又恢复了徭役。其次是规定按户等交钱。当时通行的货币仍然是钱和绢帛，钱币流通量严重不足。农民的产品和市场的联系也不是很紧密。农民为了交纳按户等征收的钱，必须出售自己的产品。由于通货紧缩，农民只好低价卖出，负担无形中就增加了几倍。在赋税中普遍使用钱币，那是明朝中叶的事。

两税法的实行对于增加唐王朝的财政收入起了一定的作用。但是由于地主大量隐瞒土地，降低户等，两税收入受到了很大的影响。因此，由盐的专卖、茶税和商税所构成的另外一个赋税系统，对于唐王朝的财政起着越来越重要的支撑作用。唐朝中叶形成的这两个赋税系统，奠定了唐以后一千多年赋税制度的基础。

新的赋税系统的建立对国家财政格局产生了重大的影响。随着商业和城镇的发展，商税在国家收入中的比重越来越大，并且可以有效地弥补因地主逃避赋税所引起的国家财政收入减少。国家财政在很大程度上是靠商税支撑。但也正因为如此，反过来又严重影响和阻碍了手工业和商业的发展。

总结一下，从唐朝的两税法建立以后，出现了两个赋税系统：一是以农业、土地为基础的赋税系统；一是以手工业、商业等流通领域为基础的赋税系统。国家的财政基础大为扩展。这对政治、军事等各个方面的影响是很深远的。北宋神宗时王安石变法的时候，国家控制的土地比宋朝初年减少一半，所以要实行"方田均税法"；明朝万历年间，张居正丈量土地，实行"一条鞭法"之前，国家控制的土地也减少了一半。但王安石和张居正之前的国家财政仍能照常运转，为什么？就是因为除了以土地为基础的赋税系统以外，另外还有一个系统。而我国古代的手工业、商业发展到一定程度后往往很难再向前发展，这也是一个很重要的原因。

四、农业发展的新格局

随着生产的进步,唐代农业出现了新的格局。这个新的格局开始于唐玄宗开元天宝年间,到唐朝后期迅速发展。

1. 南方各地和边远地区的发展

随着农业生产发展,唐朝经济从开元、天宝时期开始进入一个全面发展的新时期。手工业生产和商业城市在整个经济结构中的比重大大地增加了,开始呈现出新的面貌。

南方农业生产从武则天时期开始加速度发展。

安史之乱以后,北方经济虽然受到了很大的破坏,但在藩镇割据的情况下,各政权为了维持自己的存在,还是采取各种措施,使经济得到恢复。而南方的经济开始赶上北方。

这里的关键问题,首先是农业生产的发展和农产品数量的增加为社会分工的扩大提供了条件。只有当农业能够为农业人口之外的人口提供大量的粮食,手工业、商业以及文化事业的发展才有可能。

2. 经济作物种植的发展和农产品的商品化

南方农业生产的发展,不仅提高了全国粮食生产的总量,成为漕运粮食的主要来源,而且增加了经济作物品种,促进了农产品商品化的发展。农产品商品化主要是粮食商品化。经济作物种植的发展和农产品的商品化,不仅深刻地影响了当时人们的生活,而且为商品经济的发展提供了强大的动力。

经济作物在唐朝前期,主要是桑麻。到唐朝后期主要是茶和甘蔗。甘蔗在四川和广州开始大量种植,蔗糖也成为重要的产品。棉花也在个别地区开始种植。

唐代出现了许多经营茶叶、大米和木材的商人。在江淮一带,每逢茶熟之际,四方商人就带着茶区所需的丝织品和金银饰物入山交易,由小商小贩转运到浮梁(今江西景德镇北)、寿州(今安徽寿县)

等集散中心,再由富商巨贾贩往各地。《太平广记》卷二九〇《妖妄三》引《妖乱志》记载:"(吕)璜,以货茗为业,来往于淮浙间。时四方无事,广陵为歌钟之地,富商大贾,动逾百数。"南方一些商人以贩运粮食为业。江淮贾人,往往"积米以待踊贵"。皖南宣、歙一带耕地面积少,粮食全靠商人用船从四方运去。江西出产木材,商人运到扬州,获利数倍。

唐时南北统一,各地交往密切,饮茶风气从南方传入北方,中唐以后又从中土传往塞外,茶渐成为各族人民日常生活之必需。"茶为食物,无异米盐。"① 在一些城市,已经出现专门卖茶的茶馆。

需求量的增加,刺激了茶的生产和贸易,除野生茶树外,人们大量进行人工栽培。唐时茶叶产地遍及今四川、云南、贵州、广东、广西、福建、浙江、江苏、江西、安徽、湖北、湖南、河南、陕西等省。茶叶生产已是江南农业的重要部门。"江淮人,什二三以茶为业。"② 祁门县境甚至"千里之内,业于茶者七八矣"。③ 茶树栽培技术和管理方法也有显著进步。茶树种植三年后,每亩鲜茶可收120斤。每到茶叶收获季节,茶产地盛况空前,四方商人纷纷赶来,大量采购。南方的茶叶,通过大运河和陆路大批运往北方,"舟车相继,所在山积,色额甚多"。④ 当时的名茶就有二十多种,如蒙顶、石花等。793年唐政府征收茶税,十税其一,是年征得茶赋40万缗,约当全年收入的1/15。

唐代陆羽所著《茶经》一书,内容十分广泛,对茶的起源、茶的性状和种类、茶的产地、采茶的器具、制茶的过程、煮茶的方法、饮茶的茶具、茶叶优劣的区分和水质品第的鉴定等,都做了比较全面系统的论述。这是我国茶史上的一部重要著作,也是世界上第一部茶书,对后世研究茶史有相当影响。据《太平御览》记载,从宋代起,陆羽就被人称为"茶神"了。

---

① 《旧唐书》卷一七三《李珏传》。
② 《册府元龟》卷五一〇《邦计部·重敛》。
③ 《全唐文》卷八〇二《祁门县新修阊门溪记》。
④ 《封氏闻见记》卷六《饮茶》。

18 唐代的手工业、商业和城市

一、唐代的手工业

1. 唐代手工业的形态

唐代手工业仍然分为官府手工业、私营手工业和农民的家庭手工业三种形态。手工业在唐朝取得了很大的进展，有几个大突破。

首先是私手工业逐步突破官手工业的垄断。从整个手工业的发展来看，唐朝以前，主要以官手工业为主，南北朝以来开始从以官手工业为主向私手工业为主发展。这里包括先进技术向民间扩展，例如冶铁等生产部门产区的扩大和产量的增加。

其次是在传统的手工业如冶铁、造纸等的规模不断扩大的同时，有的手工业部门从原有部门分离出来，其中最突出的是制瓷从制陶业中分离出来。还有些手工业部门开始从农业中独立出来，地区分工也有所扩大。

再次是产生了一些新的手工业部门，例如印刷业。

(1) 官手工业

商代有规模宏大的制造青铜器的手工业，西周到春秋、战国，青铜器制造也很发达，它们都是由官府经营的。秦汉以来，官手工业也一直是手工业的主体。东汉以后，庄园手工业有了很大的发展。而独立的民间手工业没有得到多少发展。

唐朝前期也有发达的官手工业。

唐代前期官府手工业作坊规模最大，分工最细，分属于少府监、将作监和军器监三个部门。最盛时仅少府监使用的轮番服役的工匠就有近2万人，属将作监役使的轮番服役的工匠亦达1.5万人。此外，在全国很多地方还设有冶监，专门掌管矿冶事业。官府手工业役使的劳动者有工匠、番户、杂户、官奴婢和刑徒等，各种劳动者都对官府有人身依附关系。官府手工业的产品主要供皇族、官僚和军队消费。

随着民间手工业的发展和手工业技术水平的提高，官府所需要的手工业产品，一部分改由市场购买，一部分高端产品则由官手工业部门"和雇"，即顾用能工巧匠来生产。国家控制工匠的方式随之也发生了变化，越来越多的工匠由轮流到官手工业部门服役改为纳资代役。随着纳资代役与和雇等方式的逐渐增加，工匠对国家的人身依附的趋向缓和，给民间手工业发展提供了更大的空间。

开元以前，官手工业一般均由工匠轮流应役，只有大的土木工程和工匠不够时，才和雇工匠和农民。永徽五年（654）筑京师罗郭，和雇京兆百姓4.1万人。开元以后，由于民间手工业有了很大发展，官府所需的相当一部分手工业产品通过赋税折纳或和买由民间取得，某些官手工业部门规模缩小。开元二年就废去了两京及诸州旧有官织锦坊。但在铸钱这一类官手工业中，生产规模扩大。

天宝时，全国共有铸钱炉99座，每炉需丁匠30人，共需丁匠2970人，如果轮番，每番按20天计算，共18番，全年需征发丁匠53960人。而当时少府监所隶丁匠才19850人，早已不敷征用，于是便征发没有技术或技术不高的农民令铸钱。由于督非所习，虽然棰罚严苛，还是费力无功。天宝末改为和雇，"募工晓者为之，由是役使减少，而益铸钱之数"。① 原来隶属官府的工匠也由原来不役时输庸改为普遍纳资代役。

"纳资代役"的普遍化与"和雇制"的推广反映了唐代工匠制度的巨大变化。在一般情况下工匠不必定期到官府作坊劳动。但是，供

---

① 《旧唐书》卷一三八《韦伦传》。

应宫廷的能工巧匠原则上仍"不得纳资"。宫廷所需的大量高级纺织品，则由浙西、西川、荆州、宣州等地的州县政府，指定纺织技术高超的农户为织锦户、贡绫户，专门按照官府指定的花样织造。白居易新乐府《缭绫》："去年中使宣口敕，天上取样人间织。织为云外秋雁行，染作江南春水色。"缭绫不仅费时费功，而且技术要求很高，因此，官府对有技术的织户进行严格的控制。元稹《织妇词》注云："予椽荆时，目击贡绫户有终老不嫁之女。"王建《织锦曲》亦云："大女身为织锦户，名在县家供进簿。"县官把织妇登记在籍，并把该户定为负担特殊赋税的织锦户、贡绫户。这些专门户需按照官府的要求，按时、按质、按量交纳绫锦等丝织品。国家控制的私人手工业者织锦户、绫户，这是唐朝新出现的，后来发展为机户。此外还有盐户。唐朝后期，诸道、州各有作院，打造兵器。

(2) 民间手工业

除了与农业相结合的纺织等家庭手工业，还出现许多为市场生产以求利润的专门从事手工业生产的作坊和工匠。《唐六典》卷三《尚书户部》户部郎中员外郎条："功作贸易者为工，屠沽兴贩者为商。"注云："工、商皆谓家专其业以求利者。其织纴、组紃之类，非也。"就是这种情况在法律上的反映。

专门从事手工业的劳动者，一般称为工、匠或师，如木工、车工、木匠、井匠、染师、削师；也有称为博士的，如钉镙博士（锻冶匠）、仰涂博士（泥水匠）；还有柳宗元在《梓人传》中所记述的设计和指挥房舍建筑的都料匠。工匠有的自作自售；有的备有工具，为雇主加工；也有的受雇于作坊主，如长安通化门长店，多是车工所居也，广备其材，募人集车，轮、辕、辐毂，皆有定价。工匠应募而来，计件取价。至于柳宗元所记的都料匠，在房舍建筑中，充当设计和指挥的角色，工钱大半归其所有。

一些破产农民进入城市，被称作客户。成为雇佣劳动的对象。在《太平广记》中有许多相关的记载。也有一些逃人或浮游人口充当船夫之类，如陈子昂《上军国机要事》所称："江南、淮南诸州租船数千艘，已至巩洛，计有百余万斛……其船夫多是客户、游手、隳业、无赖杂色人。"①

私营手工业作坊有显著发展，种类涉及染织、瓷器、漆木器、金银器、玉器、冶铸、车船、造纸印刷、粮食加工等。

手工业作坊又称"铺"或"作铺"，均从事商品生产，业主或主人均有技艺，称师、长老或都料，他们除依靠家庭成员劳动外，也雇用有技艺的工匠。一般的作坊规模都很小，仍从事个体经营。到官府作坊服役的各种工匠，有很多就是私营作坊的劳动者。

农户也生产手工业产品，主要是丝、麻织物。农民的手工业产品除供自己消费外，主要用于缴纳课调，只有一小部分当作商品出卖。

2. 手工业各行业

手工业生产技术的进步在纺织业、陶瓷业和金属制造业等部门表现得最为突出。瓷器、丝绸、金银器、铜器、纸张、文具等的生产不仅具有地区特色，而且作为商品生产出来运销全国乃至外国。

（1）纺织业仍然是主要的手工业部门，主要是家庭手工业，产量最大的是绢、布，但某些高级丝织品，也有由作坊生产的，如绫。唐朝后期，像绫这样的高级丝织品仍然是由专门的绫户生产。唐代的纺织业以丝织业和麻织业为主，产量很大。天宝末年，唐政府赋税收入中，绢、布总计约1.1亿丈（2750万匹），当时全国人口才8000万，可见作为家庭手工业产品的绢布产量之大。

唐朝前期丝织业主要分布在今河北、河南、山东、湖北和四川，已形成一定程度的地域性部门分工，如定州（今河北定州）的绫，宋州（今河南商丘）、亳州（今安徽亳县）的绢，齐纨、鲁缟、蜀锦，都是当时有名的产品。麻织品主要出产于南方各地。

唐初，浙江一带的蚕种尚需由北方购入。玄宗时吴越地区已能生产一些高级的丝织品，但总的技术水平以及质量和数量，都还远远赶不上北方。安史之乱后，浙东观察使薛兼训募军中未婚者，厚给货币，密令至北地娶织妇以归，岁得数百人。由是越俗大化，竞添花

---

① 《全唐文》卷二一一。

样，绫纱妙称江左。北方先进丝织技术南传，大大加速了南方丝织业的发展。随着丝织技术的不断提高，唐朝后期三吴地区的丝织品也成为重要贡品。除了绫、纱等精美的高级丝织品，江南一般丝织品的发展也很突出。江南缣帛，主要是吴、越所产的缣帛，质量和产量都已赶上甚至超过了北方的最高水平。

唐代丝织技术精巧，丝织品品种繁多，主要有绢、绫、锦、罗、纱、绮等。唐代丝织品色彩丰富，仅吐鲁番出土的唐代丝织物，就有二十四色之多；图案新颖，有的还吸收了一些波斯风格和手法。

印染技术也有所提高，北朝涂蜡印染的蜡缬法在唐代使用得更为广泛，唐代还先后出现了镂版印染的夹缬法和绞缬法等新技术。印花布也作为商品进行生产，夹缬法由宫廷而"遍于天下，乃为至贱所服"。①

与丝织业相关的还有服饰业。

现在我们可以看到的唐代丝绸主要出自五个地方。第一是日本的正仓院，第二甘肃敦煌藏经洞，第三是新疆吐鲁番阿斯塔那古墓群，第四是陕西扶风法门寺地宫，第五是青海都兰热水墓。国内唐代丝织物，均出土于西北地区。

正仓院在日本奈良，奈良是当时日本的首都，正仓院则是贮藏官府文物的场所。保存了不少唐代的丝织品。法门寺地宫中发现的700多件丝织品，几乎包括唐代所有的丝绸品种类，是唐代丝绸考古的空前大发现。在一个白藤箱中发现了已经粘成一堆的几百件丝绸服装，里面有惠安皇太后的，甚至包括武则天的裙子。遗憾的是，大部分丝织品已经炭化和部分炭化。

（2）制瓷业是唐代出现的影响很大的新的手工业部门。中国瓷器出现得很早，到南北朝时已经发展成熟。但直到隋朝，产量和规模都还很小，尚未和制陶业分开，且器物也多为装饰性的大器。唐朝时，制瓷业和制陶业分离，成为一个独立的手工业部门，器物也由大器变为日用器物。唐代瓷器产区分布很广，在山西、山东、河南、河北、

---

① 《唐语林》卷四《贤媛篇》"玄宗柳婕好"条。

陕西、浙江、江苏、江西、安徽、湖南、广东、广西、福建、四川等14个省、自治区都发现了唐代瓷窑遗址。

瓷器开始在民间普遍使用。

唐代瓷器有青瓷和白瓷。青瓷产于南方浙江、湖南等地，白瓷产于北方。邢窑窑址分布在河北临城、内邱二县境，是白瓷的主要产地。邢瓷的出现改变了当时青瓷为主导的发展方向，内邱白瓷器为天下无贵贱通用之的重要商品。邢窑出土的大量碗、盘、壶、罐等器物也证明了这一点。

越州的青瓷瓷土细腻，胎质精薄，瓷化程度高，釉色晶莹润泽。陆龟蒙诗云："九秋风露越窑开，夺得千峰翠色来。"说青瓷釉色晶莹如九秋露水，色泽如千峰滴翠。

江西丰城的洪州窑，在陆羽《茶经》"杯"条中，与越州、鼎州、婺州（今浙江金华）、岳州（今湖南岳阳）、寿州并列为南方六大名窑。洪州窑所产瓷器，釉色浅青微黄。考古发现的玲珑瓷，瓷胎两面洞透，有釉糊盖，如窗户糊纸，镂花处透光明亮，是瓷器烧造工艺的新创造。景德镇在唐朝叫昌南镇，青、白瓷兼有，所产瓷器有假玉器之称。

湖南长沙铜官窑，也称长沙窑。近年来随着考古发现的进展，人们对长沙窑也有了更多认识。从窑址发掘资料来看，长沙窑主要存在于8世纪中叶至10世纪。产品有盘、碗、碟、杯、壶、瓶、茶具、水盂、镇纸、印盒等日用器和猪、羊、马、狮、青蛙等象生瓷。

长沙铜官窑有三大特点，第一是釉下彩，改变了过去传统的单色釉和刻、划花或贴花工艺，为后世瓷器的装饰开辟了新的途径。第二是以文字作装饰。长沙窑器大量采用文字作装饰，这在当时是一大创举。从长沙窑出土的罐、碗、壶上，有人物、飞禽走兽、山水花草。尤其是题在上面的诗歌，已发现的有几百首，有许多是《全唐诗》所没有的。内容大多与日常生活和民间风俗习惯有关，如"买人心惆怅，卖人心不安。题诗安瓶上，将与买人看"。"人有方寸之心，必不求于名利。"字体则楷草行隶都有。第三是大量出口。产品不仅畅销国内，还大量运往国外，20多个国家都有长沙窑瓷器的发现。在东南亚、中亚和西亚的古代遗址以及在印尼海域发现的唐代沉船中，都发现了长沙窑生产的瓷器。长沙窑的外销产品，不像内销产品一样有那么多诗文，而是根据客户的需求来制作。窑工们根据胡人的喜好，创作出很多新的器型、新的图案，画上外国女郎、狮子、椰枣树，有的还有阿拉伯文。有些器物属于中西合璧，比如有把执壶，造型是波斯的，但是壶把是中国龙的形象。

现藏韩国国立中央博物馆的一件长沙窑黄釉褐彩贴花三耳壶，把手右下方的铭文为"郑家小口天下有名"，出现这种宣传自己品牌的广告用语也是一个很有意思的现象。

法门寺地宫中发现的13件宫廷秘色瓷，是世界上目前发现的年代最早，并有碑文证实的秘色瓷器。地宫出土的一整套宫廷茶具，是目前世界上发现的年代最早、等级最高、配套最完整的宫廷茶具。

唐三彩是一种彩釉陶器。把陶胚放在窑内素烧，陶胚烧成后再上釉进行釉烧，彩釉多是白、黄、绿、褐、蓝等色。化学分析表明，彩釉主要是硅酸铅，用铅和石英配制而成，透明无色。制作时先在白地的陶胎上涂一层无色釉，然后再涂各种金属氧化物作为呈色剂，进行釉烧。工匠们可以配出浅黄、翠绿、天蓝等色彩。由于铅釉高温流动的性质，烧时往下流淌，呈现出从浓到淡的层次，融合绚丽，斑驳淋漓，成为闻名于世的唐三彩。这表明，当时工匠们对化学原料特性的认识、对火焰的控制，已达到很高的水平。

（3）冶炼业。冶铁在南北朝时期冲破了官府的控制，在民间普及。[①] 唐朝政府允许采矿、冶铁由私人经营，官收其税。唐代铁冶分布很广，据《新唐书·地理志》《元和郡县图志》统计，在山东、河北、河东和剑南（今四川）有铁矿40余处，兖州莱芜西北的韶山，自汉至唐，鼓铸不绝，是一个重要的铁产地。江南铁冶有20余处，产量也有很大增加。9世纪初，黄河以南地区政府所征铁课为207万

---

① 林寿晋：《东晋南北朝时期矿冶铸造业的恢复与发展》，《历史研究》1955年第6期。

斤，产量当在 2000 万斤以上。这对于铁农具的广泛使用和在一些地区的普及具有重要意义，对农业生产产生了重大影响。唐政府对铁农具采取免税政策，并且禁止铁农具出口。

铜矿主要分布在河东、淮南、江南和剑南，蔚州的飞狐（今河北涞源）和润州的句容，产量最大。

铜器的主要产地有扬州、并州、越州、桂州等。扬州的铜镜尤为著名，有百炼镜之称。在两京和中原唐墓出土的器物中，铜镜是最常见的。花纹装饰的种类很多，构图自由奔放，线条刻画流畅。同时，还有螺钿镶嵌的铜镜。考古发现的大量铜镜，很多是作为商品生产出来的。

（4）造纸、文具、金银器、印染（印花布）和印刷是唐代开始有大发展的手工业部门。

造纸受原料限制，有地区性，以浙江、江西、苏南、皖南产量最大。

笔、墨、砚也都有了专门的产地。绛州、易州、潞州产墨，虢州、端州产砚。端州紫石砚、宣州溧水兔毫笔都是有名的产品。

金银器的加工本来是一个古老的行业，主要是满足贵族、官僚的需要。在唐代金银器中，最奇妙的是两个鎏金银质圆球，叫"香囊"，在球内的小碗中装上香料，点燃后香气就从镂空的纹饰中溢出。当年，它们是被悬挂着使用的，为了防止香囊晃动时香料撒出，工匠们在内部装了两个平衡环，圆球滚动时，内外平衡环也随之滚动，而香碗的重心却不动。这种平衡装置，与现代运用于航海、航空的陀螺仪原理完全相同。

唐代民间也比较广泛使用金银器，苏州乃至沙州（今甘肃敦煌）都有金银行，并且有了走街串巷，为富户打制金银首饰的银匠。这反映整个社会财富的积累达到了一个新的水平。

印刷业虽然在唐朝后期还只在四川、淮南出现，印刷的也主要是满足民间需要的日历、佛经，但却是一个具有震动世界意义的新行业。

二、唐代的城市和商业

1. 城市布局的变化

从城市布局的变化，可以看到城市功能的变化和各个时期的特色，并可以看到唐代城市的巨大发展。由于材料的限制，我们只能依据考古挖掘材料和相关文献记载，对首都城市布局的变化作一些说明。

战国的城市，如齐都临淄和燕下都，一般分为大城和小城，小城是宫城，大城是居民区和工商业区，其中有大量的官手工作坊和农田。虽然人来人往很热闹，但仍未摆脱农业和手工业相结合的性质。

西汉长安城，周长22.7千米，其中宫殿和官署专用区占全城2/3以上，另有东西九市，居民区只占1/10。市也不尽是从事商业的，还有官手工作坊和其他作坊。作为全国政治中心的色彩非常突出。

北魏洛阳城，城内外均设有坊，城内居民区已大为扩展，但大部分居民仍住在城外。洛阳大市、小市和四通市等三个市则均在城外。除了城西洛阳大市的通商、达货二里有工巧贩运者外，余皆乐人、屠贩、卖酒、卖鱼、卖棺材、办丧事者。

隋唐长安城规模宏大，东西近10千米，南北长8.6千米，周长36.7千米，面积达84平方千米，是汉长安城的2.4倍、明清北京城的1.4倍。比同时期的拜占庭王国都城大7倍，较公元800年所建的巴格达城大6.2倍。人口达百万，是当时最大的国际性都会。

全城街道两旁都有排水沟，并栽种槐榆，宫城和皇城内，多种梧桐柳树。

长安城宫殿和各个政府部门，也就是在城的最北边的皇帝居住的宫城和政府所在地皇城，仍然占据主要位置，但是在整个城市中所占的面积只占到六分之一。作为居民区的坊和作为商业区的市完全移入城内，有东西二市和108坊。坊市严格分开，坊市的四周都有围墙，定时启闭，仍然是一种封闭的状态。这就是坊市制度。因此唐代的城市还处在承先启后的过渡状态。到唐朝后期，坊市制度开始破坏，向宋代城市方向前进。

这里还有一个问题需要说明。就是城市的发展要有几个条件。第一是所处的地理位置。或者是政治中心，或者是经济中心，或者是交通要道。作为首都，更要考虑到全国各地区经济发展情况、各地区的政治形势，以及和各民族的关系。第二是水源，如果不能解决水的供应问题，是不可能新建一座城市的。第三是粮食供应。第四是交通。而后面三个问题往往联系在一起。隋文帝新建大兴城，也就是后来唐朝的长安，主要就是因为原来城市的水质出了问题。为了解决粮食供应，还新建了永通渠。

2. 坊市制度下的"市"

（1）市

商业活动集中在市中进行。"景龙元年十一月敕，诸非州县之所，不得置市。"大中五年"敕，中县户满三千以上，置市令一人、史二人……若要路须置，旧来交易繁者，听依三千户法置，仍申省"。①凡市以日午，击鼓三百声而众以会；日入前七刻，击钲三百声而众以散。商业活动的地区和时间都有严格的规定。

市设有市令，汉代诸郡、国皆有市长，隋氏始有市令。唐初，又加市丞。两京及上州市令皆为品官，两京诸市署：各令一人，从六品上；上州，市令一人，从九品上。中州至下县市令则由吏担任。

市令负责市门启闭，管理市场交易。

长安和洛阳的四市除了市署，还有平准署，平准令正七品下，掌供官物资的购买和多余物资和没官物资的卖出。两京市令、平准令隶太府寺，州县市令由州选用，隶仓曹、司仓。

（2）行

市内出售同一类商品的店肆，集中排列在一个地区，称作行。行有行头，又称行首、行老，负责向官府纳税，向官府交涉某些有关行户利益的事务。官府也通过行首控制行户，向行户征税，摊派某些义

---

① 《唐会要》卷八六《市》。

务。行户不仅销售商品，有的也自行制造。市里有生产铜镜、毡毯、绫锦、锦袍、靴帽、乐器、金银器、酒类、车辆和文具、纸张等产品的私营手工作坊，《唐六典》统称之为"工作贸易者"。唐以前商业基本上是一种贩运贸易。唐代商人不再是临时聚合，而是有了固定的店肆，有的还自己制造，自行销售。这是一个很大发展。

3. 唐代长安的东市和西市

东市和西市是唐长安城的经济活动中心，东、西两市各占两坊之地，每市大约1平方公里。

东市四周，每面各开2门，共有8门，市周墙外大街（即春明门大街）北宽120米，东、南、西三面各宽122米，便于商业运输和市民入市前车马的停靠。

东市经营的商品，多上等奢侈品，以满足皇室贵族和达官显贵的需要。

根据考古发现，西市遗址平面呈长方形，南北1031米，东西927米，面积0.96平方公里，市的四周有围墙，墙基皆宽4米多。围墙四面各有两个门。西市内有南北向和东西向的街道各两条，街宽16米，市内井字形的大街把西市分割成9个长方形区域，可以容纳很多的店铺。各街两侧均设有水沟，在水沟的外侧还发现有1米宽的人行道。

西市的9个区域四面均为街道，还有便于内部通行的小巷，在有的巷道下还有砖砌的暗排水道与大街两侧的水沟相连。临街部分出土的商业店铺遗址表明，房屋的规模不大，面阔4米至10米，进深3米多；而出土的同类物品相对集中的现象，也证明了某一类型店铺的存在，如珠宝店就多料珠、珍珠、玛瑙、水晶等制品，铁器店出土了为数不少的铁钉、铁棍与小铁器残块等。在一家出售骨器的铺子里，考古队还发现了加工骨器的作坊。

而西市周围多平民百姓住宅，市场经营的商品，多是丝绸、服装、珠宝、首饰、药材、皮货、漆器、竹器、陶瓷、书画、薪炭等日常生活用品。西市商业较东市更加繁华，被称之为"金市"。各地的珍奇商品都汇集到这里出售。外国的珠宝、香料也可以在市中买到，有的珠宝店就是胡商开设的。旅店、餐饮、转运等生活服务性行业，也形成了一定规模，《唐国史补》卷中"京兆府筳馔"记载：两市的饭馆"日有礼席，举铛釜而取之，故三五百人之馔，常可立办也"。这也是城市居民结构和经济发展的结果。

来自各民族国家的商人，还带来了异域的土特产和各具特色的饮食，如"胡饼""毕罗""三勒酒"等。

如果按照行业来说，东市就有220行，每行都包含有许多家店铺。唐末东市一次失火，就烧了4000多家店铺。见于历史记载的，有铁行、肉行、笔行、大衣行、药行、秤行、绢行、麸行、鱼店、酒肆、帛肆、衣肆、寄附铺（寄卖所）、波斯邸等等。

4. 商品种类的增加和商人的活跃

市场上商品品种的变化和行业的增多，是唐代商业向近代商业发展的显著特征。市上商品除了生产和生活必需的盐、铁之外，主要是满足贵族高官奢侈生活需要的珠宝和高级工艺品。唐代城市里一般地主官僚增多，他们所需要的各种日用物品多取给于市场。市里出现了各种私营手工作坊，以及许多饭馆、酒店和小食铺。长安、扬州等大城市还有胡人开设的酒店。各地的名产、特产乃至外国货物也充满了市场。《唐国史补》卷下记载开元至元和时的情况："凡货贿之物，侈于用者，不可胜纪。丝布为衣，麻布为囊，毡帽为盖，革皮为带，内邱白瓷瓯，端溪紫石砚，天下无贵贱通用之。"这样，在城市中就出现了众多的行业。据北京房山云居寺石经题记，唐幽州、涿州有绢行、采帛行、布行、染行、幞头行、靴行、大米行、粳米行、油行、果子行、肉行、炭行、生铁行、杂货行等。

由于域外通商的发达，胡商遍布各大城市。

唐朝前期出现了一些藏镪巨万、邸店田宅遍布海内的大商人。高宗时安州（今湖北安陆）商人彭老筠请以绢布三万段助军。玄宗时没收长安商人任令方的资产六十余万贯。据说他在接见富商王元宝后曾经对臣下说："我闻至富可敌贵。朕天下之贵，元宝天下之富。"①武后在宫中举行宴会，张易之"引蜀商宋霸子等数人于前博戏"。② 史载开元间："长安富民王元宝、杨崇义、郭万金等，国中巨豪也，各以延纳四方多士，竞于供送。朝之名寮往往出于门下，每科场文士集于数家，时人目之为豪友。"③ 商贾实际上的社会地位于此可见。

这些唐前期的巨富，与贵族官僚有密切联系。有些贵族官僚也修建店铺，开设邸店、质库，从事商业和高利贷剥削。大商人多从事远地转运，获取巨额利润。更多的是小本经营、逐月食利的小商小贩。由于域外通商的发达，胡商遍布各大都会、名城。

唐朝中后期，商业进一步繁荣，商人更加活跃。他们长途贩运奇珍异物，像元稹《估客乐》所说的那样："求珠驾沧海，采玉上荆衡。北买党项马，西擒吐蕃鹦。炎洲布火浣，蜀地锦织成。"

除了盐商、珠宝商和转运南北各地土特产品的贩运商，又出现了许多经营茶叶、大米和木材的商人。在江淮一带，每逢茶熟之际，四方商人就带着茶区所需的丝织品和金银饰物入山交易，由小商小贩转运到浮梁（今江西景德镇北）、寿州（今安徽寿县）等集散中心，再由富商巨贾贩往各地。南方一些商人以贩运粮食为业。江淮贾人，往往囤积米粮以待价格上涨。皖南宣、歙一带耕地面积少，粮食全靠商人用船从四方运去。江西出产木材，商人运到扬州，获利数倍。经济作物和农产品的商品化是一个十分值得注意的历史现象。

通过下面两首诗，我们可以更加形象地看到唐朝中后期商人、商业和社会的情况。

元稹《估客乐》：

> 估客无住著，有利身即行。出门求火伴，入户辞父兄。
> 父兄相教示，求利莫求名。求名有所避，求利无不营。
> 火伴相勒缚，卖假莫卖诚。交关少交假，交假本生轻。

---

① 《太平广记》卷四九五《杂录三·邹凤炽》。
② 《旧唐书》卷九二《韦安石传》。
③ 《开元天宝遗事》卷上。

> 自兹相将去，誓死意不更。一解市头语，便无乡里情。
> 输石打臂钏，糯米炊项璎。归来村中卖，敲作金石声。
> 村中田舍娘，贵贱不敢争。所费百钱本，已得十倍赢。
> 颜色转光净，饮食亦甘馨。子本频蕃息，货赂日兼并。
> 求珠驾沧海，采玉上荆衡。北买党项马，西擒吐蕃鹦。
> 炎洲布火浣，蜀地锦织成。越婢脂肉滑，奚僮眉眼明。
> 通算衣食费，不计远近程。经营天下遍，却到长安城。
> 城中东西市，闻客次第迎。迎客兼说客，多财为势倾。
> 客心本明黠，闻语心已惊。先问十常侍，次求百公卿。
> 侯家与主第，点缀无不精。归来始安坐，富与王家勍。
> 市卒酒肉臭，县胥家舍成。岂惟绝言语，奔走极使令。
> 大儿贩材木，巧识梁栋形。小儿贩盐卤，不入州县征。
> 一身偃市利，突若截海鲸。钩距不敢下，下则牙齿横。
> 生为估客乐，判尔乐一生。尔又生两子，钱刀何岁平。

《估客乐》为我们展示了一幅唐朝中后期商人活动的广阔图景。

张籍的《野老歌》：

> 老农家贫在山住，耕种山田三四亩。苗疏税多不得食，输入官仓化为土。岁暮锄犁傍空室，呼儿登山收橡实。西江贾客珠百斛，船中养犬长食肉。

《野老歌》则深刻揭示了当时的社会现实。

5. "扬一益二"：经济中心城市的兴起

唐代最大的城市是首都长安、东都洛阳、扬州和益州（今四川成都）。

全国的统一，各地区的发展和大运河的开凿，使城市的地位和作用发生了很大变化。六朝古都金陵（今江苏南京），原是一个大都会，唐代成为润州（今江苏镇江）一县，连一个州的治所也不是。这是因为全国的统一，使金陵失去长江中下游之间的枢纽作用，而运河的开通，又使金陵失去咽喉控带的地理位置，它本身又缺乏经济依托，因此地位一落千丈。而扬、润、苏、常、杭等州却由于本身经济的发展和运河流经其地而成为重要的都会。

北方运河沿岸的城市也有很大发展。汴州（今河南开封）是自江淮达于河、洛的水陆要冲，舟车辐辏，人庶浩繁。魏州（今河北大名），永徽中，刺史楚王灵龟"开永济渠入新市，控引商旅，百姓利之"。① 开元二十八年（740），刺史卢晖自永济渠引流至城西，以通江淮之货。以大运河为动脉，南北物资的交流，成为城市发展的巨大动力。

江南增加了一部分城市，城市的密度有所增高，布局渐趋合理。江南新增城市有台州（武德四年）、温州（上元元年）、衢州（垂拱二年）、明州（开元二十六年）、池州（永泰元年）、秀州（天福五年）等。台、温、明、秀四州出现在江南东部沿海地区，表明江南东部地区的开发已达到一定程度。衢州的繁盛，是因为由杭州经浙江向南进入岭南和福建的江南重要水陆线交通线横穿这里，与这一地区交通运输和商业的发展密切相关。

扬州和益州也是最大的商业城市，晚唐有"扬一益二"的说法。它们虽然不是全国性的政治中心，却是地区性的经济、文化中心，非常繁华。

扬州地处长江和运河的交汇处，是南北交通和物资交流的枢纽，又是对外贸易的港口，聚集了许多富商大贾和波斯、阿拉伯的商人，并且出现了中国最早的夜市，晚上也热闹非常。

《旧唐书》卷五九《李袭誉传》载，李袭誉目睹"江都俗好商贾，不事农桑"。

李肇《唐国史补》卷中："扬州有王生者，人呼为王四舅，匿迹货殖，厚自奉养，人不可见。扬州富商大贾，质库酒家，得王四舅一字，悉奔走之。"

这些材料充分反映了唐朝后期扬州商业繁盛的情况。

---

① 《册府元龟》卷四九七《河渠第二》。

扬州因为发展迅速,"侨寄衣冠及工商等,多侵衢造宅",① 打破了坊市严格区分的旧制。扬州、汴州和长安都出现了夜市,城市商业和居民生活开始突破空间和时间的限制,坊市制度开始破坏。

益州是西南地区性的商业中心,大中九年卢求在《成都记序》中对扬州和益州进行了比较:"大凡今之推名镇为天下第一者,曰扬、益,以扬为首,盖声势也。人物繁盛,悉皆土著,江山之秀,罗锦之丽,管弦歌舞之多,伎巧百工之富,其人勇且让,其地腴以善熟,较其要妙,扬不足以侔其半。"② 成都原有东市、西市和南部的南市,由于商业规模不断扩大,元和时在城南万里桥又出现了新南市,开拓通街,居民很快超过万户。张籍《成都曲》云"万里桥边多酒家",饮食服务性行业也很兴盛。

荆州(今湖北江陵)、鄂州(今湖北武昌)、洪州(今江西南昌)、苏州和杭州,也都是商业繁荣的城市。这些南方城市,居民大为增加,原来的竹木房屋逐步为瓦房所代替,城市面貌也开始发生变化。

盐、茶是唐朝后期最大的商业部门,刘禹锡《贾客词并引》:"五方之贾,以财相雄,而盐贾尤炽。"③ 往来于长江下游的"西江大商客",屡见于唐人的诗歌。《南楚新闻》所记江陵郭七郎,资产殷富,江淮河朔间,悉有贾客仗其货贸易往来。④ 唐后期的商人多与官府有联系,而官吏和军将也有很多参加了商业活动。

6. 一般城市的市和草市

除了大的商业城市,一般城市的商业在唐朝后期也有很大发展。刘禹锡《观市》记载元和三年(808)朗州(今湖南常德)把市暂移至城门大路时的情况:

---

① 《旧唐书》卷一四六《杜亚传》。
② 《全唐文》卷七四四。
③ 《全唐诗》卷三五四。
④ 《太平广记》卷四九九《郭使君》引。

肇下令之日，布市籍者咸至，夹轨道而分次焉。其左右前后，班间错跱，如在闤之制。其列题区榜，揭价名物，参外夷之货。马牛有绊，私属有闲。在巾笥者织文及素焉，在几阁者凋彤及质焉，在筐筥者白黑巨细焉。业于饔者，列饔饎、陈饼饵而苾然，业于酒者，举酒旗涤杯盂而泽然，鼓刀之人，设高俎、解豕羊而赫然。华实之毛，畋渔之生，交蜚走，错水陆，群状夥名，入隧而分。韫藏而待价者，负挈而求沽者，乘射其时者，奇赢以游者，坐贾颙颙，行贾遑遑，利心中惊，贪目不瞬。于是质剂之曹，较固之伦，合彼此而腾跃之。冒良苦之巧言，斁量衡于险手。秒忽之差，鼓舌伦伫，诋欺相高，诡态横出。鼓嚣哗，垄烟埃，奋羯腥，叠巾屦，啮而合之，异致同归。鸡鸣而争赴，日中而骈阗。万足一心，恐人我先。交易而退，阳光西俎。①

文字是艰涩些，但确是一篇绝妙的9世纪初市场风情写真。

池州人胡澄"偶至市，见列肆卖首饰者，熟视之，乃妻送葬物也"。②市中有列肆卖首饰者，反映当地的经济发展水平和市场的发展水平已经达到了相当高的程度。民间使用什么样的首饰，不仅是一个观念问题，首先是一个经济发展水平问题。只有当经济发展到一定的水平，居民收入达到了一定的高度，才可能使用贵金属所做的首饰。

除了城市商业的发展，农村商业也有了新的发展，其标志就是农村定期集市的出现。

在唐朝前期，集市贸易虽然存在，却不普遍。到唐代后期，由于农村小生产者与商品经济的联系有所加强，所以在水陆要道或津渡之所，商旅往来频繁之地又兴起了许多定期集市，有的就在城市附近。这些集市，江淮一带称草市，西蜀称亥市、蚕市，南方称为墟，北方称为集。在集市上贩卖的商品多是农具和农副产品，这些集市定期举行。

---

① 《刘禹锡集》卷二〇《杂著》。
② 徐铉：《稽神录》卷三《胡澄》。

有的草市交易繁盛,发展为固定的经常性的集市,它有固定的店肆旅舍,已不仅是农民定期以物易物的场所。一些富室大户也住到集市里去。杜牧《上李太尉论江贼书》:"凡江淮草市,尽近水际,富室大户,多居其间。"①

在唐朝后期,一些集市因发展迅速成为县城。有的草市,由于商业繁荣,地位重要,发展成为城镇。如唐代宗大历七年(772),改张桥行市为永济县。穆宗长庆年间,改沧州福寿草市为归化县。草市的发展,突破了隋与唐代前期对商业市场的种种限制,成为唐代中期以后新兴的商品交易场所与商业集中地。

三、货币和金融

1. 开元通宝与钱帛并行

隋统一货币,更铸五铢钱(24铢等于1两),钱以重量为名。唐初废五铢钱,铸开元通宝,10文重1两,千文重6斤4两。此后,钱成为两以下一级的重量单位。中国货币也由此改称通宝、元宝或重宝,不再以重量为名。"开元通宝"四字出自书法家欧阳询的手笔,写得方圆兼备,颇能显示初唐文化的兼收并蓄。

开元通宝大小、轻重比较适中,便于流通。唐高宗乾封元年(666)改铸"乾封泉宝"钱,仅行用数月即废止。唐肃宗乾元元年(758),铸钱使第五琦铸造"乾元重宝"钱,不久退出流通。只有"开元通宝"在唐代三百年的历史中一直通用。

开元、天宝时期国家一年铸钱达三十二万七千余贯,但仍不能适应交易频繁、贸易额扩大的形势,无法满足商品流通的需要,因此,唐朝一直实行钱、帛并行的货币制度。

开元九年(721),玄宗下诏规定,"绫罗绢布杂货等,交易皆合通用,如闻市肆必须现钱,深非道理。自今以后,与钱货兼用,违者

---

① 《全唐文》卷七五一。

准法罪之"。①

唐德宗、唐宪宗也都下令公私交易，必须钱帛兼用。

2. 柜坊和飞钱

柜坊是存钱的地方，类似后来的银号、钱庄。

钱、帛并行虽可满足一般交易的需要，但钱帛数量越大，重量和体积就越大。开元通宝，千文即一贯重6斤4两，100贯铜钱就重达625斤。据《唐摭言》记载，武则天时，"郭元振，年十六，入太学。……时有家信至，寄钱四十万，以为举粮。忽有缞服者扣门云：五代未葬，各在一方，今欲同时迁窆，乏于资财。听公家信至，颇能相济否？公即命以车一时载去。……其年粮绝，竟不成举"。② 这是一个助人为乐的故事，一般人是很难做到这一点。我们这里要说的是，四百贯钱就要以车载去，那么对于数额巨大的交易，如果用钱帛的话，是多么地不方便。因此，需要一种简便可靠的支付办法。柜坊就是适应这种大规模买卖的需要而出现的。商人将钱币存放在柜坊中，交纳一定的保管费用。柜坊根据商人所出凭证支付，商人之间买卖商品时免除了现钱交易的麻烦，大大方便了商品的交易。

《唐大诏令集》卷七二载乾符二年南郊赦文："自今以后，如有人入钱买官，纳银求职，败露之后……其钱物等，并令没官，送御史台，以赃罚收管。如是波斯番人钱，亦准此处分。其柜坊人户，明知事情，不来陈告，所有物业，并不纳官，严加惩断，决流边远，庶绝此类。"说明柜坊是存放钱物的地方，用来买官求职的钱是从柜坊提取的。柜坊人户如知其用钱买官求职而不告官，那么将受到惩罚。由于商品经济的发展，存入柜坊的大都是商人用于交易的钱财，因此柜坊多开于集市之中。在长安，东西市中都有柜坊。《太平广记》卷三〇〇引《广异记》："开元初……三卫乃入京卖绢，买者闻求二万，莫不嗤骇，以为狂人。后数日有白马丈夫来买，直还二万，不复踌

---

① 《通典》卷九《食货九·钱币下》。
② 《太平广记》卷一六六《气义一·郭元振》。

踏，其钱先已锁在西市。"也就是存在西市柜坊。

但是，柜坊只能解决本城市买卖的需要，外地商人出卖货物后，带回钱币就是一个很大的问题。因此，唐后期又出现了飞钱。《新唐书》卷五四《食货志四》记载："时商贾至京师，委钱诸道进奏院及诸军诸使富家，以轻装趋四方，合券乃取之，号飞钱。"商人在长安将钱交给本道的进奏院（驻京办事处）或富商，取得文券，回到本地，凭券支取，这种文券就叫飞钱或便换。"飞钱"是由一些"邸店遍海内"的私商办理的。这些私商就是明清时期，在全国各地及欧亚国家开设钱庄、票号的山西商人的前辈。尽管这种情况只出现在长安与某些地区之间，但却是中国最早的汇款办法。

信用事业在唐代后期的发展，是一个值得注意的历史现象。唐朝信用事业大体包括放款、存款、汇兑和货币兑换几个方面。柜坊、飞钱等信用行业的发展是在钱帛并行、贵金属没有作为货币的情况下，伴随着商品交易规模越来越大、社会货币流通量越来越大的情况而产生的。这里有一个值得探索的问题，贵金属在明朝以前为什么一直没有成为流通的货币？有两个事实可供参考：一是贵金属比较缺少。二是信用事业有一定程度的发展。中国有一个很有意思的现象，就是与欧洲正好相反，先有信用行业，先有纸币（宋之交子），到很晚的时候，一直到明朝，才开始使用贵金属货币。

3. 物价和唐后期钱重货轻问题

唐始立两税法，户钱多折绫绢，初时纳绢一匹，当钱三千二三百文，其后货币紧缩，钱重物轻，到贞元十年（794）左右，纳绢一匹，只当钱一千五六百文，赋税实际上提高了一倍。宪宗元和十四年（819）绢价落到初定两税时的三分之一，纳税户的负担实际上增加三倍。穆宗即位，令各地依照元和十五年征纳布帛的折价，改配布帛为税额。这与四十年前相较，已增加了几倍。

这里还有一个折估的问题，即唐朝后期财政收支上市价和官价的相互折算。南朝宋、齐在征收赋税时，往往把租折成绵绢。当绢布价廉时，又将折成绵绢的租和原来纳布的调都折成钱征收。按照唐朝制度，市场的货物要按照质量好坏三等估价，分为上、中、下三等，作为官府交易和违法犯罪时估定赃物的依据，是为官估。在唐朝前期，官估基本按照实际物价估定。

建中（780—783）以后，货轻钱重，物价下跌，各地的实际物价被称为时估，又称实估。两税中的户税，以钱定税。定税数额，皆用缗钱计算，纳税之时，又折为绫绢。由于物价下跌幅度太大，四十年间，绢一匹由四千文降为八百文，米一斗由二百文降到五十文以下，按原定税钱数额折纳实物，百姓负担无形中增长四五倍，大大超出了农民的负担能力。因此，中央政府又定出一个高于实估，接近建中元年初定两税时物价的价格，称为虚估。因为是尚书都省所定，所以又称省估。尚书省户部的度支司在接受各地的税物和把物资发给各政府部门时，都要增长本价，即按虚估折算，称为折估。官吏的俸禄，布帛部分也按虚估付给。地方官吏在把税物送交中央时均按照省估，而留州和送交节度使或观察使的税物则按照实估实时价征收。元和三年（808）裴度为相，奏准留州、送使的钱物，一切依省估征收，由此唐后期财赋主要基地江淮一带百姓的负担有所减轻。其后，唐政府又规定，两税中折纳的绢帛，按一定比例，一部分按虚估即省估征收，一部分按实估即实价征收。但事实上，各地官吏以实估征敛的情况一直没有停止。

四、交通的发达

1. 以长安、洛阳为中心的陆路交通

陆路交通以长安、洛阳为中心，有驿道通往全国各地。驿路每隔30里设一驿站，开元时全国有陆驿1297所，水陆相兼86所，驿路当在4万里上下。驿站设有房舍和驿马，接待来往官员和公务人员。驿站旁则有店肆和邸店，接待来往商旅和行人，供应酒食，存放货物，并有驿驴租给客人乘坐。

2. 四通八达的水路交通

水路交通在唐朝可以说是四通八达。

大运河的开通，使东西流向的海河、黄河、淮河、长江、钱塘江五大水系联系起来，构成了贯通东西南北的水道运输网。

从长安出发，由渭水及其侧畔的广通渠东行，至潼关入于黄河，循河而下，进入洛水，可达洛阳。从洛阳循通济渠（汴渠）、淮水和邗沟，可以通到长江沿岸的扬州；循永济渠亦可以通到幽州。李吉甫在《元和郡县图志》中，谓自汴渠修成后，"自扬、益、湘南至交、广、闽中等州，公家运漕，私行商旅，舳舻相继。隋氏作之虽劳，后代实受其利焉"。[1] 由长安可以通到江苏、四川、湖南、福建、广东和越南等处。

李翱《来南录》记载了他在元和四年正月从长安出发，经东都洛阳，通过水路到广州的交通路线和日程：

自东京至广州，水道出衢、信，七千六百里；出上元西江七千一百又三十里。

自洛州下黄河汴梁过淮至淮阴一千八百有三十里；顺流自淮阴至邵伯三百有五十里；逆流自邵伯至江九十里。

自润州至杭州八百里。渠有高下，水皆不流。

自杭州至常山六百九十有五里，逆流多惊滩，以竹索引船乃可上。

自常山至玉山八十里，陆道，谓之玉山岭。

自玉山至湖七百有一十里，顺流，谓之高溪。

自湖至洪州一百有一十八里，逆流。

自洪州至大庾岭一千八百里，逆流，谓之漳江。

自大庾岭至浈昌一百有一十里，陆道，谓之大庾岭。

自浈昌至广州九百有四十里，顺流谓之浈江。出韶州谓之韶江。[2]

---

[1] 《元和郡县图志》卷五《河南道一·河南府·河阴》。
[2] 《全唐文》卷六三八。

长安二年（702），凤阁舍人崔融在奏疏中谈到当时水运的盛况："天下诸津，舟航所聚，旁通巴、汉，前指闽、越，七泽十薮，三江五湖，控引河洛，兼包淮海。弘舸巨舰，千轴万艘，交贸往还，昧旦永日。"① 9世纪初李肇在《唐国史补》卷下中则特别强调，"凡东南郡邑，无不通水。故天下货利，舟楫居多"。他还记载："江湖语云：'水不载万。'言大船不过八九千石。然则大历、贞元间，有俞大娘航船最大……操驾之工数百。南至江西，北至淮南，岁一往来，其利甚溥，此则不啻载万也。"大载重量商船的出现反映了唐后期南方商业和水运的进一步发展。

造船方面，当时已能制造"轮船"，用人力踏轮车转动，好像挂帆席一样便于航行。

----

① 《旧唐书》卷九四《崔融传》。

19　从沙漠走向海洋：唐代对外贸易的新局面

在唐代，亚洲各国的商人不断来到中国，聚集在长安、洛阳、广州、扬州等大城市中。来唐最多的是波斯、大食和中亚的商人，还有师子国（今斯里兰卡）、婆罗门（古印度的别称）的商人。当时中国输出的主要商品是丝绸、瓷器和药材。丝绸通过传统的丝绸之路和在唐代迅速发展起来的海上丝绸之路运往波斯、阿拉伯国家。瓷器除运到今印度、孟加拉、斯里兰卡、印度尼西亚之外，也大量运往阿拉伯国家。输入的主要商品有香料、胡椒、珍珠、宝石、象牙和犀角等。中日之间的贸易在7、8世纪主要是通过使臣交往进行的。9世纪以后，民间贸易也发展起来。中国商船横渡东海，直航日本。新罗商船也来往于中国、新罗和日本之间。中国和非洲的贸易，在唐代主要是通过阿拉伯商人进行的。非洲东海岸所产的象牙，大多数都运到今阿曼，再转运到中国，同时运来的还有香料。唐朝瓷器也运到非洲。

一、一段不为人知的重要史实

杨良瑶，他的事迹不见于传世文献。1984年在陕西省泾阳县云阳镇小户杨村附近发现了《唐故杨府君神道之碑》，即杨良瑶的神道碑，才让我们知道了这位唐代宗、唐德宗时期的宦官，并且揭开了一段不为人知的重要史实。

《唐故杨府君神道之碑》记载：

> 贞元初，既清寇难，天下乂安，四海无波，九译入觐。昔使绝域，西汉难其选；今通区外，皇上思其人。比才类能，非公莫可。以贞元元年四月，赐绯鱼袋，充聘国使于黑衣大食，备判官、内傔，受国信、诏书。奉命遂行，不畏厥远。届乎南海，舍陆登舟。邈尔无惮险之容，懍然有必济之色。义激左右，忠感鬼神。公于是剪发祭波，指日誓众，遂得阳侯敛浪，屏翳调风，挂帆凌汗漫之空，举棹乘颢淼之气，黑夜则神灯表路，白昼乃仙兽前驱。星霜再周，经过万国，播皇风于异俗，被声教于无垠。往返如期，成命不坠，斯又我公杖忠信之明效也。①

这段记载说明，贞元元年（785）四月，杨良瑶充聘国使，受命出使黑衣大食（西亚一带）。"备判官、内傔，受国信、诏书"，说明这是一个正式的完整的国家使团。他舍陆登舟，从广州出发，通过海路，"星霜再周，经过万国"，往返如期，完成了出使的任务。这是见于记载的我国第一位航海到达阿拉伯地区的外交使节。也就是说，早在公元8世纪，中国的使团就已经通过海路，跨越印度洋到达阿拉伯地区。这比明代郑和下西洋早了六个多世纪。这是一件发生在海上丝绸之路上，在中西交通史和世界航海史都值得大书特书的大事。

二、从陆上丝绸之路到海上丝绸之路

我们说的陆上丝绸之路、海上丝绸之路，这是从贸易路线上来说。

唐代中国和亚洲各国的交通，陆路由河西走廊经新疆至中亚，再通往西亚和南亚各国，这就是早在西汉年间开辟的丝绸之路。北方丝绸之路在唐朝也有很大的发展。唐人可由青海或四川经西藏而至今尼泊尔、印度、巴基斯坦等国；由云南至缅甸和印度；由河北经辽

---

① 录文见荣新江《唐朝与黑衣大食关系史新证——记贞元初年杨良瑶的聘使大食》，《文史》2012年第3期。

东至朝鲜半岛；由蒙古地区到叶尼塞河、鄂毕河上游，再经额尔齐斯河西去。

经过长期的探索和努力，唐代终于开通了两条海上丝绸之路航线，一条是从广州出发，一直到波斯湾的航线；一条是横渡东海，到日本的航线。

当年法显回国，前前后后经历了好几年。说明当时虽然有了海上交通，但是海上航线还没真正开通。唐玄宗天宝年间鉴真去日本，也经历了五次失败，第六次才东渡成功。而到唐朝后期，海上交通有了很大的发展。从广州到波斯湾，只需要几个月的时间。据《新唐书·地理志》所引唐德宗时宰相贾耽的记载和9世纪中叶阿拉伯地理学家伊本·胡尔达慈比赫《道里邦国志》的记载，当时从广州到波斯湾的航程约需90天。这说明，经过古代中外航海者的长期努力，不仅成功地开辟了从广州至波斯湾的航线，而且在航海技术上已经能够控制和掌握航行的速度和时间，从而保证了这条东西方航道的长期畅通。天宝八载鉴真和尚在广州看到，江中有婆罗门、波斯、昆仑等舶，不知其数。据说唐代宗时，到达广州的各国船只，一年达4000余艘。乾符五年黄巢攻下广州前，在广州经营商业的穆斯林（伊斯兰教徒）、犹太教徒、基督教（景教）徒和祆教徒，约有12万人。唐朝政府在广州设立市舶使，管理对外贸易。外国商船抵达后，市舶使登记所载货物，查看有无违禁物品，征收舶脚（港口税），并收购官府所需货物，然后任其交易。从辽东半岛、山东半岛和东南沿海登舟，可浮海东通新罗、日本诸国。唐后期对外贸易进一步发展，广州、泉州、扬州的外国商人主要由节度使和观察使管理。唐朝的商船也远航到马来半岛、印度尼西亚、印度半岛、阿曼湾和波斯湾一带。唐时中国海船体积庞大，构造坚固，能经受阿拉伯海的险恶风浪，由阿拉伯东来的货物，往往先从今巴士拉和阿曼运到西拉夫，再转装到中国船里。

横跨东海的中日航线也开通了。到唐朝后期，只要十天就可以从中国到达日本。

航线的开通牵涉到季候风、洋流以及水下情况。由于掌握了这些情况，这两条航线也就顺利开通了。

三、从丝绸之路到陶瓷之路

从丝绸之路到陶瓷之路，这是从贸易货物的品种上来说。丝绸是中国传统的出口产品，从唐朝开始，瓷器也成为重要的出口产品。这还牵涉到对外贸易的规模。

在日本、韩国、印度、伊朗、伊拉克和埃及等地，考古学家们对9世纪前后的城镇遗址的发掘中，都曾发现有相当数量的中国唐代瓷器碎片。中国的宁波市古称明州，是唐代通往日本和韩国的主要通商口岸。1974年，在宁波余姚江唐代出海口附近发现一艘唐代沉船，其中有几百件越窑和长沙窑的青瓷、青釉褐彩瓷和黑釉器，并有"乾宁五年"（898）刻款的方砖一块。这些瓷器与在韩国和日本发现的唐代瓷器，在器型、釉色和装饰上都明显属于同一窑口。中国唐代瓷器的出口有海路和陆路之分。陆路即著名的丝绸之路，而海路则直通日本、韩国、南亚、西亚、北非和东非各地。日本学者曾把这条运输瓷器的海上航线称为"瓷器之路"。

过去在海外曾发现了一些零星的瓷器碎片。其中，长沙窑的瓷器在亚非13个国家、73个地点都有出土，说明它的影响遍及国内外。从其产品中的胡人雕塑、椰枣和棕榈纹样及书写阿拉伯文等方面来看，可能出现了专门为外销而生产的瓷器。

1998年在印尼爪哇勿里洞岛海域打捞出了一艘唐代的阿拉伯沉船（一般称之为黑石号），使我们对出口瓷器的产地、产量以及瓷器的生产水平等许多问题有了新的认识。

黑石号船上打捞出大量唐代的瓷器和金银器。在六万七千件瓷器中，长沙窑的瓷器就有五万多件，[①] 形象地向人们展示了长沙窑瓷器

[①] 李辉柄主编：《长沙窑 综述卷》第一章第四节"'黑石号'沉船的惊世发现"，湖南美术出版社，2004年，第24—26页。又央视《国宝档案》栏目在2013年10月28—31日播出了一系列有关黑石号的节目，可以参考。

作为外贸瓷器的特征，并且向我们提供了唐代海上丝绸之路生动的实物证据。由此也引发了下面几个问题。

第一是长沙窑本身的问题。作为唐朝后期第一大出口瓷器的窑口，它的生产流程、生产规模、销售渠道、订货渠道、瓷器上外国纹样的来源等等，这些都有相关学者进行了专门的研究，也还有不少问题需要进一步解读。

第二是，长沙窑瓷器运往阿拉伯国家的运输通道，是从长沙直接运往广州，还是通过长江运到扬州？运到扬州后，是先运到广州，还是直接装上去往阿拉伯的货船运往阿拉伯国家？这些都是需要进一步研究的问题。

第三是黑石号上的瓷器问题。在海上丝绸之路最大宗的出口商品瓷器中，长沙窑的产品占了很大的比重。全面、系统、认真地研究这批作为对外贸易商品的瓷器，可以揭开唐代对外贸易产品和国内瓷器生产隐藏了一千多年的秘密。

一个很有意思的现象是，黑石号上五万多件长沙窑的瓷器，在考古学界和历史学界远远没有引起像在古瓷研究者和一些热爱古代美术的青年学子中那么大的热情。中国知网所收的有关长沙窑的23篇硕士论文中，没有一篇是历史系的学生写的。

尽管古瓷研究者怀着巨大的热情，倾注了全部心血关注和研究长沙窑的瓷器，企盼着黑石号上六万件瓷器和其他文物回归故土，但是由于各种原因，特别是当时没有充分意识到这批文物巨大的历史意义，因而没有能把这批文物追索回来。

第四是黑石号上的金银器和铜镜等具有很高等级的物品的问题。黑石号文物中的八棱胡人伎乐金杯比何家村出土的两件八棱胡人金杯尺寸还大，铜镜中有十分珍贵的江心镜，这些皇家亲贵才能使用的器物出现在黑石号上，到底蕴含着怎样的历史内容呢？是与杨良瑶出使大食这类海上使臣往来有关，还是为阿拉伯王室进行的特殊采购？还是其他什么？这也需要更加深入的研究来揭开谜底。

四、唐代海上丝绸之路几个值得注意的问题

第一个问题是关于唐代海上丝绸之路的走向。

首先是起点问题。关于这个问题，学术界已经进行了很多的研究，一般认为广州和扬州是两个主要的起点。广州，是通往南海和阿拉伯国家的主要港口，这在《新唐书》卷四三下《地理志七下》"广州通海夷道"和《中国印度见闻录》中早有记载。中外学者已有许多研究成果。问题是扬州，扬州除了横跨东海直接通往日本，是否还直接通往南海和阿拉伯国家？扬州聚集了众多的波斯和阿拉伯商人，可以说扬州是陆上丝绸之路和海上丝绸之路的交汇点。但是这种交汇到底是什么意义上的交汇？波斯和阿拉伯商人是通过什么路线来到扬州的？是从广州通过陆路和内陆水道来到扬州，还是从广州换乘来往于广州、扬州间的海船？抑或从阿拉伯直航扬州？这些都还缺少文献材料和考古材料的证明。而黑石号上发现的扬州铜镜，特别是江心镜等产品，似乎为解决这个问题提供了一些重要的线索。有的学者据此认为，黑石号就是从扬州启航的。

第二个问题是通往南海、阿拉伯乃至非洲西海岸航线的开通，以及唐代中国与东南亚、南亚、阿拉伯国家、日本、高句丽的贸易，在中国历史和世界历史发展上有何意义？

《中国印度见闻录》中有几段话：

> 至于船舶的来处，他们提到货物从巴士拉（Bassorah）、阿曼以及其他地方运到尸罗夫（Siraf），大部分中国船在此装货：因为这里巨浪滔滔，在许多地方淡水稀少。……
>
> 故临有一个军事哨所，归故临国管辖。那里有水井，供应淡水，并对中国船只征收关税；每艘中国船交税一千个迪尔汗（dirhems），其他船只仅交税十到二十个迪纳尔（dinar）。①

---

① 穆根来、汶江、黄倬汉译：《中国印度见闻录》卷一，中华书局，1983年，第7—8页。

在法译本序言中，J. 索瓦杰指出，中国人也曾航抵波斯湾。中国大船排水量特大。他还指出，"应该承认中国人在开导阿拉伯人远东航行中的贡献。波斯湾的商人乘坐中国人的大船才能完成他们头几次越过中国南海的航行"。①

英国学者思鉴在《公元九到十世纪唐与黑衣大食间的印度洋贸易：需求、距离与收益》一文中提出："这种贸易在公元九到十世纪间是全球化的吗？在最简单的程度上，它确实是全球化的，因为它确实影响了现今位于世界不同角落的遗址——从最宽泛的地理角度上的印度洋海域——它的西部边界到达地中海南部和东部，向东则达中国和日本。来自于高度专业化的长沙窑和越窑的制陶群体内的数据已经勾绘出了发生于公元九世纪的工业变革和大规模生产的图景。"

他还认为："从很多方面来看，长沙窑群是作为那个时期的经济发展试金石而兴起的。它的鼎盛时间很短，它的制造技术如此发达，它相对独立于帝国的管理和控制如此引人深思，它在中国之外波及的范围又是如此的令人叹为观止。它不仅同某一时期印度洋上的贸易紧密相连，而且有助于我们了解这个特定时期的贸易。在这个框架内，它具有了一些早熟的全球化工业的特征。"②

《中国印度见闻录》中的几段话告诉我们，在唐朝后期中国商船已经到达阿拉伯的许多口岸，阿拉伯商船也从这些口岸直接开往中国。中国船体庞大，无法在遍布浅滩的波斯湾内通航无阻，因此尸罗夫成为中国商船停靠的主要港口。J. 索瓦杰指出了中国人在开导阿拉伯人远东航行中的贡献。思鉴则根据勿里洞号（即黑石号）等水下沉船的考古材料，从全球贸易的角度进行分析。这对我们研究唐代海上丝绸之路在中国历史和世界历史发展上的意义是很有启发的。

第三个问题是当时进出口贸易的规模，以及对外贸易对当时国内生产的影响。

---

① 穆根来、汶江、黄倬汉译：《中国印度见闻录·法译本序言》，第25—26页。
② 思鉴著，刘歆益、庄奕杰译：《公元九到十世纪唐与黑衣大食间的印度洋贸易：需求、距离与收益》，《国家航海》第八辑，2014年第3期。

唐代前期输出的主要是丝绸。到了唐朝中后期，陶瓷成为主要的出口商品。而香料和珠宝，则始终是波斯、阿拉伯和南海各国输入中国的主要商品。于是有了海上丝绸之路、陶瓷之路、香料之路等不同的名称，从不同的角度来反映当时中外海上贸易。

关于唐代进出口贸易的情况，唐代文献特别是笔记小说中有不少相关的记载，为我们提供了不少关于到达广州的外国船舶，以及在广州、扬州和长安的外国商人活动的情况。

瓷器和丝绸作为唐代最大宗的出口商品，丝绸由于保存下来的实物材料非常稀少，文字材料也很缺乏，研究起来困难很大，而瓷器的材料相对来说还是比较丰富的。

从亚非各地的考古发现来看，唐代南北各窑口都有瓷器出口，而从黑石号所载瓷器和阿拉伯地区考古发现的唐代长沙窑的瓷器碎片来看，唐朝后期出口到阿拉伯地区的有浙江越窑、河北邢窑和广东等地窑口的瓷器，而占绝对多数的则是长沙窑的瓷器。黑石号上瓷器的数量和长沙窑遗址中发现的瓷窑等遗迹和遗物，为我们研究对外贸易的规模及其对国内生产的影响提供了具体的实物材料。但要完成从定量到定性的研究，材料还是远远不足的。

20　结语：关于隋唐史学习和研究的几个问题

隋唐史研究我们重点讲了十几个问题，已经全部讲完了，希望对大家进一步学习隋唐历史和进入研究领域有所帮助。在学习和研究的过程中，根据我接触隋唐史和中国古代史几十年的体会，下面讲几个大家都会碰到的问题。

一、要注意隋唐的时代特点及其在中国古代历史发展中的地位

1. 研究隋唐历史要把它放在中国古代历史发展的过程中加以观察

我们研究每一个时期的历史，当然要了解它的各个方面，但是如果抓不住它的特点，那就无法和其他时期区别开来，各朝代的历史就变成简单的重复，变成了量的增减。所以我们必须抓住每一个时期的特点，它的特殊性。我们研究历史也不能局限于一个朝代一个时期，而要把它放在中国古代历史发展的过程中来加以观察，找出每一个时期和其他时期类似或相通的地方以及不同的地方。这样才能了解它的来龙去脉，才能把握它的时代特点，才能看到历史的发展。

唐朝在中国历史发展上的地位历来是学人们关心的问题。20世纪二三十年代日本学者内藤湖南提出了唐宋变革论。五六十年代中国学者也展开了热烈的讨论，提出了几种不同的看法。我在《我看隋唐史研究》[①]作过简要的介绍，这里就不多说了。近年来学界又兴起了唐宋社会变迁问题的讨论。唐宋社会变迁这个提法比唐宋变革论包含了更为宽广的范畴和更加丰富的内容，更有利于讨论的展开和问题的深入。希望大家都能够关注这个问题。

我曾经写过一篇文章，题目是《唐朝的特性》，把唐朝的特性集中到一个字，那就是变。变、变化、变革，就是说唐朝整个的经济、社会、政治和文化都处在急剧的不断变动的过程之中。而在这个变化之中，我们可以看到唐朝在中国古代社会发展中的地位。

其实任何王朝都处在发展变化的过程之中，但是由于唐朝处在中国中古社会变迁的转折时期，因此不论在变化的幅度，还是变化的速度上，都比一般王朝要大得多，快得多。而且在对各项制度的变革上比起其他一些王朝也自觉得多。

我的一个重要的体会是：必须把历史看成是一个不断发展变化的过程。特别像唐朝，由于经济处于一个迅速发展的过程之中，社会、政治制度也处在急剧变化的过程中。把握它们的发展变化，特别是发展不同阶段的特点和从这一阶段发展到下一阶段变化的关节点，也就是转折点，是需要花大力气，下大功夫的。

2. 从南北朝到隋唐社会发生了很大的变化，进入了社会转型时期

首先从经济上来看。由于生产的发展，生产的个体性质得到了全面提升，土地所有制发展变化，建立在租佃制基础上的地主经济有了很大的发展。农业、私人手工业、商业和商品货币关系的发展，不仅造成了社会经济的全面繁荣，推动了文化艺术发展，而且使土地所有权转移相对加速，地主家族不能长期保有大片土地，科举成为编制新的社会等级的杠杆。唐朝和宋朝，特别是唐朝后期和宋朝的发展是一

---

① 《文史知识》2006年第4、5期。

脉相承的。宋朝相对于唐朝而言，只是发展和成熟了。从社会变迁的观点来看，唐宋是一个时期。从土地占有情况来看，唐朝有一个从分散到集中的过程，宋朝也有一个从分散到集中的过程，尽管宋朝集中的速度比唐朝要快得多，但是基本内容是租佃制从发展走向成熟。

其次看政治体制。唐朝的政治体制和汉朝相比，最大的不同，就是结束了家国一体，政府机关中国家事务和皇家事务没有严格分开的历史。唐朝实现了国家事务与皇家事务的分离，建立起独立于皇帝的国家政权机关，在外廷形成了从决策、审议到执行的一整套国家政权机关，皇帝成为国家机关的最高负责人，这标志着隋唐的国家制度和政治体制已摆脱了家国一体的早期国家的色彩，而具有近代国家的性质。

与此同时，科举制也从古老的察举制中脱颖而出。北朝的强调军功，南朝的重视文才，都是和门第相对的，但还没有完全否定门第。科举则不论门第。科举制的确立和不论出身、做官都要通过考试，考试合格方能任官的制度的建立，使中国古代官僚制度也进入了一个新的阶段。

隋和唐初所确立的三省制及其他相关制度虽然具有很大开创性，开启了此后一千多年官僚政治的基本模式。但是由于它是建立在广大小农基础之上，而且设官分职，执掌固定，而不是分类负责，不能适应后来急速变化的经济、政治形势，因此仍然具有很大的过渡性。

从政治体制来看，在基本点上唐宋是一致的，尽管唐朝初年、唐朝中叶和宋朝初年有许多不同，但是它们都是纯粹的官僚政治制度，各级政府，包括中央政府，都是由官僚而非贵族负责运转。全部官吏，包括门荫出身的官吏，都是由中央政府按才学标准通过考试（身言书判）选拔和任命的。这与南北朝以前贵族集团对政治具有强大影响，官员的任命以门第为标准，地方佐官由长官辟举，有根本的不同。唐宋的情况是很接近的。唐代也是官僚体制，而非贵族体制。

但也有一些重要的变化。一是宰相事权分离，到宋形成了中书门下、枢密院二府和三司，分掌行政、军政和财政，唐宋中央政府的组织是有差别的。二是地方政府的社会职能发生转变。

再次看文化。如果从文化上看，唐宋之间一致性也是很大的。

第一是兴起于唐朝后期的市井文化，到宋朝有了很大的发展，把中国古典文化提升到一个新的阶段。随着门第观念的逐步消融，个人价值的凸现，士大夫文化在唐朝有了长足的发展，而市井文化的发展使得唐代文化更加丰富多彩。正是在这两种文化结合的基础上，宋词才大放光彩，词就是士大夫文化和市井文化结合的产物。这种情况在元明清得到进一步的发展，元曲和明清小说都与市井文化有着很深的渊源关系。

第二，唐宋都很开放，对传统文化和外来文化基本上都是兼容并蓄。唐宋都没有把儒家抬到神圣不可侵犯的地步，唐初撰成的《隋书·经籍志》对俗儒进行了批评。刘知幾在《史通》中"疑古""惑经"，宋代对孔孟也是可以提出批评的。这也是新儒学——程朱理学得以逐步建立的前提。而唐朝对外来文化的吸收更加广泛。唐宋对传统文化都在不同层次、以不同方式进行了整理和总结，二者都没有停留在整理上，而是运用前代的思想材料创造各自的文化，是把有用的东西拿来改造和发挥，为我所用。

第三，新儒学的建立。唐朝初年"五经"受到特别的重视，而以"四书"作为儒家主要经典，也都是从唐开始而到南宋完成的。

唐宋之间也有区别。隋末唐初，人们更看重社会和政治；盛唐以前，文人则注重于个人的追求；而从中唐开始特别是到了宋朝，就更着重宇宙人生的探讨，以及适应新时代的个人修养，文人的社会责任被鲜明地提了出来。侧重于社会和政治，就会更看重历史；侧重于个人的追求，则表现为闪亮的理想与无原则的实用主义的巧妙结合；侧重于宇宙和人生，则更侧重于理念。

在这个过程中，一些来自下层的人物对文化的发展做出了巨大的贡献。慧能被禅宗尊为六祖，《六祖坛经》记录了他的生平事迹和言论。他所提出的"直指人心、见性成佛之旨"，其意义远远超出了宗教的范围。

再回到新儒学的建立。

在唐宋社会变迁的过程中，"修身""齐家"被提出来加以强调。

从唐太宗"欲盛"的提出到李翱写《复性书》,其核心都是人性中的欲望问题。物质欲望和精神追求都是欲望,构成了人性的核心内容。这样从政治领域深入到思想、人性领域,修身也同时被提了出来。

韩愈把《大学》从《礼记》中分离出来独立成书,其核心便是"修身""齐家",即"修齐"之道。从"五经"到"四书",是否意味着礼又发生了从政治到伦理的转变?

唐宋之间也有一些让人觉得差异很大的地方,这主要表现在社会风貌、百姓生活和思想文化上。社会风貌、百姓生活情况和思想文化等是人们了解一个社会最直观的几个方面。正是在这几个方面,使人们强烈地感觉到某一时期处在一个社会转型的时期。对比汉朝和唐朝的社会生活,汉魏乐府固然深刻反映了当时的社会现实,但是其中苦难多于欢乐。盛唐时期"李白乘舟将欲行,忽闻岸上踏歌声。桃花潭水深千尺,不及汪伦送我情",这样一种欢乐温馨的情景,在汉朝诗歌中是很难找到的。唐朝中叶以后集镇上"凌晨而舟车竞来,度日而笙歌不散"的景象,在汉朝也是不可想象的,而到了宋朝则是一些地区相当普遍的现象。

虽然这些因素在唐代后期就已经存在,但是由于商业和城市、集镇在唐宋之际的迅猛发展,还是让人感觉到变化巨大。这种情况在古代的社会变迁中是经常出现的。从这个角度来看,唐朝后期和宋朝又可以区分为两个阶段。

总而言之,我们在学习和研究过程中必须对经济、政治和文化等方面全方位地进行关注,全面把握历史进程的各个方面,同时必须明确经济发展在历史发展中的决定作用。这样才能准确把握历史发展的脉络。

3. 两个不能忽视的问题

第一个是各种概念在不同时期有不同的内涵。例如士族在唐的前期和后期就有很大变化,在前期指称旧门大族,而到了唐代后期就变成了读书人的通称。一些法律名词也是这样。例如格在唐朝初年、武则天到开元年间、唐朝后期都有不同的含义。

第二个是萌芽性和超前性。唐朝处在一个社会转型时期，而在社会转型时期，会出现各种各样的萌芽，有很多萌芽性的东西。如果不能敏锐地感觉到新情况的出现，及时抓住事情的本质，就会迷失方向。

政治理念上的"相防过误"，防止"欲盛"，这是唐初唐太宗提出来的，但是要真正做到，就必须所有官员都能做到灭私徇公。这是需要社会财富极大地丰富了，人们的思想境界普遍有了极大的提高才能做到的。当时提出相防过误和灭私徇公显然是大大超前了。

唐代两税法规定取消徭役、按户等交钱，也都没有能够持续实行下去，直到明清才逐步实现，也就是说这些做法都是超前的。而萌芽的东西则具有多样性和超前性、不成熟性和不确定性，它包含了多种发展的可能性，可能包含后来发展中的各种因素，包含了在以后发展过程中相继或在一定时机才出现的东西。

当时到底向哪一个方向发展，归根结底，取决于当时的历史条件；但也取决于当时人们对这些问题的认识，以及采取什么样的措施，因此这里还有一个时机的问题。如果抓住了时机，就可以得到迅速的发展；如果丧失了时机，发展就会延后，几年、几十年，甚至失之交臂。

萌芽会出现在两种时期，一是一个社会的初期，二是社会转型时期。

春秋、战国时期是一个转型时期，秦和西汉则处于帝国时期的初期。形成于这个时期的"五经"和诸子，就包含了许多萌芽的东西。其中有一些当时还不具备实现的条件，长期以来也没有为人们所重视。直到运用它们的条件成熟，才会被重新提出来并加以强调。从北周提出周礼到隋唐实行三省六部制，周礼中职官设置的设想是重要的思想材料。《尚书》中的民本思想在唐贞观年间也得到进一步发挥。《易经》中的"变通""穷则变，变则通"的思想到唐初也结合起来发展为"以变则通"。《礼记》中《大学》和《中庸》的思想和孟子的思想也是到唐朝被重新提出，为"四书"地位的确立奠定了基础。

北方民族进入中原，由于萌芽状态的多样性，给中原地区的发展带来一次新的选择。它们不仅给中原的发展带来了活力,也带来新的机遇。

在历史研究中必须分辨一些现象是处于萌芽状态,还是处于发展状态。这样才不致迷失研究方向。

这两个问题如没有清醒的认识,就会造成很大的混乱。

二、关于阅读历史文献和学术论著

我们学习和研究历史既然要一切从实际出发,从史料出发,从历史出发,那么就必须阅读史料,就需要认真阅读相关的历史文献和学术论著,就要读好书。这里包括两个方面:一方面是文献材料,包括古代的历史学著作;另一方面是现代学者的论著。

先谈文献材料。材料是整个研究的基础,收集材料、阅读材料的阶段,是研究的开始。

为了研究某一个时代的某一个问题,除了了解这个时代的基本情况,阅读一些最基本的材料,重点是对这个问题的全部的或基本的材料进行系统的阅读。就隋唐史的学习和研究来说,《资治通鉴》《隋书》《旧唐书》《新唐书》《贞观政要》是首先应该阅读的。《通典》《唐六典》《唐会要》《册府元龟》在进入研究阶段也是必须阅读的。在大量阅读历史文献的基础上我们会不断发现各种问题,并初步形成新的见解。

我们在阅读材料的过程中,会有一些因素影响我们提出新的问题,形成新的看法。

我们现在接触到的材料有一些是当时的历史文献,而更多的是当时的和后代的史学著作。

历史文献有它产生的背景,有它们各自的特点。就是当时人对当时的历史也不一定就记载得很清楚,对当时人的所谓第一手材料,也要进行分析,不能盲目迷信。历史事件往往牵涉到当事人特别是最高统治者的利益,例如玄武门之变,不仅会影响到对这次事变的记载,而且影响到对整个唐朝建国历史的记载。由于社会和制度的变化往往不是人们一下子就能感觉到，一下子就能认识到的，所以人们往往是用社会和制度是固定不变的这样一种观点，以原有的社会情况和制度作为一种标准，来评价和记载处于变化过程中的社会和制度。所以，就会有一些不符合或不完全符合当时实际情况的记载。因此，在我们研究的时候，不仅要注意当时人怎么说、怎么写和当时人的观点，更要注意考辨和研究当时的实际情况，以及总的形势和发展趋势。只有把握了总的发展趋势，才能正确把握所研究的对象。

历史学的著作也经常带有著作者的立场和观点，他们的观点往往会影响到历史记载和论述的准确性。他们还往往用当时的情况去理解和论述历史。比方说司马光在《资治通鉴》里对于唐朝初年三省体制的描述，主要是以宋代的制度附会唐代制度，其中所谓中书出命，门下封驳，尚书执行的说法是不全面的，特别是对门下省的作用，说得很不清楚。还有的作者利用历史来表达他们的观点，因此在材料的收集和历史事实的考订上都不是很严谨的，断章取义者有之，掐头去尾者有之，以点概面、肆意歪曲也是有的。

由此可见，对材料，对历史文献也必须下一番考辨的功夫，拿来就用是不行的。如果我们不加批判地、盲目地以文献材料来作为我们研究的起点，毫无保留地加以使用，那是非常危险的。这些年来我们在隋唐史研究中就有这样一种体会：我们的研究过程就是一个不断摆脱宋人种种成说的过程。我们只有破除迷信，解放思想，一切从实际出发，从史料出发，从历史真实出发，才能发现新的问题，得出真正科学的结论。

再谈现代学者的论著、成说。

除了上面所说的历史文献中的成说以外，现代学者的观点，特别是一些权威学者观点，人们眼中的大师们的观点，也往往束缚我们提出问题，妨碍我们对材料进行正确的解读，影响我们把研究推向深入。

我们在进行学习和研究的时候，总是以前人的成果作为起点，前人的成果无疑是不能忽视的。我们进行研究，若不在前人基础上，一切从头来，那显然是一种很笨的，很不科学的方法。因此我们必须努力学习前人的著作，特别是一些基础性的和经典性的著作，一定要认真系统地去读。

但是对前人的成果也不能盲目迷信，哪怕是大师的观点。一定要核对原始材料，并且加以分析。这些成果中有些是正确的；有些总体正确，局部有误；有些局部正确，甚至非常精辟，非常精彩，但总体不一定正确；还有一些是完全错误的。至于有些论点和成果不一定完全正确，但在学术史上曾经起过很大作用的著作，特别是一些大师的著作，就需要更加认真地阅读与钻研，除了吸收其中正确的东西，还要研究这些论著为什么会在学术史上发挥那么大的作用。大师之所以成为大师，并不是因为他们所有的观点都是正确的，也不是说他们所使用的研究方法都是无可非议的。大师之所以成为大师，是因为他们在某些领域或某些方面开风气之先，在研究方法上对人们有所启迪，对学科发展起了启蒙和推动的作用，影响了一代学术的发展。因此我们对大师所涉猎过的领域，所研究过的问题，所提出的观点以及在进行这些研究时所使用的方法，应该采取尊重和学习的态度。但是也要克服敬畏的心理，同样要破除迷信，独立、自由地进行认真的研究，吸取其中合理的和正确的东西，扬弃那些过时的或者不正确的东西。

只有对现有成果采取正确的态度，我们才能在阅读中发现新的问题，进行新的探索。只有这样做才符合学术发展的规律。

我们认识任何事物都有一个摸索的过程，对于重大的历史问题尤其是这样。这里首先是材料的问题，历史遗留给我们的材料，不论是文献材料，还是考古材料都是不充分的，时代越往前越是这样。力图对历史做出清晰地描述，这是每一个历史学者孜孜追求的目标。而在利用不充分的材料进行这样的工作时，如果不保持高度的警惕，往往会造成两个后果：一是容易以点概面。二是容易把各个时期的和各种不同的材料糅合在一起，来加以论述，看起来是面面俱到，实际上是真假难辨；特别是在制度的论述上，实际上可能是构建了一个虚幻的不存在于这个朝代任何一个时期的制度。

另外我们了解历史是有一个认识过程的。很多材料，很多历史现象，自古以来史家们都很熟悉，但是由于对当时实际情况和总的发展趋势还没有充分把握，因此实际上并不真正理解它的含义。因此我们在阅读材料的时候必须在认真考辨材料的基础上进行深入的探讨，挖掘出历史事实的真相。

有了一定学习和研究基础以后需要进一步扩大阅读的范围。通读某些历史文献是一种可行的方法。有些文献材料如《全唐文》等，篇幅巨大，通读一遍不容易。我们阅读时，首先要提出一些问题，比如注意哪一些方面，注意哪些情况。这些问题，一般说都是一些大而化之的问题，它本身不带任何框框，不具有结论性。这些问题只是告诉我们，在阅读的时候把注意力的重点放在哪些地方。带的问题不妨有几个，不要只限于一个问题。经济问题、政治问题、民间情况、社会变化、制度运作、思想文化等都可以兼顾。有时候甚至可以第一遍阅读的时候注意一些问题，第二遍阅读的时候注意另外一些问题，这样经过几次反复阅读就可以比较全面地掌握相关的材料了。阅读的时候会发现一些问题，产生一些想法，要及时地把它们记录下来，可以做成卡片，也可以做成札记式的笔记。这些材料有的现在用不着，将来可以派上大用场。在我们那个时代，卡片和札记都是抄录手写。这种方法现在仍然可以使用。至于从电子文本上把需要的材料分门别类拷下来也是可以的，只是一定要和原书进行核对。当然在阅读时只要能够找到原书，还是不要用电子文本。其次，把速读、泛读和精读结合起来。由于唐朝文体的特点，有一部分是可以完全不读的。有些部分可以一目十行地翻一翻，搜索其中有用的材料，找到有用的东西，再仔细阅读。有些部分则需要认真地反复阅读。对于一些重要的有影响的人物的文章，可以结合他们的文集，系统地加以阅读和研究。例如前期的陈子昂和后期的陆贽、权德舆、韩愈、柳宗元、李德裕、杜牧等。当然在通读过程中不可能全这样做，但是根据需要和可能，选择一两个人物还是可以做到的。再次，在碰到一些问题的时候，需要把几种材料对照起来进行阅读。这是我的一些体会，仅供参考。

读书的时候有时候可以大而化之，有时就要咬文嚼字。咬文嚼字在历史研究中往往是很必要的。由于古今字词用法的不同，由字词所构成的概念意义的变迁，望文生义是行不通的。比如唐代"精简"

二字和我们今天的含义完全不同。这都还是表层的，无伤大雅。《周易》中"变通"一词从周易本身到《五经正义》中的注疏，在理解上就发生了相当大的变化。

在历史上，一个年号往往代表两个不同时期的交替，因此有些年号就成为重大历史事件乃至一个历史时期的标志，例如贞观之治、开元之治。一日之差也可以是两个不同的时期，用错了，也就把两个时期颠倒了。这一点往往为人们所忽略。唐顺宗时二王刘柳，也就是王伾、王叔文领导，刘禹锡、柳宗元参加的革新运动，不少人称之为永贞革新，就是一个很突出的例子。唐顺宗继位以后继续使用唐德宗的贞元年号；改元永贞，是顺宗传位宪宗的标志。改元第二天，二王就被贬出，接着就是刘柳等被贬为八州司马。把这样一个反映二王活动终止的年号作为他们革新活动的标志，至少是很不合适的。与此相关，还有人把韩愈《八月十五夜赠张功曹》中的"昨者州前搥大鼓，嗣皇继圣登夔皋"，作为韩愈拥护二王的证据。他们把嗣皇继圣误认为是顺宗。顺宗继位是在贞元二十一年正月，至八月因为身体的原因传位宪宗。明明是欢呼宪宗的继位，欢呼二王下台，怎么能说是支持呢？而硬说是欢呼顺宗继位，真是让人啼笑皆非。

三、研究中几个需要注意的问题

1. 关于理论问题

理论，包括马克思主义理论和现代西方社会科学理论，对我们学习和研究历史都有很大的或一般的指导作用和启发作用。但我们首先要注意的是研究的出发点。理论不是研究的出发点，一切从实际出发，要着眼于基本事实，着眼于发展变化。我们不能把马克思主义理论和西方的社会科学理论当作教条，这是我们的研究能够取得新的具有理论意义的成果的首要条件。我们要真正进入研究，必须从实际出发，必须具有发展变化的观念，这样才能够破除迷信和各种成见，把研究深入。历史研究虽然在各个不同的时期有不同价值要求，但是从本质上来说，历史学是要求全方位地了解一个时代，全面了解每一个国家、地区和整个人类发展的历史。但事实上各个时代的历史学都受到当时意识形态和认识水平以及材料的限制，因此重点各有不同，都只能揭示历史的一些方面。随着时代的前进，人们的认识水平有了很大的提高，视野也更加广阔，开始能够从更多的方面了解当代社会和历史。现代社会科学的各个学科，事实上就是在历史和当代结合的基础上，对这个领域的研究成果的理论总结。它们的方法从根本上来说也是历史的方法，这就是从实际出发，着眼于实际发生的现象，着眼于发展变化的过程，着眼于总体的发展。只有对这一点保持清醒认识，才不至于把各种新的理论作为教条而限制了我们的创造。

2. 在研究过程中假设的作用

提出新的问题，形成新的见解，特别是关于诸如社会变迁、政治体制变化这样重大的历史问题，必然要经过一个艰苦的过程。而进入研究过程以后，甚至还要经过几次重大的反复，才可能得出比较接近历史实际的比较科学的结论。

我们在阅读的过程中，接触到的材料越来越多，便会逐步发现一些新的问题，形成一些新的见解，甚至提出新的概念。但是这些看法还是比较直观的，还只是一种印象，一种初步的概括，也就是假设。

假设在研究过程中是必要的。提出假设是需要胆识的，特别是提出一个不同于前人成说，具有突破性意义的假设是需要很大的勇气的。当然，对于年轻的学者，特别是在校的年轻大学生和研究生来说，由于思想上少有束缚，他们在阅读材料的过程中，凭借直觉，往往会提出一些前人没有提出过的问题。但是由于他们的知识还很有限，研究的功力也还不够，而主要的还是因为对这个问题的研究，学术界的积累还不够，解决这个问题的条件还不成熟，因此提出问题后不知道下一步该怎么办。我就碰到过这样的情况。还在 20 世纪 80 年代，一位本科同学在准备毕业论文时，提出了关于唐代中书门下与使职差遣的关系问题。当这位同学提出问题后，作为指导老师的我也不知道该怎么办，只好让学生自己去摸索，看看这个问题能不能做下去，最后只好不了了之。进入 90 年代以后，随着学术研究的进展，我的另外两位学生把这个问题解决了。这说明当年这个学生提出问题并非空穴来风，而是在接触了一定的材料以后直观地提出来的。尽管还没有达到假设的程度，但是从认识过程来说，这是很重要也很宝贵的一步，这反映了年轻人思维敏捷的特点。因此，我们在阅读时出现的一些想法，尤其是那些突发的奇想，往往蕴含着一个突破重大问题的可能性。我们不要轻易地放弃自己的这些想法，暂时解决不了，可以用札记的形式先保存起来，待将来条件成熟的时候，再继续进行探索。

提出假设是我们研究的过程中，一个不可缺少的环节。假设是可以大胆进行的，但是对待假设却有不同的理解，特别是对小心求证事实是有不同理解的。

有些学人，甚至有的大师，往往把这种假设看作是研究的终结，接下来的工作便是寻找一些可以附会或证明这个假设的材料，并据此写成论著。这样的著作是经不起时间的考验的。随着学术的发展，研究的深入，新的研究成果的不断涌现，他们提出的一些见解往往被证明是错误的。因此，这是一种非常危险的做法。在一些文章中我们经常可以看到，"可以认为""应该""可见"等一类的提法，这也是把一些小的假设作为结论，是不应该的。

正确的理解是，把假设作为继续研究的方向、线索，一种角度、一个切入点。而研究则要严格地按照从实际出发，从材料出发的原则，认真地进行。对于初学者和一般的研究工作者，这是唯一可行的道路。还有一种，在形成假设后，利用已有的知识，再对材料进行检索，以证明自己的观点，最后敷衍成文。这种情况只有在基础知识广博，史料掌握丰富，具有高研究水准的情况下，才能进行。这应该是学术研究的一种很高的境界。

怎样把假设变成科学的结论，这是我们整个研究过程中最重要也是最艰苦的一个环节。

把初步形成的见解或假设变成科学的结论，首先就要从实际出发，广泛地系统搜集和阅读各种材料。在这个阶段有两项工作是不可缺少的，一是要搞清材料所反映的时间性。历史是处在不断的变动过程中，具体的材料反映的是特定历史阶段的情况。我们不能把这个时期的和另外一个时期的材料，胡子眉毛一把抓，简单地糅在一起。前面我们谈到，有时候一日之差，往往具有完全不同的意义。二是要对史料进行深入细致的考辨，搞清哪些材料是可信的，哪些材料有问题，也就是要辨别真伪，去伪存真。然后才能根据这些材料进行研究。有时一字之差，也是失之毫厘差之千里。考据和咬文嚼字的功夫也是不可少的。

在整个研究过程中，考据和分析相结合、定量和定性相结合是我们需要特别注意的。

考据不仅在辨别材料真伪的时候需要，在进行研究的时候也是需要的。材料不论是比较少还是比较丰富，都是从不同的角度反映历史事实，其间还有传说、误记和偏见，因此史料不等于历史事实。只有通过考据和分析相结合，才能搞清历史事实基本情况。有些数据还需要和后来乃至现代的数据相对照，这样才不至于闹出隋代耕地数字比现在还要高出两三倍这样的笑话。

3. 在注意定性研究的同时，还要注意定量的研究

在历史研究中，定量研究与定性研究是同样重要的。这里的定量和定性，是借来的两个词。定量研究，是指对相关材料的充分收集、详细占有和对相关事实的认定，也就是要有充分的论据。定性研究则是指在对材料充分把握和深入研究后，所做的结论，也就是对历史事实所做的论述。只有进行了定量研究，定性才可能准确。但是仅仅停留在定量的研究上，也是不能取得对事物的深刻认识的。

在定量的研究中，也不能忽略定性的研究。有一种情况是往往需要通过收集大量的史料，才能对问题有一定的认识。但是这只能限于那些通过归纳就可以得出结论的问题。对于那些需要经过考证，需要经过严密的分析才能得出结论的问题，就会显得力不从心，甚至迷失方向。

在定性的研究中，如果忽略了量的研究，就容易从印象、理念或某种理论出发，而陷入以论带史。就会出现以史料作为自己的论点的

注脚，甚至偷换概念、瞒天过海等学术研究中不应该出现的现象。就会得出片面的甚至错误的结论。遗憾的是，这种情况往往也出现在一些大师的著作中。

在定量的研究中，利用统计和数字，利用计量方法来说明问题，是历史研究中经常使用的方法。追求历史准确性，是许多历史学者努力和追求的方向。只是由于历史材料的限制，这项工作进行起来十分困难。

大体上有三种情况。第一种情况是，基本上没有可资统计的数字，但是存在一些当时人留下的概括性数字。这些数字虽然具有模糊性，但往往很有典型性。在历史研究中，模糊概念是经常使用的。"或耕豪民之田，见税什五。"这类经常作为史料来使用的材料，其实就是一种模糊概念。因为它不是基于精确的统计，也没有做过定量的分析，而是根据直觉，或者是感觉到的大量的现象，对现实情况进行的一种笼统的概括和描述。这种模糊概念比起一些基于精确统计而得出的结论，可能更加接近历史的真实。因为对历史事实进行统计，都是基于历史文献提供的各种材料，而这种材料不可能都是充分的和完善的。根据那种零碎的、支离破碎的、片面的材料，是不可能得出一个比较准确的结论的。

第二种情况是，有一定数量的材料可供统计，但是材料又不够充分。在这种情况下进行统计，是一项很危险的工作。弄得不好，就会得出错误的结论。特别是主观上已经形成一定的看法的时候，很容易朝着为观点找根据的方向去进行统计，而不是根据统计材料去进行分析研究，得出比较符合历史实际的结论。

第三种情况是，材料比较充分。这为统计提供了良好的基础。但不是有了比较充分的材料，就可以做出正确的统计，并据以得出正确的结论。要做好这一项工作，最重要的是统计的分类，也就是要明白统计些什么。一般说来，统计总是在对课题的相关材料进行阅读和初步分析的基础上形成某些看法，也就是假设以后，才开始的。目的是以此为方向，对历史现象做出定量的分析，并在此基础上进行深入系统的研究。其次是时段的划分。时段划分是进行正确统计的前提。我们经常看到这样一种情况,就是把整个王朝,把一个王朝的所有材料作为一个时间段来进行处理,进行统计,而忽略了事物是在不断发展变化的,忽略了历史发展的阶段性,忽略了事物有一个从低级到高级,从不完善到完善的发展过程。因此这种统计往往不能说明什么问题,甚至可能导致错误的判断和结论。但是按照发展变化准确地划分时段也是很困难的。

唐朝在这一方面有两个限制。一是由于历史文献记载的限制,不是在所有的历史时期都可以进行这样的统计的。但是,唐朝的文献材料流传到今天的,比以往的朝代多一些,可以进行统计的领域相对也就多一些。从某种意义来说,唐朝是可以利用统计来进行研究的第一个朝代。二是由于材料过于分散,在材料的收集上需要投入大量的劳动。这一点由于电子版文献的出现,以及计算机的广泛应用,为我们进行统计提供了方便的手段,因此在进行研究的时候利用文献材料进行统计,不仅是必要的,而且是可能的。如果不用这种先进的科学研究手段,就会使我们的研究大大落后。但是,我们必须有正确的方法来进行统计,特别是在运用计算机进行统计的时候,必须建立在广泛阅读、深入考辨、分析研究的基础之上。

只有扎实地做好这些工作,全面深入地阅读材料,认真细致地进行研究,才能进行最后的理论性的概括,得出科学的结论。这往往是一个从痛苦到欢乐的过程,始则"衣带渐宽终不悔,为伊消得人憔悴",继则"众里寻他千百度,蓦然回首,那人却在灯火阑珊处"。因此,把假设变成科学的结论,除了勇气,还需要有坐冷板凳的功夫,需要很大的毅力和为学术献身的精神。

最后我还要说,认识问题是一个过程,甚至是一个长期的过程。一些重大问题的解决,是需要一个人的毕生努力,甚至几代人的努力才能完成。企图在一个课题的研究中就完满地加以解决,这是不现实的。追求完美是不科学的。我们的研究告一段落的时候,就应该意犹未尽,感觉还有许多问题没有解决,或者似乎接近解决了但又没有来得及解决。这是非常正常的,是研究深入的表现,说明还有工作要做。碰到这种情况的时候,首先要对前一阶段的成果进行很好的总结,写出文章。其次要对已经发现的新问题加以排列,以便以后进一步进行研究。这样做并没有留下什么遗憾,因为研究总是分阶段进行的,需要一步一步地逐步深入。切忌对这些新问题抓住不放,觉得意犹未尽,一直做下去。否则就会使自己陷入了没完没了的研究之中,而不能使研究课题适当地告一段落。要知道学术研究中的意犹未尽和文学中的意犹未尽,有着类似的意境,是一种很高的境界,值得我们很好地加以体味。

后　记

本书是根据我退休以后，在国家图书馆和其他几个地方的讲座，以及在"超星名师讲坛"讲授"隋唐史研究"课程的讲稿，包括几份记录稿修改补充而成的。其基础，是我在北京大学历史学系给研究生、本科高年级学生讲授"隋唐史研究"课程时的讲稿，还有一些部分是根据最近的研究成果新写的。书名《说不尽的盛唐》，借用了我在国家图书馆部长讲座上的题目。

我原本希望本书在内容上尽量做到深入和丰富多彩；在叙述上，包括对历史事件乃至政治制度的叙述，尽量做到深入浅出和通俗易懂，使本书既可以是博士和硕士研究生、大学本科高年级学生的专业参考书，也可以是对历史有兴趣的一般读者的历史读物。但是看了校样以后，感到远远没有达到这样的期待。由于是讲稿，根据授课的需要，一部分章节或引文较多，或据文献抄录，文字比较难懂；有时由于听众对隋唐历史已有一些了解，所以叙述比较简略。当然，从文字来说，一般读者下点功夫，还是可以阅读的。有些历史情况不太了解，也可以参阅我写的《隋唐五代简史》和《中国史纲要》隋唐部分。

阅读本书以后，觉得还有点意思的读者，请和我一起感谢北京大学出版社的相关编辑，是他们向我约稿，让我鼓起勇气，拾起旧稿，经过若干反复，完成了这部书稿；并就一些过去研究不够或人们不太注意的问题进行了一些探索,给后学者开个头,提个醒。在编辑过程中,北京大学历史学系的研究生汪梦颖对全书引用的文献材料进行了认真的核对,使本书减少了错误。好了,如同盛唐是说不尽的,想说的话也是说不完的,不管是看书的,还是参与本书编辑的,都要谢谢你们!

吴宗国
2019 年 12 月